MAJALAH LUMBUNG

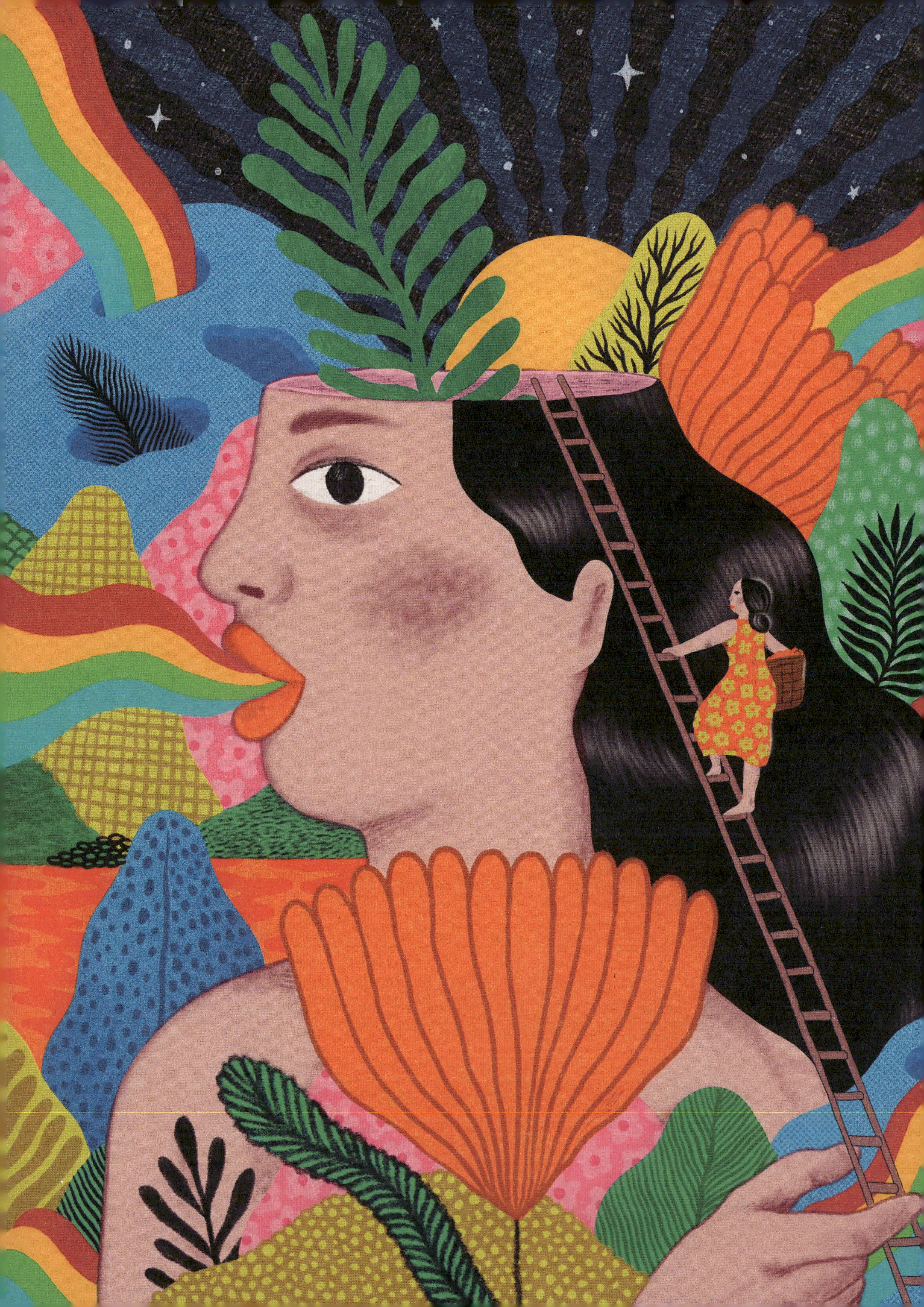

EIN MAGAZIN ÜBER ERNTEN UND TEILEN

MAJALAH LUMBUNG

A Magazine on Harvesting and Sharing

Mit Textbeiträgen von / With texts by

Abdullah Totona
Agung M. Abul
Aslan Abidin
Dadank Yepese
Dedy Hermansyah
Diana D. Timoria
Gesyada Siregar
Harlan Boer
Harry Isra Muhammad
Heru Joni Putra
I Made Susanta
Jonathan Irene Sartika Dewi Max
Maulida Raviola
Melani Budianta
Purna Cipta
Qaris Tajudin
Rahmadiyah Tria Gayathri

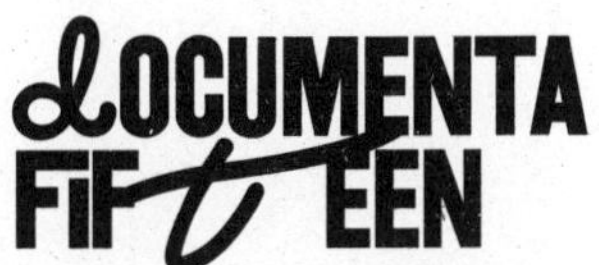

HATJE CANTZ

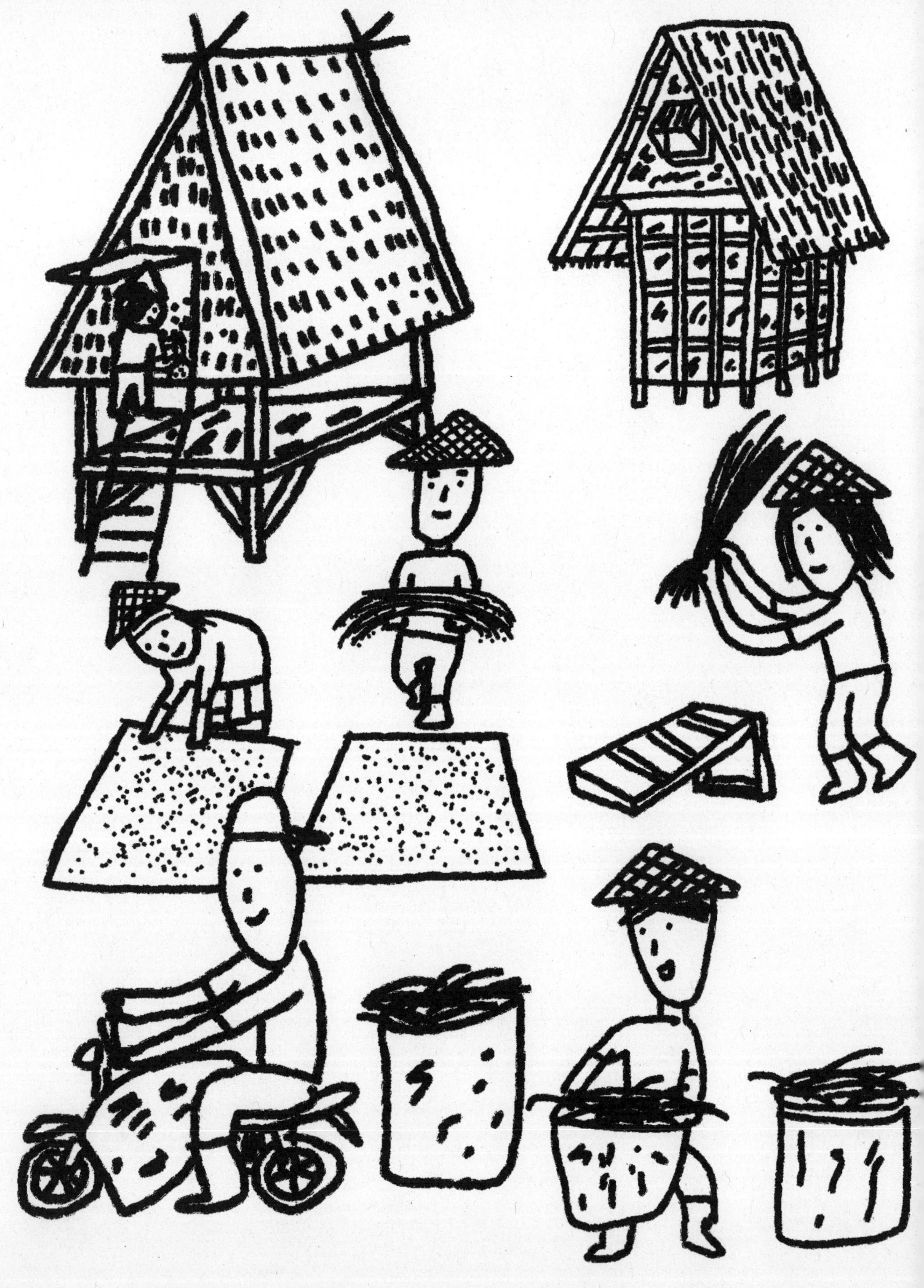

INHALT
CONTENTS

Vorwort der Herausgeber*innen
lumbung lebt und verbindet

Grundsätzlich ist *lumbung*, die zentrale Idee der documenta fifteen, nichts Unbekanntes in der indonesischen Gesellschaft, der Begriff gehört für viele Menschen zum Allgemeinwissen. Auch in Büchern und Seminaren ist von der kollektiven Reisscheune die Rede. *lumbung* ist hauptsächlich in seiner gegenständlichen Form bekannt, als physisches Gebäude, als ein Ort, an dem die Ernte beziehungsweise die Samen für die Aussaat in der kommenden Saison aufbewahrt werden. Das Wort *lumbung* kommt in der landwirtschaftlichen Tradition ganz Indonesiens vor und ist eng mit dem Prinzip des Teilens verbunden. *lumbung* meint einen Ort, an dem Ressourcen gelagert werden, um sie in Zeiten der Knappheit nutzen zu können, insbesondere nach einer Naturkatastrophe, während eines humanitären Konflikts oder einer wie auch immer gearteten Krise. Zudem hören oder lesen wir hier und da auch vom *lumbung* als einer Denkweise, einer Arbeitspraxis, einer Software und einer Metapher für das Teilen von Ressourcen. Insofern bezieht sich *lumbung* nicht nur auf agrarische, sondern auch auf maritime, kulturelle und wissenschaftliche Gemeinschaften. Dabei ist die Bedeutung von Ressourcen sehr weit gefasst, es geht nicht nur um gegenständliche Vorräte, es geht auch um Kraft, Kreativität, Information, Wissen, Netzwerke, Zeit und vieles mehr – etwa auch Fähigkeiten, Bedürfnisse und Begrenzungen. Dann wird gemeinsam gearbeitet, um sich gegenseitig zu unterstützen. Diese Praxis wird *gotong royong* genannt. Hier stellen sich alle Schulter an Schulter einer Situation oder Aufgabe: von einer Krise bis hin zum Feiern und Teilen von Freude.

gotong royong ist ein wichtiges Charakteristikum des gesellschaftlichen Lebens in Indonesien. Der Begriff besagt, dass anstehende Arbeiten zusammen erledigt werden und man sich innerhalb einer Community auf freiwilliger Basis hilft.

Dies ist Teil des Konzepts *adat*, und auch *lumbung* ist damit eng verbunden. Als kulturelle Philosophie besteht *adat* aus lokalen kulturellen Werten, Normen, Gewohnheiten, Institutionen und einem Recht, das Verhaltensregeln aufstellt – eine Notwendigkeit in jeder Gesellschaft. *adat* ist ein Verhaltenskodex von höchster Bedeutung, existiert schon jahrhundertelang und ist in der jeweiligen Gemeinschaft tief verwurzelt, auch wenn dies manchmal zu Konflikten mit dem nationalen Recht und moderneren Lebensformen führt.

Ausgehend von diesem Konzept haben wir das Magazin *majalah lumbung* ins Leben gerufen. Darin können wir Geschichten von *lumbung*-Praktiken und den damit in Verbindung stehenden Werten aus unterschiedlichen kulturellen Kontexten in den indonesischen Regionen erzählen. Insbesondere von den großen Inseln und Provinzen, die sich von der Westspitze bis zum östlichsten Teil Indonesiens erstrecken – dies entspricht etwa der Distanz von Portugal bis Kasachstan. Das vorliegende Magazin will eine Bandbreite von *lumbung*-Modellen und -Praktiken darstellen, wichtige Aspekte diskutieren und gleichzeitig den Kreislauf der landwirtschaftlichen Arbeiten abbilden, von der Aussaat über Pflege und Ernte bis zum Teilen.

Ein landwirtschaftlicher Arbeitsschritt wurde jeweils zum zentralen Thema einer Ausgabe gemacht. Das erste Heft etwa erkundet die *lumbung*-Praktiken im Hinblick auf die Kultur des Erntens; entsprechend rücken die Pflege der Felder, die Ernte und das Teilen der Ernte in den Texten in den Mittelpunkt. Zu den Dingen, die erforscht worden sind, gehören Praktiken, Denkkonzepte, Werte, Metaphern und die damit verbundenen Herausforderungen in der heutigen Zeit. Wir hoffen, so die Referenzpunkte vielfältiger zu machen und das Wissen über die Bedeutung und Definition von *lumbung* in verschiedenen Kulturen zu erweitern.

Bei der Vorbereitung und Arbeit an dieser Zeitschrift machte sich ruangrupa Gedanken zur Diversität der Kontexte und hat neun Orte ausgewählt. Sicher können so nicht alle in Indonesien existierenden *lumbung*-Praktiken erfasst werden. Aber als ein erster Schritt kann ein Gesamtbild der Diversität entworfen werden. Was auf Sumatra gilt, kann etwa auf den Molukken ganz anders praktiziert werden. Jede Praxis hat ihren eigenen Namen und eine spezifische kreative Herangehensweise, mit den Herausforderungen umzugehen und die Bande der Gemeinschaft zu formen, insbesondere in Bezug auf das Ressourcenmanagement.

Darüber hinaus trägt die regionale Verwurzelung in der jeweiligen Gegend zur Ausprägung der Idee von *lumbung* und der mit ihm verbundenen Werte bei. Wie eine lokale Community das praktiziert und sich entwickelt, wird von der Zeit in den jeweiligen Kontexten getestet. Von diesen Gedanken ausgehend, wurden für *majalah lumbung* neun Autor*innen und Feldforscher*innen aus neun

Gegenden Indonesiens beauftragt, mit ihren Recherchen die folgenden Inseln beziehungsweise Inselgruppen abzudecken: Sumatra, Kalimantan, Sulawesi, Java, Papua, Ost-Nusa-Tenggara, West-Nusa-Tenggara, Bali und die Molukken.

Um ein noch umfassenderes Bild zu vermitteln, hat *majalah lumbung* zusätzlich Gastautor*innen aus diversen Disziplinen eingeladen. Sie arbeiten in unterschiedlichen beruflichen Wirkungsbereichen, beispielsweise als Forschende, Dozent*innen, Dichter*innen, in Bürgerinitiativen, als Musiker*innen, Journalist*innen oder soziokulturelle Aktivist*innen. Unsere Idee war, dass sie ihr Wissen in einen Bezug zur kollektiven Praxis von *lumbung* setzen und vertiefen. Den Gastautor*innen wurde der Raum gegeben, eine *lumbung*-Praxis als Thema zu wählen, die ihrem Fachgebiet und ihrer Erfahrung nahesteht. Es gab keine formalen oder stilistischen Vorgaben, und so sind Kurzgeschichten, Essays, Kommentare und andere geeignete Textarten zu einer Bandbreite von Themen entstanden: wie zum Beispiel der Aufbau einer Frauengruppe nach einem humanitären Konflikt und einer Naturkatastrophe in Zentral-Sulawesi, eine Geschichte aus der Welt der Druckkunst und der Musik, die Musikgruppe Nasida Ria sowie die Organisation einer Kunstbiennale in Indonesien. Diese Schilderungen sollen die Forschungsberichte durch Perspektiven aus anderen Bereichen ergänzen. Außerdem wurden Redakteur*innen und Illustrator*innen aus unterschiedlichen Regionen in dieses Projekt eingebunden, viele von ihnen sind ruangrupa aus früheren Projekten verbunden.

Bei der Planung dieser Publikation sind wir schrittweise vorgegangen. Bevor der Schreibprozess begann, haben wir Autor*innen und Illustrator*innen eingeladen, gemeinsam mit einer Reihe von Historiker*innen, Akademiker*innen und Journalist*innen an einem Workshop teilzunehmen. Neben dem Austausch unterschiedlicher Auffassungen hat dieser Workshop auch theoretische Kenntnisse in Bezug auf *lumbung*-Praktiken und die damit verbundenen Werte in den verschiedenen Regionen Indonesiens vertieft. Zudem wurden Probleme, die bei den Feldforschungen auftreten könnten, antizipiert und Vermeidungsstrategien diskutiert. Das auf diesem Weg erworbene Wissen bildete den Ausgangspunkt für das spezifischere Verständnis der Praxis im Erfahrungsbereich der jeweiligen Autor*innen.

Darüber hinaus haben wir Überlegungen zum Stil angestellt. Es sollte vermieden werden, die Erkenntnisse wie starre und trockene Forschungsberichte klingen zu lassen. Texte, die im Gewand einer Erzählung oder Reportage daherkommen, sind leichter zu verstehen und kurzweiliger.

Nach dieser Vorbereitung betrieben die Autor*innen mehrere Wochen lang ihre Feldforschung. Sie besuchten und interviewten eine Reihe von Personen, die in ihren jeweiligen Gebieten mit der *lumbung*-Praxis vertraut sind, nahmen die Gespräche auf und verschriftlichten sie anschließend. Die Artikel wurden dann editiert und anschließend ins Englische und Deutsche übersetzt, um ein breiteres Publikum zu erreichen.

Zunächst werden die ersten beiden Ausgaben, *panen* = Ernte und *bagi* = Teilen, innerhalb des vorliegenden Bandes veröffentlicht. Wir wünschen uns, dass damit ein tieferes Verständnis dieser kollektiven kulturellen Praxis vermittelt wird und Anknüpfungspunkte zum *lumbung*-Konzept, dem künstlerischen Ansatz von ruangrupa für die documenta fifteen, geschaffen werden. Das Magazin *majalah lumbung* wird nach der documenta fifteen mit einer Folgeausgabe über die Themen Aussaat und Pflege fortgeführt. Weitere Ausgaben mit einer Vielfalt von Themen sollen folgen.

ruangrupa + Team majalah lumbung

Editor's Introduction
lumbung Connect and Interconnect

In Indonesian society, *lumbung*, the central idea of documenta fifteen, is not a novel thing. The word is common knowledge to many people and is often found written in books or mentioned in seminars. *lumbung* tends to be more familiarly known as an object, a building structure, or a container where harvest crops or seeds are stored to be sowed in the next planting season. The word came up from agrarian traditions throughout Indonesia and is closely related to the principle of sharing. *lumbung* as a noun is a place where resources are stored for later use in times of scarcity, especially in difficult times such as disasters, conflicts, or other forms of crisis. However, we rarely hear or read about *lumbung* as a concept of thinking and as work practice, as software, and as a metaphor for sharing resources, which applies not only to agrarian societies, but also to maritime communities. In this regard, resources do not only refer to tangible resources, but also intangible ones such as energy, creativity, information, knowledge, networks, time, and others. In addition to mapping resources, strengths, needs, and limitations are also mapped so as to ensure that cooperation takes place in a manner that everyone complements each other. Thus, *gotong royong* or mutual cooperation occurs where all parties work hand in hand to face all situations: from crises to celebrations of joy.

Gotong royong itself is one of the unique characteristics in the life of the people of the archipelago. The phrase carries the meaning of working together, mutually helping each other, or voluntarily helping each other within a community.

As part of the concept of *adat* or custom, *lumbung* also experiences an inextricable connection as a cultural idea consisting of cultural values, norms, habits, institutions, and laws that govern behavior between humans which is commonly carried out in a community group. *Adat* is also the code of conduct of the highest position because it is eternal and very strongly integrated into the community that owns it.

Moving on from this concept, *majalah lumbung* is here to provide stories and practices as well as *lumbung* values that have grown from various cultural contexts in various places in Indonesia; especially in several large islands and provinces that extend from the western to the eastern tip of Indonesia such as Sumatra, Kalimantan, Sulawesi, Java, Papua, East Nusa Tenggara, West Nusa Tenggara, Bali, and also Maluku. With diverse models and practices associated with *lumbung*, the concept of this magazine is an attempt to record several main aspects and at the same time the cycles of agricultural work, which includes several general processes such as planting, caring, harvesting, and sharing.

In order to provide general insights, *majalah lumbung* also invites guest contributors from various backgrounds. With different professions, such as researcher, lecturer, poet, community organizer, musician, journalist, or social-cultural activities, it is expected that they can elaborate their knowledge in relating to the concept, practices, and values of *lumbung*. As with other writers and researchers from different places in Indonesia, these guest contributors have been allocated with spaces to portray the practices of *lumbung* which are related to their expertise and experience. This also extends to the form of the texts: some are short stories, some essays, opinions or other appropriate forms. The scope of themes is also varied, such as the experience in organizing women's groups post conflicts and natural disaster in the central areas of Sulawesi, experience in printing and music, the music group of Nasida Ria, or the experience of the implementation of some periodic art-related activities in Indonesia. These discourses are oriented to provide other insights outside the areas of implemented researchers.

Each of these processes is then selected to be the theme of each edition. The first edition will explore the working practices of *lumbung* in relation to crop culture. In a similar manner, the next edition will look at the phases of *Caring*, *Harvesting*, and *Sharing*. Among the things that will be explored are practices, thinking concepts, values, metaphors, and those associated with them in the hope of enriching references as well as expanding knowledge regarding the meaning and definition of *lumbung* in various cultures.

In preparing and working on this magazine, ruangrupa took into consideration the diversity of contexts, especially in nine contexts and locations in Indonesia. Obviously, it will not cover all the *lumbung* practices that exist in Indonesia, but as a first step, it is considered adequate to provide a picture of the diversity that exists. What happens in Sumatra may be different from what is practiced in Maluku. This is because each practice has its own unique name and creative efforts in facing challenges as well as forming bonds of togetherness, especially in relation to resource management.

In addition, what is considered to be part of the value of a *lumbung* is "locally anchored". How local communities adopt practices and grow has also been time-tested in their respective contexts. With this idea as a starting point, *majalah lumbung* invited nine writers and researchers from nine regions in Indonesia, which include Sumatra, Kalimantan, Sulawesi, Java, Papua, East Nusa Tenggara, West Nusa Tenggara, Bali, and Maluku. Furthermore, this project also involves editors and illustrators from various locations in Indonesia, most of whom have been involved in a variety of ruangrupa's previous programs.

Several stages were undertaken to prepare for this magazine. Before the writing process began, writers and illustrators were invited to join a workshop together with a number of practicing historians, academics, and journalists. Geared toward getting the writers and illustrators to arrive at a common perception, the workshop was also aimed at expanding and enriching references with regard to work practices of *lumbung* in various regions in Indonesia and the values that surround it, as well as problems that might come up. This initial knowledge then became the starting point for a more specific explanation in the context in which each author lives.

One important consideration was the use of language. The purpose was to prevent the findings in the field from being presented like a rigid and dry research report. Writing in a storytelling style was expected with the aim of making reading easier and more interesting to follow.

With this preparation, the authors were deployed to conduct field research for several weeks. They visited and interviewed a number of people who were involved in the practice of *lumbung* in their respective regions and recorded them and then put them in written form. Through these writings, readers would be able find models and patterns as well as problems and challenges faced in their daily practice. These articles were then edited and subsequently translated into English and German to reach a broader readership.

In the early part of this project, the first two editions, *Harvesting* and *Sharing*, are published. The presence of this magazine is expected to provide understanding about and enrich references related to the practice and concept of *lumbung* which is the artistic approach that ruangrupa adopts in documenta fifteen. This magazine will be continued with the publication of a follow-up edition, namely *Planting* and *Caring* after documenta fifteen and it is hoped that it will continue in various editions and themes.

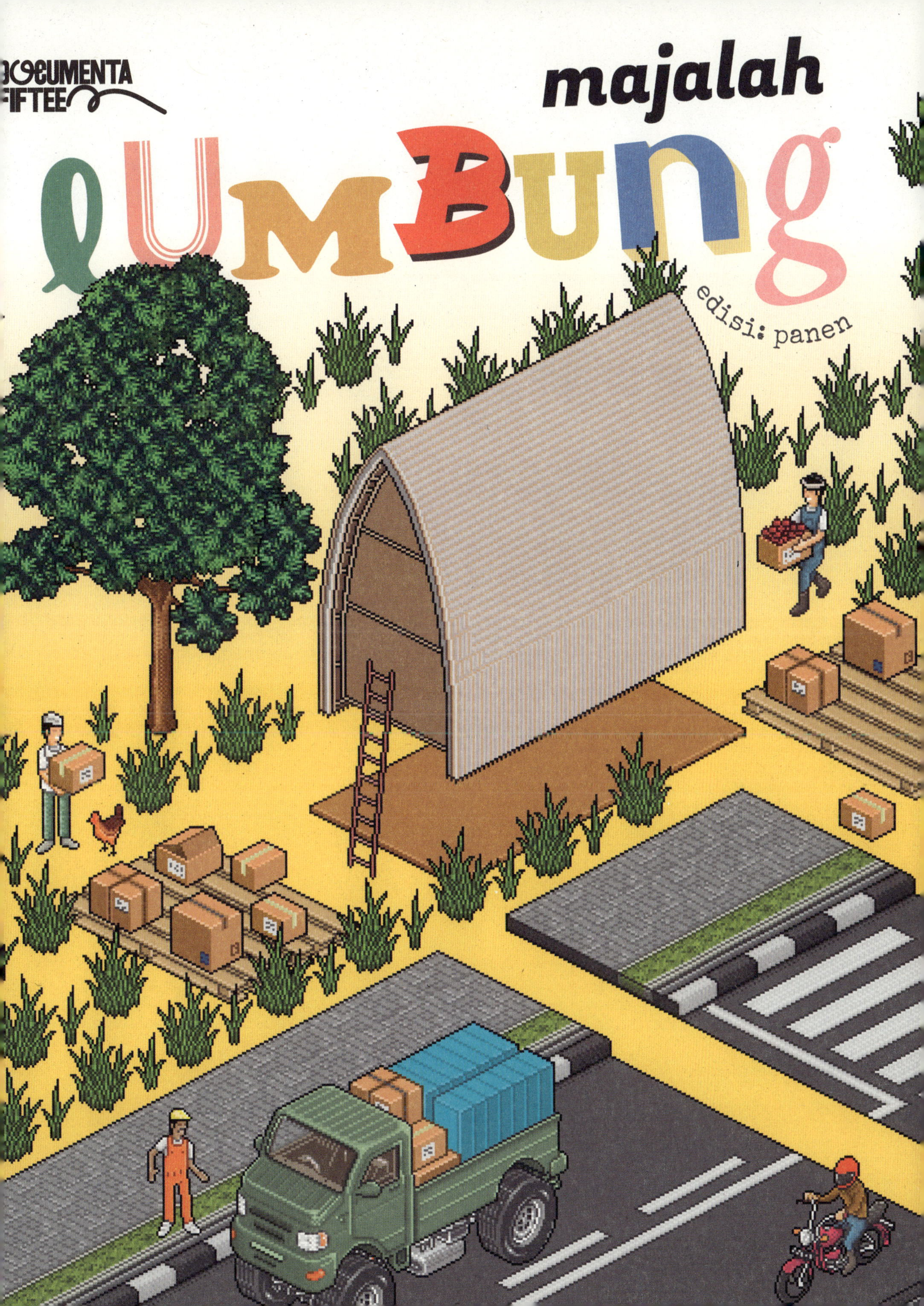
DOCUMENTA FIFTEEN
majalah
lumbung
edisi: panen

bareng bejukung, bareng bobose

Wir arbeiten gemeinsam, und gemeinsam genießen wir die Früchte unserer harten Arbeit.

~ Sprichwort aus Bumi Gora

together we work, together we enjoy our toil

~ Bumi Gora proverb

© Diana D. Timoria

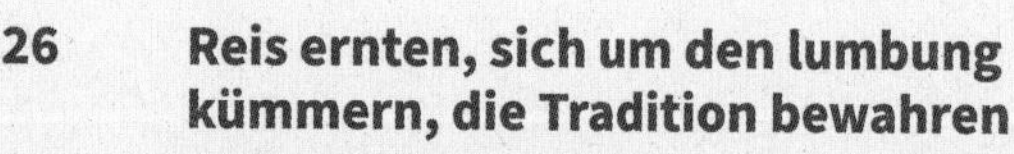

© Fathul Rakhman

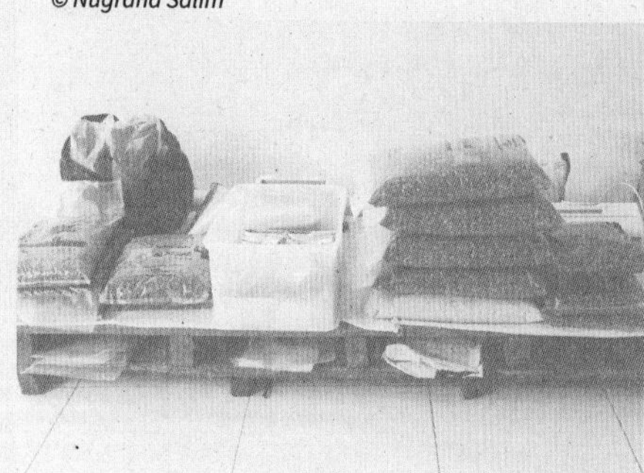

© Nugraha Salim

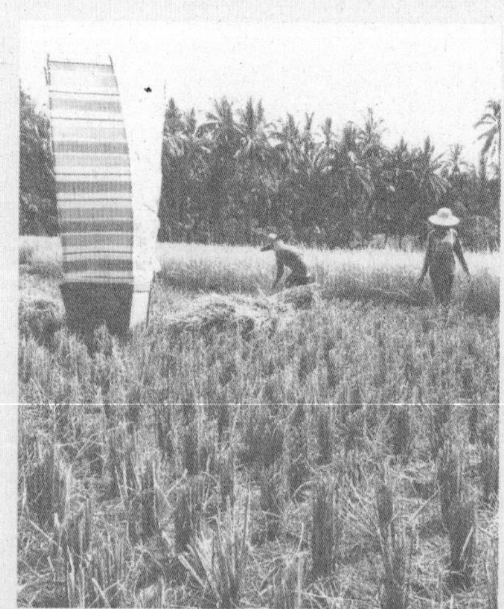

© Novita Yulia Sukiman

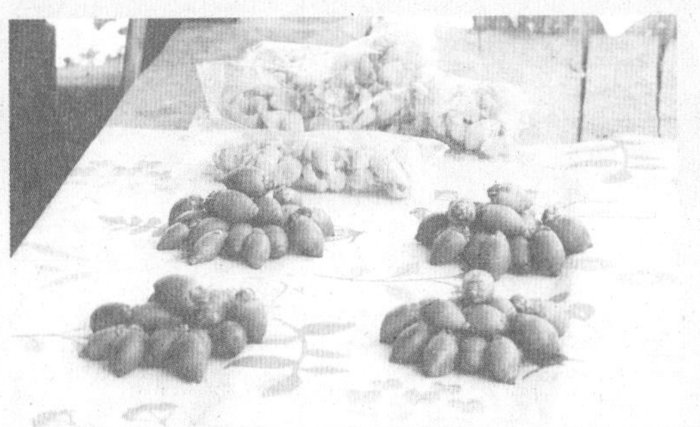

© Dadank Yepese

© Arbiyansyach Jueng

© Ketut Sutawan

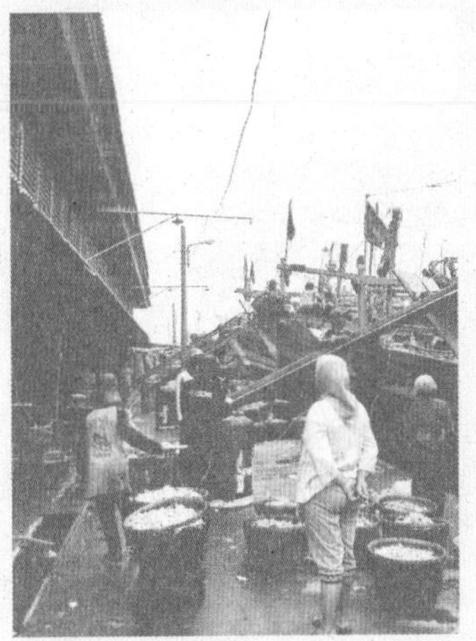

© Agung M. Abul

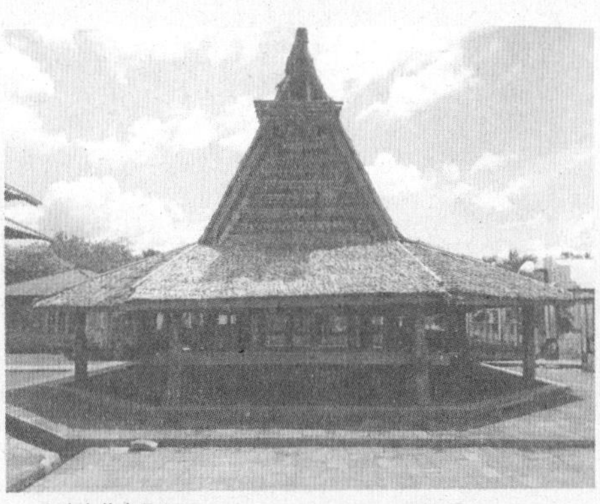

© Abdullah Totona

TUHAN IALAH KARSA DARI POTONGAN-POTONGAN
PAGI HARI MENGIRINGI NYANYIAN BURUNG
BAGIAN PERISAI CAKRAWALA BENTANG NUSAN
DITEMANI ARAK-ARAKAN ANGIN MENYAPA KIL
PESAWAHAN PADI YANG MERUNDUK MENUNDU
GUNUNG MENTERENG MENDEKAP ERAT DIGDAY
INILAH INDONESIAKU DAN INILAH

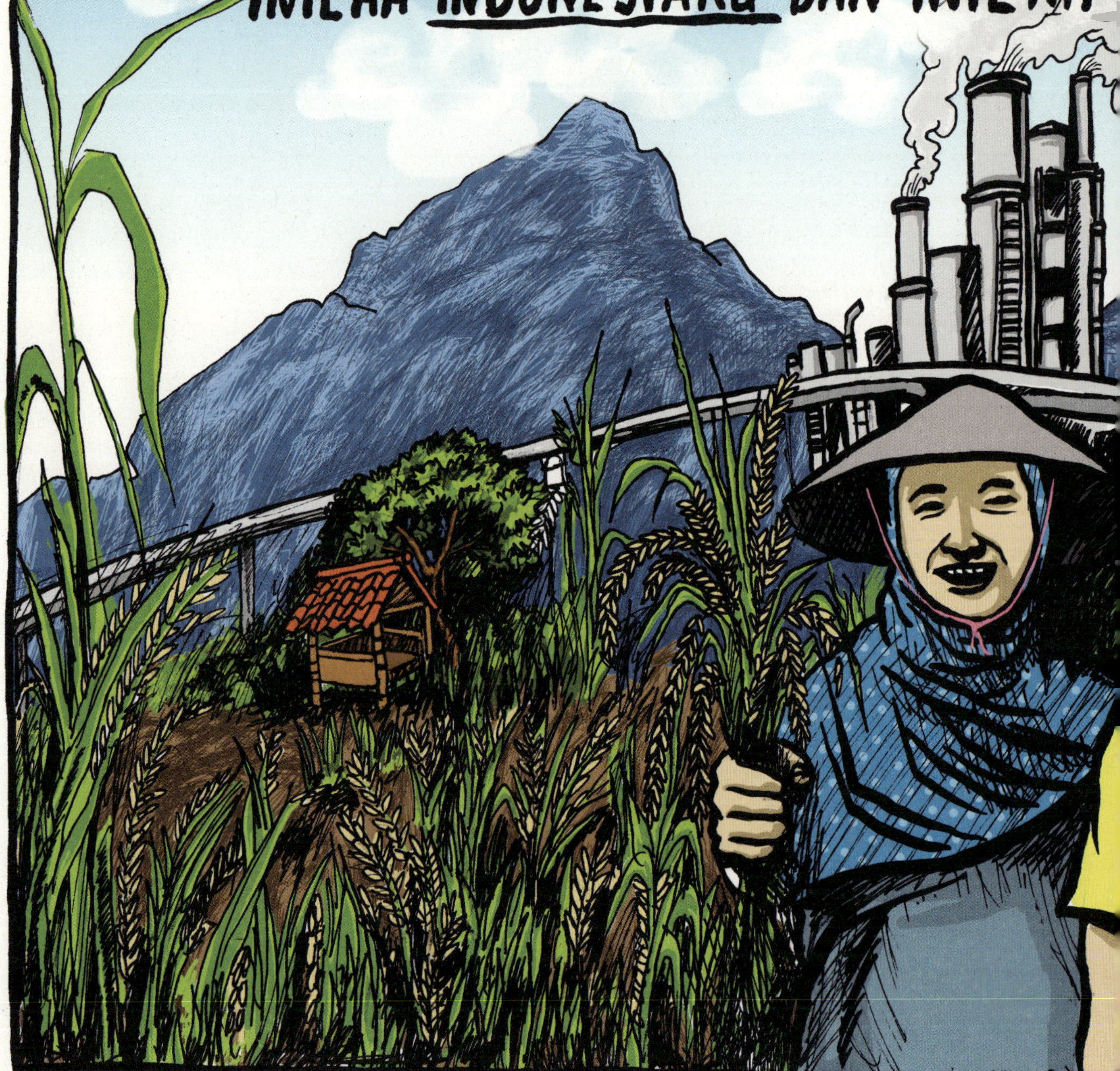

AMENK'2022

Illustration:
Mufti Priyanka

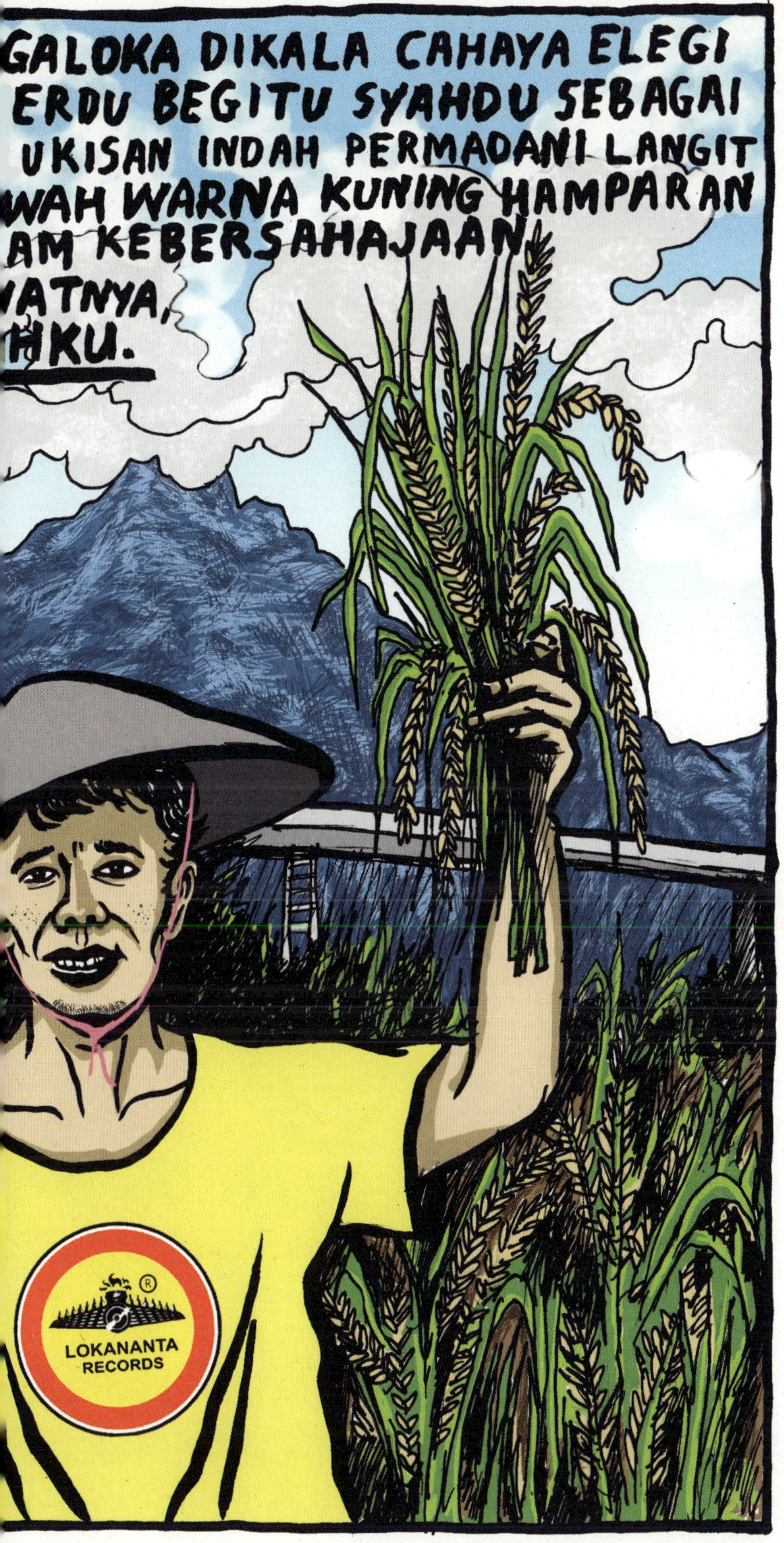

Gott ist der Wille der fragmentierten Himmelswelten, wenn das strahlende Licht der morgendlichen Elegie den süßen Gesang der Vögel begleitet, ein Teil des anmutigen Schirmes, der sich über dem Horizont des Archipels wölbt. Ein wunderschönes Gemälde, der kunstvoll geknüpfte himmlische Teppich, grüßt begleitet von sanften Windböen den edlen Schimmer der goldgelben Welte der Reisfelder, die sich bescheiden hin und her wiegen. Die erhabenen Berge umarmen innig die Macht des Volkes. Das ist mein Indonesien, mein Zuhause.

God is the will of the fragments of heavens when the illuminating light of the morning elegy accompanies the sweet melody of the songs of the birds, sublime like a piece of the shield shading the horizon across the archipelago. The radiant canvas of the sky's tapestry alongside the wind blowing soft greeting to the luxurious luster of the golden yellow color of the rice fields, stretching, bending in modesty at the feet of towering mountains embracing the mighty power of its people. This is my Indonesia and this is my home.

Inya – Eine Stimme in Feld und Haus

von Diana D. Timoria
übersetzt von Gudrun Ingratubun
illustriert von Dwi Wicaksono Suryasumirat

Frauen werden *Inya* genannt

Südwest-Sumba ist einer von vier Distrikten auf der Insel Sumba. Er besteht aus den Regionen Wejewa, Laura – und Kodi, dem Fokus dieser Recherche.

Da die Region Kodi recht weitläufig ist, ist sie in die Bezirke Kodi, Kodi Bangedo, Kodi Balaghar und Nord-Kodi unterteilt. Der am Meer gelegene Bezirk Kodi hat einen gewissen Bekanntheitsgrad wegen des schönen Meeresblicks und des saisonal reichlich zur Verfügung stehenden Fischfangs.

Die Mehrheit der Bewohner*innen von Kodi sind wie auch die Menschen in anderen Inselteilen Anhänger des Marapu-Glaubens. Dieser ist von Generation zu Generation weitergegeben worden und spielt im Leben der Gemeinschaft eine wichtige Rolle, obwohl inzwischen ein beträchtlicher Teil der Menschen eine der vom Staat akzeptierten großen Religionen angenommen hat.

Die Marapu haben Regeln, die sie gemeinsam aufgestellt haben und schon seit langer Zeit befolgen. Zusammenzukommen, um die Belange der Gemeinschaft zu besprechen, hat einen hohen Stellenwert. Die Marapu-Kultur wird jedoch allmählich ausgehöhlt, da die Zahl ihrer Anhänger*innen schrumpft und es an Nachfolger*innen mangelt, die sich um die Traditionen und das kulturelle Erbe kümmern können.

Rituale zu Hochzeit und Tod werden bis heute nach der Marapu-Überlieferung durchgeführt. Auch andere Festtagsrituale werden zelebriert, aber nicht mehr vollständig. Einige Rituale werden immer seltener im Gemeinschaftsleben vollzogen und verschwinden so aus dem Alltag. Auch die Art und Weise der Landwirtschaft und damit verbundene Rituale sind teilweise durch moderne Praktiken ersetzt worden.

Die Bewirtschaftung der Felder wird in Kodi traditionell von Ritualen begleitet – von der Aussaat bis zur Ernte. Für diese Rituale ist die Mutter, die als Besitzerin der Felder angesehen wird, von großer Wichtigkeit. In Kodi werden Frauen *Inya* genannt, und ihre Rolle ist unersetzlich. Sie regeln den gesamten Prozess der Arbeitsschritte vom Aussäen bis zur Lagerung des Reises im *lumbung* oder einem anderen Aufbewahrungsort: Ihre Münder verkünden die weisen Beschlüsse, mit ihren Händen stellen sie sicher, dass alles seine Richtigkeit hat. Mit ihren Füßen beherrschen sie das

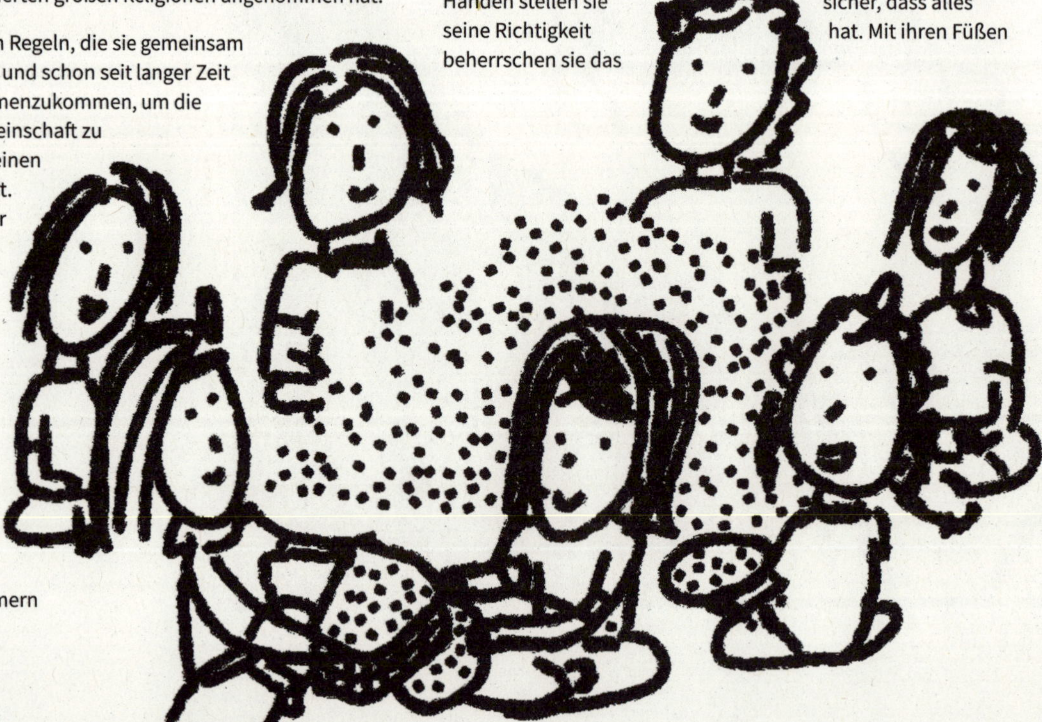

Feld, weil sie es sehr gut kennen. Mit ihren Augen verfolgen sie aufmerksam alle Arbeiten. Mit Geduld und Herz führen sie alle Prozesse achtsam zu Ende.

Vom Reisfelddamm grüßt *Inya* den Sonnenuntergang
Die Kodi-Community baut auf ihren Feldern oft mehrere Arten an. Auf ein und derselben Fläche gibt es normalerweise Süßkartoffeln, Reis, Mais und Bohnen. Diese Pflanzen werden geerntet, wenn die Frucht oder Knolle kräftig genug und geeignet für die Verarbeitung ist.

Im täglichen Leben der Kodi hat Reis eine hervorgehobene Stellung. Unter den Nahrungspflanzen wird er anders als andere Feldfrüchte betrachtet, da Reis nach dem Mythos der Kodi aus dem Geist eines Menschen stammt, der sich selbst geopfert hat. Aus diesem Grund gelten die Abläufe im Reisanbau – im Gegensatz zu anderen Nahrungspflanzen wie Süßkartoffeln oder Mais – als etwas Besonderes.

Die Zeit vom Pflanzen bis zur Ernte beträgt in Kodi normalerweise drei bis vier Monate. Bei den vorhandenen Feldern handelt es sich um trockenes Land ohne Bewässerung. Daher kann der Wasserbedarf für den Reis nur durch Regen gedeckt werden. Die Reisernte in Kodi findet nur einmal im Jahr statt, da die Vegetationszeit an die Menge und Dauer des Regens in der Region angepasst ist.

Zum Ende der Regenzeit, wenn die Sonne in Kodi häufiger scheint, reift der Reis heran. Die Entscheidung, wann geerntet wird, trifft immer eine Frau. Wenn der Reis sich erntereif anfühlt, geht *Inya* bei Anbruch des Sonnenuntergangs auf die Felder. Sie geht an den Dämmen entlang und wägt genau ab, ob der Reis wirklich ausgereift ist oder noch nicht. Wenn sie sicher ist, dass das vor ihr liegende Feld geerntet werden kann, geht *Inya* zum *watu kareka* (Gartenstein) oder Altar auf dem Feld, wo alle mit dem Feld zusammenhängenden Rituale durchgeführt werden.

Vom *watu kareka* aus „begrüßt" *Inya* den zur Ernte bereiten Reis. Sie führt so etwas wie einen „Dialog" und bittet um Erlaubnis, dass er am folgenden Tag geerntet werden kann. Nach diesem Abendbesuch muss *Inya* bereit sein, tags darauf den Ernteprozess zu leiten.

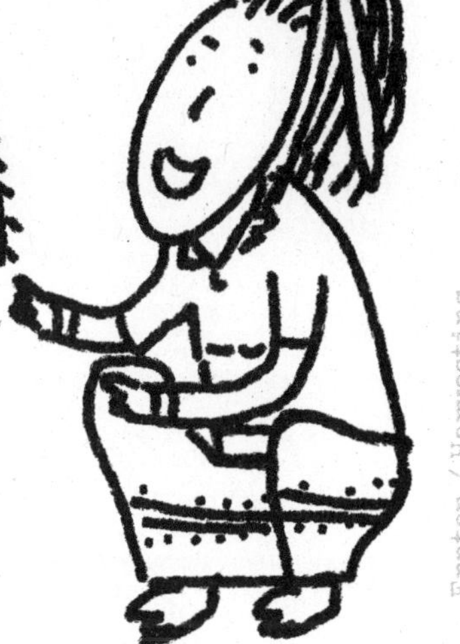

Warum hat *Inya* hierbei die Leitung? Dies ist untrennbar damit verbunden, welche Bedeutung der Reispflanze in Kodi beigemessen wird. Im Mythos ist die Reispflanze ein Kind, das sich selbst geopfert hat. Daher ist der Dialog, der stattfindet, wie das Gespräch einer Mutter mit ihrem Kind. *Inya* ist voller Liebe und kennt ihr Kind sehr genau, somit ist es die Mutter, die als würdig erachtet wird, den gesamten Reisernteprozess zu leiten. Diese Tradition ist ein Beispiel für eine Form des Respekts, der Frauen in Kodi gezollt wird, und weist die Richtung für die Führungspraxis von Frauen.

Nachdem sie sich vergewissert hat, dass der Reis wirklich erntereif ist, nimmt *Inya* ein paar Reishalme mit nach Hause und teilt sie dort in zwei Teile. Etwa zwei oder drei Stängel werden an einem Seitenast eines Baumes in der Dorfmitte befestigt. Von der Community wird dieser Baum *Mori Cana* genannt, jedes traditionelle Dorf hat solch einen Baum.

Wörtlich kann *Mori Cana* mit Landbesitzerin übersetzt werden. Diese wird in Kodi normalerweise durch einen Baum in der Mitte des Dorfes symbolisiert. Unter dem Baum befindet sich in der Regel ein Marapu-Altar, eine Kultstätte, wo Rituale – auch die zur Reisernte – durchgeführt werden.

Die Leute glauben, dass die Existenz von *Mori Cana* und die Rituale ein Weg sind, die Vorfahr*innen um Segen zu bitten, damit alle Ernteprozesse gut ablaufen und der Ertrag den Erwartungen entspricht. Obwohl viele Kodi zum katholischen oder protestantischen Glauben konvertiert sind, pflegen sie immer noch bestimmte traditionelle Rituale. So hoffen sie den Segen ihrer Vorfahr*innen für den reibungslosen Ablauf ihrer Geschäfte, ihrer Arbeiten und eben auch der Feldbestellung zu erhalten.

Nachdem mehrere Reishalme für *Mori Canas* Bedürfnisse genommen worden sind, werden weitere Reishalme oben auf dem Haus der Familie, die ernten möchte, versteckt. So werden die Familie und insbesondere die Vorfahr*innen oder bereits verstorbene

a hut in kodi

Angehörige symbolisch um Erlaubnis gefragt und gebeten, sich um alle Ernteprozesse zu kümmern.

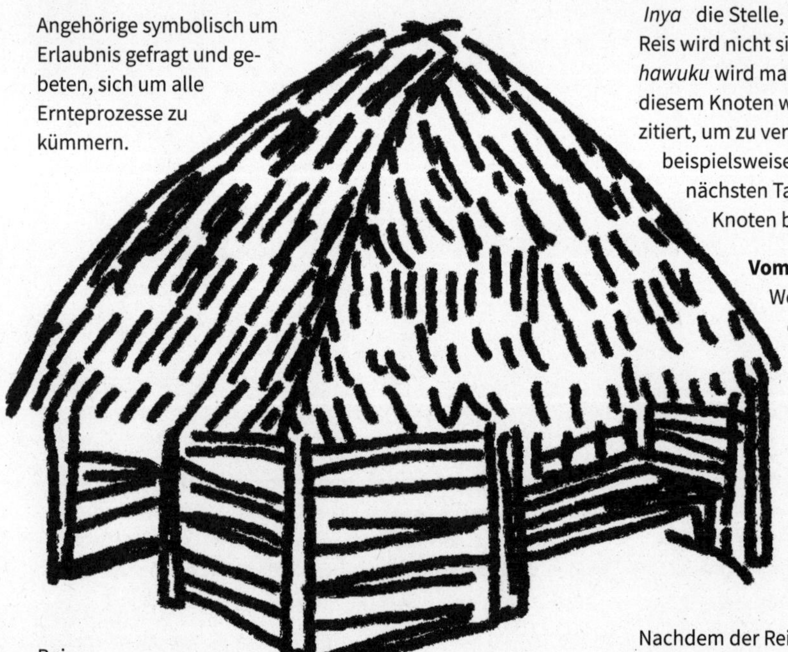

Bei der Ernte trifft *Inya* die Entscheidungen. Sie ist diejenige, die regelt, welcher Teil des Reises zuerst geschnitten wird und wo die Bauern den Reis auf ihrem Land schneiden müssen. Die Schnittrichtung entspricht der Richtung beim Reispflanzen. *Inya* regelt auch, wie der Reis gelagert werden muss, und stellt sicher, dass alle Ernteabläufe den Ritualen entsprechen. Der Ernteprozess sollte nicht willkürlich erfolgen. Die Helfer*innen dürfen den Reis nicht parallel zum Feldrand Reihe für Reihe schneiden, sondern müssen gegen den Uhrzeigersinn vorgehen. Durch das Ernten in Kreisen wird zuletzt die Feldmitte bearbeitet, wo die gesamte Reisernte abgelegt wird.

Wenn die Ernte nicht innerhalb eines Tages abgeschlossen werden kann, markiert *Inya* die Stelle, wo zuletzt geerntet wurde. Ungeschnittener Reis wird nicht sich selbst überlassen. Mit einem Knoten oder *hawuku* wird markiert, wo die Ernte unterbrochen wurde. An diesem Knoten werden traditionelle Gedichte oder Gebete rezitiert, um zu verhindern, dass dem Reis etwas Böses zustößt, beispielsweise dass jemand versucht, ihn zu stehlen. Am nächsten Tag wird die Ernte dort fortgesetzt, wo sich der Knoten befindet.

Vom Feld zum Haus, *Inya* hat die Leitung

Wenn das Schneiden des gesamten Reises beendet ist, bringt *Inya* als Erste die Ernte nach Hause. In der Mitte des Hauses wird eine große Matte auslegt, die als Lagerfläche für den frisch geschnittenen Reis dient. Dann bringen andere Bauern die Ernte von den Feldern zum Haus, und *Inya* ordnet sie entsprechend der Reismenge auf Matten an und schichtet sie übereinander. Üblicherweise arrangiert *Inya* den Reis nach und nach sorgfältig zu einem Kreis.

Nachdem der Reis zu Hause ordentlich aufgehäuft ist, sind *Inyas* Aufgaben noch nicht beendet. Sie ist auch noch für den Prozess des Trennens der Reiskörner von den Stängeln verantwortlich, bevor der Reis an seinen Lagerort gebracht wird. Wenn die Arbeiter*innen weitere Reispflanzen für diesen Verarbeitungsschritt brauchen, nimmt *Inya* ihn vom Haufen; so wird sie zu einer Verbindung zwischen dem Reis und den Menschen, die ihr bei der Arbeit helfen.

Der Prozess des Trennens der Reiskörner von den Halmen wird von Männern durchgeführt, indem sie auf die Halme treten. Dabei singen sie ein Lied *(lodo),* das in traditionellen Versen die Freude über die Ernte und die erzielten Erträge zum Ausdruck bringt. Dieser Vorgang findet in dem auf Stelzen gebauten Haus der Feldbesitzerin statt. Wenn das Haus vor der Ernte wackelig ist, sollte die Besitzerin es vorher reparieren, damit es nicht zu Unfällen kommt. Heutzutage benutzen die meisten Menschen eine Reisdreschmaschine, dies spart Zeit und Kraft.

Nachdem das Korn vom Halm getrennt ist, lädt *Inya* die Frauen im Dorf ein, ihr zu helfen. Sie sitzen um die Matte herum, wo die Reiskörner sich auftürmen. Wieder fungiert *Inya* als Bindeglied zwischen Menschen und Reis. Sie verteilt den Reis in einer *mbola* (eine geflochtene Kiste, die etwa fünf bis zehn Kilogramm Reis aufnehmen kann) an die anwesenden Frauen. Mit einem *nyiru* (flacher Worfelkorb) in der Hand helfen sie, den Reis zu reinigen und den gefüllten, den halb gefüllten und den leeren Reis zu sortieren.

Das Sortieren der Reiskörner kann zu Hause oder auf dem Feld durchgeführt werden, wenn der Standort weitab liegt. Auf den Feldern kann man den Wind nutzen, um leeren oder ungefüllten Reis von gefülltem zu trennen. Eine Kokosnussschale wird mit leeren Hülsen gefüllt und im Haus der Familie gelagert. Dies ist ein Symbol dafür, dass der Reis zwar leer ist, aber dennoch gut behandelt und nicht auf den Feldern zurückgelassen wird. Verblieben die leeren Reishülsen auf dem Feld, würde die Familie mit tradierten Sanktionen belegt. So soll mangelnde Wertschätzung verhindert werden. Gereinigter Reis wird zu einem von *Inya* bestimmten Lagerort gebracht. Dabei ist *Inya* die erste Person, die mit Unterstützung der Männer den *lumbung* füllt. Der Ernteprozess ist abgeschlossen, wenn alle Reiskörner gemäß *Inyas* Anweisungen ordentlich an ihrem Platz eingelagert wurden.

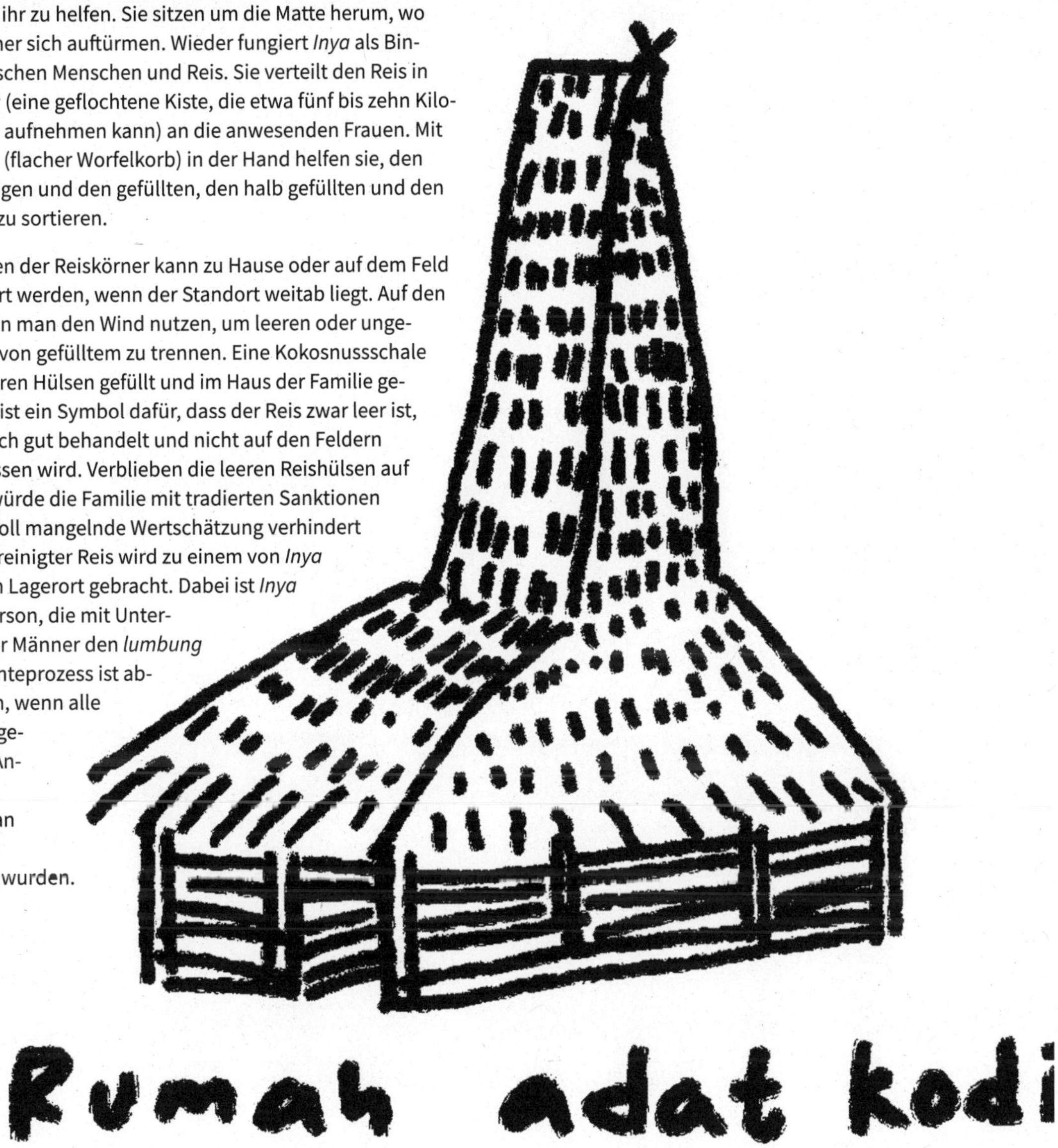

Rumah adat kodi

Inya – The Voice from the Field to the House

Diana D. Timoria

The Woman is Called *Inya*

Southwest Sumba Regency is one of four regencies in Sumba Island. This regency is divided into three major regions, namely Wejewa, Laura, and Kodi, which will be the focus of this paper.

The relatively large area of Kodi is also divided into several sub-districts, namely Kodi, Kodi Bangedo, Kodi Balaghar, and Kodi Utara. The Kodi region, which is located on the coast, makes this area famous for its beautiful beach views and abundant marine products in certain seasons.

Like most other Sumbanese, the majority of Kodi residents are the followers of *Marapu* belief. This belief has been passed down from generation to generation and is still closely related to the lives of the Sumbanese people, although at present there are not a few Kodi people who adhere to the religion that is legalized by the state.

Marapu believers are bound by rules that are jointly designed and have been in effect for a long time. Deliberation is indeed one of the values they uphold. However, over the course of time, their number is decreasing, and as a consequence they seem to be slowly being eroded due to the lack of successors who can preserve their tradition and cultural heritage.

Marriage and death are two rituals that are still performed following the guidelines of *Marapu* tradition. Some rituals with regard to other celebrations in social life are also being performed, albeit not in their entirety. Some others are performed more rarely and are disappearing from people's daily practice. One of them is the traditional practice of cultivating fields, some of which have been replaced by conveniences made possible by modern technology.

Cultivating a field in the life of the Kodi community involves several rituals, from planting to harvesting processes. Throughout these processes, one the parties with a significant role are the women who own the field. In Kodi, women, who are called *Inya*, have an irreplaceable role. *Inya* must manage all the planting processes and activities until the rice is ready to be stored in the *lumbung* or the final storage place. From their mouth, wise decisions will come out, and with their hands they will make sure everything goes in its place. Standing on their feet, they will be the rulers of the fields because they know them very well. With their eyes, they will monitor each process carefully, and with their big hearts they go through all the processes thoroughly.

From the Paddy Dikes, *Inya* Greets the Dusk

The Kodi community often grows several types of crops in their fields. In one stretch, people usually grow sweet potatoes, rice, corn, and beans. These plants will be harvested when they are ready to be processed.

In the daily life of the Kodi people, rice is granted a special privilege. As food, rice is considered different from other crops because according to the myth of the Kodi-people, rice comes from the spirit of a human who sacrificed himself. That's why the series of processes for growing rice are considered to be more special than those of other food crops such as sweet potato or corn.

Rice in Kodi usually takes three to four months from planting to harvest. However, because the existing land type is dry, the paddy fields rely on rain water. Harvest only occurs once a year in Kodi since it depends on the duration of rainfall in the region.

At the end of the rainy season, when the sun shines more often in Kodi, that's the time for harvesting the rice. The decision to harvest is always made by a woman. When the rice is deemed ready for harvesting, *Inya* will go to the fields when the sun begins to set. *Inya* will walk along the dikes on the fields and observe carefully whether the rice is really ready to be harvested. After confirming that the stretch of rice field in front of her is ready for harvesting, *Inya* will go towards the *watu kareka* (a garden stone) or an altar in the fields, where all the rituals related to the field are performed.

From *watu kareka*, *Inya* will "greet" the rice that is ready for harvesting. It's like they are engaged in a "dialogue" and *Inya* is asking for permission to harvest the rice the day after. From this afternoon visit, *Inya* has to be ready to lead the harvesting process the next day.

Why should *Inya* be the one to lead? This cannot be separated from how people in Kodi interpret rice. In the myth, rice is a child who sacrificed himself. Therefore, the dialogue that occurs is like a mother's conversation with her child. *Inya* is a person who is full of love and knows her child very well, therefore the mother is considered as the proper person to manage all the rice harvesting processes. This space is an example of a form of respect for a woman in Kodi. This can be an orientation of leadership practices for women.

After making sure that the rice is really ready to be harvested, then *Inya* will choose a few stalks of rice to take home and then divide it into two parts. About two or three stalks are kept in one of the branches of a tree in the middle of the village. The community calls it *Mori Cana*, and every traditional village has one.

Literally, *Mori Cana* can be translated as a landlord, which is usually symbolized by a tree in the middle of a village in Kodi. Under the tree, there is usually an altar or place of worship for *Marapu* believers. When they have a ritual to perform, which includes those related to the process of rice harvesting, the altar is the place to do it.

Keeping the *Mori Cana* and performing the rituals are believed to be an attempt to ask for blessings from the ancestors. The goal is that all harvest processes can run well and the results are as expected. Although many Kodi people have been converted and be baptized to become Catholics or Protestant Christians, they still maintain the tradition of performing certain rituals in order to get the blessing of their ancestors for the smooth running of their businesses and work. This includes field cultivation management.

After several stalks of rice are taken for *Mori Cana*'s needs, several more stalks of rice are tucked into the top of the house belonging to the family that will do the harvesting. It is a form or symbol of the family's request for permission from the ancestors or family members who had passed away to take care of all the harvesting processes.

At the time of harvesting, *Inya* will lead the process. She is the one who decides the part of the rice that will be cut first, as well as in which direction the farmers should cut the rice on their land. The direction of cutting the rice follows the one they took during planting time. *Inya* also decides how rice must be stored in its place and ensures that all harvest sequences are in accordance with the rituals that have been carried out. The harvesting process should not be done randomly. People who help in the process are not allowed to cut the rice straight ahead, but they have to do it counterclockwise. This corresponds to the direction of rotation when planting. By harvesting in a circle like this, the last point of rice to be cut will be in the middle of the field, that's where all the rice is collected.

If the harvesting process is not completed in one day, then *Inya* will mark the last point of the harvest. The uncut rice is not left alone. The endpoint of the day's harvest will be marked with a knot or *hawuku*. While making a knot, traditional poetry or prayer will be recited. The aim is to prevent bad things from happening to the rice, for example, if someone intends to steal it. The next day the harvest will continue starting from the point where the knot is located.

From Field to House, *Inya* Leads

When all the rice has been cut, *Inya* will be the first to bring the crop home. She will lay out a large mat in the middle of the house which will then become a storage area for freshly cut rice. Next, other farmers will bring the harvest from the fields to the house and *Inya* will arrange them on the mat according to the amount of rice. Usually, *Inya* will stack the rice neatly, little by little until a circle is formed.

Even after all the rice is neatly piled up at home, *Inya*'s task has not finished yet. She still has to be responsible for the process of separating the rice grains from the stalks before the rice is brought to the storage area. If the workers need the rice to step on, Inya would take it from the pile; she becomes the liaison between the rice and the people who work to help her.

The process of separating the rice grains from the stalks is carried out by men by stepping on them while singing a song or *lodo,* whose lyrics are traditional verses that describe joy over the harvest or the yields obtained. This process takes place in the landowner's stilt house. If the house sways before harvesting, then it is better for the landowner to repair it first to avoid accidents. However, nowadays, most people use rice thresher machines. This can save both time and effort.

After the grains are separated from the stalks, *Inya* will invite the women in the village to help her. They will sit around the mat where the grains of rice are piled. Again, *Inya* acts as a liaison between them and the rice. *Inya* will distribute the rice in a *mbola* (a woven box that can usually hold about 5–10 kg of rice) to the women in attendance. With *nyiru* (*tampah* or a woven bamboo tray) in each hand, they will help clean the rice, separating the filled, half-filled, and empty rice.

The process of separating the rice grains from the stalks can be done at home or in the fields if the location is far from home. If the process is carried out in the fields, then the wind will separate the empty or unfilled rice from the filled ones. One coconut shell of empty rice will be taken and then stored in the house of the owner of the field. This is a symbol that even though some of the harvested grains of rice are empty, they are still treated well and are not left behind in the fields. This is also to prevent the owner of the field from customary sanctions because of this omission.

Rice that has been cleaned will be taken to a storage place that has been determined by *Inya.* In this process, *Inya* will be the first person to fill the *lumbung* with the men's help. The harvest process is said to be complete when all the grains of rice have been stored neatly in their place according to *Inya*'s directions.

Reis ernten, sich um den lumbung kümmern, die Tradition bewahren

Dedy Hermansyah
übersetzt von Gudrun Ingratubun
illustriert von Adhitya Nisfianto

Ende Januar 2022 reise ich in den Landkreis Bayan – nachdem es hier vier Jahre zuvor, 2018, ein Erdbeben der Stärke 7,5 auf der Richterskala gegeben hatte. Dies hätte beinahe die gesamte Bebauung dem Erdboden gleichgemacht. Obwohl die Sonne intensiv scheint, ist es in dem 41 Kilometer von der Hauptstadt Nord-Lomboks entfernt liegenden Landkreis angenehm kühl. Das trifft besonders auf das in einem Tal liegende Dorf Karang Bajo zu. Der Boden ist hier fruchtbar und das Klima feucht. Meine Erschöpfung von der dreistündigen Anreise aus Mataram, der Provinzhauptstadt von West-Nusa-Tenggara, verfliegt.

Karang Bajo ist einer von fünf Ortsteilen im Dorf Karang Bajo. Hier lebt die Community der Bayan. Sie haben ihrer Siedlung einen fast uniformen, aber natürlichen Charakter gegeben. Die Häuser sind nach der über Jahrhunderte überlieferten lokalen Kultur *(adat)* gebaut, stehen ordentlich in einer Reihe und strahlen Harmonie aus.

Bei all meinen Besuchen bei Mitgliedern der *adat*-Community werde ich freundlich aufgenommen. Immer wieder werde ich auf ein Gebäude ohne Seitenwände hingewiesen, das wahlweise vor beziehungsweise neben dem Haus oder im Hinterhof steht. Die Grundfläche umfasst vielleicht 4 mal 1,5 Meter. Es besteht aus sechs Holzpfählen und hat ein Dach aus Schilf oder Wellblech. Der Boden ist mit glatt geschliffenen Bambusabschnitten bedeckt. Dieses kleine Bauwerk hat den Namen *berugaq saka enam* – *berugaq sakenem*, wenn es schnell gesprochen wird.

Schaut man hinter das Wohnhaus, wird dort ein ähnlich geartetes, auf Pfählen stehendes Gebäude sichtbar, wenn auch nicht ganz so groß wie das *berugaq*. Es ruht auf vier großen Pfählen und umschließt einen Raum, den Seitenwände aus Bambusgeflecht begrenzen und ein Schilfdach bedeckt. Bei einigen Familien steht dieses Haus für sich, bei anderen wird der untere Bereich als Rinderstall genutzt. Dieser hoch aufragende Bau wird *geleng* oder *lumbung* genannt.

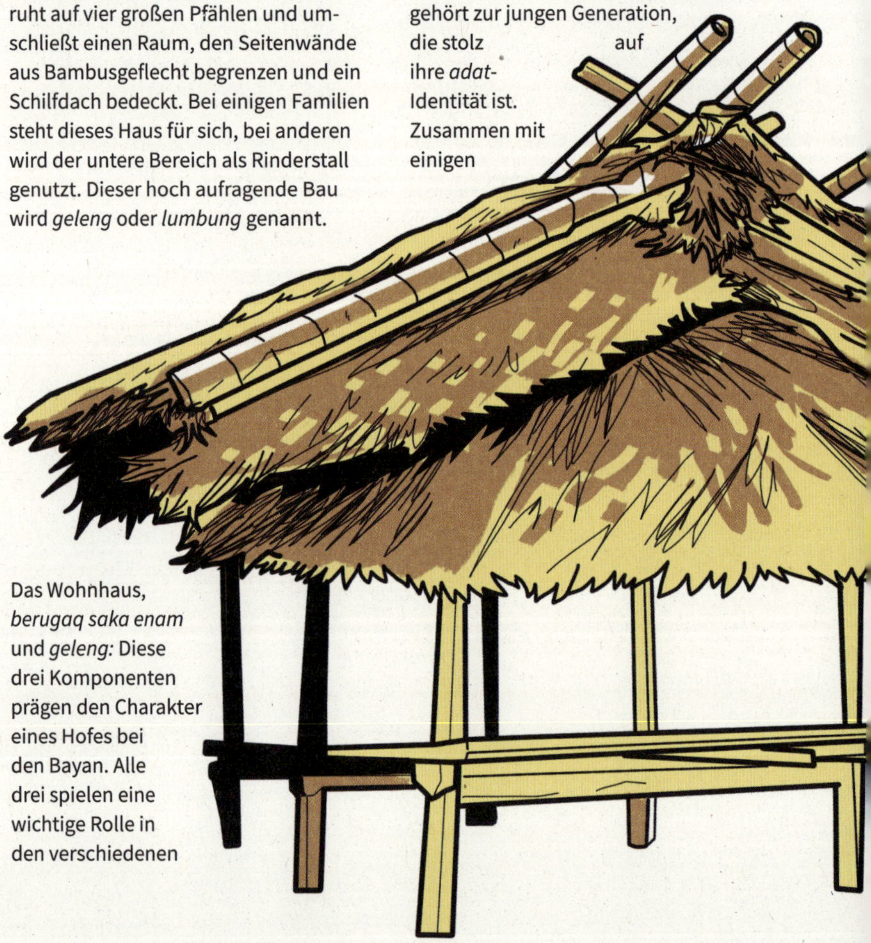

Das Wohnhaus, *berugaq saka enam* und *geleng:* Diese drei Komponenten prägen den Charakter eines Hofes bei den Bayan. Alle drei spielen eine wichtige Rolle in den verschiedenen Aspekten des Lebens: Ökonomie, Soziales, Religion und Kultur.

„Wir müssen einen *lumbung* und ein *berugaq saka enam* haben. Sie spielen eine Rolle im *adat* und in der Religion unserer Gesellschaft", erklärt mir Riko. Der junge Mann, der mit vollständigem Namen Raden Riko Agustian heißt, gehört zur jungen Generation, die stolz auf ihre *adat*-Identität ist. Zusammen mit einigen

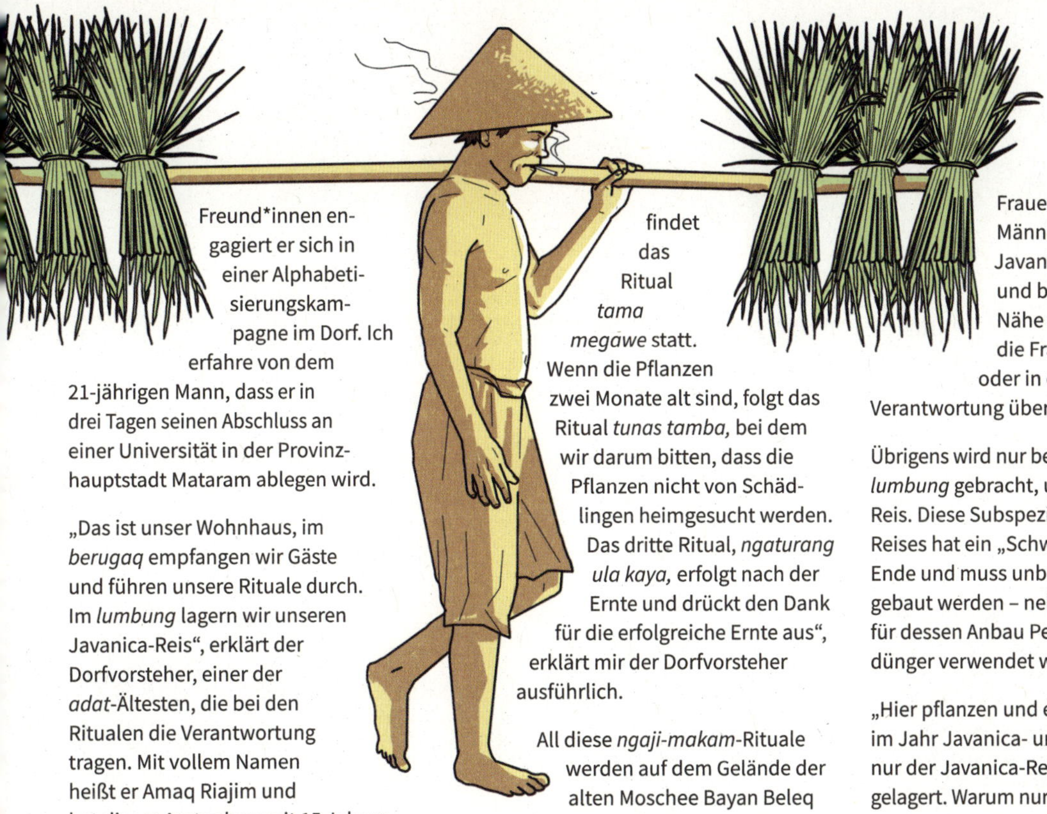

Freund*innen engagiert er sich in einer Alphabetisierungskampagne im Dorf. Ich erfahre von dem 21-jährigen Mann, dass er in drei Tagen seinen Abschluss an einer Universität in der Provinzhauptstadt Mataram ablegen wird.

„Das ist unser Wohnhaus, im *berugaq* empfangen wir Gäste und führen unsere Rituale durch. Im *lumbung* lagern wir unseren Javanica-Reis", erklärt der Dorfvorsteher, einer der *adat*-Ältesten, die bei den Ritualen die Verantwortung tragen. Mit vollem Namen heißt er Amaq Riajim und hat dieses Amt schon seit 15 Jahren inne. Der Mann, Jahrgang 1937 und mit 85 Jahren an seinem Lebensabend angelangt, wurde in seiner Jugend Ratmanom genannt. Mit seiner Hilfe konnte ich einige Geschichten zu den hier praktizierten Ritualen und ihre Bedeutung ausgraben.

***

In der Erntezeit muss man bereit sein, den *geleng* oder *lumbung* wieder zu füllen. Vor, während und nach der Ernte – und auch wenn die Ernte in den *lumbung* gebracht wird – gilt es begleitende Rituale zu befolgen. Im Interview erklären mir einige Einwohner*innen und der Dorfvorsteher, dass alle landwirtschaftlichen Produktionsprozesse in der vom *adat* geprägten Gesellschaft der Bayan von Ritualen begleitet werden.

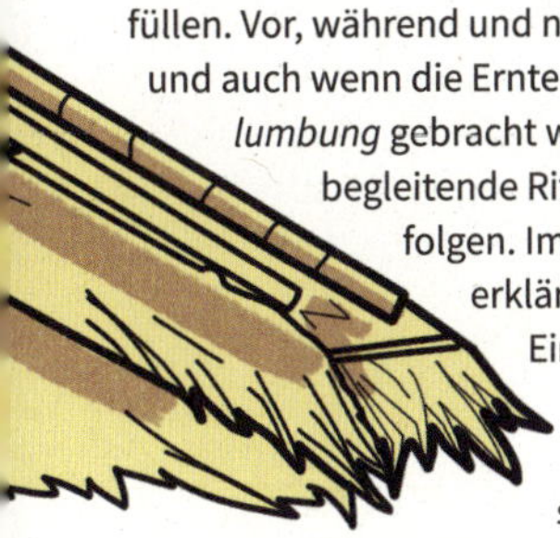

„In der Landwirtschaft haben wir drei Arten von Ritualen, die wir *ngaji makam* nennen, Rezitationen an den Gräbern der Menschen, die uns den islamischen Glauben gebracht haben: Zur Aussaat findet das Ritual *tama megawe* statt. Wenn die Pflanzen zwei Monate alt sind, folgt das Ritual *tunas tamba,* bei dem wir darum bitten, dass die Pflanzen nicht von Schädlingen heimgesucht werden. Das dritte Ritual, *ngaturang ula kaya,* erfolgt nach der Ernte und drückt den Dank für die erfolgreiche Ernte aus", erklärt mir der Dorfvorsteher ausführlich.

All diese *ngaji-makam*-Rituale werden auf dem Gelände der alten Moschee Bayan Beleq abgehalten, der ältesten Moschee von Lombok. Zu ihr gehören fünf weitere bambusgedeckte Gebäude. Dort befinden sich die Gräber der Menschen, die den Islam hierhergebracht haben, sowie die ihrer Gefolgsleute. „Die Moschee ist 1992/93 renoviert worden, hat aber auch schon vorher Besucher*innen empfangen", erzählt mir Palasari, der sich um die Moschee kümmert. „Diese Moschee und die Gräber gibt es schon seit dem 16. Jahrhundert", fährt er fort. Er selbst hält die Moschee schon seit 1993 in Ordnung.

An den *ngaji-makam*-Ritualen nehmen viele Mitglieder der *adat*-Community teil. Später werden die kleineren Rituale in den einzelnen *berugaq* vollzogen. Für die Rituale während und nach der Ernte spielen *berugaq* und *geleng* eine Rolle.

Kurz bevor die Ernte geschultert und in den *lumbung* hineingeschoben wird, wird ein weiteres Ritual durchgeführt: *selamat geleng*. „Das Wesentliche ist, dass die Ernte nicht verzehrt werden darf, bevor sie nicht auf diese Weise in den lumbung eingebracht worden ist", erklärt der Dorfvorsteher mit Nachdruck.

„Während des *selamat-geleng*-Prozesses", fährt er fort, „teilen sich Männer und Frauen die Aufgaben. Die Männer stemmen den Javanica-Reis nach oben und befinden sich in der Nähe des *geleng,* während die Frauen im *pedangan* oder in der Küche die Verantwortung übernehmen."

Übrigens wird nur bestimmter Reis in den *lumbung* gebracht, und zwar Javanica-Reis. Diese Subspezies des asiatischen Reises hat ein „Schwänzchen" an einem Ende und muss unbedingt jedes Jahr angebaut werden – neben anderem Reis, für dessen Anbau Pestizide und Kunstdünger verwendet werden.

„Hier pflanzen und ernten wir dreimal im Jahr Javanica- und Hybridreis. Doch nur der Javanica-Reis wird im *lumbung* gelagert. Warum nur der lokale Reis? Weil der andere Reis verschmutzt ist. Auf ihm wurde schon herumgetrampelt. Deswegen ist nur der Javanica-Reis für uns heilig", erläutert der Dorfvorsteher.

Bevor der Hybridreis, der Pestizide und Kunstdünger benötigt, aufkam, war es selbstverständlich für die Community, nur Javanica-Reis zu pflanzen, sowohl für den eigenen täglichen Verzehr als auch für die Lagerung im *lumbung.* Hybridreis ist schon in der 70er Jahren eingeführt worden. Trotzdem wurde der Javanica-Reis nicht ganz verdrängt. Er blieb erhalten, weil er nicht nur ein Nahrungsmittel ist, sondern auch ein Mittel, um die tradierten Werte zu pflegen und zu bewahren.

„Inzwischen werden Kunstdünger und Pestizide verkauft. Früher waren sie nicht verfügbar. Aber wir vollziehen immer noch die beschriebenen Rituale", erzählt der Dorfvorsteher.

Javanica- und Hybridreis gehen Hand in Hand, um die Bedürfnisse der Bayan-Bevölkerung zu erfüllen. „Der Javanica-Reis kommt nur in Krisenzeiten zum Einsatz", erklärt der Dorfvorsteher.

Und warum bleiben die *adat*-Bräuche in der Landwirtschaft weiterhin bestehen?

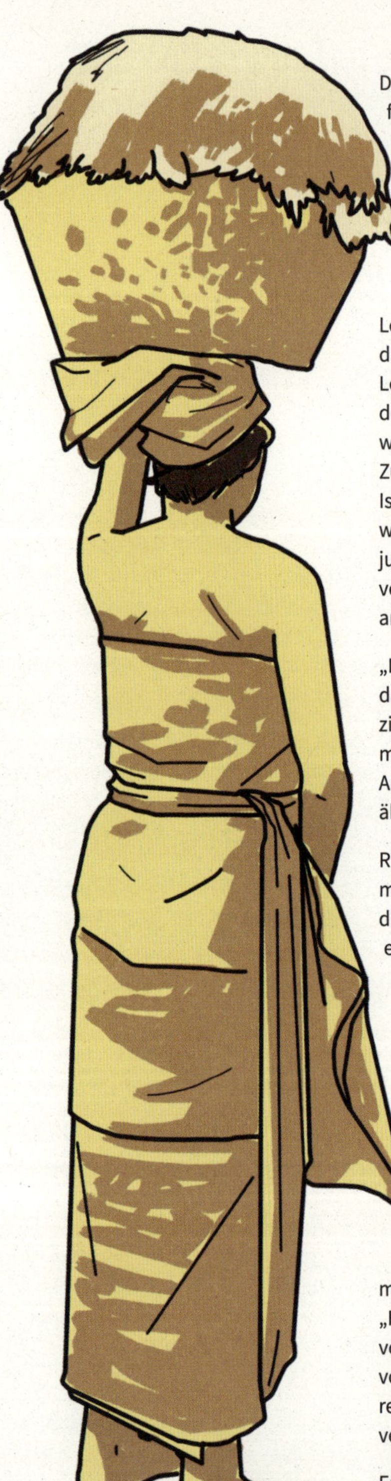

Die Antwort findet man in der ausführlichen Erklärung des Dorfvorstehers, nämlich in den grundlegenden Werten, die die Alten gelehrt haben und die von der *adat*-Community aufrechterhalten werden.

***

Leute außerhalb der Community haben das oft falsch verstanden und die Lebensweise der traditioneller lebenden Bayan herabgesetzt. Die Bayan wurden stigmatisiert, etwa durch grobe Zuschreibungen, sie seien „vom wahren Islam abgewichen", oder Bewertungen wie „sie beten nur drei Mal täglich". Die junge Generation wurde und wird häufig verspottet, wenn sie Gleichaltrige aus anderen Gegenden trafen.

„Ich habe dieses Stigma oft erlebt, aber dabei immer positives Denken praktiziert", erzählt mir Riko. Der 21-Jährige macht gerade seinen Bachelorabschluss. Andere junge Erwachsene berichten von ähnlichen Erfahrungen.

Riko und einige seiner Freunde haben mir im Interview die tradierten Werte, die sie verinnerlicht haben, eloquent erläutert. Ein gewisser Stolz auf die Identität als *adat*-Community war dabei deutlich zu hören. „Weil diese Werte schon in uns eingepflanzt wurden, als wir klein waren. Guck es dir jetzt an! Bei allen *adat*-Aktivitäten sind die jungen Leute ganz vorn mit dabei", erklärt Riko weiter.

Eine noch detailliertere Erklärung gibt mir der Dorfvorsteher. Sie besagt, dass die Wurzeln des Problems mit den *adat*-Werten klar erkennbar sind. „Für uns sind *adat* und Religion nicht voneinander zu trennen", so der Dorfvorsteher. „Gerade diese beiden Bereiche sind aber das Zentrum des Missverständnisses."

Er führt weiter aus, dass *adat* für die Bayan-Community ein Teil der Sunna des Propheten ist, wobei mit dem Propheten Muhammad gemeint ist. Die Sunna des Propheten erstreckt sich vom Lebensbeginn bis zum Tod. Sie umfasst sieben Hadithe, die auf den Propheten zurückgehen. Der erste Hadith betrifft das Durchtrennen der Nabelschnur. Der zweite Hadith, *buang au,* empfiehlt, Neugeborenen spätestens nach acht Tagen einen Namen zu geben. Der dritte, *mengkuris,* besagt, dem Baby nach ungefähr drei Monaten das erste Mal die Haare zu schneiden. Der vierte, *khitan,* empfiehlt die Beschneidung ab dem Alter von sieben Jahren. Der fünfte Hadith, *baleq,* in der *adat*-Sprache *merosoq* genannt, bezieht sich auf die Zeit, wenn Jungen einen Adamsapfel und Mädchen Brüste bekommen. Der sechste betrifft die Heirat und der siebte den Tod, schließt der Dorfvorsteher diesen Teil seiner Ausführungen ab.

„Durch die Beschäftigung mit diesen sieben Hadithen", fährt er fort, „sind eine Reihe von Ritualen entstanden. Wenn das Sunna ist, was ist dann Pflicht? Pflicht ist es, fünfmal am Tag zu beten, zu fasten sowie das Zuckerfest und den Geburtstag des Propheten am 12. Rabi-ul-awal oder den Geburtstag von *adat* zu feiern."

Diese Antwort räumt viele Missverständnisse über die Denkweise und das Verhalten der Bayan aus. Die Bayan-Community praktiziert keine Abweichung von der Religion. Sie hält sich sogar an die fünf Gebetszeiten, wie es im Islam empfohlen wird.

Im Zusammenhang mit der Bayan-Community kursiert der Begriff *Wetu Telu.* Dieses Konzept wird immer wieder diskutiert. Vielfach wird *Wetu Telu* mit „Drei Zeiten" übersetzt, woraus dann grob abgeleitet wird, dass die Bayan nur drei Gebetszeiten hätten.

„Aber *Wetu Telu* ist weder Religion noch Sunna noch etwas, was vorgeschrieben ist", stellt der Dorfälteste diese verbreitete Fehlinterpretation richtig. „*Wetu* bedeutet erscheinen, und *telu* heißt drei."

„Der Mensch hat an drei Erscheinungsformen teil: der unsichtbaren Welt, der irdischen Welt und dem Jenseits. Die unsichtbare Welt heißt bei uns *rokhmat,* die Welt auf der Erde nennen wir *insan,* und das Jenseits bezeichnen wir als *arruh.* Das ist *Wetu Telu,* welches wiederum auf drei Arten der Vermehrung beruht, die in dieser Welt vollzogen werden können: vegetatives Wachstum, Eier legen und Kinder gebären. Wachsen gehört zum Erfahrungsbereich von Pflanzen, Eierlegen zu dem von Tieren. Wir Menschen und einige Tierarten gebären Kinder", erläutert er detailliert.

Wetu Telu ist also eine Art Lebensphilosophie für die Bayan-Community. Ein Kompass für den Blick auf die Lebewesen und die Natur, in der sie leben. *Wetu Telu* erklärt, wie Lebewesen entstehen: durch Wachsen, Eier legen oder die Geburt von Kindern. „Lass mich dich fragen: Gibt es noch andere Arten, auf diese Welt zu kommen?", fragt er mich. Ich schüttele den Kopf, weil ich seinen Äußerungen zustimme.

Diese philosophischen Werte haben zur Herausbildung der rituellen Praktiken im Leben der Bayan geführt, wie beispielsweise beim Pflanzen, bei der Pflege der Pflanzen, beim Ernten und beim Teilen des Ernteertrags.

Obwohl dem so ist, geben der Dorfvorsteher und einige Mitglieder der Gemeinschaft doch zu, dass es Veränderungen im Verständnis und in der Handhabung von *adat* in der jüngeren Generation gibt. Insbesondere auch durch den massiv zunehmenden Tourismus – auch wenn die Pandemie dem eine gewisse Pause verschafft hat. Sie lehnen die *adat*-Werte nicht ab, haben sie aber ein bisschen „ausgehöhlt", die Praktiken ein bisschen angepasst, und es gibt auch Menschen, die die *adat*-Werte und -Praktiken hinter sich gelassen haben. Allerdings ist die Anzahl nicht signifikant.

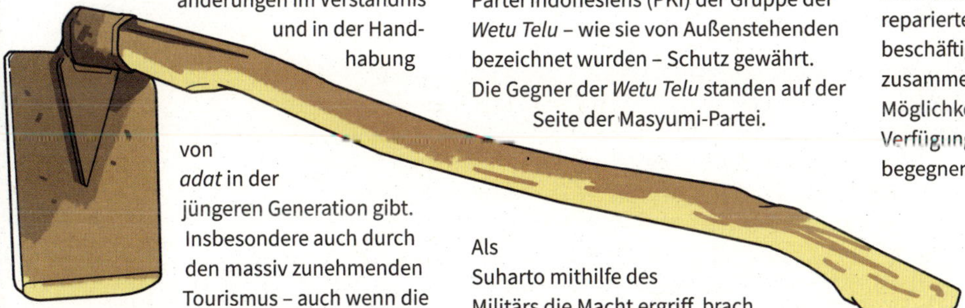

„Bei unserer *adat*-Veranstaltung mit dem Ritual nach der Ernte ist hier immer noch sehr viel los", bemerkt Riko.

Von einer als positiv empfundenen Entwicklung berichtet Mahni. Die 30-jährige Frau erzählt, dass es schon einige *adat*-Vertreter gibt, die Frauen mehr Raum geben, beispielsweise zum Besuch einer Schule außerhalb des Distrikts. „Früher wurde es nicht empfohlen, dass Frauen sich über die Dorfgrenzen hinausbewegen", erzählt sie.

Mahni berichtet, dass ihre Familie die *adat*-Praxis nicht so streng handhabt, etwa bei den Richtlinien zum Reispflanzen und der Durchführung bestimmter Rituale. Aber an den gemeinsamen *adat*-Ritualen nähmen sie immer teil. „Mit der Bewahrung von *adat* schützen wir uns selbst und unsere Identität", bekennt sie.

Mahni erzählt von ihrem Weg, die *adat*-Werte genauer zu durchdringen. Lebhaft erinnert sie sich an den Moment, als sie bei den Ältesten nach der Bedeutung von *Wetu Telu* fragte. Die Antwort war ein bisschen überraschend: „Reiß die alte Wunde nicht wieder auf!"

Mit der alten Wunde ist Folgendes gemeint: Die Gemeinschaft der Bayan hat seit der Kolonialzeit einen Konflikt mit puristischen Vertretern des Islam. Nach der Unabhängigkeit, zur Zeit der Alten Ordnung, hat die Kommunistische Partei Indonesiens (PKI) der Gruppe der *Wetu Telu* – wie sie von Außenstehenden bezeichnet wurden – Schutz gewährt. Die Gegner der *Wetu Telu* standen auf der Seite der Masyumi-Partei.

Als Suharto mithilfe des Militärs die Macht ergriff, brach die Alte Ordnung zusammen, und die PKI wurde aufgelöst. Die *adat*-Community der Bayan bekam die Folgen zu spüren und wurde politisch diskriminiert.

***

Leider habe ich das besondere Ritual nach der Ernte verpasst. Doch ich bekomme die wunderbare Aussicht auf das weite Grün geschenkt, auf dem Weg in den Süden des Dorfes, wo sich die Reisfelder erstrecken. Dieses Grün stammt vom frisch gepflanzten Reis, an dem ich vorbeikomme. Die Pflanzzeit ist hier gerade zu Ende gegangen.

Als ich mit meinem Motorrad langsam Richtung Mataram nach Hause fahren will, werde ich von mehreren am Straßenrand verweilenden Gemeinschaftsmitgliedern mit einem Lächeln begrüßt. Das erinnert mich an die Ausführungen des Dorfältesten vom Vortag: „In anderen Orten im Bezirk Nord-Lombok ist die traditionelle Lebensweise *adat* schon gestorben. Dort ist jetzt jeder für sich. Wenn jemand hungrig ist, ist er selbst verantwortlich. Für uns gibt es noch den *lumbung.*"

Bei diesen Worten erinnere ich mich an das Jahr 2018. Ich hatte mich als Freiwilliger nach dem großen Erdbeben, das diesen Bezirk verwüstet hatte, gemeldet und konnte sehen, wie chaotisch die Lage damals war. Menschen hungerten, andere stoppten Lieferfahrzeuge, und Diskriminierungen aufgrund von *SARA* (eine Abkürzung für die hochsensiblen Themen Ethnie, Religion, Rasse und gesellschaftliche Gruppe) beeinträchtigten die gleichmäßige Verteilung von Hilfsgütern. Auf der anderen Seite begegnete ich in Bayan jedoch Folgendem: Menschen, die ihre traditionellen Häuser reparierten, Frauen, die in der Küche beschäftigt waren. Danach saßen sie zusammen und berieten sich über die Möglichkeit, den Inhalt des *lumbung* zur Verfügung zu stellen, um dem Hunger zu begegnen.

Harvesting Rice, Caring for lumbung, Keeping Traditions

Dedy Hermansyah

I visited Bayan District at the end of January 2022—about four years after 2018, when the 7.5 Richter scale earthquake almost flattened the entire housing settlement. The district, which is 41 kilometers from the capital of North Lombok, was still cool even though the afternoon sun was shining brightly. Especially in Karang Bajo Village, which is a valley with fertile and moist soil. Instantly my fatigue after driving for approximately three hours from Mataram City quickly melted away.

Karang Bajo is one of five hamlets in Karang Bajo Village. This is where the Bayan Indigenous people live. They make settlements with an almost uniform and unpretentious character. The houses of the local culture *(adat)* handed down over centuries, stand neatly in a row and exude harmony.

From my visits to several members of the Indigenous community here, they all welcomed me and led me to a building without walls in front, at the sides, or behind. The area was approximately 4 x 1.5 meters. There were six wooden posts, and they gave it a roof of reeds or tin. The base is finely shaved pieces of bamboo. They named it *berugaq saka "berugaq sakenem,"* or so it sounds when you say it fast.

If we look behind the house, another building slightly towers akin to a wooden house on stilts, although not as *berugaq*. This building consists of four large pillars supporting an enclosed space with woven bamboo walls and a thatched roof. In some communal houses, the building stands alone, but in some, the lower part is used as a cowshed. This towering building is called *geleng* or *lumbung*.

Residential houses, *berugaq saka enam*, and *geleng*: these three components dominate the character of the buildings where the Bayan Indigenous people live. All three play important roles in various aspects of their lives—economic, social, religious, and cultural aspects.

"We are obliged to have *lumbung* and *berugaq saka enam*. They play the roles of custom and religion in our society," Riko explained to me. This young man whose full name is Raden Riko Agustian is part of the young generation who is proud of his Indigenous identity. Together with some of his friends, he drives literacy in his village. From our conversation, it was revealed that this 21-year-old man would graduate in three days from a university in Mataram City.

"That house is where we live, *berugaq* is where we receive guests and carry out various rituals, as well as our *lumbung* for storing our hair rice (javanica rice)," explained the chief, one of the oldest customary elders responsible for leading rituals. This chief, Amaq Riajim, has been a chief for 15 years. In his twilight years—he is 85 years old and was born in 1937—he had the name Ratmanom when he was young. It was from him that I mined stories of various rituals carried out by this Indigenous community, complete with its meanings.

***

The harvest period is the time to prepare to refill the *geleng* or *lumbung*. And between before and after harvesting, or moving the harvest into the *lumbung*, there are rituals that must be performed. From the explanations of several residents I interviewed, including the chief, the conclusion was that rituals always accompany the entire agricultural production process of the Bayan Indigenous people.

"When farming, we perform three kinds of rituals which we call *ngaji makam*: first, we perform the ritual of the *tama megawe*. Second, after the plants are two months old, there is another ritual called *tunas tamba*, praying for the plants to be protected from pests. Third, after harvesting, we recite the *ngaturang ula kaya*, give thanks, or express gratitude for a successful harvest," explained the *penghulu* at length to me.

Ngaji makam is held in the Bayan Beleq Ancient Mosque area, a site that is said to be the oldest mosque in Lombok. This mosque is equipped with five other buildings covered in bamboo containing the tombs of those who were responsible for the proliferation of Islam in this place and their followers. "This mosque was renovated in 1992–1993, but guests or tourists were allowed entry before that," Palasari, the man who guards the Ancient Mosque, told me. "The mosques and tombs here have been around since the 16th century," the man who has been guarding this ancient mosque since 1993, continued.

Many Indigenous community members participate in *ngaji makam*. Later, small rituals will be performed in each *berugaq*. For rituals during and after harvesting, *berugaq* and *geleng* will play a role.

For example, when the harvest is ready to be taken and put into the barn, the next ritual is carried out: *selamat geleng*. "Essentially, the harvest can not be consumed before going through the process of entering the *lumbung* first," the chief highlighted.

In the process of *selamat geleng*, the chief continued, men, and women share tasks. The men look after the process of transporting the javanica rice and are near the *nggang* area, the women are in charge of the *pedangan* or kitchen area.

For the record, only certain kinds of rice are placed inside *lumbung*, namely javanica rice. This rice, which is one of the subspecies of Asian rice cultivation with a tail at the end of the grain, has to be planted every year, in addition to other unhulled rice that uses pesticides and chemical fertilizers.

"Here we plant harvest javanica rice and grain rice three times. However, we only include javanica or local rice. Why local rice? Because other types of rice have been stained with dirt and trampled on. So only javanica rice is considered sacred," stated the chief.

Before unhulled rice that uses pesticides and chemical fertilizers is planted and cared for, the javanica is a must for the community to plant, both for daily consumption and for storage in the *lumbung*. Well, because nowadays people have been introduced to unhusked rice since the 70s, it doesn't mean that javanica has been eliminated. It is still maintained because it is not only a food ingredient but also a "medium" to preserve customs.

"Now, fertilizers and medicinal plants are for sale. There used to be none. We now continue to carry out these rituals," explained the chief.

Javanica and unhusked rice go hand in hand in meeting the food needs of Indigenous peoples. "So hair rice is only taken out during times of crisis," explained the chief.

Then why does this customary tradition with regard to agriculture continue to be sustainable? The answer, as explained at length by the chief to me, lies in the basic values of custom that are taught by the elders and are steadfastly held by members of the Indigenous community.

***

Too many "outsiders" misunderstand the attitude and behavior of the Bayan Indigenous people. Various stigmas were placed upon them, the harshest ranging from "deviating from the true Islamic tradition," to being judged for "only doing three daily prayers or praying three times a day." The younger generation are targets of bullying when dealing with friends from outside the region.

"I often experience that stigma. But I just think positive," Riko told me. This 21-year-old man has just graduated from his bachelor's studies. Several young people of Riko's generation told me they had the same experience.

Riko and several of his friends whom I interviewed expertly explained to me the customary values they follow. Their pride in having an Indigenous identity was evident when they spoke. "Because we were instilled with traditional values since childhood. Just look now, whenever there is a customary activity, young people are heavily involved," explained Riko again.

But I got a more detailed explanation from the chief. From his lengthy explanation, the root of the problem and traditional values are actually laid out clearly. "Custom and religion are not separate things for us," the *penghulu* began his explanation. "Those two things are indeed the tip of the base of misunderstandings."

The *penghulu* said that the custom for the Bayan Indigenous people is the sunnah of the Prophet himself. The Prophet he meant was of course the Prophet Muhammad PBH. The sunnah of the Prophet, continued the chief, spans birth to death. "There are seven sunnahs of the prophets. First, cut the umbilical cord. Second, *buang au* or its literal meaning of "name-making" for newborns after eight days old. Third, *mengkuris* or cut the first hair after approximately three months. Fourth, *khitan* or circumcision after the age of seven. Fifth, *baleq (akil balig),* which in the customary language here is called *merosoq*, that is, when boys grow manek (adam's apple) and girls grow breasts. Sixth, marriage. Seventh, death," the chief explained smoothly.

In carrying out the seven sunnahs of the Prophet, the chief further elaborated various series of rituals. What is obligatory for sunnah? "What is obligatory is the five daily prayers, fasting, Eid al-Fitr, and the birthday of the Prophet or the Prophet's customary birthday, 12 Rabiulawal," replied the chief.

So that answer is enough to refute misunderstandings of many outsiders about the thoughts and behaviors of the Bayan Indigenous people. Indigenous people do not carry out practices that deviate from religion, in fact they also perform the five daily prayers just like the teachings of Islam.

There is another well-known term in the context of the Bayan Indigenous people: *Wetu Telu*. This is a concept that continues to be discussed and debated. It is from this concept that the phrase "Time of Three" comes from which roughly translates to the three daily prayers.

"*Wetu Telu* is not a custom, not a religion, not a sunnah, nor is it an obligatory question," the chief stated, clarifying many people's assumptions of the concept. *"Wetu,"* he continued, "means 'to appear,' and *'telu'* means 'three.'"

"Man exists in three realms: the unseen realm, the worldly realm, and the afterlife. Our name in the supernatural is *nur rokhmat*. In the worldly realm, our name is *insan*. In the afterlife, our name is *ar-ruh*. This is *wetu telu*. *WetuTelu* is concerned with three things that fill the natural world: growing, laying eggs, and giving birth. Growing is experienced by plants. Egg laying is experienced by animals. While giving birth is experienced by humans and some animals," he explained clearly and in detail.

So, *Wetu Telu* is a kind of philosophy of life for the Bayan Indigenous people. Guidance for how to view living beings and the nature in which they live. *Wetu Telu* is about where living things come from: growing, laying eggs, and giving birth. "Let me ask you, is there another way for living beings in this world to enter apart from those three ways?" he asked me. I shook my head, precisely because I agreed.

This philosophical value then encourages various ritual practices in aspects of the life of the Bayan Indigenous people thus far, such as in the work of planting, maintaining, harvesting, and sharing crops.

However, the chief and some members of the Bayan Indigenous community acknowledge there is a change in understanding and maintaining customs among the younger generation. Especially with today's increasingly massive tourism activity—despite a short pause during this pandemic. They do not deny that customary values have been slightly eroded, customary practices have been mildly adjusted, and there are also people who have abandoned customary values and practices, although the numbers are not significant.

"Traditional events in the form of post-harvest rituals are still popular here," Riko said to me.

Mahmi feels that there may be a positive change. In her 30s, she says that there are already several traditional leaders who have begun to provide space for women to move more freely, for example attending schools outside the district. "In the past, it was not recommended for women to leave the village area," she said.

Mahni admitted that her own family is no longer so strict when it comes to carrying out traditional practices, such as regularly planting rice and performing various rituals. However, she asserted that they never abandoned communal traditional rituals. "Maintaining customs is maintaining our essence and identity," she said.

Mahni recites her journey to find out traditional values. The freshest thing in her memory was when she asked a traditional elder about *Wetu Telu*. The answer surprised her a little, "Don't bring up old wounds."

This is the old wound in question: the Bayan Indigenous people since colonial times have been at war with those who want Islamic puritanism. Then during the Old Order, the *Wetu Telu* group—as they were labeled—was protected by the Indonesian Communist Party (PKI), while those who opposed *Wetu Telu* were under the auspices of the Masyumi Party.

When Soeharto took power with his militarism, the Old Order collapsed. PKI was dissolved, the Bayan Indigenous people were affected, and political discrimination against them began.

***

It was a pity I missed the post-harvest ritual. However, I was rewarded with a green view of vast rice paddy fields stretched out in front of me while walking to the south of the village. The green scenery was rice that had just been planted. The planting season had just happened here.

When I was about to go home to Mataram by riding my motorbike slowly, I was greeted with smiles by several community members who were standing on the side of the road. Then I remembered the words of the chief the day before, "The customs in most other places in North Lombok have died. Now they are alone. If you are hungry, you bear it by yourself. We still have the *lumbung*," he said.

Those words took my mind back to 2018 when I volunteered to help after the big earthquake that devastated this district. I could see how chaotic the atmosphere was at that time. People were hungry, some had stopped transporting logistics vehicles, and the issues of ethnicity, religion, race and across groups also haunted aid distribution. However, at the same time, this is what I encountered in Bayan: people repairing their traditional houses, women working in the kitchen, then after that, they gathered together to discuss the possibility of bringing the contents of the *lumbung* down to deal with hunger.

Wie man Menschen mit Pferdegesicht aus dem Weg geht

Aslan Abidin
übersetzt von Gudrun Ingratubun

Sie hatten Pferdegesichter und bewegten sich entsprechend, standen in den Winkeln der Gebäude und flüsterten in ihre knisternden Walkie-Talkies. Aus der Ferne beobachteten sie mit einer aalglatten Coolness das Treiben auf dem Podium oder verfolgten verstohlen die Demonstrationen der Studierenden.

Es waren Spione beziehungsweise Geheimdienstler des Regimes der Neuen Ordnung. Die Studierenden nannten sie manchmal *indomi telur* (Fertignudeln mit Ei) beziehungsweise *intel.* Ihre Gegenwart verbreitete Furcht und Unruhe. Jemand hatte sogar mal Folgendes an die Wand gekritzelt: *Campus is not a military zone!*

Sie überwachten, ob bei den Studierenden alles nach dem Wunsch der Herrschenden lief. Dass sie keine verbotenen Bücher lasen oder etwas sagten oder schrieben, was die Herrschenden kritisierte. Es war wirklich ein Alptraum, denn der Traum Studierender ist es ja, klug zu werden – und dazu muss man viel lesen, diskutieren und schreiben. Um diese drei Dinge tun zu können, benötigte man ein bisschen Taktik und eine gemeinsame Strategie, um das System zu unterlaufen.

Dies prägte das studentische Leben Anfang der 90er an der Universitas Hasanuddin (Unhas) in Tamalanrea, Ujung Pandang (heute Makassar). Damals haben sich viele Diskussionsgruppen auf dem Campus gebildet, eine davon war die Literarische Gesellschaft Masyarakat Sastra Tamalanrea (MST).

Ich bin gebeten worden, hier zu erzählen, wie diese Gruppe zusammengearbeitet hat, um gemeinsam zu lesen, zu diskutieren, Literaturveranstaltungen durchzuführen und selbst zu schreiben. Diese Aufgabe stellte sich als gar nicht so leicht heraus, denn es klingt immer narzisstisch, über sich selbst oder eine Gruppe, der man angehört, aus der Ich- beziehungsweise Wir-Perspektive zu schreiben. Aber gut – Erfahrungen sollen ja geteilt werden.

Damals wie immer und überall: Macht ruft immer eine Reaktion des Widerstands hervor, und sei sie noch so klein. Unterbewusst oder geplant, offen oder verdeckt.

Die künstlerische Freiheit wurde auf dem Campus und weit darüber hinaus stark eingeschränkt. Immer wenn wir beabsichtigten, eine Lyriklesung außerhalb des Campus zu veranstalten, mussten wir die Verse vorher einreichen, und die zuständige Polizeistelle traf dann eine Auswahl. Diese Erfahrung machte auch Muhary Wahyu Nurba, bevor er bei der Literaturveranstaltung mit dem Titel *Tahajud Suci* (Das heilige Tahajud-Gebet) 1994 im Auditorium von Radio Republik Indonesia Ujung Pandang auftreten konnte.

Etwas Ähnliches ist auch auf dem Campus passiert. Kritische Medien wie die *Baca-Baca Berdiri* (Im Stehen lesen) wurden zerstört. Die Wandzeitung in einer Vitrine mit Drahtglas davor wurde von einem Studenten der Kommunikationswissenschaft, Ostaf Al Mustafa, betrieben und mit Karikaturen und passenden Texten versehen. Er sprach auch häufig auf offenen Bühnen und bei studentischen Straßenprotesten.

Ostaf ist einer von vielen, die vielschichtige und manchmal regelrecht schizophrene Metaphern benutzen mussten, um kritische Aussagen vor der Bespitzelung durch die Pferde zu tarnen. Das galt für seine Texte ebenso wie für die Karikaturen, etwa Stiefel mit gezahnten Sohlen und Schnürsenkeln, die die gewundenen Tentakel der Macht versinnbildlichen.

Frühmorgens drängten sich die Studierenden immer vor der Außenwand der Fakultät für Soziologie und Politikwissenschaften, wenn eine neue Ausgabe der Wandzeitung *Baca-Baca Berdiri* erschienen war. Doch eines Morgens war die Atmosphäre anders. Die Studierenden machten einen Bogen um die Glasscherben und starrten auf die heraushängenden Reste der Wandzeitung. Das Glas war zerbrochen und das Drahtgitter durchtrennt, ein Teil des Inhalts fehlte.

Gegenreaktion

Einige Studierende, die so mit der Macht konfrontiert wurden, taten sich zusammen, um Aktivitäten oder Institutionen der Herrschenden ein klein wenig zu unterwandern. Dies geschah, indem beispielsweise offizielle Veranstaltungen der Machthabenden zu eigenen Zwecken genutzt wurden, die Zielrichtung der Veranstaltung ein bisschen geändert wurde – der dogmatische Diskurs der Herrschenden wurde gleichsam von den Studierenden gekapert.

Es war auch einigermaßen lukrativ, die Studierendenorganisationen zu infiltrieren. Diese bekamen routinemäßig 500.000 Rupiah pro Jahr. So konnten die Studierenden sich versammeln und viele Aktivitäten finanzieren. Organisiert wurde das durch Arbeitsgruppen, die ähnlich wie Banden funktionierten.

Davon gab es viele auf dem Campus, entsprechend den jeweiligen Interessen und Motiven. Angefangen bei denen, die sich gern an Alkohol, Religion oder Diskussionen berauschten, bis hin zu Sportcliquen oder Kunstbegeisterten, deren Aktivitäten einen öffentlichen Charakter bekamen. Eine dieser institutionalisierten Banden auf Universitätsebene wurde Einheit der Studentenaktivitäten (UKM) Literatur genannt.

Diese UKM war lange inaktiv, weil es niemanden gab, der sich darum gekümmert hätte. Anfangs hatte ich kein Interesse. Doch dann fand ich es schade, diese Möglichkeit ungenutzt zu lassen, Dinge zu organisieren und dafür das (zwar nicht sehr große) Budget zu bekommen.

Um diese Organisation zu aktivieren, traf ich einige Studierende aus verschiedenen Fakultäten, die gerne lasen, diskutierten und schrieben, und versuchte sie zu motivieren. Ihre Namen und Einstellungen kannte ich aus ihren Artikeln und literarischen Werken, die sie im *Koran Kampus Identitas* (Campuszeitung Identität) veröffentlicht hatten. Ich war viel unterwegs, um sie kennenzulernen, und bat sie, sich der UKM Literatur anzuschließen.

Dabei waren Muhary, ebenfalls aus der Fakultät Literatur, Hendragunawan S. Thayf aus der Wirtschaftsfakultät und Sudirman HN aus der medizinischen Fakultät. „Über diese Organisation können wir eine Gruppe bilden, in der wir lesen, diskutieren und schreiben", lud ich sie ein und konnte sie schließlich überzeugen.

Wir trafen uns oft und berieten, bis die Organisation am 15. Juni 1994 gegründet wurde. Mehr als zwanzig Studierende aus unterschiedlichen Fakultäten waren dabei: Aslan Abidin, Muhary, Sudirman HN, Hendragunawan S. Thayf, Risma Niswati, Baso Rahmanuddin, Al-Ilham Arrachomi, Ostaf Al Mustafa, Iwan BZ Vauly, Jusmadi DN Kaitta und noch viele mehr.

Wir begannen unser erstes Treffen an einem Morgen am Ufer des Sees Palsu Unhas. Dieses Treffen wurde „eine Art Arbeitstreffen" genannt, weil wir uns einig waren, weder das erhaltene Geld noch unsere Zeit darauf zu verschwenden, unsere Organisationsform zu diskutieren – etwa in einer Debatte über die Paragrafen einer Satzung. Wir machten sofort einen Arbeitsplan, weil wir kein Interesse hatten, uns um unsere Organisation zu kümmern.

„Wir wollen zusammen arbeiten, lesen, diskutieren und schreiben. Diese Idee müssen wir mit Nachdruck in unserem Umfeld, aber auch nach außen kommunizieren. Das ist unser Ziel", sagte ich in meiner Rede, als ich offiziell Vorsitzender der MST geworden war. Als die Veranstaltung zu Ende war, aßen wir gemeinsam zu Mittag, Reis mit Beilagen in Dians Imbiss.

Als offizielle Organisation erhielten wir jährlich die 500.000 Rupiah. Für den Abruf der Mittel verwendeten wir den Namen UKM Literatur, während wir bei neuen Aktivitäten den Namen MST verwendeten.

Das war der Trick. Als eine künstlerische Diskussionsgruppe war der staatliche Einheitsname Name UKM (Einheit der Studentenaktivitäten) Literatur nicht sehr cool. MST (Literarische Gesellschaft Tamalanrea) klang viel aufregender. Die Wahl dieses Namens war auch Teil der langfristigen Überlegung, unsere Community außerhalb des Campus weiterzuführen, nachdem die Mitglieder ihr Studium abgeschlossen hatten.

Zum Glück war Pak Syarifuddin Wahid zu der Zeit stellvertretender Universitätsrektor, ein netter Mann und uns freundlich gesonnen. Unser Exposé über die geplanten Aktivitäten für den Mittelabruf – in schrägen Versen verfasst und vorgetragen von Hendra – hat er mit Wohlwollen aufgenommen. Die Gelder haben wir für Diskussionsveranstaltungen, Schreibworkshops, szenische Lesungen, Kunstinstallationen und den Druck von Zeitschriften und Büchern verwendet.

Fast jeden Tag trafen wir uns auf dem Campus, diskutierten unsere Textideen und kritisierten fertige Texte, bevor wir sie an die Massenmedien schickten. „Wenn wir gemeinsam die Texte durchsprechen und all unsere Gedanken einfließen lassen, bevor sie an großen Zeitungen geschickt werden, sollten wir da nicht gute Chancen bei dem einen oder anderen Redakteur haben?"

So wollten wir es schaffen, als Studierende in den namhaften Zeitungen Jakartas veröffentlichen zu können. Ähnlich verfuhren wir auch, wenn wir an Schreibwettbewerben in den Kategorien Essay oder Belletristik teilnahmen. Einmal machten wir ziemlichen Druck bei der Badan Seni Mahasiswa Indonesia Sulawesi Selatan (Behörde für studentische Kunst in Süd-Sulawesi), damit ein Student ein Theatermanuskript einreichen durfte, das dann bei Peksiminas Jawa Barat (Theaterwoche Westjava) 1997 aufgeführt wurde. Drei Studierende haben an diesem Manuskript mitgeschrieben, aber nur eine Person wurde als Verfasser genannt, nämlich Al-Ilham R. Rachomi.

Wir wollten gern für die Massenmedien schreiben, nicht nur um für unsere Ideen ein Publikum zu erreichen, sondern auch, weil man dort ein Honorar bekam. Das war sehr wichtig, um Bücher kaufen und Speisen und Getränke für unsere Treffen bezahlen zu können. (Manchmal gab es auch fürsorgliche Mädchen, die etwas zum Essen mitbrachten, weil sie bei unseren merkwürdigen Gesprächen oder lustigen Geschichten dabei sein wollten.)

Anfangs schrieben wir für Medien unseres Studiengangs, der Fakultät und später auf Universitätsebene. Dann schickten wir unsere Texte an Tageszeitungen in Makassar, nahmen an Wettbewerben teil – und neckten uns gegenseitig deswegen –, um für größere Medien wie die Literaturzeitschrift *Horison* und die Tageszeitung *Kompas* zu schreiben.

Es folgte der Versuch, unsere Ideen mündlich an ein Publikum weiterzugeben, beispielsweise indem wir als Co-Vortragende die Penataran Pedoman Penghayatan Pancasila (Lehrveranstaltung zu den Leitlinien für das Verständnis der Staatsideologie Pancasila) unterwanderten. Das Ziel war, neuen Studierenden einen alternativen Diskurs in dieser Lehrveranstaltung anzubieten. Natürlich heimlich und nach dem offiziellen Ende der Veranstaltung.

Ein weiterer Ansatz war, sich im Komitee für die Erstsemester-Orientierung oder Anti-Mobbing-Strategien einzubringen. Hier sollte die Gewalt reduziert werden, die oft von älteren Studierenden gegenüber den Jüngeren ausgeübt wurde.

Zeit des Übergangs

Der technologische Wandel, der sich in Indonesien in den 90er Jahren vollzog, ließ manches in der Versenkung verschwinden: Matrizenabzüge wurden durch Fotokopien ersetzt, Overheadprojektoren durch LCD-Projektoren, und Schreibmaschinen wurden von Computern verdrängt.

Das Aufkommen von Computern hat den Austausch von Briefen und Telegrammen durch E-Mails ersetzt. Früher war in der Post sehr viel los. Diese Geschäftigkeit hat sich erst in die Telefonkioske *(warung telepon: wartel)* und schließlich in die Internetcafés *(warung internet: warnet)* verlagert.

Mit dem Computer wurden auch Layout-Programme zugänglich, sodass mehr Menschen selbst Zeitungen, Zeitschriften und Bücher gestalten konnten, um sie dann drucken zu lassen. Auch die Publikationsmöglichkeiten für Belletristik und Kulturbeiträge erweiterten sich.

Muharys Entscheidung, einen Kurs in Layout und Design an einer Hochschule für Mediengestaltung in Tamalanrea zu besuchen, war für die MST sehr vorteilhaft. Seine neuen Fähigkeiten als Layouter ermöglichten der MST, literarische und lyrische Flugblätter und sogar Bücher zu drucken.

So entstand 1994 die Lyrikanthologie *Korridor: Gesammelte Verse von vier Dichtern aus Tamalanrea* mit Werken von Aslan Abidin, Muhary Wahyu Nurba, Sudirman HN und Hendragunawan S. Thayf. Der Name ist eine Anspielung auf das „Sekretariat" von MST – tatsächlich die Korridore der Universität, denn MST hatte gar kein Sekretariat.

Unser Inventar bestand in der Tat nur aus einem Stempel, für den wir nicht mal ein Stempelkissen hatten. Wenn wir ihn benutzen wollten, nahmen wir leihweise ein Stempelkissen aus Sekretariaten anderer Studierendenorganisationen.

Das Buch *Korridor* wurde von den höheren Semestern und einigen Lehrenden heiß diskutiert. Den wenigsten ging es dabei um den Inhalt, sie störte vor allem der Begriff „Dichter" im Untertitel.

Zu dieser Zeit war das Wort Dichter noch fremdartig und irgendwie sagenumwoben. Nicht jeder durfte es einfach so benutzen. Um Dichter genannt zu werden, musste man schon wirklich ein Meister sein, mindestens aber in den namhaften Printmedien Jakartas veröffentlicht haben.

Korridor wurde bald in das Angebot der Buchhandlung Gramedia Jalan Pengayoman, Makassar, aufgenommen und dort verkauft. Kein Wunder, denn die meisten MST-Mitglieder waren dort Stammkunden. Nicht immer, um dort Bücher zu kaufen, oft auch nur zum Lesen.

Natürlich im Stehen. Wenn wir auf so einer Mission waren, hatten wir meist ein dünnes Stück Pappe dabei, das wir als Lesezeichen benutzen konnten. Wenn wir nicht mehr stehen konnten, steckten wir es hinter die zuletzt gelesene Seite. Dann stellten wir das Buch an einem versteckten Platz ab, um es am nächsten Tag weiterzulesen.

Ein Besuch in der Buchhandlung Gramedia stimmte uns immer euphorisch. Nachdem wir schon lange auf eine Filiale in Makassar gehofft hatten, las ich eines Tages in der Tageszeitung *Kompas*, dass Gramedia hier ein Geschäft eröffnen würde. Seitdem hatte ich für diese Neueröffnung Geld zurückgelegt.

Die folgenden Veröffentlichungen von MST erschienen monatlich als Fotokopien oder gar als gebundene Lyrikanthologien einzelner Autor*innen. *Meditasi* (Meditation), Muhary Wahyu Nurba (1996), *Nyanyian Alam, Nyanyian Adam, Nyanyian Malam: Sepilihan Sajak* (Gesang der Natur, Gesang von Adam, Gesang am Abend: Ausgewählte Verse), 1992–1996, Hendragunawan S. Thayf (1996), *Ininnawa: Antologi Puisi Penyair Sulawesi Selatan* (Ininnawa: Lyrikanthologie von Dichtern aus Süd-Sulawesi) (1997), *Binrolle: Antologi Puisi* (Binrolle: Lyrikanthologie) von Tomi Tamara (1997), *Pelarian* (Flucht), Roman von SM Noor (1999), und *Memoranda Perkabungan* (Memoranda der Trauer) Lyrikmanuskript von Aslan Abidin (2000).

Außerdem sind Werke der MST-Aktivist*innen in vielen Medien wie *Majalah Sastra Horison, Kompas, Media Indonesia* und anderen in Jakarta erschienen. Die Machtkonstellation dieser Zeit machte die Anerkennung einer*s literarischen Autor*in abhängig von Jakarta. Fing man an zu schreiben, war man zunächst nur Schriftsteller*in, nationale*r Schriftsteller*in wurde man erst, wenn die eigenen Werke in den großen Printmedien Jakartas erschienen.

Die Fähigkeit, neue Technologie zu nutzen und selbst mit großer Reichweite zu publizieren, hat es Schreibenden aus anderen Provinzen ermöglicht, ein Gegengewicht zu der Macht und dem ästhetischen Geschmack der Massenmedien Jakartas zu entwickeln. So ist 1993 die Bewegung *Revitalisasi Sastra Pedalaman* (Wiederbelebung der Literatur in den Provinzen) (RSP), die in Ost-Java begann und sich dann weiter ausgebreitet hat, entstanden. Im Gegensatz zu MST ist RSP von erfahrenen Schriftsteller*innen aus einem größeren Umfeld außerhalb einer Universität gegründet worden.

Treffpunkte

Im Laufe der Zeit haben sich die Orte, wo wir Diskussionsrunden veranstaltet haben, weiter über die Stadt verteilt, in Studierendenwohnheime, in Herbergen und andere Hochschulen in Makassar. Die Häuser von Mitstreiter*innen wurden damals zu *basecamps,* genauer gesagt die Häuser von drei Freunden: in der Andi-Pangerang-Pettarani-Straße, der Terong-Straße und der Paccerakkang-Straße. Dort aßen wir oft *songkolo'* (weißen oder schwarzen Klebereis).

songkolo' isst man bevorzugt mit *manu' nasu lekku* (Hähnchen mit Galgant), aber wir von der MST waren schon zufrieden, wenn es gesalzenen Fisch dazu gab. Treffen dieser Art fanden immer wieder statt, sodass wir sie 1. *Songkolo'*-Treffen, 2. *Songkolo'*-Treffen und so weiter nannten. Manchmal diente so ein *Songkolo'*-Treffen auch nur dazu, Musik zu hören, über klassische Bugis und Musik aus Makassar zu sprechen, über Symphonien oder die Lieder der Beatles.

Die Mobilität der MST-Aktivitäten wurde durch ein Fahrzeug namens Morula *(Motoro' Riolo Lago),* eine alte Suzuki von Sudirman HN, unterstützt. Zu dieser Zeit waren öffentliche Verkehrsmittel für Studierende aus der Unterschicht teuer. Einer meiner Freunde etwa hat mal vorgetäuscht, wahnsinnig zu sein, als er von einem Schaffner kontrolliert wurde und kein Geld dabeihatte.

Nachdem ein Mitglied nach dem anderen das Studium abgeschlossen hatte, folgte die MST ihren Gründer*innen aus der Universität hinaus. Einige Mitglieder arbeiteten und wohnten weiterhin in Makassar, sodass gemeinsame Treffen zum Diskutieren und Schreiben weiterhin möglich waren. Und immer wieder kam es auch anlässlich diverser Kunstaktionen und intellektueller Aktivitäten zu Besuchen auf dem Unhas-Campus in Tamalanrea.

So in etwa hat sich die kleine Geschichte der Literarischen Gesellschaft Tamalanrea (MST) zugetragen. Ein Ort der Freundschaft in einer Zeit, in der Angst die Leute apathisch machte. Eine Erinnerung an die Studentenzeit inmitten von Gespenstern mit Pferdegesichtern.

Dodging the Horse-Faced People

Aslan Abidin

Their movements and faces were like horses. Whispering into walkie-talkies with noisy static in the corners of the building. Standing coolly monitoring from afar the activities in the open podium, or stealthily following student protests in the streets.

They are spies or intelligence of the New Order regime. Students sometimes call them *indomie telur* or intel. Their presence causes worry and is disturbing. A student even scribbled on the wall: *Campus is not a military zone!*

They were watching students so they remain orderly according to the will of the authorities; to not read banned books or say or write anything that is critical of the authorities. That must be a nightmare because a student's dream is to be smart. Meanwhile, to be smart requires a lot of reading, discussing, and writing. In order to be able to actively carry out these three activities, a few tactics are needed, a kind of cooperative strategy among students in carrying out counter-infiltration.

Such was the life of students in the early 1990s at Hasanuddin University (Unhas) in Tamalanrea, Ujung Pandang. That was when many student discussion groups were formed on campus, including the Tamanrea Literary Society (MST).

On this occasion, I have been asked to tell how this community worked together in reading, discussing, holding literary stages, and writing. The task did not turn out to be easy. Writing about one's self or one's group using the word 'I', 'we', or stating one's own name seems narcissistic. However, very well, all in the name of sharing experience.

At the time, like anywhere else, power always led to a reaction of resistance. No matter how small. Whether subconscious or planned, open or covert.

The freedom of artistic expression off and on campus was restricted. Every time a poetry reading was to be held off campus, the poems had to be submitted for selection at Makassar Municipal Police. This happened to Muhary Wahyu Nurba during the literary event titled *Tahajud Suci 1994* (Holy Tahajud 1994) at Ujung Pandang RRI Auditorium.

The same thing also happened on campus, critical media such as the wall magazine *Baca-Baca Berdiri* (Read While Standing) was destroyed. The wall magazine had barbed wire in a glass display case, managed and filled with pictures and caricature writings of a Communications major student, Ostaf Al Mustafa. He also frequently spoke at open podiums during street protests.

Ostaf is an example of a student who had to speak using multiple layered metaphors akin to schizophrenia to camouflage his critical language from the eyes of the horses. So are his writings and caricatures. Like boots with laces and jagged soles mimicking the winding tentacles of power.

Early in the morning, readers always crammed into the outside walls of the corridor at Hasanuddin University Faculty of Social and Political Sciences every time a new issue of *Baca-Baca Berdiri* came out. But one morning the atmosphere was different. The students walked around a half-circle avoiding the broken glass while gazing at the broken wall window. There was shattered glass and broken wires, some of the contents were missing.

Counter Reaction

One of the reactions of some of the students dealing with the authorities was to plot to carry out a kind of minor infiltration into the activities as well as institutions of the ruling powers. Sort of like making hosts out of the powers that be with the aim of slightly distorting it, or the cool term for it—countering the dogmatic discourse of rulers to students.

On the other hand, student organizations were quite effective to be infiltrated as a host. They received regular funding—around IDR500,000 per year—and could carry out student activities. It could be said they were similar to a gang.

There were many gangs according to interest and motives on campus. Starting from the gangs that were drunk on alcohol, drunk on religion, discussion gluttons, to sports gangs, as well as officially institutionalized arts. One of the university-level institutionalized gangs was called the Literary Arts Student Activity Unit (SAU).

The SAU had been on hiatus for a long time because there were no administrators. A senior suggested that I could take care of it. At first, I was not very interested, but I felt it would be a shame to waste an opportunity to have a student activity even though the amount was small.

To take advantage of that organization, I met and invited several students who were interested in reading, discussions, and writing from various faculties. Their names and thoughts were easily known from their opinion pieces and literary works in the *Koran Kampus Identitas* (Campus Newspaper Identity). I went around getting to know them and asked them to join the Literary Arts SAU.

There was Muhary from the Faculty of Letters, Hendragunawan S. Thayf from the Faculty of Economics, and Sudirman HN from the Faculty of Medicine. "*Through the organization, we can create a reading, discussion, and writing group,*" I explained, attempting to invite them. They finally agreed.

We started to meet frequently and had discussions until the organization was formed on June 15, 1994. More than 20 students from various faculties joined. Aslan Abidin, Muhary, Sudirman HN, Hendragunawan S. Thayf, Risma Niswati, Baso Rahmanuddin, Al-Ilham Arrachomi, Ostaf Al Mustafa, Iwan BZ Vauly, Jusmadi DN Kaitta, and many more.

We started our first meeting one morning on the shores of man-made lake, Hasanuddin University. The meeting was called "a kind of work meeting" because we agreed not to waste money and time on organizing—for example, debates about the articles of association. We would immediately make a work plan because our goal was not to organize.

"*We want to work together, read, discuss, and write. Insist on conveying ideas to our surroundings until far outside of here. That is our goal,*" was the speech I delivered when I officially served as the MST Chair. After the meeting ended, we had lunch together with rice and accompaniments wrapped from Warung Dian.

As an official organization, we received IDR500,000 per year. When submitting a request for funds, we used the name Literary Arts SAU, while for new activities we used the name MST.

That was the trick. As a discussion or arts group, using the name Literary Arts SAU wasn't flashy. MST was cooler. The choice of name was also part of our long-term plan to continue the community outside campus after the members graduated.

Luckily, Mr. Syarifuddin Wahid, Vice-Rector III, was a kind and friendly person. The proposal for activity funds, even in the form of quirky rhyming poems—made and submitted by Hendra—was well received by him. The funds were used to hold discussions, writing training, literary performances, installation arts, as well as publishing magazines and books.

We met almost every day on campus discussing writing plans, and critiquing each other's work before they sent them to the mass media. "*When we were together we thoroughly critiqued friends' writing before it was sent to a big magazine or even newspaper. Would all our thoughts really lose to one or two editors over there?*"

That was the "secondant" dictum when trying to become a student who writes in well-known mass media in Jakarta. Likewise when writing to participate in essay-writing and literary competitions. Including when we pressed the Indonesian Student Art Board in South Sulawesi so that students would make their own theater scripts to be performed at the 1997 West Java National Student Art Week. One theatre script was written by three students but only one name was listed as the author, Al-Ilham R. Rachomi.

In addition to disseminating ideas, the latent purpose of writing in the mass media was of course to get honorariums. It was vital to buy books and provide each meeting with simple food and drink. (Sometimes there were girls who were kind enough to treat us, just because they wanted to be engaged in strange chats or funny stories).

Initially, we wrote for the media at the levels of study programs, faculty, to university. After that, we started sending articles to Makassar daily newspapers until we competed—and teased each other—to write in larger media such as *the Horison Sastra Magazine* and *Harian Kompas*.

The next infiltration was trying to find a place to convey ideas orally, such as accompanying the presenters of Upgrading the Guidelines for Understanding Pancasila. The goal was to provide a counter-discourse for new students participating. Of course, this was done quietly after the main session was over.

Another means was to be a study orientation or hazing committee organizer. The goal was to reduce acts of violence often perpetrated by seniors on new students.

Transition

The transition of technology that occurred in the 1990s in Indonesia left behind memories when stencils were taken over by photocopiers, overhead projectors were pushed aside for LCD projectors, and typewriters were set aside in favor of computers.

The emergence of computers replaced mail correspondence and telegrams became emails. The hustle-bustle initially centered at the Post Office moved to telephone kiosks (*Wartel*), then finally to internet cafes (*Warnet*).

Computers also offered font and image layouts that enabled more people to self-design newspapers, magazines, and books to take to the printers. There were also greater opportunities for literary and cultural writer groups to publish their own writing.

Muhary's decision to attend layout and design training at a graphic media college benefitted MST. The ability to layout allowed MST to self-publish literary flyers, poetry manuscripts, to books. A collection of poems titled *Corridor: A Collection Poems by Four Tamalanrea Poets*, by Aslan Abidin, Muhary Wahyu Nurba, Sudirman H.N., and Hendragunawan S. Thayf was published in 1994. The name was taken from MST's "secretariat," a.k.a along Hasanuddin University corridors, because MST didn't have a secretariat.

Our inventory was also just a stamp. Even that didn't have an ink pad. To use it, we often borrowed other student association secretariats' ink pads to use our stamp.

The book *Corridor* was quite debated by senior students and several lecturers. A few of them discussed the contents. Most protested the use of the word "poet" in the subtitle.

At the time, the word "poet" was foreign and very spooky. Not just anyone could use it. In order to be called a poet, a person had to be very qualified, their work published at least in a well-known Jakarta mass media.

Corridor finally gained entry and was sold in the Gramedia book store on Pengayoman Street, Makassar. This was due to being close to many workers and managers there. You have to understand, almost every day MST members went to Gramedia. It wasn't always to buy books, rather, it was to simply read.

While standing, of course. Usually, we carried out our mission while bringing strips of thin cardboard from lodges to use as bookmarks. Once we weren't able to stand any longer, we slipped the cardboard into the last page we read to continue reading again the next day.

Visiting Gramedia was euphoria in itself. After waiting for a long time for the bookstore to open in Makassar, finally, one day I read in *Harian Kompas* that Gramedia would open in Makassar. After that, I would diligently save while waiting for the bookstore to open.

MST's next publication was a monthly photocopy until a single poem anthology book titled *Meditasi* (Meditation), Muhary Wahyu Nurba (1996), *Nyanyian Alam, Nyanyian Adam,*

Nyanyian Malam: Sepilihan Sajak 1992–1996 (The Singing of Nature, the Singing of Adam, the Singing of Night: A Selection of Poems 1992–1996), Hendragunawan S. Thayf (1996), *Ininnawa: Antologi Puisi Penyair Sulawesi Selatan* (Ininnawa: A Poetry Anthology of South Sulawesi Poets (1997), *Binrolle: Antologi Puisi* Tomi Tamara (Binrolle: A Poetry Anthology by Tomi Tamara) (1997), *Pelarian* (Escape), a novel by SM Noor (1999), and *Memoranda Perkabungan* (A Mourning Memoranda) poem manuscript by Aslan Abidin (2000).

Additionally, the works of MST activists have also been published in many media such as *Majalah Sastra Horison*, *Kompas*, *Media Indonesia*, and other print media in Jakarta. The constellation of power at that time made the legality of a littérateur centered in Jakarta. A person would only be called a "writer", or even a "national writer," if their work had been published in a major Jakarta media.

The ability to master technology and to publish their own mass media opened the resistance of hinterland writers against the power and aesthetic tastes of Jakarta's mass media. The Inland Literature Revitalization movement (RSP) emerged from East Java and eventually expanded to the hinterlands in 1993. In contrast to MST, RSP was driven by senior writers in a wider area, specifically outside the campus.

Places to Meet

Over time, the places where we had discussions expanded to boarding houses or lodges and other campuses in Makassar. Friends' houses also became base-camps at that time, to be precise the houses of three friends on Andi Pangerang Pettarani Street, Terong Street, and Paccerakang Street. A regular menu that was usually served was *songkolo'* (white or black glutinous rice).

Songkolo' is ideally eaten with *manu' nasu lekku* (chicken cooked with galangal), but we at MST were quite content eating it with salted fish. The event was held regularly so we called it the *Songkolo'* 1 Meeting, the *Songkolo'* 2 Meeting, and so on. Sometimes the *Songkolo'* was only to discuss classical Bugis and Makassar music, symphonies, and even songs from The Beatles.

In carrying out activities, MST's mobility was greatly assisted by the presence of a vehicle called Morula (*Motoro' Riolo Lago*), a.k.a Sudirman H.N.'s old Suzuki motorcycle. At that time, the cost of public transportation was expensive for lower-class students. For example, a friend of mine, when asked for payment by the conductor on the bus, had to pretend to be crazy because he didn't have any money.

One by one, after its members finished university, MST followed its founders out of campus. A few of its members worked and stayed in Makassar, allowing for hangouts to discuss and write to continue. Including back and forth in the name of various arts and intellectual activities on the Tamalanrea Hasanuddin University campus.

That is more or less the small story of MST. A place of friendship when fear could make people apathetic. A kind of memory of being a student among the ghosts of the horse-faced people.

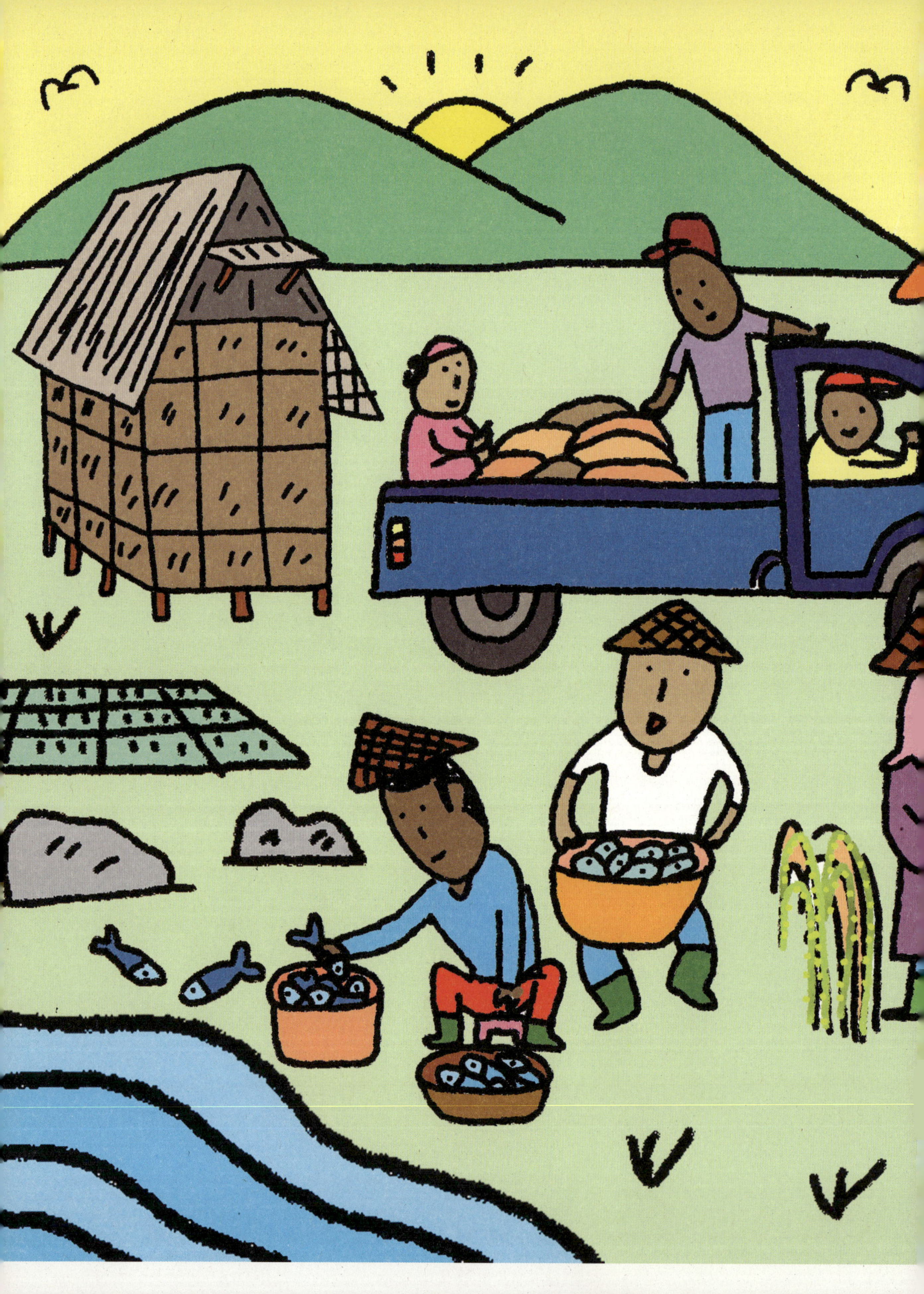

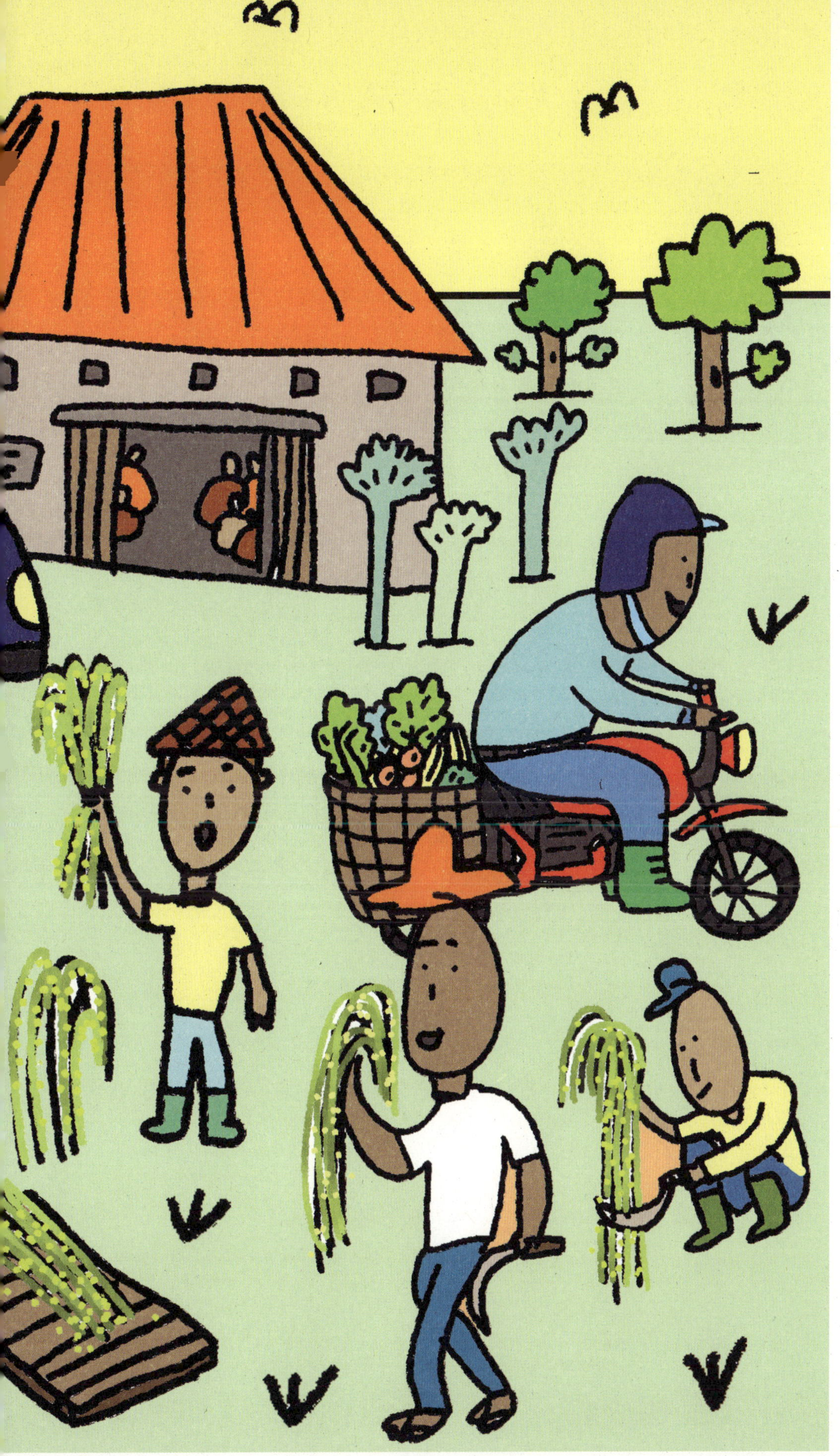

Illustration:
Dwi Wicaksono
Suryasumirat

Ernten vor der Aussaat

Harry Isra Muhammad
übersetzt von Gudrun Ingratubun
illustriert von Marishka Soekarna

Wann genau Pung Masi' das Licht der Welt erblickte, hat sie vergessen. Aber die nach ihrer eigenen Einschätzung ungefähr 70-Jährige erinnert sich genau an das, was früher gelehrt wurde. In früheren Generationen wurde noch kein Gift verwendet, das die Menschen heute von den Wurzeln ihrer Kultur trennt.

Nach mehr als vierzig Jahren ist die Erinnerung an das traditionelle ökologische Wissen der Großmütter, das Pung Masi' in ihrer Jugend noch kennengelernt hat, wie ein verletzter Drache davongeflogen. Seitdem dominiert der Einsatz von Pestiziden, Herbiziden, Insektiziden, chemischen Düngemitteln und synthetischem Saatgut die landwirtschaftliche Praxis in Indonesien. Dieser Wandel wird Grüne Revolution, Entwicklungsprojekt und Modernisierung der Landwirtschaft genannt und wurde durch das Regime der Neuen Ordnung 1969 begonnen. Früher lagerten die Landwirt*innen in Salassae, Bulukumba, auf Süd-Sulawesi ihre Ernte wie beispielsweise Reis in einem *lumbung* auf den Dachböden der Häuser – in der Lokalsprache Konjo *para* genannt.

Die Leute hängten die Ernte unter das Dach als sichtbares Zeichen der Dankbarkeit gegenüber Gott, der ihnen das Geschenk gemacht hat, jederzeit zu essen zu haben. In der Kosmologie der Bugis-Makassar-Konjo haben Lebensmittel in den auf Stelzen gebauten Häusern ganz oben ihren Platz, Menschen in der Mitte und Tiere unten – eine Unterteilung, die eigentlich eher eine funktional-symbolische als eine hierarchische Bedeutung hat. *para* kann auch ein Symbol für Zusammenarbeit in einer Reihe von landwirtschaftlichen Arbeitsabläufen sein. In der Erntesaison haben alle Bewohner*innen die Möglichkeit zu arbeiten und können einen Ernteanteil für sich beanspruchen, den sie dann in der *para* aufbewahren können. Doch als die Grüne Revolution in Bulukumba Einzug hielt, verschwand die *para*-Kultur im Nebel der Geschichte.

„*para* ist verloren gegangen, weil es keine Ernte mehr gab, die wir auf dem Dachboden hätten lagern können, nachdem wir angefangen hatten, Landwirtschaft mit chemischen Mitteln zu betreiben. Denn wir erlebten häufig Ernteausfälle. Früher war unsere *para* immer voll, es kam sogar vor, dass ein Teil der Ernte auf dem Boden gelagert werden musste, weil das Dach schon belegt war", erinnert sich Pung Masi'. Die Menschen im Raum Makassar benutzen sehr häufig das Wort „wir", um auszudrücken, dass ein Ereignis eine kollektive Erfahrung ist.

Versprechungen von mehr Wohlstand und verbessertem Lebensstandard entsprachen nicht der Realität, mit der Pung Masi' und viele andere konfrontiert waren. Sie wurden aufgefordert, synthetisches Saatgut zu verwenden, wodurch Schädlinge zu einem Problem wurden und sie gezwungen waren, als Ausweg Pestizide zu kaufen. Dadurch stiegen die Kosten der landwirtschaftlichen Produktion massiv, und man konnte sich nicht mehr auf die Landwirtschaft zur Sicherung des Lebensunterhalts verlassen. Infolgedessen brachen viele Kinder die Schule ab.

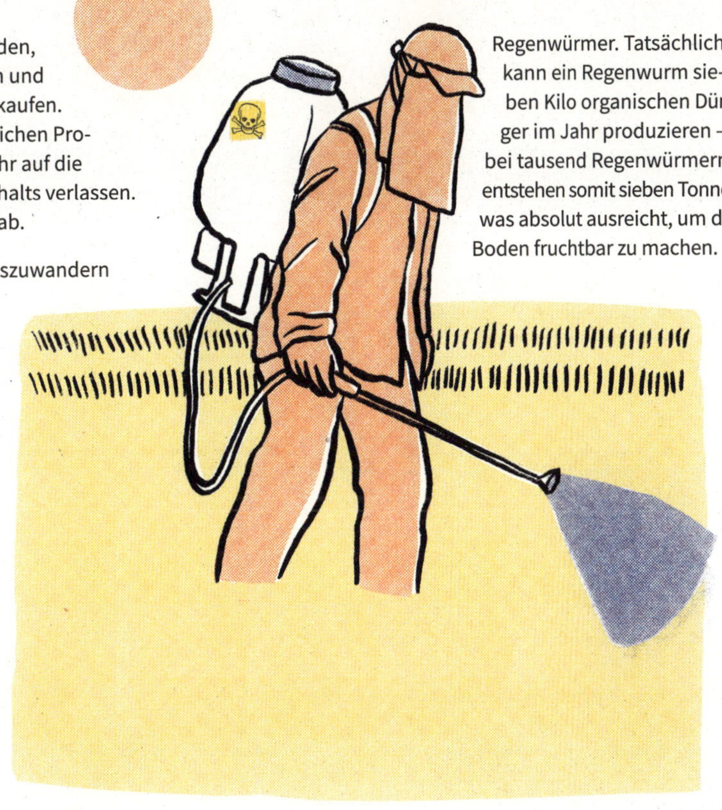

Außerdem entschieden sich viele Menschen auszuwandern und ihr Leben woanders fortzuführen. In fast jedem Haushalt in Salassae gibt es ein Familienmitglied, das sein Glück in den Nachbarländern oder anderen Gegenden Indonesiens versucht hat. Das betrifft inzwischen mehr als tausend Menschen. Das Volk der Bugis-Makassar wird oft als nomadisch bezeichnet. Dabei wird jedoch häufig die Tatsache außer Acht gelassen, dass viele Bugis-Makassar ihre Heimat verlassen, weil ihr Land inzwischen von wenigen Menschen kontrolliert wird oder die Erde nicht mehr fruchtbar ist.

In den 25 Jahren seit dem Tod ihres Mannes reiste Pung Masi' nach Ost-Malaysia (Sarawak), um dort als Landarbeiterin auf den Feldern anderer Leute zu ernten. Sie hat ihr Glück auch in West- und Ostkalimantan versucht. Die einzige landwirtschaftliche und gärtnerische Praxis, mit der sie während ihrer Zeit im Ausland betraut war, war die chemiebestimmte Landwirtschaft.

Als sie jedoch 2017 nach Salassae zurückkehrte und durch ihren Stiefsohn Pak Bate die biologische Landwirtschaft kennenlernte, wie er sie seit 2015 praktiziert, schien Pung Masi's zerbrechlicher Körper wieder Begeisterung zu spüren. Die durch die jahrzehntelange Landarbeit im Ausland erschöpfte Energie wurde neu aufgefüllt. Die natürliche Landwirtschaft ermöglichte es ihr, Erinnerungen und Wissen wieder zu verbinden. In all den Jahren war das, was ihre Großmutter ihr gesagt und gezeigt hatte, von ihrer Lebensrealität abgeschnitten gewesen. Nun hat sie Hoffnung auf eine viel bessere Zukunft, in der sie wieder auf dem eigenen Land erntet.

Anstatt Schädlinge mit teuren Giftstoffen zu töten, schneidet Pung Masi' Pfeffer, Chili und eine Mischung anderer Kräuter aus ihrem Garten in Scheiben und sprüht einen daraus gewonnenen Sud auf die Felder, um Schädlinge abzuwehren. „Die natürliche Landwirtschaft lehrt uns, Schädlinge nicht zu töten, so wie es unsere Großmütter früher praktizierten", sagt sie.

Seit der Umstellung auf die natürliche Landwirtschaft sind die Produktionskosten von Pung Masi' und den anderen Landwirt*innen drastisch gesunken, und so kann der Ackerbau die Absicherung des Familienhaushalts wieder sicherstellen. Sie brauchen keine subventionierten Gifte und Düngemittel mehr, die für ein Reisfeld von einem Hektar rund 1,5 Millionen Rupiah kosten können. Organischen Dünger gewinnen sie durch Regenwürmer: Deren Kot ist aufgrund des Gehalts an Stickstoff, Phosphor, Kalium und Kalzium bestens geeignet. Die Verwendung von Pestiziden hingegen tötet die wertvollen Regenwürmer. Tatsächlich kann ein Regenwurm sieben Kilo organischen Dünger im Jahr produzieren – bei tausend Regenwürmern entstehen somit sieben Tonnen, was absolut ausreicht, um den Boden fruchtbar zu machen.

Das unterscheidet die natürliche Landwirtschaft von der rein ertragsorientierten chemisch basierten. Natürliche Landwirtschaft ist eine Frage der Überzeugung. Man wächst gemeinsam und unterstützt einander wechselseitig, indem die Menschen sich um die Pflanzen kümmern, den Boden pflegen und gleichzeitig ein natürliches Ökosystem der Nahrungskette entsteht. Während in der chemischen Landwirtschaft Ameisen, Raupen und Würmer als Schädlinge angesehen und durch Gift ausgerottet werden, werden sie in der natürlichen Landwirtschaft als Teil des Ökosystems akzeptiert, der eine Rolle spielt und auf den Reisfeldern „erntet". Mit anderen Worten, Würmer, Ameisen und andere Tiere arbeiten mit natürlichen Landwirt*innen zusammen und schaffen einen *lumbung* von aufeinander bezogenen Lebensformen. So ist es nicht verwunderlich, dass viele andere Arten von Tieren und Pflanzen in den Reisfeldern der Menschen aufgetaucht sind, sogar solche, die sie noch nie zuvor gesehen hatten.

Diese Perspektive hat dann auch Auswirkungen auf den Umgang mit den Tieren um sie herum: Schweine oder Schlangen, die in den Häusern oder Reisfeldern der Bewohner*innen herumschleichen, werden endlich in Ruhe gelassen, nicht gejagt oder getötet. Häufig findet auch eine direkte oder indirekte Kommunikation zwischen den Landwirt*innen und anderen Lebewesen statt. Viele Pflanzen rund um Salassae, die nie gedüngt oder mit anderen Nährstoffen versorgt wurden, gedeihen einfach so. „Vielleicht, weil sie uns oft beim Diskutieren zuhören", sagt Armin Salassa lachend. Armin ist einer der Initiator*innen der 2011 gegründeten KSPS (Community of Swabina Agriculture Salassae).

Einmal gab es einen Master-Studenten der Landwirtschaft von einer Universität in Makassar. Er kam nach Salassae und wollte dort Forschungen betreiben. Man gab ihm ein Stück Land für seine Versuchspflanzungen. Der von ihm angepflanzte Reis wurde plötzlich von einem Schwarm Raupen angegriffen. Er meldete das Problem sofort Pak Bate, der dafür bekannt ist, dass er zwar weder lesen noch schreiben, aber natürliche Zeichen sorgfältig „lesen" kann. In sanftem Ton gab Pak Bate dem Studenten den folgenden Rat: „Versuche eine Raupe in die Hand zu nehmen, aber töte sie nicht. Sprich zu der Raupe: Störe diesen Reis nicht und sage es auch deinen Freunden weiter!"

Der Student setzte den Vorschlag von Pak Bate tatsächlich um. Es dauerte nicht lange, etwa zwei bis drei Tage, bis die Raupen schließlich das Feld verließen, nachdem der Student mit ihnen „kommuniziert" hatte. Obwohl noch immer einige Raupen das Reisfeld durchstreiften, schadete ihre Anwesenheit dem Ernteertrag überhaupt nicht. Als ich frage, wie das möglich sei, antwortete Pak Bate bescheiden: „Das liegt daran, dass die Raupen uns als Freunde betrachten."

Wie die Biobäuer*innen, die ich in Salassae treffe, mir erklären, ist die natürliche Landwirtschaft eine Frage der Überzeugung. Deshalb hatte Pak Bate, bevor er den Studenten bat, mit der Raupe zu sprechen, sich erst versichert, dass er in seinem Herzen bereits Vertrauen in die Sache gefasst hatte. Denn, so Pak Bate: „Wenn wir in unseren Herzen fruchtbar sind, dann wird auch unser Land fruchtbar sein."

Etwas Ähnliches vermittelte Pak Bate seiner Stiefmutter Pung Masi', als er ihr zum ersten Mal von der natürlichen Landwirtschaft erzählte. Es erinnerte sie sofort an ihre Großmutter. Wenn nämlich die Pflanzsaison begann, führte Großmutter Masi' ein kurzes Ritual durch, das von alten Bugis- und Makassar-Seefahrern angewendet wurde, bevor sie über den Ozean segelten: *lettu' memanni nappa lao* (wir stellen uns vor, wie wir glücklich angekommen sind, bevor wir zu unserem Ziel aufbrechen).

Mit Blick auf die Reisfelder in ihrer Hütte sitzend, schließt Pung Masi' die Augen, und ihre Fantasie durchschreitet Raum und Zeit: Sie stellt sich die Fruchtbarkeit des Landes vor. Sie stellt sich vor, wie ihr Reis ohne Krankheiten wächst und gedeiht. Sie stellt sich vor, wie das gerade bearbeitete Reisefeld sich in ein Meer von erntereifen Reispflanzen verwandelt.

Mit anderen Worten: Sie erntet, bevor die Aussaat überhaupt begonnen hat.

Als ob sie nicht wollte, dass das wiederbelebte Wissen aus der Vergangenheit mit der Zeit verloren geht, ruft Pung Masi' ihre über ganz Süd-Sulawesi verteilten Kinder und Enkelkinder zu sich, damit sie in der Pflanzsaison dabei sind, ihr bei der Vorbereitung der Dämme zwischen den Feldern helfen und den Reis aussäen. Sie bereitet auch reichlich Essen zu und ergänzt: „Wenn meine Kinder und Enkelkinder mich darum bitten, eine Ziege zu schlachten, lasse ich eine schlachten, für uns alle zum gemeinsamen Essen."

Es handelt sich in der Tat nicht nur um ein zwangloses Beisammensein. Dies ist ein Prozess der Regenerierung von Wissen, das durch Erzählungen und Botschaften, *Ri-Kajang-Paare,* weitergegeben wird. Durch die Konjo-Sprache und ihre Körpersprache bei der Durchführung der Rituale gibt Pung Masi' ihren Kindern und Enkelkindern *pasang*; dass sie einige der schwarzen Reissamen aussäen sollten, die sie jahrzehntelang gelagert hat, dass das Gras um die Felder herum nicht gemäht werden soll, weil es zu Humus werden wird, dass Schädlinge nicht getötet werden sollten und dass es wichtig ist, Fruchtbarkeit im Herzen zu haben.

Die von Pung Masi' durchgeführten Rituale werden schließlich zu einer Art Leitfaden für Landwirt*innen, die ihr Feld in der Umgebung bepflanzen werden. Sobald Pung Masi' sich der Fruchtbarkeit des Landes sicher ist, was sie mit den Augen in ihrem Herzen gesehen hat, ist der richtige Zeitpunkt gekommen, um sofort gemeinsam auf dem Feld die Samen auszubringen.

Warum sollten wir etwas zusammen tun? Warum nicht zeitversetzt anpflanzen und ernten wie in der chemischen Landwirtschaft? Die Landwirt*innen in Salassae haben eine logische Erklärung. Wenn nicht

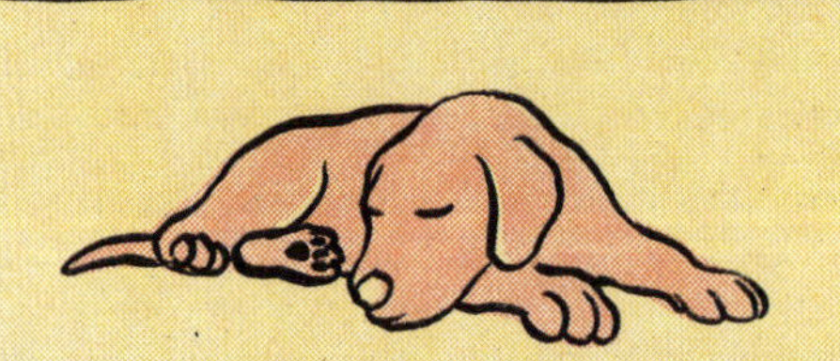

gleichzeitig gepflanzt und geerntet wird, öffnet sich ein Einfallstor für Schädlinge. Ist etwa ein Reisfeld abgeerntet und das daneben noch nicht, dann fressen die Schädlinge von dem nicht abgeernteten Feld. So wird deutlich, dass in der ökologischen Landwirtschaft *gotong royong* besonders sinnvoll ist.

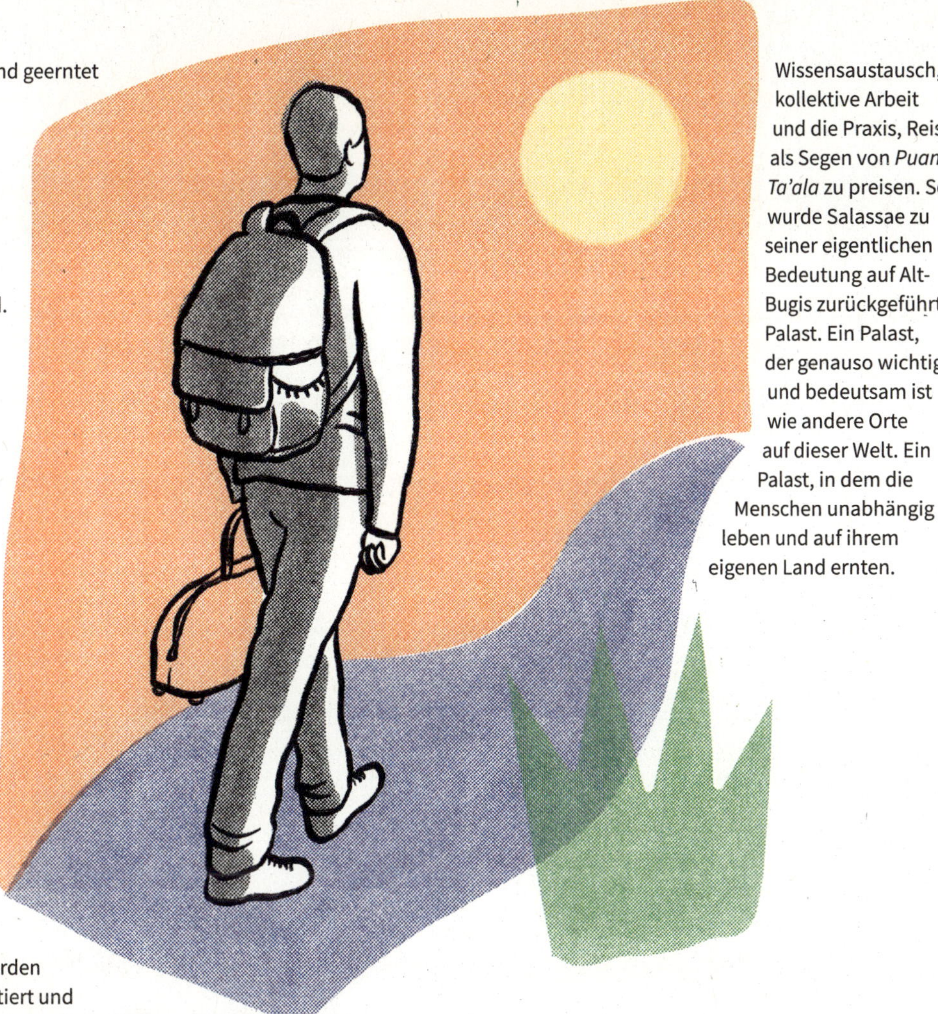

Das durch die Grüne Revolution in Salassae verloren gegangene soziale und wirtschaftliche Kapital wurde durch die biologische Landwirtschaft wiederhergestellt. Erfahrung in der Landwirtschaft ist nicht nur eine individuelle Angelegenheit, sondern ein gemeinsames Anliegen. Die auftretenden Probleme werden dann gemeinsam diskutiert und Lösungen gesucht, indem das Fachwissen der ganzen Gemeinschaft herangezogen wird, auch wenn es nicht direkt mit Landwirtschaft zusammenhängt. Dies werde ich in der zweiten Ausgabe, „Teilen", noch näher erläutern.

Die Bäuer*innen in Salassae können in einer Erntesaison bis zu neun Tonnen Reis ernten; unvorstellbar zu Zeiten der konventionellen Landwirtschaft! Und wie nie zuvor strömen Landwirt*innen aus dem Nachbardorf von Salassae herbei, um hier beim Pflanzen und Ernten zu helfen – und umgekehrt.

Tatsächlich gibt es in Salassae keine physischen *para* oder *lumbung* mehr. Die Holzhäuser, in denen früher die Produkte auf dem Dachboden gelagert konnten, sind inzwischen Steinhäusern gewichen – einige haben das Holz verkauft, um Kapital für ihre Auswanderung zu bekommen. Die *para* konnten jedoch durch die ökologische Landwirtschaft wiederbelebt werden und manifestieren sich heute im sozialen Bereich durch Wissensaustausch, kollektive Arbeit und die Praxis, Reis als Segen von *Puang Ta'ala* zu preisen. So wurde Salassae zu seiner eigentlichen Bedeutung auf Alt-Bugis zurückgeführt: Palast. Ein Palast, der genauso wichtig und bedeutsam ist wie andere Orte auf dieser Welt. Ein Palast, in dem die Menschen unabhängig leben und auf ihrem eigenen Land ernten.

Harvesting Before Sowing

Harry Isra Muhammad

She has completely forgotten her exact date of birth, but Pung Masi', who claims herself to be in her 70s, is sharp enough to recall the teachings of the elders from a time when farmers had yet to be introduced to the toxic pollutants that would deracinate them from their culture.

After more than 40 years, the remembrance of the traditional ecological knowledge passed on by her grandmothers who lived when Pung Masi' was a mere young girl has escaped like a lost kite since the use of pesticides, herbicides, insecticides, chemical fertilizers, and synthetic seeds dictated agricultural practices in Indonesia. People know it as the Green Revolution, the New Order regime's development project and agricultural "modernization" that began in 1969. In the past, farmers in Salassae, Bulukumba, South Sulawesi, would store crops, such as rice and corn in *lumbung* located in the attic of their houses—which is called *para* in Konjo dialect, the dialect spoken in the region.

They put the *lumbung* high on the roof to glorify the harvest as a form of gratitude to God that has gifted them food available at all times. The cosmology of Bugis-Makassarese's houses on stilts places food at the top of the house, humans in the middle, and animals at the bottom—a division that is inherently more functional-symbolic than hierarchical. *Para* also signifies a symbol of cooperation in a series of agricultural processes. When the harvest season arrives, all villagers have the opportunity to participate and get a share of the harvest which they will later store in the *para*. However, no sooner had the Green Revolution arrived in Bulukumba than the *para* culture quickly became lost in the mists of time.

"*We lost the* para, *because once we started using agricultural chemicals, there was no longer any crops left that we could store in the attic because our harvests often ended up with failure. Our* para *used to be so full that we had to put some of the crops on the floor because there was no space left in the attic,*" Pung Masi' reminisced about those days. People in South Sulawesi have a habit of using the word "we" as a sign that the event they recount was experienced collectively.

The promises of increased prosperity and improved living standards evaporated and Pung Masi' and many other farmers were left with realities of broken promises. They were urged to use synthetic seeds that only precipitated lots of pests and compelled farmers to buy pesticides to eradicate them. Consequently, the cost of agricultural production increased and farming could no longer be relied on as the family's source of livelihood. As a result, many children dropped out of school.

Migrating then became the main option in order to survive. In almost every household in Salassae, there is a family member who goes to seek their fortune in neighboring countries and other regions in Indonesia. Their number reached more than 1,000 people. The Bugis-Makassarese people are often regarded as a nomad tribe, but many people sometimes miss the fact that many of them left because their land has been taken over by other people or their land is no longer fertile.

In the span of 25 years—since her husband died—Pung Masi' had traveled back and forth to East Malaysia (Sarawak) to work as a farm laborer and gather in other people's harvest on other people's land. She had also tried her luck in West and East Kalimantan. The only farming and horticultural practice that she was familiar with during her time abroad was chemical farming.

However, upon her return in 2017 to Salasse she was introduced to natural agriculture by Pak Bàte, her stepson who has been practicing natural agriculture since 2015. Pung Masi' felt like her old frail body was reinvigorated. The remaining energy that was depleted from decades of harvesting other people's crops in another country was seemingly replenished. Natural farming has allowed her to reconnect with the disappearing memories and knowledge that her grandmothers had told and shown her, and gives her hope for a much better future by harvesting on her own land.

So, instead of buying and using poison to kill pests coming to attack the growing crops, Pung Masi' will slice the pepper, chili, and several other herbal ingredients that she finds in her own garden and then spray the mixture to the paddy fields to repel the insects. "*Natural farming teaches us not to kill pests, just as our grandmothers used to practice,*" she said.

Production costs have decreased drastically for Pung Masi' and the other farmers since they started practicing natural farming, and as a result, agriculture can be relied on again as the family's source of livelihood. They no longer need subsidized poisons and fertilizers that can cost them around 1.5 million rupiahs to treat one hectare of paddy field. Instead, they now rely on earthworms to fertilize the paddy fields. Earthworm waste is the best organic fertilizer as it contains nitrogen, phosphorus, potassium, and calcium. However, pesticides kill them. While in fact, a single earthworm is able to produce 7 kg of manure per year. The presence of 1,000 earthworms, for instance, could provide 7 tons of natural fertilizer that is more than sufficient to nourish the soil.

That is what distinguishes natural agriculture from chemical one, which is purely yield-oriented. Natural agriculture is a matter of faith that communities can prosper together by taking care of plants, maintaining the soil, while maintaining a natural food chain ecosystem. Contrary to chemical agriculture that treats ants, caterpillars, and worms as pests to be exterminated with poison, natural agriculture embraces them as part of the ecosystem that plays a role and "reaps" in the rice fields. In other words, worms, ants, etc., work together with natural farmers and create an inter-organism *lumbung*. Thus, it is to no one's surprise that many other species of organisms have appeared in the people's rice fields, including those that they have never seen before.

The worldview then permeates through the way farmers treat the animals around them: boars or snakes that roam around people's homes or rice fields are eventually left alone rather than hunted or killed. Oftentimes farmers also communicate, either directly or indirectly, with the other organisms. Many plants around Salassae grow well just like that without any use of fertilizer or other nutrients. "*Perhaps it's because they've been listening to our conversations,*" said Armin Salassa with a laugh. He is one of the initiators of the KSPS (*Komunitas Swabina Pedesaan Salasse*—Self-Developing Rural Community of Salassae) which was founded in 2011.

A student doing a master's degree in agriculture at a university in Makassar once carried out research in Salassae. The farmers provided him with a plot of land to conduct experiments. However, in the process, the rice he planted was suddenly infested by a swarm of caterpillars. He immediately reported the incident to Pak Bate—a person who is known to be poor in reading and writing skills, but remarkably smart in meticulously "reading" signs of nature. In a low tone, Mr. Bate gave a striking answer to the student, "*Why don't you take one of the caterpillars, but don't kill it. Tell it, 'please don't disturb this rice, and also tell your other friends not to.'*"

As it turned out, the student really did what Pak Bate suggested. It didn't take long, about two to three days, before the caterpillars finally abandoned the paddy field after he "communicated" with them. Even though some caterpillars remained and continued to roam the paddy field, no damage was done to the crops at all. When I asked, "*How was that possible?*" Mr. Bate humbly answered, "*That's because the caterpillars think of us as friends.*"

As the natural farmers that I met in Salassae explain, natural farming is a matter of faith. That's why, before Mr. Bate asked the student to talk to the caterpillar, he made sure first that the latter already had faith deep in his heart. Because, as Mr. Bate says, "*If our hearts are fertile, so will our soil be.*"

Pak Bate said the same thing to Pung Masi' when her stepson first learned about natural agriculture. It immediately brought back the memories of her grandmothers. Hence, when planting season arrives, Pung Masi' will perform a short ritual that ancient Bugis and Makassar sailors used to do before sailing across the ocean: *lettu' memanni nappa lao*, that is, imagine yourself to have arrived at your destination even before you depart.

Sitting on her hut with an open view over the paddy fields in front of her, Pung Masi' will close her eyes and stretch her imagination through time and space: she will imagine her land fertile, her rice growing healthy without disease, and she will imagine a vista of a vast stretch of green paddy fields just about to be tilled, turning into rows of golden ripe rice fields ready to be harvested. She, in other words, is already harvesting before the planting season even starts.

As if unwilling to let the reclaimed knowledge from the past be lost in the mists of time again, Pung Masi' will call her grandchildren who are scattered all over South Sulawesi to come home to Salasse when planting season arrives, to help her prepare the bunds and sow the seeds. She will also prepare food in abundance, and, "*If my children and grandchildren ask for a goat to be slaughtered, then I will have one slaughtered for all of us to have a good meal.*"

Still and all, it is not going to be just another casual get-together. It is a process of regenerating knowledge that is passed down through stories and messages that include advice, guidance, and prophecies, *pasang ri kajang*. Using both the Konjo dialect and her own body language as she performs the ritual, Pung Masi' will pass on the *pasang* to her children and grandchildren; that they should sow a little of the black rice seeds that she has stored for tens of years, that there is no need to cut grass that grows around the paddy field as it will turn into humus, that pests should not be killed, and that it's important to keep their heart fertile.

The ritual performed by Pung Masi' eventually became a kind of clue for farmers that it's time to plant their crops. Once Pung Masi' is confident of the fertility of the land as she has seen through the eyes in her heart, then the right time has come to sow the seeds into the paddy fields together.

But why sow the fields together at the same time? Why not sow and harvest separately at different times as you do in chemical farming? The farmers in Salassae can logically explain why. If they don't plant and later harvest together, attack by pests will be more likely. For example, if one rice field has been harvested, while the other one has not, then pests will eat away at the unharvested field. Thus, in real terms, natural agriculture does allow mutual cooperation to take place.

In any case, the social and economic capital that had once disintegrated in Salassae as a result of the Green Revolution has been successfully restored through natural agriculture. Farming is by no means a matter of an individual's engagement, but it requires a communal engagement. Any problem that arises during the process will then be discussed together and solutions are worked out by bringing together each natural farmer's knowledge, including the one that is not necessarily directly related to agriculture (I will explain this further in the *Shared* Edition).

It is unprecedented in the era of chemical agriculture that farmers in Salassae have been able to harvest up to 9 tons of rice in one harvest season. And, as never before, farmers from neighboring villages come flocking to Salassae to help each other to plant and harvest together, and vice versa.

Indeed, the *para* or *lumbung* no longer exists physically in Salassae. The wooden houses that used to allow farmers to store their produce in the attic have turned into houses made of concrete—some villagers had even sold their wooden houses to pay for the cost of migrating. However, natural farming has revived the *para*, which is now manifested socially through knowledge sharing, collective work, and the practice of glorifying rice as a blessing from *Puang Ta'ala*, which eventually restored Salassae to its true meaning in ancient Bugis—palace. A palace that is as important and as meaningful as any other place in the world. A palace where the people in it can live in a self-sufficient manner and reap a harvest of their own land.

In Erwartung des Erntetags

Heru Joni Putra
übersetzt von Gudrun Ingratubun
illustriert von Marishka Soekarna

Seit der Kindheit hat unsere Großmutter uns immer daran erinnert, dass wir nicht ein einziges Reiskorn übrig lassen sollten, wenn wir mit dem Essen fertig waren. Jedes Mal, wenn sie auf einem unserer Teller noch ein Reiskorn entdeckte, bat sie uns, es noch zu essen. Und nicht nur das! Sie wurde auch nicht müde, uns folgende Geschichte zu erzählen.

„Ich versichere euch, Reis kann sprechen. Nur wir Menschen können es nicht hören. Auf dem Teller übrig gebliebener Reis weint ganz herzzerreißend. Dieses Geräusch ruft auf der ganzen Welt einen entsetzlichen Missklang hervor. Das kann sogar zu heftigen Erdbeben führen“, sagte Großmutter. „Also lasst nie ein Reiskorn auf euren Tellern übrig“, schloss sie ihre kurze Erzählung ab.

Aufgrund dieser Geschichte beunruhigte es uns stets, wenn wir noch einen Rest Reis auf dem Teller hatten. Am Ende jedes Essens suchten wir gegenseitig unsere Teller ab, um sicherzugehen, dass sie ganz blitzblank waren. Trotzdem versuchte ich immer wieder von meiner Mutter eine Bestätigung zu bekommen, ob Großmutters Geschichte wirklich der Wahrheit entsprach.

„Das ist nur eine Geschichte, aber der wahre Kern ist, dass Großmutter wirklich sehr traurig wäre, wenn Reis auf euren Tellern liegen bliebe“, gab mir meine Mutter zur Antwort. „Aber einen kleinen Rest Reis könnte man doch auch den Hühnern zum Fressen geben“, erwiderte ich manchmal. Anfangs konnte ich nicht verstehen, warum Großmutter wegen eines einzigen Reiskorns so traurig sein könnte. Bis meine Mutter mir erzählte, dass sie in der Kolonialzeit aufgewachsen ist. Damals hatten die Menschen nur gerösteten Maniok zum Essen. Obwohl Großmutter ein eigenes Reisfeld besaß, wurde die gesamte Ernte von den Kolonialisten beschlagnahmt. „Alles wurde weggenommen?“, fragte ich ungläubig. „Ja, alles!“, antwortete meine Mutter mit Nachdruck.

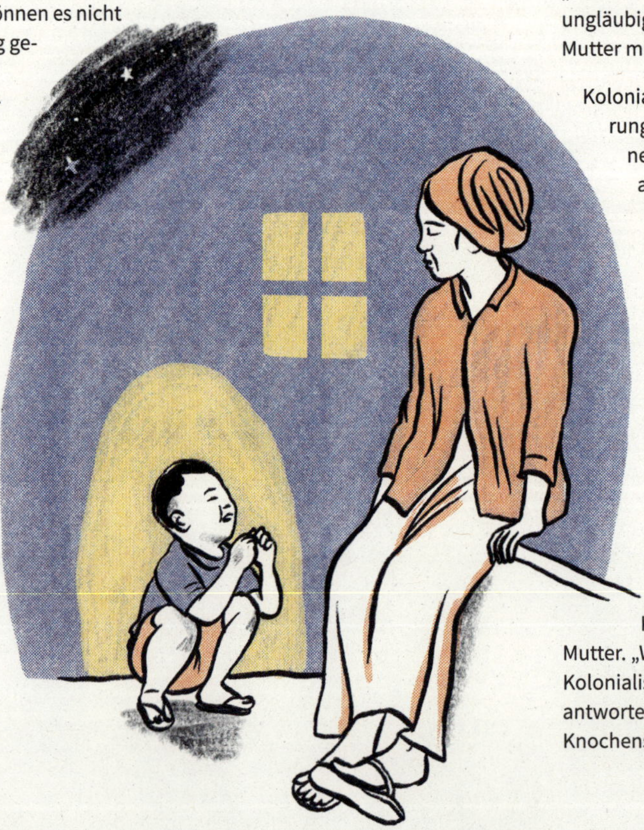

Kolonialverbrechen in Form von Nahrungsmittelraub betrafen laut meiner Mutter nicht nur Reis, sondern auch Kaffee und Rindfleisch. Die beiden Letzteren stehen in Verbindung zu zwei kulinarischen Spezialitäten aus meinem Dorf, *kawa daun* (Blätterkaffee) und *sambalado tulang* (Knochensambal), die man wirklich als Unglücksrezepte bezeichnen könnte. Blätterkaffee wird zubereitet, indem man die Blätter der Kaffeebüsche kocht und ein bisschen Palmzucker hinzufügt. „Warum in aller Welt trinkt man den Aufguss von Kaffeeblättern?“, fragte ich meine Mutter. „Weil die Kaffeebohnen von den Kolonialisten weggenommen wurden“, antwortete meine Mutter knapp. Für Knochensambal wird hingegen Chili und

Tomate zerstampft. Dann mischt man zerstoßenen Knorpel darunter. „Warum werden Knorpel als Zutat verwendet?", fragte ich wieder. „Weil das Fleisch von den Kolonialisten konfisziert wurde", erwiderte Mutter.

„Die leckersten Dinge, die Großmutter in ihrer Kindheit gegessen hat, waren also Maniok, Knochensambal und ab und zu Blätterkaffee?", fragte ich weiter. Ich bin in einer Zeit aufgewachsen, in der die vielfältigen Gerichte der Minangkabau in ganz Indonesien verbreitet waren. So hatte ich Schwierigkeiten, mir die Kolonialzeit, die Großmutter erlebt hatte, vorzustellen. „Genau deswegen lass bitte keinen Reis übrig", sagte meine Mutter und fuhr fort: „Denn du weißt ja, dass der Reisanbau – angefangen beim Pflanzen – keine einfache Sache ist. Und das Ernten war damals offensichtlich nicht so unbeschwert und voller Freude, wie es jetzt in unserer Vorstellung ist."

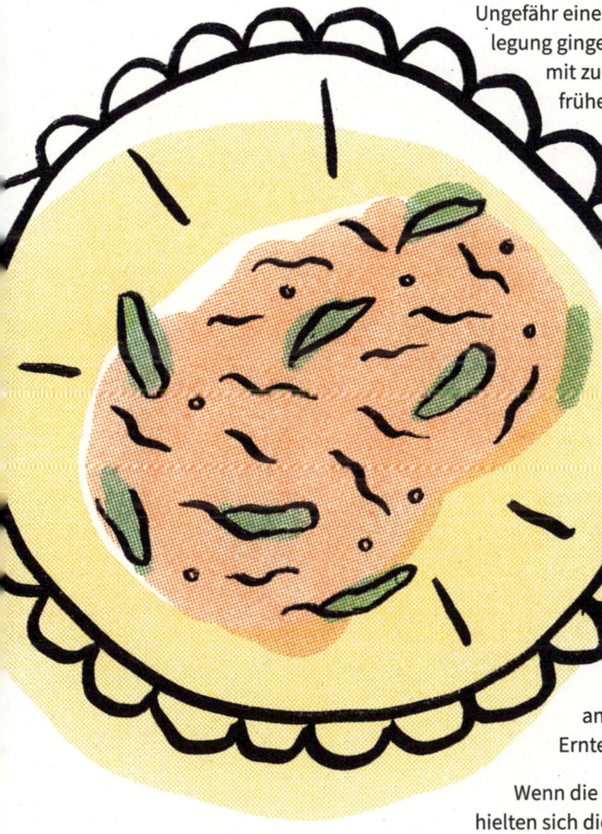

Ich wusste, was Mutter mit „so voller Freude, wie es jetzt in unserer Vorstellung ist" meinte. Für die Bauernkinder hatte die Erntezeit eine besondere Bedeutung. Normalerweise war es sehr schwer, die Eltern dazu zu bewegen, uns Kindern etwas zu kaufen. Nur zur Erntezeit konnten unsere Wünsche – wenn sie halbwegs erschwinglich waren – erfüllt werden. Manchmal bekam ein Bauernkind zur Erntezeit ein Fahrrad, andere vielleicht nur neue Schuhe, oder die aufgelaufenen Schulgebühren konnten endlich bezahlt werden. Auf jeden Fall war die Erntesaison eine Zeit der Freude und wurde überall gefeiert. Nicht selten waren Bauernkinder schon glücklich, wenn sie mit einer Pferdekutsche zum Markt in der Stadt fahren durften, um dort etwas zu essen zu kaufen, was es nicht jeden Tag gab.

Genau genommen konnte man die Freude schon vor dem Erntetag überall spüren. Ungefähr eine Woche vor seiner Festlegung gingen die Bauernkinder häufig mit zum Reisfeld. Sie standen früher als gewöhnlich auf, noch vor dem Morgengrauen. Während die Sonne sich bereit machte aufzugehen, waren sie bereits auf den Weg zum Feld. Sie hatten dort keine Aufgabe, sondern kamen nur, um beim Anblick der gelb werdenden Reisrispen die in der Brust aufkommenden Wogen der Freude zu spüren. Ein Zeichen, dass der Feiertag, ein anderer Ausdruck für die Erntezeit, nah war.

Wenn die Zeit der Ernte näher rückte, hielten sich die Kinder stundenlang auf den Feldern auf, um Schwärme von Spatzen zu vertreiben, die es auf den Reis abgesehen hatten. Die Ankunft der großen Vogelscharen erfüllte die Kinder mit einer Mischung aus Glück und Furcht. Die Vögel flogen durch die Luft und ließen sich anmutig auf den fast reifen Reisfeldern nieder. Durch das Scheppern von Dosen, die von einem Seil in Bewegung gebracht wurden, aufgeschreckt, flogen die Vögel zwitschernd empor, um sich dann erneut herabzustürzen. Das war für uns natürlich ein atemberaubender Anblick. „Lass die Vögel nicht auf den Feldern verweilen, sonst können wir dir keine neue Kleidung kaufen!", riefen die Eltern über die Felder. Die Kinder erwachten umgehend aus ihrem Staunen und rissen sofort an dem Seil, das mit den an vielen Stellen im Reisfeld ziemlich hoch aufgehängten Dosen verbunden war, und das Geräusch der Büchsen ließ die Vögel aufflattern.

„Es ist nicht nötig, sie zu töten oder zu quälen. Sie suchen auch nach Nahrung. Wir müssen sie nur verjagen, damit sie unsere Ernte nicht zerstören", antwortete meine Tante, als einer von uns fragte, ob die Vögel erschossen oder gefangen werden dürften. Auch wenn die Vogelschwärme die Bauern oft strapazierten, ja fast zur Verzweiflung brachten, hielten sie doch daran fest, dass die Vögel nicht getötet werden dürften. „Wenn zum Beispiel ein Vogel stirbt, werden seine Freunde unsere Felder erst recht mit aller Kraft angreifen, und das kann dann dazu führen, dass unsere Ernte ausbleibt. Wenn das passiert, was wollen wir essen? Wenn du Reis essen willst, musst du auch mit den Enten kämpfen." So erläuterte es mein Onkel und lachte laut, als er unsere Verblüffung über diese bildhafte und erschreckende Erklärung sah.

Allerdings werden nicht alle Felder von Vogelschwärmen heimgesucht. Andernorts wird erntereifer Reis eher von Ratten vernichtet. Die Ratten scheinen zu wissen, auf wann der Besitzer der Felder den Erntetag festlegt. Dann treten sie einige Tage vorher wild in Aktion! Leider erwartet diese Nagetiere ein weniger glückliches Schicksal als die Spatzen. Keine Strategie ist mit der für die Vögel vergleichbar. Das Risiko von Ernteausfällen ist bei Ratten in der Tat auch erheblich größer als bei Vögeln. Wenn das verwendete Gift die Ratten nicht tötet, haben die Bauern noch andere Möglichkeiten. Jeden Sonntagmorgen, normalerweise über einen Monat verteilt, versammeln sie sich mit Hacken, Schwefel, Netzen und ein paar Hunden.

Alle die Reisfelder begrenzenden Dämme werden sorgfältig kontrolliert. Häufig befinden sich Rattenlöcher entlang dieser Dämme. Meistens reicht es aus, mit der

Hacke tief in sie hineinzustoßen. Dann kommt die Ratte sofort heraus, und man kann sie mit dem Netz fangen. Bei anderen Löchern werden die Ratten mit Schwefel ausgeräuchert, von den Dämpfen wird ihnen regelrecht schwindelig, und sie kriechen aus den tiefsten Nestern hervor. Allerdings gelingt es nicht immer, alle Ratten einzufangen. Nicht wenige sind flink genug und entkommen. Dann kommen die Hunde zum Einsatz: Jagt die Ratten, bis ihr sie erwischt habt!

Vor jeder Erntesaison fangen die Bäuer*innen um die hundert Ratten. „Nach Möglichkeit töten sie die Ratten nicht. Denn es ist am besten, sie nicht durch unsere Hand sterben zu lassen", sagt einer der älteren Bauern. Da die Mehrheit der Bevölkerung Muslim*innen sind und keine Ratten essen, wird die Beute normalerweise Menschen gegeben, die Ratten als Futter für ihre Haustiere verwenden. „Ich jage schon lange auf diese Art und Weise, aber ich habe noch nie Rattenjunge gefunden. Ich weiß nicht, wo sie von ihren Müttern versteckt werden. Auch wenn in einer Saison viele Ratten gefangen wurden, können sie trotzdem in der nächsten Erntesaison wiederkommen", sagt ein anderer Bauer. Die meisten Landwirt*innen glauben jedoch, dass die Anwesenheit der Ratten nicht darauf zurückzuführen ist, dass die Jungen nicht gefangen wurden, sondern auf das Verhalten der Landwirt*innen selbst. „Vielleicht zahlen einige von uns die religiös vorgeschriebene Spende *Zakat* nicht. Deshalb kommen diese Ratten immer als Warnung von Gott."

Die Fähigkeiten bei der Jagd auf Ratten sind nicht überall gleich ausgeprägt. Wie man am besten vorgeht, kann regional sehr unterschiedlich sein. In manchen Gegenden ist die Rattenplage weniger problematisch als die Vogelplage, folglich sind dort die Herausforderungen der Rattenjagd leichter zu meistern. Das Problem kann weder durch den Einsatz von Giftstoffen noch durch andere Strategien vollständig gelöst werden. Auch hat es Angriffe von Vögeln und Ratten auf die Reisernte schon immer gegeben, und sie werden wohl auch nie ganz verschwinden.

Was sich an den Tagen kurz vor der Ernte seit meiner Kindheit wirklich geändert hat, sind die Freude der Kinder und die Arbeitsteilung. Die Kinder warten heute nicht mehr voller Vorfreude auf die Erntezeit, denn inzwischen können die Eltern eine ausreichende Nahrungsversorgung bis zur nächsten Erntezeit sicherstellen. In den letzten Jahrzehnten hat die Ernte jedoch nicht mehr ausgereicht, um Bedürfnisse über die tägliche Nahrung und das Zahlen des *Zakat* hinaus abzudecken. Für Landwirt*innen mit Familienmitgliedern, die etwa als Händler oder Beamter arbeiten, ist das eine große Hilfe für den Lebensunterhalt. Ist man aber allein auf die Ernte angewiesen, besteht nicht viel Hoffnung. Die staatlichen Hilfen sind zwar nützlich, um den Nahrungsmittelbedarf bei geringen Ernteerträgen zu decken, aber nicht ausreichend für die Erfüllung anderer Bedürfnisse.

Was die Arbeitsteilung anbelangt, so haben sich früher nur Mitglieder der Großfamilie *(kaum)* abwechselnd um die Felder gekümmert. Von dem Zeitpunkt an, wenn sich die Reisstängel gelb zu färben begannen, bis zum Eintreffen der Ernte im *lumbung* hatten alle eine Aufgabe: die Vögel fernzuhalten, das Wasser richtig zu verteilen, am Erntetag den Reis zu schneiden, die Reissäcke in die Scheune zu heben oder das Mittagessen für alle, die an diesem Tag mitgearbeitet haben, zuzubereiten.

Die wachsende Zahl der Familienmitglieder bei gleichbleibender Größe des Reisfeldes führte dazu, dass der Ernteanteil für jede*n Einzelne*n immer kleiner wurde. Und weil es zunehmend schwieriger wird, dass alle vom Reisfeld leben können, wollen in den nachwachsenden Generationen viele nicht mehr Bäuer*innen werden, sondern ihr Glück lieber in anderen Berufen versuchen. Es gibt meist nur ein bis drei Leute, die die Felder wirklich weiter bewirtschaften wollen.

Außerdem beklagen viele, dass sie aufgenommene Hypotheken nicht mehr abbezahlen können und ihre Felder dadurch an andere abtreten müssen. Abgesehen von angehäuften Schulden gibt es noch einen

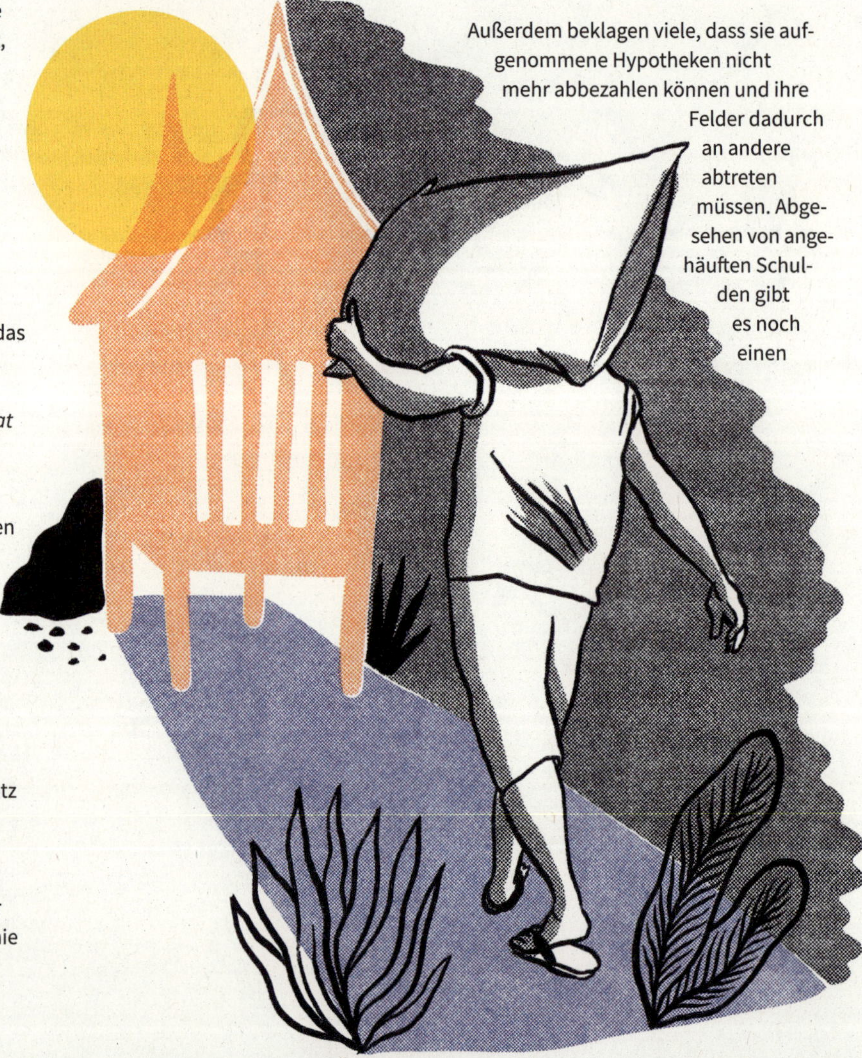

weiteren Grund, der zum Verlust von Reisfeldern führt, nämlich die Enteignung für den Bau von Straßen, Wohnungen, Restaurants, Unterkünften und andere Zwecke. Dafür gibt es zwar eine Entschädigung, gleichwohl findet man heutzutage viele, die ihre Reisfelder aus diesen Gründen verloren haben. Treffen hingegen die Bedürfnisse der Menschen, die nicht genügend Arbeitskräfte haben, um ihre Felder selbst zu bewirtschaften, mit denen, die keine Felder mehr haben, zusammen, führt dies zu einer neuen Art von Beschäftigungsverhältnissen. Wurden die Aufgaben rund um den Erntetag – das Jäten der Dämme, das Schneiden des Reises und der Transport der Säcke – früher abwechselnd von Angehörigen der eigenen Großfamilie erledigt, so hat sich heute für jeden Arbeitsschritt eine Art Facharbeiter*innengruppe gebildet.

Der 60-jährige Datuk Marajo, der die Reisfelder seiner Großfamilie in Simalanggang, Payakumbuh, West-Sumatra, bewirtschaftet, erzählt, dass er, sobald der Reis auf seinen Feldern gelb werde, sofort die „Sichelarbeiter*innengruppe“ kontaktiere, deren Aufgabe nur das Mähen der Felder ist. Angehörige dieser Gruppe arbeiteten früher über Generationen für ihre eigenen Großfamilien. Da sie keine eigenen Felder mehr besitzen, verdingen sie sich nun als Landarbeiter*innen. Alles, was sie sich von dieser Arbeit erhoffen, sind ein paar Scheffel (ein traditionelles Minangkabau-Maß) Reis, die ihnen von den Reisfeldbesitzer*innen gegeben werden.

Neben der Sichelgruppe gibt es auch eine Lastenträgergruppe. Wenn der Reis schon gemäht, gedroschen (Stroh und Korn getrennt) und geworfelt (in die verschiedenen Sortierungen getrennt) ist, werden die besten Reiskörner in Säcke gefüllt. Zu diesem Zeitpunkt ist die Aufgabe der Sichelgruppe abgeschlossen, und die Lastenträgergruppe ist dann dafür verantwortlich, die Säcke zu den jeweiligen *lumbung* oder Reismühlen zu tragen. Genau wie bei der Sichelgruppe beträgt der Lohn für die Lastenträgergruppe nur ein paar Scheffel Reis.

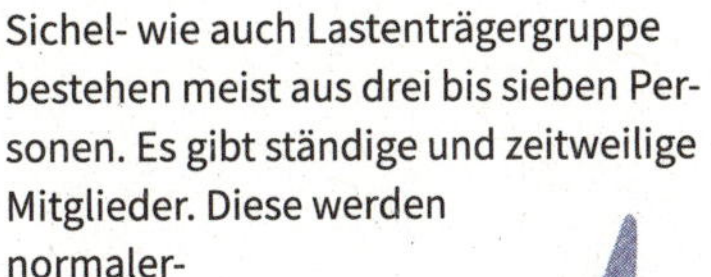

Sichel- wie auch Lastenträgergruppe bestehen meist aus drei bis sieben Personen. Es gibt ständige und zeitweilige Mitglieder. Diese werden normalerweise unter Leuten rekrutiert, die kurzfristig Arbeit brauchen. Meist bleiben sie nur eine Erntesaison dabei. Da die Erntezeit von Dorf zu Dorf zeitlich leicht verschoben ist, wandern sie üblicherweise von einem Dorf zum anderen, je nach Wunsch der Reisfeldbesitzer*innen. Bisher hat jede Gruppe meist nur für wenige benachbarte Dörfer *(nagari)* gearbeitet. Dort gibt es dann auch nur jeweils eine Facharbeiter*innengruppe für eine Tätigkeit. Im Allgemeinen sind die Mitglieder einer Gruppe einander nicht fremd. Zumindest kennen sie sich in irgendeiner Form, egal ob direkt oder als „Freund eines Freundes“.

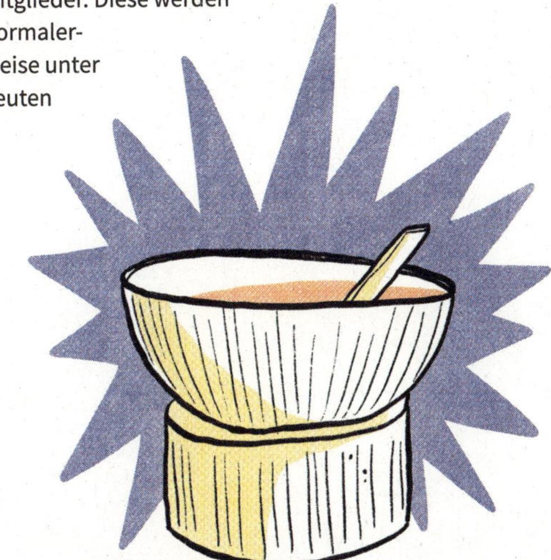

In den letzten Jahren haben diese Arbeiter*innengruppen „neue Herren“ gefunden, nicht nur für die Einsatzgruppen in der Erntezeit, sondern auch in der Pflanz- und Pflegezeit. Nicht wenige reiche Großstädter*innen kaufen Reis- oder andere Felder in abgelegenen Dörfern. Diese Leute stammen nicht aus dem Dorf und kaufen die Felder als Geldanlage. „Die Reisfelder der Jakartaner*innen“ werden sie von den Dorfbewohner*innen genannt. Eine der von den „Jakartaner*innen“ praktizierten Arbeitsformen besteht darin, die Bewirtschaftung ihrer Felder vollständig den Gruppen der Landarbeiter*innen zu überlassen. Die „neuen Herren“, die selten ihre Felder besuchen, erhalten nur die Ernte – manche in Form von Geld, andere in Naturalien. „Manchmal wird der Reis direkt an Restaurants in der Hauptstadt geschickt“, erzählt ein Landarbeiter auf die Frage, wohin die Ernte denn gebracht wird.

Nearing Harvest Day

Heru Joni Putra

Since I was a child, our grandmother would persistently remind us, her grandchildren, not to leave a single grain of rice when finishing a meal. Whenever she saw some leftover rice on our plates, she would always ask us to finish it immediately. Not only that, however, she also never got tired of telling us a story.

"*Actually, rice can also speak, it's just that humans can never hear it. The rice left on the plate will cry profusely. The sound will make the whole universe cacophonous and it can provoke a big earthquake,*" grandma said. "*So, never waste the rice on your plate,*" she concluded her short story.

Grandma's story always made us anxious if there was still rice left. After each meal, we would look at each other's plates to make sure they were really empty and smooth. Nonetheless, I did try to confirm the truth of the story several times with my mother.

"It is just a story, but basically your grandma will be very sad if there is any rice left," my mother would reply. *"Can't we just give the small leftover rice to the chicken?"* not infrequently I would also retort. At first, I did not understand why grandma would be so sad just because of a grain of rice. Until finally my mother told me that my grandmother grew up in the colonial era, where at that time people only ate roasted sweet potatoes. Even though my grandmother had her own rice field, all of her crops were seized by the colonizers. "*All of them seized?*" I asked in disbelief. "*Yes,*" my mother answered firmly.

As for the crimes of the colonialists with regard to food, my mother would not only talk about rice but also coffee beans and beef. The last two were actually related to the famous culinary delights of my village, namely *Kawa kopi daun* and *Sambalado tulang*, which is commonly referred to as 'the dish of the poor luck'. *Kawa kopi daun* (also known as leaf coffee) is a drink that comes from boiled coffee leaves and is usually mixed with a little brown sugar. *"Why drink the water boiled with the leaves only?"* I asked my mother. "*Because the coffee beans were plundered by the colonizers,*" she replied briefly. While *sambalado tulang* is ground chili and tomato, which is pounded with beef cartilage. *"Why only bones are used as a side dish?"* again I asked. *"Because the meat had been confiscated by the colonizers,"* mother replied brusquely.

"That means, since childhood, the most delicious foods that grandmother had were sweet potatoes, sambalado tulang, *and occasionally* kawa daun*?"* I asked my mother again. For me, who was born when it was so easy to savor Minangkabau cuisine, which is at present time more renowned throughout Indonesia, it was very strange to imagine the colonial period that my grandmother experienced. "*Yes! So, don't you dare leave any grain*

of rice on your plate!" Mother continued, "*You know already that taking care of the rice fields since the planting season is not an easy matter and you can imagine how the harvest season was not as exciting as it is now.*"

I knew what she meant by "as exciting as it is now." For farmers' children, the harvest season used to carry another meaning. On a normal day, it was really hard to whine to our parents to get money to buy something. Only in the harvest season could our wishes be granted, even though it was only for one of the most affordable wishes. There were farmers' children who would be gifted bicycles in the harvest season, but there were also those who could only buy new shoes or pay school fees arrears. What was obvious, however, in the harvest season, there was a sense of joy that was celebrated everywhere. Not infrequently, many children of farmers would be sufficiently happy just by being gifted the chance to ride on a horse-drawn carriage and head to the city market to buy food that they rarely had on normal days.

However, the festivity was actually echoing everywhere, even before the harvest day arrived. About a week before the harvest day was decided, the farmers' children often accompanied their parents to the fields. The children would wake up earlier than usual, just before dawn, and when the sun began to rise, they would also go to the fields. The children did not have to do anything, except for being there to feel the surge of joy in their chests when they saw that the rice stalks had started turning yellow. The sign of their incoming "festive season," another name for the harvest season.

And it was only when the day of harvest approached, that the children would spend more time lingering in the fields to chase a flock of sparrows that might eat the rice. The arrival of a flock of those birds, for the children, was greeted with a mixture of happiness and anxiety. Birds soared in the sky and gracefully perched on the ripening rice fields. After being chased by the sound expelled from cans moved by ropes, the birds chirped back into the open sky, then swooped down. These were all stunning sights in the eyes of the children. "*Don't let the birds perch on the fields, or you won't be buying new clothes!*" a parent would shout from across the fields. The children immediately became aware of their amazement and immediately jerked the ropes that were connected to the cans that were hung quite high at many points at the rice field. The noise of the clanking tin cans caused the birds to scramble.

"*There is no need to kill or torture them, they are also seeking food. We just need to chase them away so they don't destroy our crops,*" my aunt explained when one of us asked if the birds were allowed to be shot or caught to keep them as pets. Even though the flocks of birds often made the farmers exhausted, even almost desperate, they still held firm that the birds should not be killed. "*If, for example, a bird dies, its friends will brutally attack our fields, and that can cause our crops to fail many times. If that happens, how would we be able to eat? Even if you want to eat the grains, you will have to fight with the ducks as well.*" My uncle told us, the kids, laughing out loud when looking at us dumbfounded by the interesting and horrifying story.

However, birds were not the only animals that were coming to mug the rice fields. In other places, the ripened rice in the fields that were ready for harvesting were ransacked by rats. The rats seemed to know when the owner of the fields set the harvest day, then they reacted savagely a few days before it! Unfortunately for the rats, their fate was less fortunate than the sparrows'. Unlike the sparrows, no leniency was given to the rats. The risk of crop failure was indeed greater due to rats than birds. If the rodenticide failed to kill the rats, farmers still had other means. Every Sunday morning, usually for a month, the farmers would gather, equipped with hoes, sulphur, nets, and a few dogs.

Each rice field dike would be carefully inspected. Usually, they would find rat holes along the dikes. For the shallow holes, it would be just enough to dig it a bit deeper and the rats would immediately come out and be snared with nets. The deeper holes would need fumigating with burning sulphur. This fumigation dizzied the rats and as a result, they would dart out of their deepest nests. However, not all rats coming out of their holes could be caught with nets. Not a few were agile enough and managed to escape. That was where the dogs would do their job; to chase the rats until they could catch them.

In each hunting season before harvest, farmers would catch about 100 rats. "*If there's still a chance of not killing them, then it's best not to let them die in our hands,*" said one of the older farmers. Since the majority of the population were Muslims and did not eat rats, they would usually be given to people who would feed the rats to their pets. "*I've been hunting like this for a long time, I've never found any litter. I don't know where the dams hid them. Even though many have been caught now, they might come again in the next harvest season,*" said one farmer. However, most farmers believed that they continued to have rats because of the farmers' own behavior, not because they failed to catch the pups. "*Maybe some of us didn't pay* zakat *(the almsgiving practice that is considered as a religious obligation for Muslims), that's why these rats keep on coming as a warning from God.*"

Not all farmers have the skill to hunt rats. Each expertise is very dependent on the problems that arise in the region. For other regions (*nagari*), the problem of rat pests might not be as troubling as that of birds, therefore rat-hunting skills were not very well mastered. As if various pesticides and other strategies could not solve the problem, bird and rat attacks have existed for a long time. They are never really eradicated.

What has really changed with the days approaching harvest is the joy of the children and the division of labor. The children no longer wait excitedly for the harvest season, they just know that their parents will ensure that there will be enough daily meals until the next harvest season. In recent decades harvests are no longer sufficient to meet the family's needs other than for daily meals and paying the *zakat*. For farmers whose family members work in other jobs, such as traders or civil servants, they are rather supported and their other needs are met. However, there will be not much to expect if one only relies on the harvest in the fields for livelihood. And government assistance is only useful for supporting food needs in the event of a decline in crop yields, not for meeting other needs.

Regarding the division of labor, in the past, it was only members of the extended family (*kaum* or the clan) who took turns in maintaining the fields. From the time the rice stalks began to turn yellow until the harvest arrived at the *lumbung*, everyone had their share of respective duties. Some were tasked with keeping birds out and clearing waterways, mowing rice on harvest day, lifting sacks of rice to the *lumbung*, and providing lunch for all those who worked that day.

As a result of the growing number of *kaum* members, while the area of the rice fields remains the same, the harvest distribution gets smaller. In addition to this, because it is increasingly impossible to depend on rice fields, then not all of the new generations of a *kaum* are willing to become farmers, and instead, choose to try their luck by taking different jobs. Only one to three people of the *kaum,* who really want to, continue managing the fields.

Moreover, there have been hearsay stories that many *kaums* complain because they cannot pay their field mortgage debts until they finally release their fields to other parties. Not only were they mortgaged, but another reason they lost their rice fields was that they were compensated for the construction of roads, housing, restaurants, lodging, and so on. Nowadays, it is so easy to find examples of *kaum* who no longer have rice fields because of these conditions.

In turn, the converging needs of the *kaum* who have little energy to manage the fields with the *kaum* who no longer have the fields has resulted in a new kind of job opportunity. If the matters surrounding harvest day, namely weeding the dikes, mowing rice, and lifting sacks, used to be carried out alternately by members of their own *kaum*, now some sort of specialist groups have emerged for each stage of the work.

Datuk Marajo (60 years old), a man who manages his *kaum* in Simalanggang, Payakumbuh, West Sumatra, recounted that when the rice in his fields turned yellow, he immediately contacted the "cutter group," whose only job is to cut the rice in the paddy field. Members of this group used to work for the *kaum* from generation to generation, but now that they no longer have their own fields, they only work as farm laborers. All they expect from doing this work is a few *gantang* (or bushels, a traditional Minangkabau measure) of rice which will be given to them by the rice field owners.

In addition to the cutter group, there is also the lifter group. When the rice stalks have been cut, threshed (releasing the grain from the straw), and winnowed (separating the filled rice grains from the empty ones), the best rice grains will be put into sacks. At this stage, the task of the cutter group has been completed and then the lifter group is in charge of carrying the sacks to their respective *lumbung* or rice huller (rice mills). Just as with the cutter group, payments for the lifter group are made by a few bushels of rice.

Both the cutter and the lifter groups usually consist of three to seven people each. There are permanent and non-permanent members. Non-permanent members are usually taken from people who need work immediately, and they usually join in a single harvest season. Given that the harvest season in each *nagari* does not always take place at the same time, usually, they will go around from one *nagari* to another based on the request of the rice field owners. So far, each group usually works for only a few neighboring *nagaris.* There are no two or more groups in the same area. In general, the members of these groups are not total strangers. They at least still know each other, either directly or merely as "a friend of a friend."

In recent years, these groups have found "new masters." Not only for the specialist groups that work during the harvest season but also for those of the planting and maintenance seasons. Not a few rich people from big cities have purchased rice fields or fields in remote villages. The people from the big cities did not come from those villages, but they purchased the rice fields and field assets. "The Jakartans' rice fields," as the villagers call them. One of the mechanisms chosen by the "Jakartans" is to completely hand over the management of their fields to the groups of farmworkers. The "new masters," who rarely visit their fields, only receive the harvest yields. Some in the form of money, yet some others in the form of rice. "*Perhaps it is to be sent directly to restaurants in the capital city,*" said one farm laborer when asked where the harvest was brought to.

Die Schule der Frauen in Poso: lumbung, eine Kultur der Gleichberechtigung

Melani Budianta
übersetzt von Gudrun Ingratubun

Einführung: *lumbung* und Frauen

In den Literaturquellen, die für die Schule der Frauen unter dem Dach des Mosintuwu-Instituts zusammengetragen wurden, findet sich ein interessanter Artikel über die Rolle der Frauen in der Kultur des Feldbaus. Dieser Artikel beschreibt *mompadungku*, die traditionelle Vorgehensweise bei der Kultivierung der Felder in Poso, von der Bodenbearbeitung bis zur Lagerung der Ernte im *lumbung*. (Hokey 2017) Die geschilderten Arbeitsschritte zeigen die Verbindung der Landwirtschaft zum gesamten Wertesystem, zum sozialen System und zu Kunst und Kultur der Gesellschaft. Jeder Arbeitsschritt und das zugehörige Ritual werden von den Mitgliedern der Gemeinschaft kollektiv ausgeführt. Außerdem sind die Rituale eng verbunden mit der Beziehung des Menschen zur Natur, die uns mit allem Notwendigen versorgt und die wir wertschätzen. Am Abend vor Beginn der Aussaat findet ein gemeinsames Essen statt, wobei Wache gehalten und gesungen wird, zur Ehre der Samen, die ausgesät werden sollen. Ebenso ist es, wenn es auf die Ernte zugeht und für den Mann eine Hütte zum Übernachten gebaut wird. Er hat die Aufgabe, das erntereife Feld zu bewachen und muss dabei von seiner Frau getrennt sein.

In der beschriebenen Abfolge fällt auf, wie wichtig die Rolle der Frau ist. Es heißt: „Der Mann ist derjenige, der das Reisfeld bewacht, um den Reifeprozess Minute um Minute zu beobachten und Bescheid zu geben, wenn der Reis reif ist ... Doch wenn die Ernte beginnt, erntet nicht der Mann den ersten Reis, sondern die älteste Frau in der Familie." (Hokey 2017) Der andere wichtige Moment ist die Einlagerung des Reises in den *lumbung:*

> „Der Reis kann nicht von irgendeiner Person in den *lumbung* gebracht werden. Die ältere Generation, und zwar meistens eine Frau, nimmt den Reis am *lumbung* entgegen und arrangiert ihn im *lumbung*." (Hokey 2017)

Leider wurde die gleichberechtigte *lumbung*-Tradition während der schnellen Veränderungen unserer Zeit durch die aus unterschiedlichen Richtungen stammende patriarchalische Kultur beiseitegeschoben. Die politische Ordnung entfernt sich immer weiter von der gemeinschaftlichen kulturellen Praxis der Bürger*innen. Bei der Wahl des Dorfbürgermeisters und anderen regionalen Führungspositionen, die enger mit der Dynamik der politischen Eliten verbunden sind, tritt selten eine weibliche Führungspersönlichkeit in Erscheinung. So ist es auch bei der Definition des Familienoberhaupts. Im Gesetz der Republik Indonesien Nr. 1 aus dem Jahr 1974, Artikel 31, Abschnitt 3, ist festgeschrieben, dass der Mann das Familienoberhaupt ist, während die Ehefrau im häuslichen Bereich angesiedelt ist und als Hausfrau definiert wird. Die patriarchalische Kultur, die auch durch religiöse Praktiken gefestigt wird, schreibt die Führungsrolle des Mannes fest. Bräuche verringern den Spielraum bei Heirat und Scheidung. In Poso gilt das *adat sampapitu*, nach dem die Frau bei der Hochzeit einen Brautpreis bekommt. Wenn sie irgendwann die Scheidung einreicht, wegen häuslicher Gewalt oder anderer Vorfälle, muss die Frau eine Strafe an den Mann zahlen. Ethnische Bräuche, in denen eine weibliche Führungsrolle verwurzelt ist, wurden verdrängt. (Gogali 2021) Währenddessen wurde die Kultur der Landbewirtschaftung von kapitalistischen Wirtschaftsformen, die an einem urbanen Lebensstil orientiert sind, immer stärker marginalisiert.

***lumbung*, Konflikt und Strategie**

Die soziale Konstruktion der übergeordneten Institutionen verdrängt die Frauen mehr und mehr aus dem öffentlichen Raum und schreibt ihnen eine untergeordnete Rolle im häuslichen Bereich zu. Unter diesen Bedingungen bergen gewalttätige Unruhen das Potenzial, das Ungleichgewicht zwischen den Geschlechtern zu verstärken, bis dahin, dass Frauen Opfer sexueller Gewalt werden. Das geschah, als der vielschichtige Konflikt in Poso 1998 eskalierte und sich großflächig ausbreitete. (Agustiana 2005, S. 4; Babutung 2018, S. 76; Gogali 2008) Der Konflikt hat mit seiner religiösen Projektionsfläche in der pluralen Gesellschaft in Poso viele Menschenleben gefordert und hatte große Flüchtlingsbewegungen zur Folge. Er wurde höchstwahrscheinlich durch verschiedene politische und wirtschaftliche Machtinteressen befeuert.

Es liegt auf der Hand, dass in einer Bürgerkriegssituation alle kollektiven Arbeiten der Gesellschaft und die Bemühung, Ressourcen, Nahrungsmittel und Kultur zusammenzutragen, zum Scheitern verurteilt sind. Erst recht, wenn es sich um einen Bruderkrieg im selben gesellschaftlichen Raum handelt.

> „Dörfer wurden verlassen, Felder und Gärten nicht bewirtschaftet, die Ernte verrottete. Kinder wurden von ihren Eltern getrennt, Eltern verloren ihre Kinder, Männer wurden von ihren Frauen getrennt, von ihren Verwandten und Nachbar*innen. Der Geruch von Leichen breitete sich entlang der ganzen Straße aus. Kinder litten an Unterernährung. Viele Babys mussten im Wald zur Welt gebracht werden. Die Schulen schickten die Schüler*innen nach Hause oder wurden sogar ganz geschlossen. Häuser wurden in Brand gesteckt, geplündert." (Gogali 2008, S. 16)

Zur gleichen Zeit, erinnert uns Gogali, haben Bürger*innen aus verfeindeten Lagern in der schlimmsten Phase – insbesondere wenn sie schon lange Seite an Seite in einer Community zusammengelebt hatten – Strategien entwickelt, sich gegenseitig zu unterstützen. Beispielsweise halfen Nachbar*innen mit unterschiedlicher Religionszugehörigkeit einander, indem sie den Eintrag der Religion auf dem Personalausweis bei einer Razzia verbargen, und sie schützten sich gegenseitig bei Angriffen. (Gogali 2008, S. 17) In der Bemühung, einen Weg zum Frieden zu entwickeln, spielten Frauen eine entscheidende Rolle. So verkauften sie auf den Märkten immer noch an Menschen aus dem feindlichen Lager, was bei Frauen aus diesem Lager wiederum Zustimmung fand. (Gogali 2021) Fragen der Logistik und Nahrung wurden zu Schlüsselthemen, um am Zusammenleben zu „stricken". Es sind überwiegend Frauen, die sich um Kinder und auch um die Nahrungsmittelversorgung kümmern. Deswegen hatte der Aufbau eines gemeinsamen *lumbung* für Grundnahrungsmittel für sie Priorität – über die Grenzen von Politik und Religion hinweg.

Mosintuwu und die Schule der Frauen

Der Aufbau einer resilienten Community, die auch Konflikten standhält, erfordert Führung, Ideen und ein Netzwerk von Akteur*innen mit derselben Vision. Außerdem muss die Gesellschaft im kritischen Denken geübt werden, damit die archaischen Gefühle, die für Machtinteressen entfacht worden sind, aufgelöst werden können.

Aus diesem Grund wurde Lian Gogali, eine Bürgerin aus Poso, die ihren Magister in Yogyakarta gemacht hat, gebeten, nach Poso zurückzukehren, um dort das wieder zu verknüpfen, was durch den Konflikt auseinandergerissen wurde. Dazu rief sie ein Netz von Freund*innen zusammen, die ihre Viion vom Frieden teilten, und gründete 2009 das Mosintuwu Institut in Tentena. *Mosintuwu,* was wörtlich „zusammenarbeiten" bedeutet, *gotong royong,* beinhaltet laut Lian Gogali eine Philosophie der gegenseitigen Unterstützung, Förderung, Großzügigkeit und Hilfe. Dies gehört zum Poso-Lebensstil. (Gogali 2021; Sari 2016) Das Wort Institut bezieht sich auf einen kritischen Raum. (Homepage Institut Mosintuwu)

Das erste Programm umfasste die Gründung einer Schule der Frauen. In der Recherche für ihre Magisterarbeit hatte Lian Gogali die Regionen der beiden feindlichen Lager, die von den Unruhen betroffen waren, besucht und gesehen, wie Frauen Strategien für ein friedliches Zusammenleben entwickeln. Leider werden diese Initiativen in der kollektiven Erinnerung über die Unruhen selten wahrgenommen – und die Stimmen der Frauen sind weder im öffentlichen Raum noch in der regionalen Regierung vertreten. Das Thema, das als Erstes aufgegriffen wurde, war die Gleichberechtigung, um den Mut der Frauen zu stärken, in ihren Dörfern an der Entwicklung teilzuhaben. Die Zielgruppe sind Frauen aus Dörfern mit unterschiedlichem Hintergrund, auch aus Gruppen, zwischen denen es Konflikte gab. Zu Beginn des Programms wurden nur neun Frauen ausgewählt, doch mit der Zeit kamen immer mehr Teilnehmerinnen hinzu. Das auf ein Jahr angelegte Curriculum umfasst neun Themenbereiche, die Fragen der Toleranz und des Friedens, der wirtschaftlichen Rechte, Sozio-Kultur und politischen Rechte, sexuellen Gesundheit und reproduktiven Rechte behandeln. Im Monat finden drei bis vier Unterrichtstage statt, zentrale Inhalte sind Übungen, frei zu sprechen, die eigene Meinung zu äußern und sich schriftlich auszudrücken. Die meisten der teilnehmenden Frauen haben nur sechs Jahre die Grundschule besucht, einige haben einen mittleren Schulabschluss. Wenn sie einen Abgeordneten aus dem lokalen Parlament oder einen anderen Amtsträger treffen, haben sie häufig Schwierigkeiten, ihre Gedanken vorzutragen. Die Übungen, vor Publikum zu sprechen, haben das Selbstbewusstsein der Frauen sehr gestärkt.

Veränderungen und eine Karte der Träume für das Dorf

In Gogalis Dorf haben die Alumnae der Schule der Frauen gezeigt, dass sie die Tatkraft besitzen, Veränderungen herbeizuführen. Mit ihrer umfangreichen Kenntnis des Gesetzes Nr. 6 aus dem Jahr 2014 über das Dorf konnten die Alumnae falsch ausgerichtete politische Verordnungen ändern. Eine Absolventin der Schule der Frauen hat es geschafft, als erste Frau in ihrem Dorf Bürgermeisterin eines Ortsteils zu werden. Allerdings gab es Leute, die gegen ihre Wahl demonstriert haben. Sie ist dieser Demonstration mutig entgegengetreten und hat sich auf ihr Recht als Frau und Bürgerin berufen, sich für das Wohlergehen des Dorfes einzusetzen. Ibu Nengah Susilowasih aus dem Dorf Kilo kehrte mit Ideen und neuem Enthusiasmus in ihr Dorf zurück. Sie baute ein Frauennetzwerk aus Christinnen und Musliminnen auf, in dem eine solidarische Wirtschaftsstruktur umgesetzt wurde. Sie stellten reines Kokosnussöl her und haben die Kultivierung von Kokospalmen wiederbelebt. Diese war zurückgegangen, weil sie vom Kakaoanbau verdrängt worden war. Das gepresste Öl verkaufen sie an der Schule der Frauen. Sie praktizieren außerdem eine Haushaltsführung, die auf einem eigenen Nutzgarten basiert. In einem anderen Dorf gründeten die Frauen einen Markt für Bioprodukte, und sie pflegen den Wald, um die dort wachsenden Farnkräuter nutzen zu können. Mit Begeisterung bauen sie Biogemüse an, welches die Grundlage für die angestrebte solidarische Wirtschaftsstruktur ist. Und aus diesen Projekten hat sich eine Marktbank entwickelt. Die Schule der Frauen und ihr Alumnae-Netzwerk sind eine stärkende Quelle für die Frauen, wo sie gegenseitige Beratung und Unterstützung erfahren.

In ihren jeweiligen Dörfern arbeiten die Alumnae der Schule der Frauen mit der Dorfverwaltung und anderen Bürger*innen zusammen, um Reformschulen zu gründen, die das Dorf mit seinen geografisch-räumlichen und sozio-kulturellen Aspekten kartieren und eine Karte des erträumten Dorfes gestalten – für den Aufbau des Wohlergehens der Bürger*innen. In 24 Dörfern des Bezirks Poso gibt es inzwischen solche Reformschulen. Und dabei engagieren sich nicht nur Frauen, sondern alle Teile der Gesellschaft. Das Programm „Entdeckungsreise in die Kultur“ motiviert die jungen Dorfbewohner*innen, die überlieferten Werte wiederzuentdecken und in ihren jeweiligen Ortschaften mit Leben zu füllen. Das Dorf Kokorondo pflegt beispielsweise den Wert „sich gegenseitig zu vertrauen“. Sie haben sich dort an die Geschichte des Königs Talsa erinnert, dessen Motto „Das Meer ist nicht begrenzt, das Land hat keine Zäune“ lautet. (Gogali 2021) Diese Geschichte transportiert die Idee von Frieden und baut eine Brücke für die Konfliktparteien. In Malitu gibt es das System *mompaho*, wo die Menschen sich gegenseitig einladen, um die Felder gemeinsam zu bestellen – unabhängig von Hintergrund und Religion. In diesem Dorf ist außerdem der Wert der Solidarität mit der Natur sehr stark ausgebildet. Es gibt eine mündliche Überlieferung, die besagt: „Um den Boden zu bearbeiten, müssen erst die Ameisen um Erlaubnis gefragt werden. Wenn jemand von einer Ameise gebissen wird, sollte dieser Mensch nicht dort sein.“ (Gogali 2021) Der Wert der Einfachheit leitet sich von einer Fischfangtechnik auf dem Pososee ab, nämlich *waya masapi*. Diese basiert auf der Philosophie, die Natur wertzuschätzen. Um die ausschließlich im Pososee vorkommenden Arten *sidat* und *masapi* zu fangen, werden eine Brücke und eine mehrstöckige Hütte gebaut. Der vordere Teil besteht aus einem Bambuslattenzaun, der bis zu zwanzig Meter breit ist. Die Anzahl der Baumbusverbindungen ist ungerade, denn gerade Zahlen sind Gott vorbehalten. Diese Philosophie wirkt der Habgier der Menschen entgegen, dem Verlangen, die Natur beherrschen zu wollen. (Gogali 2021; Siruyu 2018) Verbreitet ist auch die Kultur der Gruppenarbeit *(masale)*, und zu dieser Tradition gehört die gerechte Aufteilung der Erträge. Eine Gruppe von Fischern „wechselt sich ab, das Recht für eine Nacht zu bekommen ... der Fang gehört dann dem, der in der jeweiligen Nacht gewacht hat.“ (Siruyu 2018) In einer Nacht kann man bis zu einer Million Rupiah verdienen. Die Gewinne werden genutzt, um den Kindern eine höhere Schulbildung zu ermöglichen.

Schlussbemerkung: *lumbung* der Gleichberechtigung

Die *lumbung*-Praxis ist in ganz Indonesien bekannt, auch in Poso. Sie ist nicht nur Teil der landwirtschaftlichen Kultur, sondern auch im maritimen Bereich verbreitet. Das Prinzip der *lumbung*-Arbeit besagt, die Ernte gemeinsam zusammenzutragen, um sie gemeinsam zu genießen und zum Wohle aller zu regeln. Die Tradition des *lumbung* ist stark mit der lokalen Philosophie verbunden, die von der Gesellschaft mit Leben gefüllt wird. In der gesamten Vorgehensweise werden die sozialen Bindungen und der kollektive Gedanke gestärkt.

Wenn man die Spuren verfolgt, findet man heraus, dass zur Praxis des *lumbung* das Prinzip der Gleichberechtigung zwischen Männern und Frauen gehört. Frauen kommt eine besondere Rolle zu, weil sie eine ausgeprägte Nähe zur Natur haben und es ihnen wichtig ist, sich um Nachhaltigkeit zu kümmern. Doch mit der Zeit hat die patriarchalische Kultur auch in der *lumbung*-Praxis die Gleichberechtigung verdrängt. Die Bemühung, sie wieder zum Leben zu erwekken zielte darauf ab, das Wohlergehen der Gemeinschaft zu fördern. Die Projekte der Alumnae der Schule der Frauen zeigen ganz klar die große Wirkung und spürbare Verbesserungen.

In vielen Teilen der Welt werden *lumbung* als Symbole für Wohlstand und Zusammengehörigkeit von Krieg, Konflikten und Gewalt heimgesucht. Dort sind Frauen und Kinder gefährdet, Opfer zu werden. Die Schule der Frauen in Mosintuwu ist ein Modellprojekt dafür, wie Frauen durch Wissen und den Aufbau eines Netzwerks darin gestärkt werden, durch Konflikte zerrissene soziale Netze wieder zusammenzufügen. Sie setzen sich dafür ein, die gleichberechtigte *lumbung*-Praxis wiederzubeleben. In ihren jeweiligen Dörfern haben Frauen mit Enthusiasmus und Selbstvertrauen ihre Fähigkeit bewiesen, einen Wandel herbeizuführen.

Tiefgreifende Veränderungen sind eine unvermeidbare Notwendigkeit. Der ländliche Lebensraum gerät zunehmend unter Druck – durch den Einfluss des urbanen Lebensstils, durch die nationale wie lokale Politik und durch die Globalisierung, die Wettbewerb und Profit forciert. Die jüngere Generation steht unter dem ungefilterten Einfluss der Informationstechnologie, und die Identitätspolitik verstärkt gegenseitiges Misstrauen. Angesichts dessen wird die Praxis von *lumbung* zur Wiederherstellung des Miteinanders immer dringender benötigt. Natürlich müssen die Strategien und Methoden immer wieder an die Entwicklung von Wissenschaft und Technik angepasst werden, ohne sich von den zugrunde liegenden Prinzipien abzuwenden. Die Herausforderung besteht darin, die verschiedenen kulturellen Reichtümer, Werte und lokalen sozioökonomischen Praktiken erneut daraufhin zu untersuchen, ob und wie sie als Element auf der „Traumkarte" für das Leben – nicht in der Vergangenheit, sondern in der Zukunft – verwendet werden können. Der jüngeren Generation mit ihrer technologischen Versiertheit, ihrer Kreativität und ihrem Enthusiasmus kommt hier die Schlüsselrolle zu.

Letztendlich ist *lumbung* nicht nur ein Symbol, sondern eine kulturelle Praxis, die von den Bürger*innen mit Leben gefüllt und weiterentwickelt wird. Die gesammelte Ernte besteht nicht nur aus Pflanzen oder Fischen, sondern aus dem gesamten Reichtum an Werten, Wissen und sozialen Praktiken in Bezug auf die Identität des Kiezes und des Dorfes, geprägt von ökologischer Nachhaltigkeit. Im *lumbung* wird Gleichberechtigung praktiziert und die Zusammenarbeit so organisiert, dass alle Bürger*innen einbezogen werden, unabhängig von Religion, Alter und Geschlecht.

Literatur:

Agustiana, E. T. (2005), Living in the crisis: Women's experience of violent conflict in Poso, Central Sulawesi, Indonesia. Disertasi. Ohio University. ProQuest Dissertations Publishing 3175375.

Babutung, M. (2018), Peran Institut Mosintuwu Dalam Membangun Budaya Perdamaian Melalui Kaum Perempuan Di Kabupaten Poso, Sulawesi Tengah. *Journal of International and Local Studies* 2.1 (74–87).

Gogali, L. (2008), Tragedi Poso (Rekonsiliasi Ingatan): Gugatan Perempuan dan Anak-anak Dalam Ingatan Konflik Poso. Galang Press.

Gogali, L. (29. September 2021), Interview.

Hokey, Yustinus (2017), Proses Panjang Petani di Poso hingga Mopadungku. https://detail73.com/2021/10/08/proses-panjang-petani-di-poso-hingga-tiba-waktu-mompadungku/

Sari, D.F.K. (2016), Perempuan dan Dinamika Hubungan Komunikasi Pasca Konflik (Study Kasus LSM Institut Mosintuwu Dalam Upaya Membangun Perdamaian Pasca Konflik Poso). Tesis. Program Pasca Sarjana, Universitas Sebelas Maret.

Siruyu, P. (2018), Waya Masapi, Ketika Bambu dan Ikan Merajut Kekeluargaan. https://www.mosintuwu.com/2018/05/23/waya-masapi

Equal lumbung of Culture: Poso Women's School

Melani Budianta

Introduction: *lumbung* and Women

Among the reading sources compiled for the Women's School managed by the Mosintuwu Institute, there is an interesting article about the position of women in agriculture tradition. The article talks about *mompadungku*, the long process of farming tradition in Poso, from land clearing to post-harvesting after the crops are stored in the granary (Hokey, 2017). The farmers' long work process, which is described in detail, reflects the relationship between the set of farming activities and the entire value system, social system, and arts and culture of the community. Each stage and ritual is carried out collectively by community members and is connected with the relationship between humans and nature that provides sustenance and is respected. The night before planting begins, the villagers will have a meal together while keeping vigil and singing to honor the seeds that they are going to plant. In like manner, at a later time before harvesting, husbands will build huts in the fields for themselves since they are in charge of waiting for the rice and must separate themselves from their wives.

Of all the previously mentioned series of processes, what is interesting and stands out is the important role of women. It is stated that "even though the husband has to wait second by second for the rice to be ready to be harvested… when the time to harvest comes, it is not the man who picks the first rice, but the oldest woman in the house." (Hokey, 2017) The other important moment is the ritual of bringing the rice into the *lumbung*:

> "Putting the rice crops into the *lumbung* is not just for anyone either. It is for the old women to welcome the rice and arrange it or *ndanyumpi* in the *lumbung*." (Hokey, 2017)

Unfortunately, in the rapidly changing times, the equal *lumbung* tradition was superseded by patriarchal cultures that came from various directions. The political order is increasingly separated from the communal cultural practices of its people. Elections for heads of village and other leaders of administrative regions, which have more to do with the dynamics of the political elites, rarely engage female leaders. Similarly, the definition of the head of the family as stated in the Law of the Republic of Indonesia No. 1 of 1974, Article 31 paragraph 3 places the husband as the leader or head of the family, whereas the wife in the domestic sphere is the "housewife". Patriarchal culture is also confirmed through religious practices that promote male leadership. Traditional customs become narrower in matters of marriage and divorce. In Poso, the *sampapitu* custom applies, namely the dowry given to women in marriage. If at any time a woman asks for a divorce because of domestic violence or other cases, the woman must pay a fine to the man. Ethnic customs that have roots in women's leadership have shifted (Gogali, interview 2022). Meanwhile, agricultural culture is increasingly replaced by a capital-based economy with an urban lifestyle orientation.

lumbung Conflict and Strategy

Social construction through the various institutions as mentioned above has further marginalized women from the public sphere and placed them at the subordinate level in the domestic sphere. Under these circumstances, conflict situations have the potential to exacerbate the gender gap that already exists in society, and as a consequence women are vulnerable to becoming victims of violence. That is what happened when a multidimensional conflict exploded in Poso in 1998 and spread on a large scale (Agustina, 2005: 4; Babutung, 2018: 76; Gogali, 2008). The religious-nuanced conflict in the pluralistic society in Poso, which resulted in the loss of lives and massive displacement, has reportedly been driven by the interests of various political-economic powers.

It is highly obvious that in a war situation, all the collective work of society and efforts to pool resources, food, and culture, will be destroyed. Especially in the case of a civil war between people in the same space or community.

> "Villages were left empty, gardens uncultivated, crops left to rot, children separated from their parents, parents lost their children, husbands separated from wives, from relatives, neighbors, the air along most of the road was filled with the stench of corpses, children afflicted by diseases due to malnutrition, babies delivered in the forests, schools temporarily or even permanently closed, houses burned, looted."(Gogali, 2008: 16)

At the same time, Gogali reminded that even in the worst conditions, people of both opposing camps, especially those who have lived side by side in the same community for a long time, developed strategies to help each other, for example, neighbors of different religions would help each other by "disguising the religious identity" on their citizen ID cards during a sweeping raid and protect each other if an attack occurred. (Gogali, 2008: 17) In the midst of such efforts to navigate a path to peace, the role of women was very prominent, such as the role of women who continued to sell in the markets for the opposing camp, which was also welcomed by their counterparts from the other camp. (Gogali, interview, 2021) Logistics and food issues are the keys to knit togetherness. Women, who are constructed to take care of children and the need for food, see the food "*lumbung*" as a priority to be built together—across political and ideological divides.

Mosintuwu and the Women's School

However, the work of building resilient and conflict-resistant communities requires leadership, insight, and a network of actors with a shared commitment. Correspondingly, the community needs to be provided with critical education and knowledge to unravel the primordial sentiments that are aroused for the sake of power.

It is for that reason that Lian Gogali, a Poso native who had successfully completed her master's in degree education in Yogyakarta, was compelled to return home to re-knit together what had been scattered due to the conflict. With that in mind, she established a network of friends who are committed to peace and founded the Mosintuwu Institute in Tentena in 2009. The word *mosintuwu*, which literally means working together or mutual cooperation, according to Lian Gogali contains the philosophy of supporting each other, giving and helping each other, which was taken from the Poso way of life (Lian Gogali, interview, 2021, Sari, 2016). The word institute refers to a "critical space" (Mosintuwu Institute website, accessed 21 January 2022).

The first program that was created was the Women's School. While conducting research for her thesis, Lian traveled to conflict-affected areas of Poso of the two opposing camps, and learned about women's strategies for peace. At the same time, these initiatives were rarely recorded in the collective memory of the conflict—and women's voices were not represented in the public sphere and in local governance. The first theme to explore is equality, in order to encourage women to participate in their respective villages. Women from villages with different backgrounds are the main target of the program, in addition to groups that had been involved in the conflict. In the beginning, the program only managed to bring together nine women, but in time, the number of participants increased. The curriculum consisted of nine materials covering issues of tolerance and peace, economic, socio-cultural, and political rights, and sexual health and reproductive rights. Meetings were held three to four times a month and lasted for a year. One very important material was training in speaking, reasoning, and writing skills. The women who participated in the training were, on average, elementary school graduates or at the most high school graduates. When dealing with DPRD members or officials, they would tend to have difficulty expressing ideas. Public speaking training was found to greatly increase self-confidence.

Changes and the Village Dream Map

In Gogali's village, the alumni of the Women's School have demonstrated the capacity to make changes. Equipped with a comprehensive understanding of Law No. 6 of 2014 concerning Villages, alumni are able to amend misguided village policies. One woman who graduated from the Women's School managed to become the first female head of a hamlet in her village and was protested against by the residents. She faced the protesters and managed to defend her position by referring to the rights and roles of women as citizens to participate in village welfare. Mrs. Nengah Susilowasih from Kilo Village returned to her village with new insights and enthusiasm. She built a network of women from the Christian and Islamic communities and implemented a "solidarity economy." They process virgin coconut oil to revive the tradition of planting coconuts, which has begun to diminish, substituted by cocoa. The oil they produced is sold to the Women's School. They also work on a garden-based household economy. In another village, the women built an organic market and preserve the forest for the ferns. The women's hobby of caring for organic plants became the basis of the solidarity economy, and from that, the Market Bank was created. The Women's School and its network of alumni have become a source of strength for advice and support.

In each village, alumni of the Women's School collaborate with village officials and other villagers to create a Village Reform School, to map the villages' geospatial and socio-cultural aspects, and to design a "village dream map" to improve the welfare of the villagers. Village Reform Schools have been established in 24 villages in Poso, and involve not only women but all elements of society. The cultural exploration program encourages village youth to rediscover the existing and living values in their respective villages. Kokorondo Village, for example, preserves the value of "mutual trust." There, the story of King Talasa's past is observed, with his motto "the ocean is borderless, the land is fenceless" (Gogali, interview, 2021). The story provides the villagers with an insight into peace and builds a "bridge" for conflicting groups. From Malitu Village there is the *mompaho* system, which calls on them to cultivate the land together—regardless of their religious background. There is a very strong value of solidarity with nature in that village. One existing oral tradition reveals that in order to clear the land, one must ask the ants for permission. If someone is stung by an ant, that person should not be there in the first place (Gogali, interview, 2021). The value of simplicity is taken from the traditional fishery technology in Lake Poso, namely the *waya masapi*, which is based on the philosophy of respecting nature. To catch eel and *masapi*, a particular type of fish endemic to Poso, bridges and bamboo-floored huts are built, the front consisting of a fence of bamboo slats extending up to 20-meters wide. The bamboo ties are in odd numbers since even numbers are only for God, (Gogali, interview, 2021, Siruyu, 2018). There is a culture of cooperation in groups (*masale*) and fair distribution of catch that is applied in this tradition. A group of fishermen "take turns to get one night's right … to get the catch when [doing] the shift," (Siruyu, 2018). They can earn one million rupiahs in one night. Such economic yield has been used by the villagers to send their children to higher education.

Epilogue: Equal *lumbung*

lumbung practices are known throughout the archipelago, including in Poso. It is not only known among farming cultures but also in regions with maritime traditions. The working principle of a *lumbung* is to collect harvested crops together so that they can be enjoyed and managed together for the welfare of the people. The *lumbung* tradition is closely related to the local philosophy that is kept alive by the people. In the whole process, social relations and the meaning of collective life are intertwined.

Digging deeper into the traditional practice of the past, *lumbung* culture did include the principles of equality between men and women.

Women had been prioritized because they were considered close to nature and had an interest in preserving it. Although over time the value of equality in *lumbung* practices has been eroded by patriarchal cultures, efforts to revive equality in works involving the improvement of community welfare as demonstrated by the Mosintuwu Women's School, turn out to have an immediate impact on the people.

In many parts of the world, granaries as symbols of prosperity and togetherness have been ravaged by war, conflict, and violence. There, women and children are vulnerable to becoming victims. The Mosintuwu Women's School is a pilot model of how women gain strength through knowledge and networking to re-knit social networks that had been torn apart by conflict and revive the practices of an equal *lumbung*. In their respective villages, women who have been equipped with enthusiasm and self-confidence have proven their ability to make changes.

Changing times is an unavoidable certainty. The rural realms have been increasingly beleaguered by the urban lifestyle, the world of national and local politics, and transactionalism approach that emphasizes competition and profit. The younger generation is confronted with exposure to unfiltered information technology, while identity politics reinforces mutual suspicion. In dealing with all that, the practice of *lumbung* to rebuild togetherness is increasingly urgent. Naturally, the strategies and methods will always need to be renewed so as to adapt to the conditions of the times. The challenge is to re-examine the richness of local culture, values, and socio-economic practices that can be used as a "dream map" for a living—not in the past—but in the future. For this reason, the younger generation, with their technological sophistication, creativity, and enthusiasm, are at the forefront.

The *lumbung*, in the end, is not merely a symbol but a cultural practice that is lived and brings prosperity to its people. The harvest collected is not just plants or fish, but the entire wealth of values, knowledge, and social practices as regards the identity of the *kampong* and village. At the center of the practices of the *lumbung* is organized equality and cooperation that involves all its people, regardless of their religious background, age, and gender.

References:

Agustiana, E.T. (2005) "Living in the crisis: Women's experience of violent conflict in Poso, Central Sulawesi, Indonesia." Dissertation, Ohio University. ProQuest Dissertations Publishing 3175375.

Babutung, M (2018) "Peran Institut Mosintuwu Dalam Membangun Budaya Perdamaian Melalui Kaum Perempuan Di Kabupaten Poso, Sulawesi Tengah." *Journal of International and Local Studies* 2.1 (74-87)

Gogali, L (2008) *Tragedi Poso (Rekonsiliasi Ingatan): Gugatan Perempuan dan Anak-anak Dalam Ingatan Konflik Poso.* Galang Press.

Gogali, interview (29 September 2021)

Hokey, Yustinus (2017) *Proses Panjang Petani di Poso hingga Mopadungku.* https://detail73.com/2021/10/08/proses-panjang-petani-di-poso-hingga-tiba-waktu-mo-mpadungku/

Sari, D.F.K (2016) *Perempuan dan Dinamika Hubungan Komunikasi Pasca Konflik (Study Kasus LSM Institut Mosintuwu Dalam Upaya Membangun Perdamaian Pasca Konflik Poso). Tesis. Program Pasca Sarjana, Universitas Sebelas Maret.*

Siruyu, P (2018) *Waya Masapi, Ketika Bambu dan Ikan Merajut Kekeluargaan.* https://www.mosintuwu.com/2018/05/23/waya-masapi

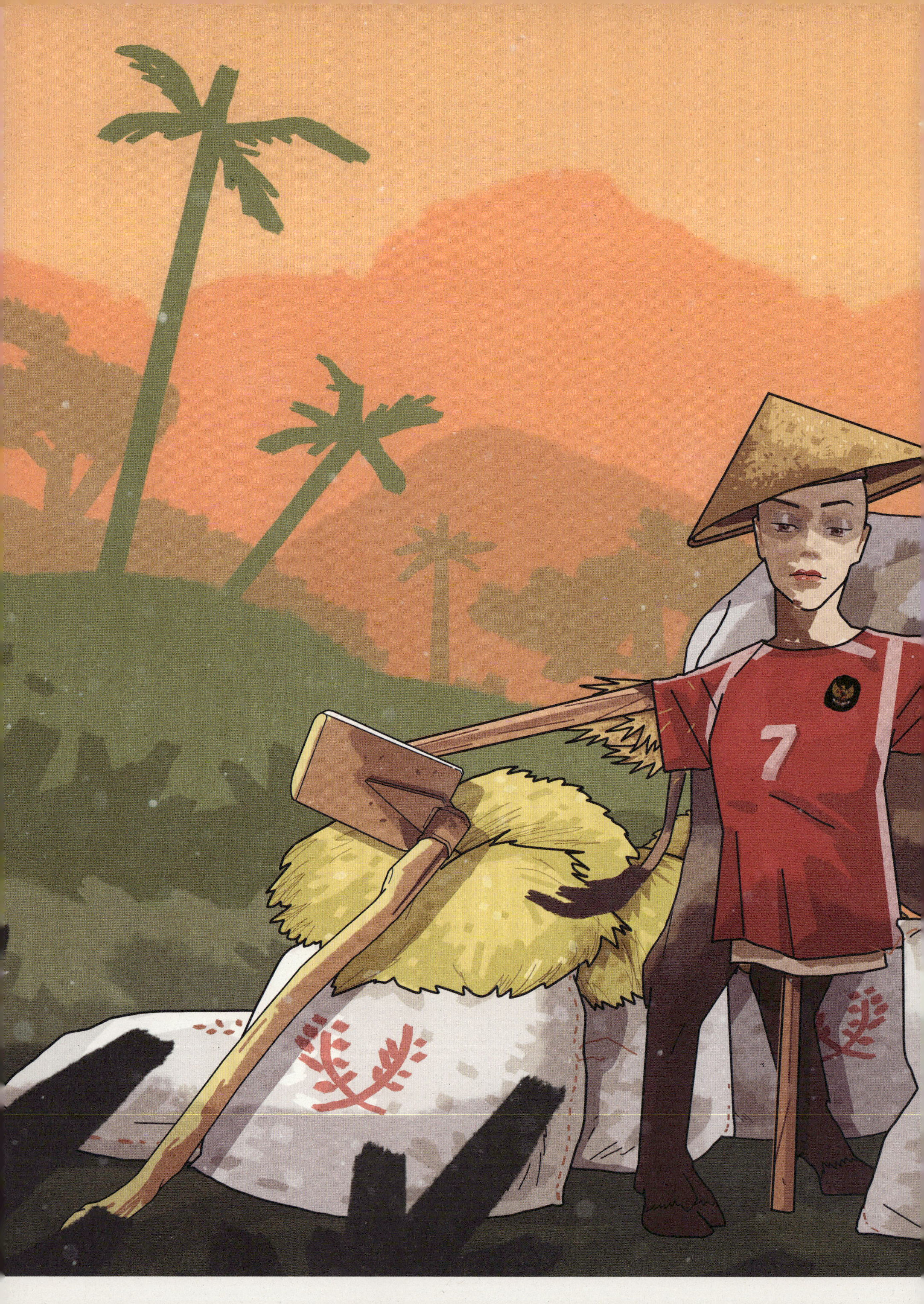
7

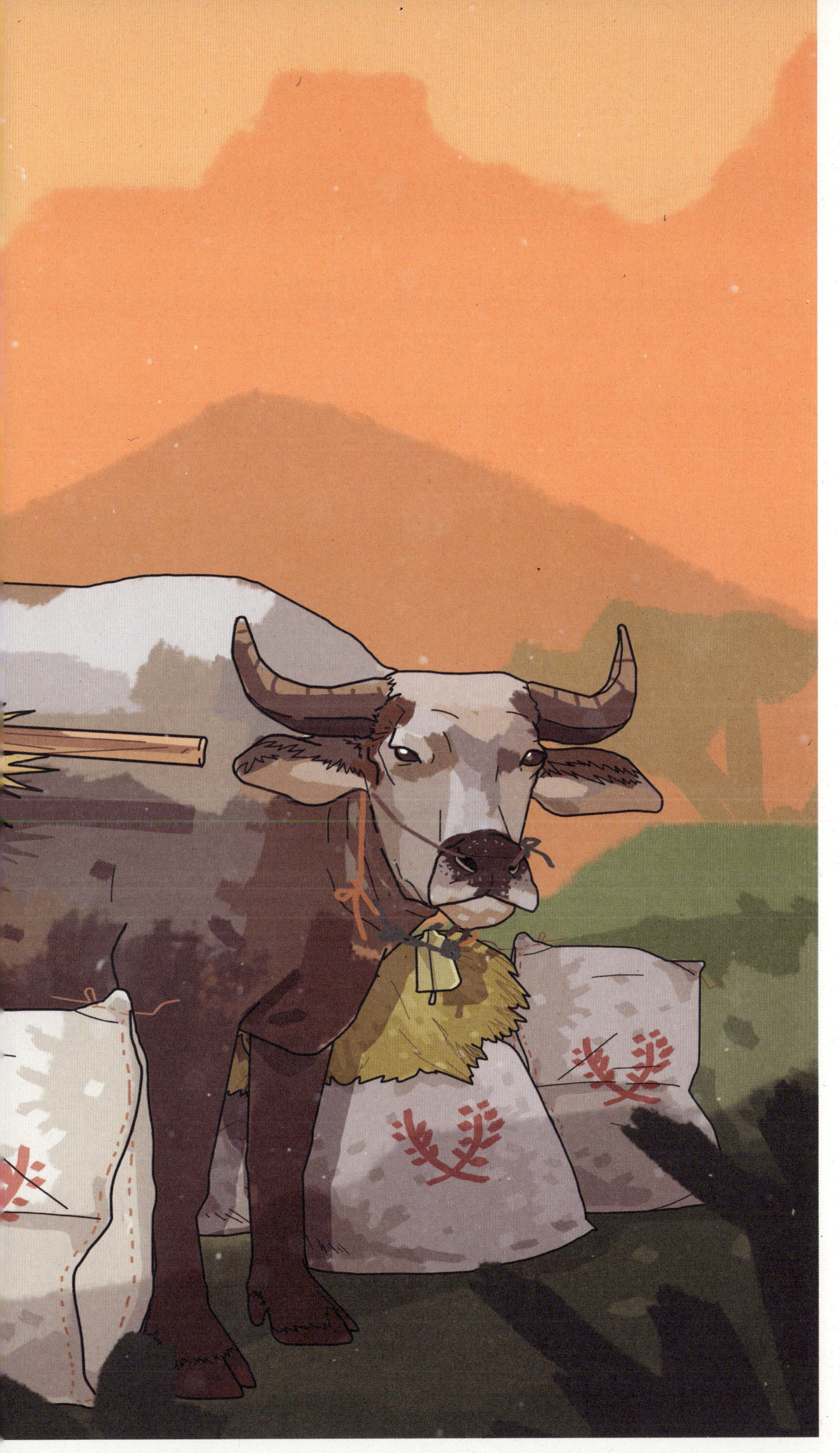

Illustration:
Dwi Wicaksono
Adhitya Nisfianto

Der Wald füllt die Küche der Papua

Dadank Yepese
übersetzt von Martina Heinschke
illustriert von Dwi Wicaksono Suryasumirat

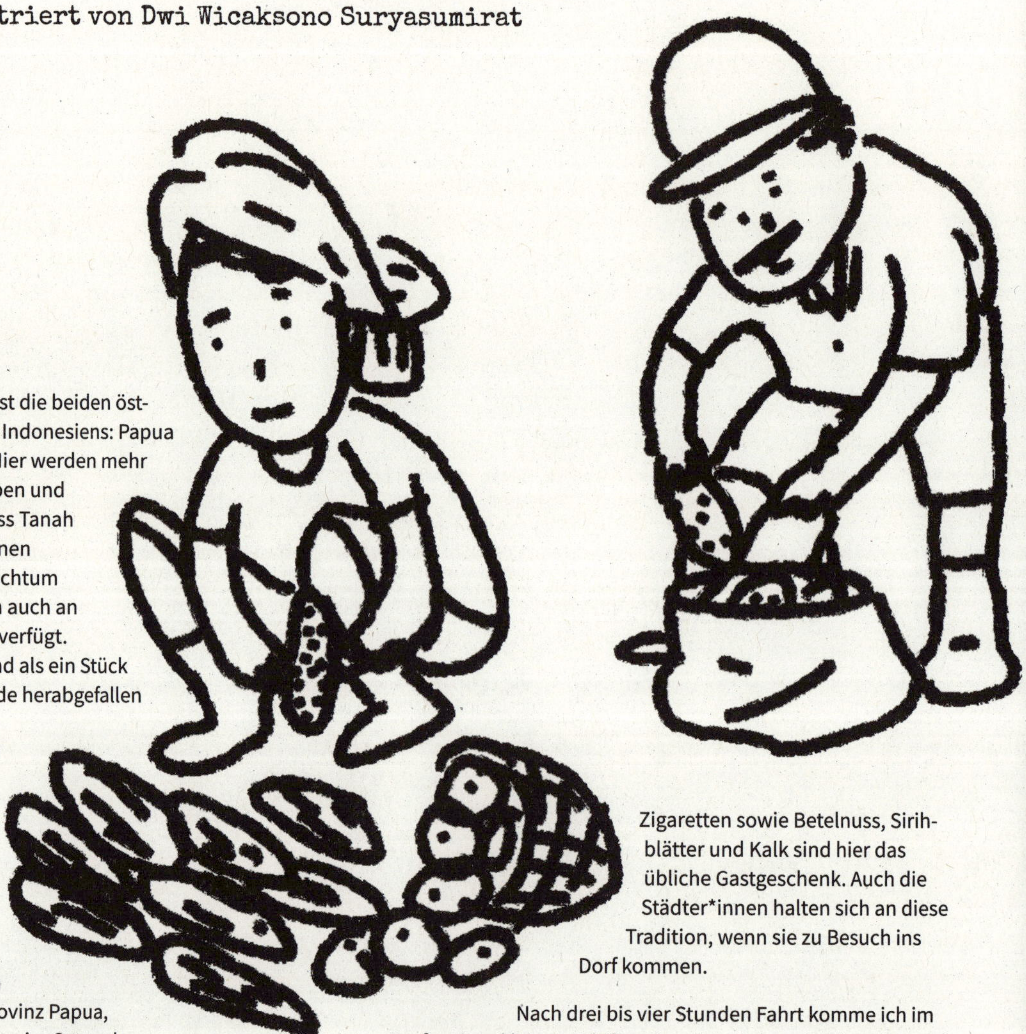

29. Dezember 2021

Tanah Papua umfasst die beiden östlichsten Provinzen Indonesiens: Papua und West-Papua. Hier werden mehr als 255 ethnische Gruppen und Sprachen gezählt, sodass Tanah Papua nicht nur über einen außergewöhnlichen Reichtum an natürlichen, sondern auch an kulturellen Ressourcen verfügt. Vielen Papua gilt ihr Land als ein Stück Paradies, das auf die Erde herabgefallen ist. Andere greifen zum Bild des Landes, in dem Milch und Honig fließen, um den Reichtum von Tanah Papua zu beschreiben.

Heute mache ich mich auf, um das Dorf Yokiwa im Distrikt Jayapura, Provinz Papua, zu besuchen. Es liegt ganz im Osten des Distrikts, an der Grenze zum Distrikt Keerom. Der Himmel ist fast wolkenlos, das Wetter unterstützt also mein Vorhaben, in Yokiwa etwas über das System zur Ernährungssicherheit der lokalen Bevölkerung in Erfahrung zu bringen.

Schon am Abend zuvor habe ich den Proviant hergerichtet, auch die Mitbringsel für die Menschen, die ich treffen werde. Zigaretten sowie Betelnuss, Sirihblätter und Kalk sind hier das übliche Gastgeschenk. Auch die Städter*innen halten sich an diese Tradition, wenn sie zu Besuch ins Dorf kommen.

Nach drei bis vier Stunden Fahrt komme ich im Dorf meiner kleinen Feldforschung an. Angenehm berührt mich die schöne, friedvolle Natur; die freundschaftlichen Reaktionen der Menschen geben mir das Gefühl, hier wohlwollend aufgenommen zu werden. Insbesondere die einsetzende Abenddämmerung lässt jedem, der die landschaftliche Schönheit Yokiwas erblickt, das Herz aufgehen.

Kaum dass ich mein Motorrad neben dem dörflichen Kulturzentrum geparkt habe, kommt ein Mann auf mich zu, der sicherlich schon mehr als ein halbes Jahrhundert auf Erden ist. „Guten Tag, junger Mann, ich bin Pak Arnold Awoitauw", spricht er mich an. „Guten Abend, Pak", antworte ich und füge erklärend hinzu: „Ich bin Dadank vom *majalah lumbung.* Vor einiger Zeit haben wir meinen Besuch hier ausgemacht."

Pak Arnold Awoitauw ist 65 Jahre alt. Im Dorf Yokiwa kennt man ihn als einen freundlichen Mann. Er ist ein jüngerer Bruder des *Ondoafi* – so nennt man in diesem Gebiet das höchste traditionelle Oberhaupt, dem nach der überlieferten Ordnung *(adat)* die Häupter verschiedener lokaler Stammesgruppen unterstellt sind.

Nach der kurzen Begrüßung überreiche ich Pak Arnold das vorbereitete Gastgeschenk. Er lädt mich daraufhin ein, mich mit ihm auf den Steg über dem Kali Jaifuri zu setzen; zuvor bittet er noch seine Frau, uns zwei Tassen Kaffee zu machen – für ein angeregtes nachmittägliches Gespräch. Nachdem wir Platz genommen haben und eine entspannte Atmosphäre eingetreten ist, stelle ich meine erste Frage: „Wie hat man bisher im Dorf Yokiwa nach den alten *adat*-Regeln für Ernährungssicherheit gesorgt, insbesondere im Hinblick auf den Zeitraum zwischen dem Pflanzen und der Ernte?"

Als Mann im fortgeschrittenen Alter, der schon lange in diesem Dorf lebt, erklärt mir Pak Arnold, dass früher alle Menschen im Dorf den ganzen Prozess vom Pflanzen bis zur Ernte als eine Aufgabe und Pflicht ansahen, die sie von den Vorfahr*innen ererbt und auch fortzusetzen hätten.

„Eine Besonderheit im Dorf Yokiwa ist die Vielfalt der Nahrungsquellen: Wir können hier neben den Gartenprodukten, die wir auf Feldern und Lichtungen im Wald anpflanzen, auf den Fischfang zurückgreifen. Das Dorf hat eine geografisch günstige Lage, umgeben von Hügeln, dem Fluss und dem fruchtbaren Sagopalmen-Wald."

Schon früh haben Dorfgemeinschaften in Papua gelernt, Nutzgärten anzulegen und Pflanzen zu kultivieren. Sie haben gepflanzt, gejätet, gepflegt, geerntet und ihre Ernte geteilt. Sie haben Knollenfrüchte und Bananen angebaut, die man in der Sentani-Sprache *keija* nennt. Jede Familie war verpflichtet, einen Garten zu haben und Nutzpflanzen anzubauen, um für die Ernährung der Familie und des ganzen Dorfes zu sorgen.

„Früher musste man, wenn die Erntezeit anstand, die Erlaubnis des *Ondoafi* einholen und den Beginn der Ernte im ganzen Dorf bekannt machen. Für uns – für die gesamte Dorfgemeinschaft – war die Erntezeit ein guter Tag", erzählt mir Pak Arnold, der in Yokiwa auch geboren ist.

Nach der Ernte wurden die Produkte – Taro, Mais, Bataten, Sago, Gemüse, Bananen und so weiter – in *noken* gepackt. *noken* sind multifunktionale Taschen aus geknoteten oder gewebten Baumrindefasern. Darin transportierten die Dorfbewohner*innen die ganze Ernte und brachten sie in einem mit Schnitzereien reich verzierten Boot zum *Ondoafi* und den anderen

Oberhäuptern. Unterwegs sangen und riefen die Leute aus Dankbarkeit für die Ernte.

Nach der traditionellen Ordnung *(adat)* im Dorf Yokiwa musste die Ernte dem *Ondoafi* zur Aufbewahrung im Versammlungshaus *(obhe)* übergeben werden, bevor sie später nach klaren Regeln verteilt wurde.

„Im Allgemeinen überließen die Dorfbewohner*innen zehn Prozent ihrer Ernte dem *Ondoafi,* weil man glaubte, dass dadurch die nächste Ernte gut ausfallen würde", berichtet Pak Arnold.

Der *Ondoafi* und die anderen Oberhäupter hatten in der Vergangenheit eine wichtige Rolle inne: Sie sorgten dafür, dass Recht herrschte, Ausgleich gefunden wurde, die Regeln eingehalten wurden und das Dorf eine gute, harmonische Ordnung bewahrte. Das war nicht nur im Dorf Yokiwa so, sondern in allen Papua-Dörfern der Sentani-Region im Distrikt Jayapura.

Ganz erfüllt von Pak Arnolds Erzählungen über die alten Traditionen der Erntezeit, kommt mir noch eine Frage: „Was wäre passiert, wenn Dorfbewohner*innen die zehn Prozent der Ernte dem *Ondoafi* und den anderen Oberhäuptern nicht überlassen hätten?" Pak Arnold verweist auf die Möglichkeit von Sanktionen oder, was in alter Zeit wohl auch vorkam, die Verfluchung der Betreffenden.

Pak Arnold erläutert mir auch den Namen Yokiwa, der in der alten Sprache offenbar „Teufelsdorf" bedeutete. Er meint, in den Jahren um 1930, in der Zeit, bevor die Mission (und damit die Religion) ins Dorf gekommen sei, hätten die Dorfbewohner*innen hier mit den Teufeln eine Art Gemeinschaft gebildet.

„Sie (die Teufel – vielleicht sollten wir besser an Geister denken) waren von zwergenhafter Statur und hatten keine Häuser. Sie kamen ins Dorf, um mit den Bewohner*innen Spaß zu haben, damit Leben im Dorf war. Wenn es dunkel wurde, zogen sie sich in den Wald zurück."

Was Pak Arnold an diesen alten Glaubensvorstellungen über die Teufel auch noch bemerkenswert erscheint, ist ihre stützende Rolle im System von Ernährungssicherheit und Fruchtbarkeit. Es glaubten nur bestimmte oder ausgewählte Leute daran. Aber es gab für die Teufel besondere Rituale, nicht nur im landwirtschaftlichen Kontext, sondern auch im Hinblick auf die von Zeit zu Zeit aufflammenden kriegerischen Stammeskonflikte.

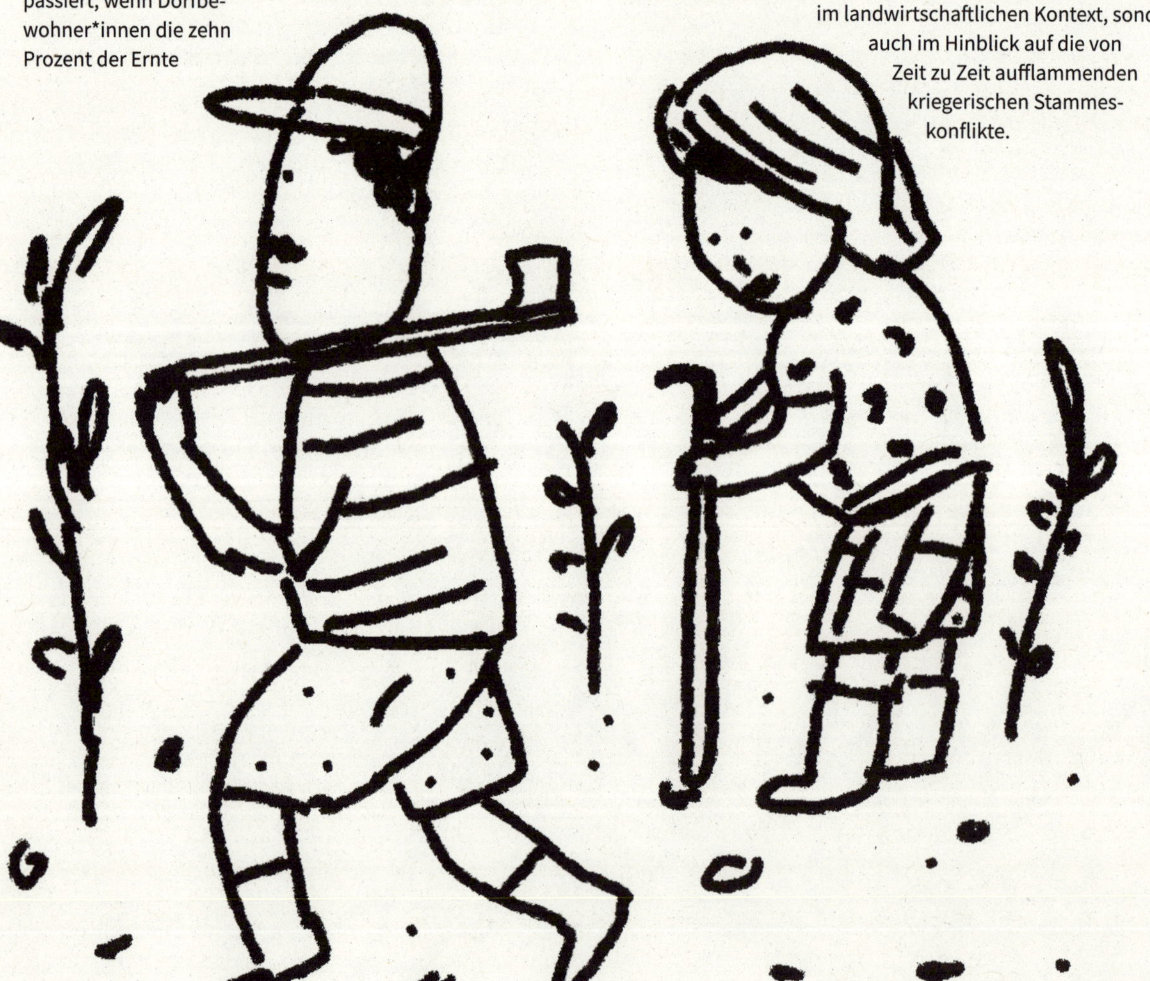

Man glaubte, dass die Teufel der Dorfgemeinschaft helfen könnten – und zwar auf übernatürliche Weise im Guten wie im Bösen. Im Hinblick auf den Nahrungsmittelanbau gab es die Vorstellung, dass sie Fruchtbarkeit bewirken und die Zeit bis zur Ernte verkürzen könnten. Im Fall von Kriegen wiederum, die häufig durch Landstreitigkeiten ausgelöst wurden, suchten Dorfbewohner*innen die tatkräftige Unterstützung der Teufel, um sich den Sieg zu sichern.

Mit dem Einzug des Evangeliums ab den 1930er Jahren habe man sich von solchen als Aberglaube zu bezeichnenden Annahmen und von Versuchen zur Dienstbarmachung von Teufeln nach und nach abgewandt, auch wenn manche dieser Vorstellungen vielleicht noch nicht ganz verschwunden seien. Man bemühe sich heute, in der indigenen Dorfgemeinschaft von Yokiwa ein unabhängiges Ernährungssystem im Zusammenspiel mit den traditionellen Oberhäuptern unter dem *Ondoafi* und den Dorfbürgermeistern zu entwickeln. Pak Arnold räumt ein, dass die über Jahrhunderte gepflegte Landwirtschaftskultur im Schwinden begriffen sei. Der alte Herr sagt dies nicht ohne Grund: In Yokiwa gibt es nur noch wenige Familienhäupter, die Gärten zur Bewirtschaftung besitzen.

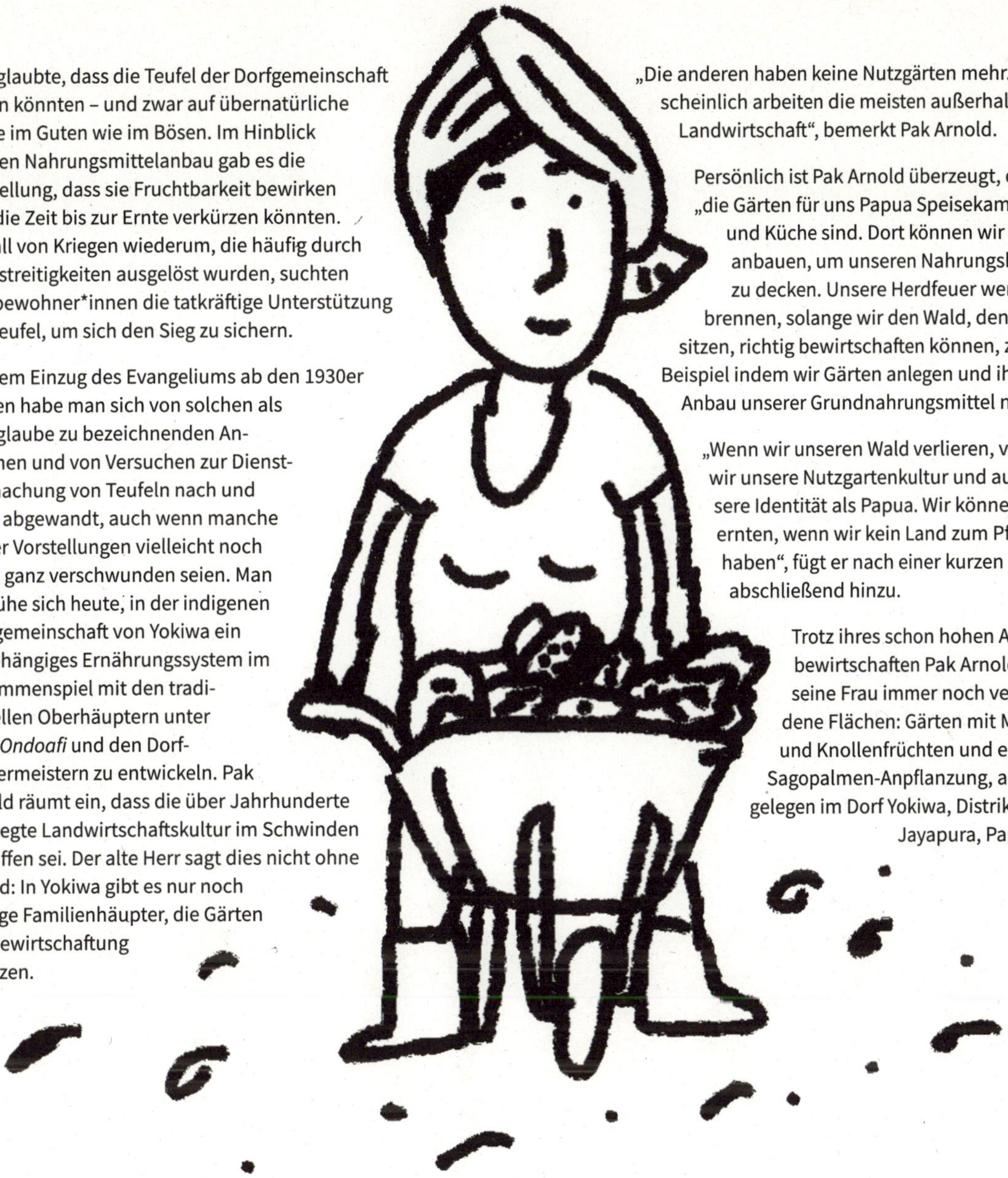

„Die anderen haben keine Nutzgärten mehr. Wahrscheinlich arbeiten die meisten außerhalb der Landwirtschaft“, bemerkt Pak Arnold.

Persönlich ist Pak Arnold überzeugt, dass „die Gärten für uns Papua Speisekammer und Küche sind. Dort können wir alles anbauen, um unseren Nahrungsbedarf zu decken. Unsere Herdfeuer werden brennen, solange wir den Wald, den wir besitzen, richtig bewirtschaften können, zum Beispiel indem wir Gärten anlegen und ihn zum Anbau unserer Grundnahrungsmittel nutzen.“

„Wenn wir unseren Wald verlieren, verlieren wir unsere Nutzgartenkultur und auch unsere Identität als Papua. Wir können nichts ernten, wenn wir kein Land zum Pflanzen haben“, fügt er nach einer kurzen Pause abschließend hinzu.

Trotz ihres schon hohen Alters bewirtschaften Pak Arnold und seine Frau immer noch verschiedene Flächen: Gärten mit Mais und Knollenfrüchten und eine Sagopalmen-Anpflanzung, alle gelegen im Dorf Yokiwa, Distrikt Jayapura, Papua.

The Forest is Kitchen for Papuans

Dadank Yepese

The Land of Papua is the easternmost province in Indonesia stretching into two territories, namely Papua and West Papua. More than 255 different tribes and languages are recorded to exist in the region, making the land very rich in nature and culture. For local people, Papua is considered a small paradise that fell to the earth. There are also those who call it the land full of honey and milk, as an illustration of how rich the land of Papua is.

That day, I visited Yokiwa, one of the villages in Jayapura Regency, Papua. The village is located at the eastern end of Jayapura Regency and adjacent to Keerom Regency. The sky was quite clear then, so quite conducive to the research trip aimed at understanding the food security system of the local community in Yokiwa Village.

I had prepared some food and drink the previous night. I did not forget to bring provisions such as areca nut, betel leaf, lime, and cigarettes for the people that I would meet. It is a tradition for urban people visiting a village to bring those items.

After traveling for three to four hours, I finally arrived at the research location. Arriving at dusk in Yokiwa Village, in an instant this heart of mine felt at peace. The beautiful and serene natural atmosphere brought comfort, and the friendly greetings of the local community were more than enough to make me feel welcomed.

After I parked my motorbike next to a local art studio, a man who looked like he was more than half a century old greeted me.

"*Good afternoon son! I'm Mr. Arnold Awoitauw,*" he said.

"*Good afternoon, Sir! I'm Dadank from majalah lumbung who made an appointment to meet you recently.*" I explained.

Arnold Awoitauw is a 65-year-old man who is known to be quite friendly in Yokiwa village. In the traditional structure, Arnold is the younger brother of an *ondoafi*—a term for the leader who heads several tribal chiefs—in the village.

After introducing myself, I then handed over some of the provisions I had prepared to Mr. Arnold. Next, I was invited to sit on the deck above Yokiwa's Jaifuri River, while Mr. Arnold asked his wife to make two cups of coffee to accompany our afternoon chat. After the two of us sat down and started to feel comfortable, I began the conversation by asking how the traditional villages have maintained their food security so far, especially from the planting to harvesting period.

Responding to this, as an old man who has lived in the village for a long time, Arnold explained that in the past, the process of planting to harvesting was an obligation that had been passed down for generations for Indigenous peoples from the time of their ancestors to their current generation.

"*Especially for the Indigenous people of Yokiwa Village, their food source is not only from garden yields but also from fisheries. Geographically, the area of this village is indeed surrounded by mountains, rivers, and fertile sago forests,*" said Arnold.

From the past, Indigenous peoples have learned how to take care of a hamlet (garden), starting from the process of planting, tending, harvesting, to sharing. Some of the yields are sweet potatoes and bananas, in the local Sentani language called *keija*. Every family is obliged to garden and cultivate crops to support the food security of families and villagers.

"*In the past, when the harvest season arrived, the news had to be announced to the entire village community with the* ondoafi*'s permission. For us, the harvest season is a good day for the entire village community*," said the man of Yokiwa village origin.

After the community has harvested all of their garden yields, such as sweet potatoes, bananas, corn, cassava, *petatas* (sweet potatoes in Papua), vegetables, sago, and so on, the crops are then put into a *noken*, a multipurpose bag made from knitted bark. They then parade all the harvest to be handed over to the *ondoafi* and the tribal chief using a boat full of carvings typical of the Indigenous peoples. Along the way, they would sing and shout together to express their gratitude.

Under the customary rule system of Yokiwa Village, the harvest must be handed over to the *ondoafi* to be stored in the *obhe* (a traditional shelf) before it is redistributed to the community through a traditional process.

"*Usually, Indigenous peoples hand over 10 percent of their harvest to the* ondoafi *because this is believed to bring good luck in the next harvest process*," said Arnold.

The role of the *ondoafi* and tribal chiefs at that time was quite central because they were considered as law enforcers in maintaining the balance of customs so that rules are well and harmoniously followed by the people. This is not only the case in Yokiwa Village, but also in all traditional villages in Sentani, Jayapura Regency, Papua.

Immersed in the traditional story about the harvest period that Mr. Arnold was telling me, on the sidelines of the conversation, I asked, "*What if the Indigenous people do not hand over 10 percent of their harvest to the* ondoafi *or the tribal chief?*" Arnold replied they could be punished, similar to the past, by a curse.

Arnold also explained the meaning of the name Yokiwa itself, which according to him, in the past, meant "the Spirit's Village." According to his confession, around the 1930s or before the Bible (or religion) entered this village, the people had "lived together" with spirits.

"*They (the spirits) had a small or dwarfed stature and did not have a home. They only existed to play with the residents and enliven the village. After it got dark, they would go back into the forest*," he said.

But for Arnold, another unique thing was the growing belief of the villagers in the existence of spirits at that time as a supporting factor for the food security system and crop fertility. Only certain or selected people believed in it. There were certain rituals that were carried out specifically, not only for agriculture, but also to support inter-tribal wars at that time, and others.

He added that the spirits at that time were believed to be able to help people in various ways, both good and bad. In the food sector, for example, the spirit was believed to be able to provide fertility and speed up the harvest season. Meanwhile, in other sectors, if tribal wars occurred which were triggered by territorial struggles at that time, the community involved them with the aim of winning the war.

When the Bible was introduced after the 1930s, things that were considered mystical or involved the spirits slowly began to be abandoned, although according to Arnold's confession it had not completely disappeared. Indigenous people in Yokiwa Village are getting used to learning to support their food system independently under customary governance through the *ondoafi* and the village head. He admits that the culture of harvest that has been established for a long time is now slowly fading away. Not without reason, the old man said, but because it was recorded that only a few family heads still had hamlets to manage in Yokiwa Village.

"*The others don't work in the garden anymore. Maybe most of them are already busy with non-farming work*," said Arnold.

Arnold personally believes that the garden is the kitchen for them, the Papuans. There, we can grow anything to meet our food needs. Cooking at the kitchen for meals will continue as long as the forest that we own can be managed properly, for example being used as a hamlet or garden to grow various basic commodities.

"*If we lose our forest, we will lose our gardening culture and even our identity as Papuans. We can't harvest anything if we don't have land to plant*," he concluded.

At an elderly age, he and his wife are still farming. Currently, Arnold has several planting areas, where he planted crops ranging from corn and sweet potato gardens to the sago hamlet which is located in Yokiwa Village, Jayapura Regency, Papua.

Lalii Ataq

Jonathan Irene Sartika Dewi Max
übersetzt von Lydia Kieven
illustriert von Marishka Soekarna

Samarinda, 19. Februar 2017

Die Sandalen stehen am Rand der Matte, ich steige über sie hinweg und begebe mich unter die aufgespannte Zeltplane. Mein Blick fällt auf mir bekannte Gesichter: Ulan, eine Tänzerin aus der Tanzschule Seni Apo Lagaan, und auch ihre Mutter, die gerade hin und her geht und Teegläser und einen Teller mit *bolu*-Küchlein herumreicht. Der Vater richtet gemeinsam mit anderen Männern die Bambushalterungen des blauen Zelts.

Ich nähere mich Ulan und frage: „Kann ich bei irgendetwas helfen?"

Sie antwortet: „Setz dich einfach hin. Hast du schon gegessen?"

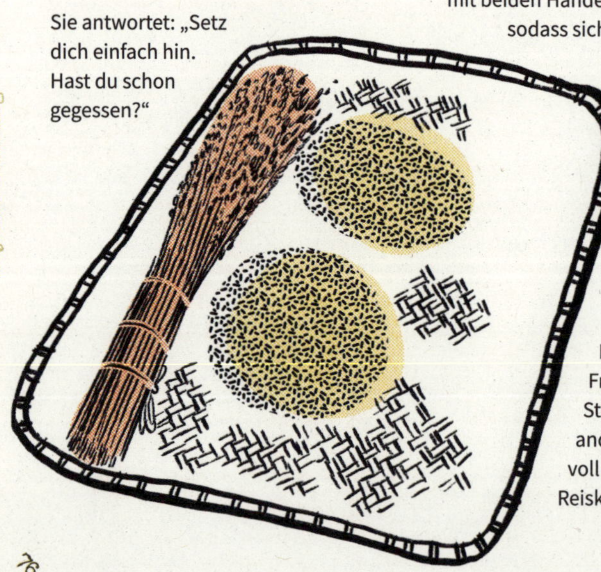

Ich nehme mir ein Glas Tee sowie ein *bolu*-Küchlein und unterhalte mich weiter mit Ulan, während ich mich umschaue, ob ich nicht doch irgendwie helfen kann.

Einige Frauen haben schon ihre festen Arbeitsplätze. Eine sitzt vor einer großen Pfanne am Herd und rührt Klebreiskörner *(pulut)*. Eine hält auf dem Schoß einen flachen Korb *(tapaan),* in dem sie mit beiden Händen Reiskörner reibt, sodass sich die Schalen von den Körnern lösen. Einige stehen beim Reismörser *(sung)* und plaudern. Es gibt gar keine Gelegenheit, dies oder das zu fragen, der gerührte Klebreis wird schon ausgeteilt. Mit voller Kraft stampfen zwei Frauen mit den *aloq*-Stöcken, während eine andere drei bis vier Handvoll der zuvor geriebenen Reiskörner in den Mörser füllt. Im gleichmäßigen Takt stoßen die beiden Frauen abwechselnd in die Mörser-Höhlung, ohne dass sich die *aloq*-Stöcke berühren. So geht es auch an einem anderen Mörser zu. Die Atmosphäre ist erfüllt von den Geräuschen des Reisstampfens. Die Frauen bereiten *emping*-Cracker aus jungem *ubaq*-Reis vor.

Ich lasse die Gelegenheit nicht aus, selber zu stampfen. „Schwer, ja", sage ich zu einer der Frauen.

Sie lacht. „*Pekale,* ah." Das bedeutet: „Versuch es zu lernen!"

Ich bin schon ziemlich erschöpft davon, immer gut achtzugeben, dass mein Stock nicht mit dem anderen Stock zusammenstößt, aber allmählich geht es besser. Wenn die Reiskörner genug gestampft sind, sind sie ganz dünn. Man nennt sie *ubaq,* und es verbreitet sich ein typischer Duft, der warm aus dem gestampften Reis aufsteigt. *ubaq* kann man direkt essen, er wird an alle Familien verteilt als Zeichen des Dankes, dass die Haupternte beginnen kann. Diesen Prozess nennen die Leute hier *Lalii Ataq.*

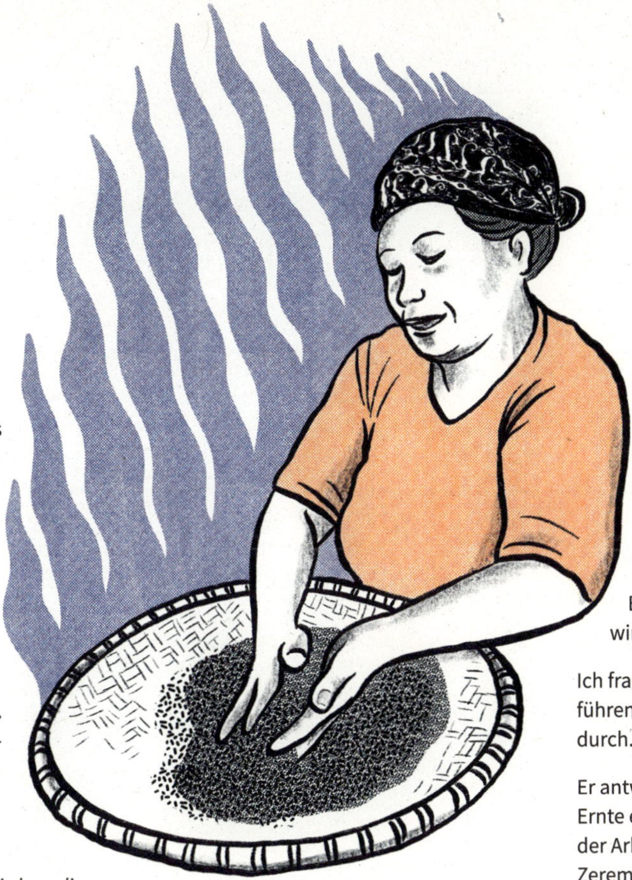

Lalii Ataq ist eine traditionelle Tätigkeit, die einige Familien – mit der beschriebenen Arbeitsteilung – ausüben. Die zuerst geerntete Reissorte ist *padi pulut* (Klebreis). Dieser Reis wird zusätzlich gepflanzt, da er für alle traditionellen Zeremonien gebraucht wird. *padi pulut* wird oft zu *lamang* verarbeitet, einer Mischung mit Kokosmilch, die in einen Bambusbehälter gefüllt und dann auf dem Holzkohlefeuer erhitzt wird. Aber anders als beim *Lalii Ataq* ist das *ubaq* eine Art Symbol für das Teilen der ersten Ernte einer Familie mit der ihr am nächsten stehenden Familie. Der Reis, der danach geerntet wird, ist *padi abung,* eine Sorte Bergreis, der der Bevölkerung von Bahau als Hauptnahrungsmittel dient, vor allem am Oberlauf des Mahakam-Flusses.

Long Hubung, 29. Oktober 2021

Das Knattern des *speed boats* begleitet mich vier Stunden lang auf der Fahrt flussaufwärts, bis wir schließlich in dem am Mahakam-Ufer gelegenen Dorf Long Hubung Ulu anlegen. Ich komme im Haus von Damianus Higang (genannt Dami) und Natalia Lihwa Helaq (genannt Lihwa) an; diese Freunde haben beschlossen, in ihrem Heimatdorf zu leben, nachdem sie beide einen Universitätsabschluss gemacht und geheiratet haben. Dami arbeitet jetzt als Ausbilder in der Landwirtschaftsbehörde und Lihwa als Krankenschwester im Gesundheitszentrum Puskesmas Long Hubung Ulu.

Für die Dayak Bahau im Distrikt Mahakam Ulu sind jetzt die Monate des Bestellens der Felder, vor allem im Bereich der eher flussabwärts gelegenen Gebiete. Am Oberlauf beginnt die Pflanzzeit normalerweise schon in der Jahresmitte. Ich habe die Gelegenheit, beim Pflanzen *(menugal)* von Bergreis anwesend zu sein und selber zu erleben, wie die Familien aus der Umgebung herunterkommen, um den Landbesitzer*innen beim Bearbeiten ihrer Äcker zu helfen. Felder mit der Gesamtfläche eines Fußballfeldes werden von etwa zwanzig Frauen und Männern von acht Uhr morgens bis ein Uhr mittags bearbeitet.

Nach der Arbeit auf dem Feld rede ich mit dem Sekretär des Dorfs Long Hubung Ulu, Leonardus Iraang Huvat, der Pak Iraang genannt wird. Wir sitzen unter einer grünen Zeltplane, dem Platz für die Pflanzarbeiter*innen *(penugal),* wo sie am Morgen die Saatpflanzen zugeteilt bekommen und sich ausruhen und trinken können. Da die Arbeit für heute schon beendet ist, sitzen wir hier nur zu viert. Ich beginne damit, mich vorzustellen und ihnen das Anliegen meines Interviews im Zusammenhang mit der Reisernte zu erklären. Pak Iraang antwortet ganz engagiert, obwohl ihm schon der Schweiß herunterläuft. Es ist Mittag, und die Sonne brennt wirklich heiß vom Himmel.

Ich frage Pak Iraang: „Beim Pflanzen führen die Leute das Ritual *hudoq kawit* durch. Wie ist es später beim Ernten?"

Er antwortet: „Ja, es gibt vor der großen Ernte ein *Lalii Ataq.* Die Leute beten vor der Arbeit, aber es gibt keine so große Zeremonie wie das *hudoq kawit.* Denn es liegt nahe an Ostern, und der Pastor schiebt in der Kirche ein Gebet mit der Bitte um gute Ernte ein." Pak Iraang erläutert, dass die Leute von Bahau beim Ernten einige Regeln befolgen müssen.

„Vor der Ernte gibt es eine Regel", sagt er. „Die Leute nennen das *nepo.* Wir machen kleine Küchlein, typische Dayak-Kuchen. Erst nach dem Gebet dürfen wir den *padi pulut* ernten. Kurz vorher bitten wir noch um den Segen von *Hunyaang Bulan.*"

„Wer ist *Hunyaang Bulan?",* frage ich neugierig.

„Man erzählt, *Hunyaang Bulan* war früher ein Mensch. Damals sah Gott, dass die Menschen Schwierigkeiten mit der Nahrung hatten, und *Hunyaang Bulan* war bereit, sich selber ganz dem Willen der Götter zu unterstellen und ihren Körper zu opfern, der zu Reiskörnern wurde", erklärt Pak Iraang.

„Wie also müssen wir eigentlich mit dem Reis umgehen?", frage ich nun.

„Wir müssen ihm Verehrung erweisen, wir dürfen uns nicht unhöflich verhalten. Nichts von der Ernte darf herunterfallen und dann weggeworfen werden; denn sonst würden die Reispflanzen weinen", sagt er.

Dami, der unserem Gespräch folgt, sagt: „Deshalb arbeiten wir noch mit manuellem Gerät, mit der Hand oder mit dem Messerchen *ani-ani.* Es kam uns noch nie in den Sinn, Maschinen zu benutzen, denn das wäre grob und unhöflich gegenüber den Reispflanzen." Dami fährt fort: „Ja, grob und unhöflich darf man keinesfalls sein. Als ich Kind war, in der 5. Klasse der Grundschule, wenn ich mich nicht irre, und noch keine Ahnung hatte, bin ich auf einem Feld herumgerannt, als die Leute beim Ernten waren. Vielleicht bin ich dabei versehentlich auf Reishalme getreten, und dann hatte ich einen Monat lang Fieber."

Dami erzählt weiter: „Als ich nach einem Monat immer noch nicht gesund war, obwohl wir schon beim Arzt waren, hat meine inzwischen verstorbene Mutter mich zur Großmutter gebracht. Sie verstand sofort: ‚Du warst bestimmt unhöflich auf dem Feld, vielleicht bist du versehentlich auf Reishalme getreten.' Ich musste mich bei ihr einem *ngaping* unterziehen, dann wurde ich gesund. Beim *ngaping* wurde mein Körper mit in Wasser eingetauchten Reishalmen besprenkelt, während meine Großmutter für mein Wohl betete. Ob man es glaubt oder nicht, seither hat es tatsächlich viele schlimme Ereignisse gegeben, wenn Leute sich falsch gegenüber dem Reis verhalten haben."

Kurz darauf mischt sich ein Mann, der vorhin auch beim *menugal* dabei war, ein. „Deswegen dauert die Arbeit so lange, man muss wirklich sehr aufpassen beim Reisernten. Das ist die Tradition, der wir folgen müssen", sagt er. Ich höre aufmerksam zu, während mir kurz in den Sinn kommt, dass es oft Leute gibt, die beim Essen Reis auf dem Teller liegen lassen und ihn achtlos wegwerfen. Er fährt fort: „Also, das ist ein großer Unterschied zu Java, wo man schon Maschinen benutzt; hier können wir das nicht. Dort können sie schnell arbeiten, sie können zweimal im Jahr pflanzen, während wir nur einen einzigen Zyklus haben."

Dami kommentiert dies: „Das ist es, weshalb ein Mitarbeiter der Behörde bei einem Bäuer*innentrefffen doch glatt gesagt hat: ‚Eure Tradition macht alles nur langwierig, so wird es schwierig, die Regierungsprogramme in den Dörfern durchzuführen.' Ich war erstaunt. Wie ist es möglich, dass jemand, der eigentlich mit dem Ackerbaumodell der Bahau-Bevölkerung vertraut sein müsste, solch eine Aussage macht!"

Dami fährt fort: „Ich war voller Emotion, als ich das hörte. Ich bin auch ein Mitglied der Ausbildergruppe, ich habe Agrarwirtschaft studiert. Ich weiß genau, was er meint, aber es ist vollkommen unangemessen, so vor der Bevölkerung zu reden, die die Traditionen wahrt. Ich suche noch nach einem Weg, um dies mit der Behörde zu besprechen. Vielleicht kann ein Freund, der bei einer NGO arbeitet, bei einer Fortsetzung des Dialogs helfen. Denn wenn ich selber spreche, kann ich meine Emotionen vielleicht nicht zurückhalten, weil das Problem unsere Tradition betrifft."

Ich frage weiter nach der Reaktion der lokalen Bäuer*innen. Dami senkt seine Stimme und antwortet: „Ja, nach diesem Treffen waren sie auch besorgt und fragten mich, wie sie mit dem alten Vorbild der Ackerbearbeitung, wie sie schon seit Generationen praktiziert wird, umgehen sollen. Ich sagte nur, dass wir es weiterhin so tun werden, wie unsere Vorfahr*innen es uns gelehrt haben. Denn keine Geschichte erzählt davon, dass in der langen Zeit bis heute jemals ein Dayak verhungert ist."

Nun erinnert Dami daran, dass es Zeit zum Mittagessen ist, es ist tatsächlich schon

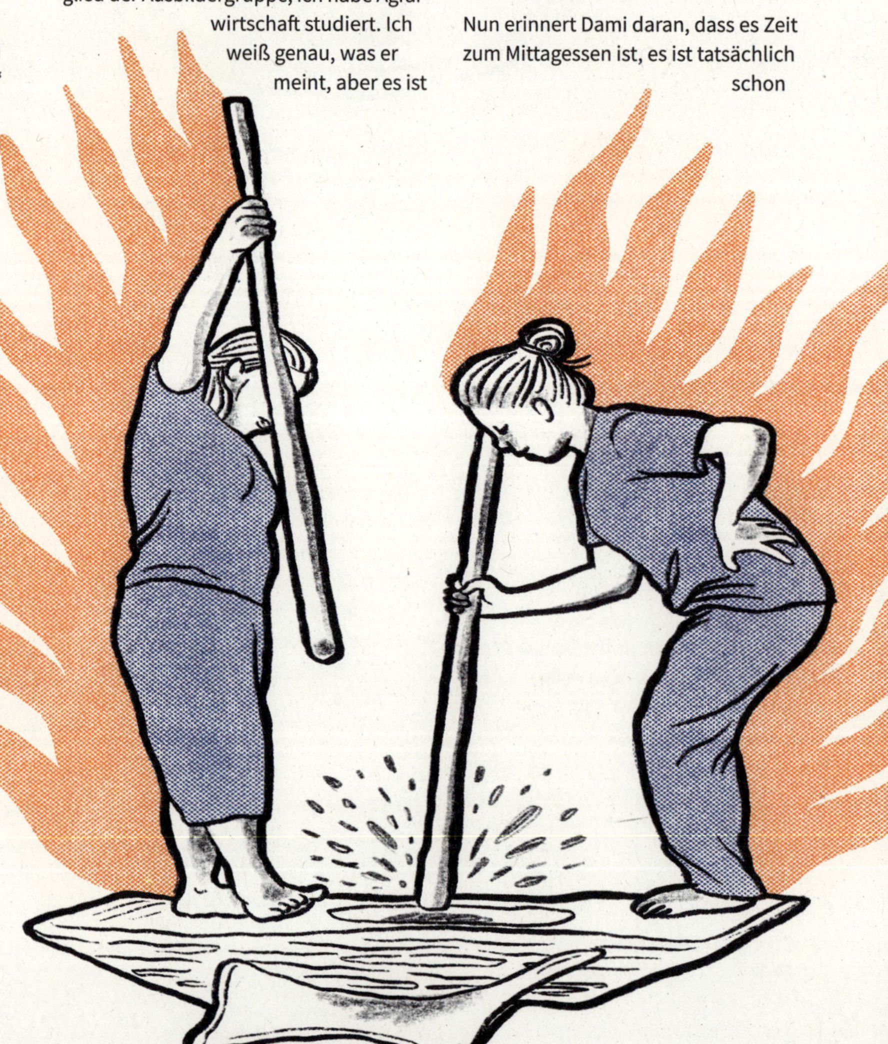

sehr ruhig auf dem Feld. Die anderen Familien sind bereits zum Platz unter der Zeltplane auf der anderen Straßenseite gegangen, um dort zu essen.

Seit Beginn von Covid-19 im Jahr 2019 hat es – trotz der zeitweise strengen Schließung des Zugangs zur Region bis zum Beginn des Jahres 2021 – im Distrikt Mahakam Ulu keinerlei Probleme bei der Nahrungsmittelversorgung gegeben. Im Gegenteil, es gab einen Markt mit preiswertem, teils sogar kostenlosem Gemüse, der von den Dorfbewohner*innen selbst organisiert wurde, um einander mit Lebensmitteln zu unterstützen. Neben den Landstücken, die sie bebauen, und ihrem privaten Reisvorrat erhielt jeder Haushalt auch Reislieferungen von der Distriktverwaltung. So schafften sie es, dass ihr Gebiet eine grüne Zone blieb, während andere Distrikte in Ost-Kalimantan zur roten oder sogar zu einer schwarzen Zone wurden.[1] Das hängt auch mit der Disziplin der Bevölkerung zusammen und mit der Durchführung des Rituals *nyengham bengan,* das den Leuten einen ganzen Tag lang das Verlassen des Hauses verbietet, mit dem Ziel, Unglück abzuwehren.

Samarinda, 6. Dezember 2021

Bapak Ismail Gag ist Lehrer an einer katholischen Schule in Samarinda. Er gehörte zu der Gruppe, die das *Lalii Ataq* ausgerichtet hatte, an dem ich 2017 teilnehmen durfte. Obwohl er eine feste Anstellung hat, arbeitet Pak Gag auch auf den Feldern. Sein Feld liegt in Senoni im Distrikt Kutai Kartanegara, zwei Fahrstunden von Samarinda entfernt. Er ist Mitglied der Bauerngemeinschaft Palaang Urip.

Laut Pak Gag waren sie und eine Gemeinschaft von Dayak Bahau ursprünglich vom Oberlauf des Mahakam in das Gebiet von Senoni gekommen, ohne zu wissen, wem der Grund und Boden dort gehörte. Sie haben den Wald gerodet, errichteten Hütten und bepflanzten den Boden mit Reis, einigen Obstbäumen sowie Kakao-, Brotfrucht- und Kautschukbäumen. Schließlich erhielten sie Besuch von Leuten einer Firma, die ihnen mitteilten, dass das Land der PT. ITCI Hutani Manunggal (IHM) gehöre, die auch im Dorf Benua Baru, Kreis Kota Bangun, Distrikt Kutai Kartanegara, aktiv sei. ITCI (so die übliche Abkürzung) ist seit 1996 ein legales Holzunternehmen, dessen Konzessionsgebiet sich vom Distrikt Kutai Kartanegara bis zum Distrikt Panajam Paser Utara erstreckt. Somit gehört es auch zum Gebiet der neuen Hauptstadt.[2]

Es gab eigentlich keinen Konflikt, denn das Unternehmen erkannte, dass die Bauerngemeinschaft hier mit guter Absicht die Felder zur Erwirtschaftung ihres Lebensunterhalts angelegt hatte. So wurde ihr Status in diesem Gebiet einfach als „bekannt" eingestuft, ohne schriftliches Dokument hinsichtlich des Eigentums oder der Nutzungsrechte. Die Bevölkerung durfte hier Felder anlegen, mit Ausnahme der Anpflanzung und Abholzung von Bäumen zum Verkauf in die Holzverarbeitung *(gmelina);* dies war und blieb das Recht des Unternehmens. In der Bauerngemeinschaft Palaang Urip in Senoni gibt es aber die Befürchtung, dassirgendwann jemand auftauchen könnte, der ein Stück Land absteckt, aber nicht wirklich bearbeitet. Es gibt nämlich Leute, die nur das Land für sich beanspruchen und nicht einmal eine Hütte darauf errichten. „Wenn das dem Unternehmen zu Gehör kommt, kann es das Land wieder an sich nehmen", sagt Pak Ismail Gag.

In seinem Haus, in dem über zwei Stockwerke verteilt noch zwei weitere Lehrer ihre Dienstwohnung haben, berichte ich, bevor ich weitere Fragen stelle, über meine Erfahrung in Loa Buah. Pak Gag wiederum erzählt mir, dass bis in die 1990er Jahre im Dorf Long Tuyoq *Lalii Ataq* noch viel größer gefeiert wurde. In Samarinda selbst wird *Lalii Ataq* nur in einem einzigen Haus zentral ausgerichtet, anders als in den Dörfern des Distrikts Mahakam Ulu, wo das Fest in jedem Haus gefeiert wird und die Familien von Haus zu Haus ziehen. Dort findet nach dem *ubaq*-Frühstück für Erwachsene und Kinder im gesamten Dorf ein Wettbewerb im Drachensteigen statt. Pak Gag sagt: „Bis einer gewinnt oder müde wird, lassen sie immer weiter die Drachen steigen. Danach spielen sie noch Seilziehen mit Rattanästen. Wenn das Rattan reißt, suchen sie ein Küken und lassen sein Blut auf die Bruchstelle tropfen, um Unglück zu vertreiben. Am Abend machen sie noch weiter mit Kunstaktionen im Gemeinschaftshaus. Einige tanzen, andere singen, das wird *enjue* genannt. Das geht so bis sechs Uhr morgens. Erst dann gehen sie runter zum Fluss im oberen Teil des Dorfs und baden, um ihre Müdigkeit loszuwerden."

In diesem Gespräch werden auch Geschichten über Rituale auf dem Feld bei der Reisernte erzählt. Eines dieser Rituale heißt *Mekaa Tiq.* Der Besitzer des Feldes opfert das Blut eines Kükens oder ein Hühnerei, das auf trockenes Reisstroh gelegt wird. Dadurch soll die Familie von den Schutzgeistern des Reisfeldes die Erlaubnis erhalten, die Reiskörner zu ernten. Interessant ist an dieser Geschichte von Pak Gag, dass nicht gemeinsam geerntet wird, anders als beim Pflanzen *(nugal).* Somit ist das Familienoberhaupt selbst verantwortlich dafür, seine Ernte einzuholen. Deshalb wird jemand, dessen Familie nur wenige Mitglieder hat, kein allzu großes Feld anlegen, maximal ein Hektar. Bei traditioneller Arbeitsweise ohne die Nutzung von Maschinen begrenzt die Zahl der Arbeitskräfte, was in kurzer Zeit zu bewältigen ist.

Zwischen der ersten Ernte und der großen Ernte liegen nur einige Tage zum Ausruhen, genannt *ngelarah ngam pare.* Nach diesen Ruhetagen wird in der zweiten Ernte das gesamte Feld zu Ende bearbeitet. Erst danach werden Dankzeremonien *(lebukoq)* abgehalten. Im Prinzip ähneln sie dem *Lalii Ataq,* alle können kommen, um gemeinsam zu essen und *dinu* – weiße runde Kuchen aus dem frisch geernteten Reismehl – zu genießen. Obwohl die Ernte also von den jeweiligen Familien einzeln eingeholt wird, gehören zur großen Erntefeier doch alle Dorfbewohner*innen.

1
Stufen der Risikoeinschätzung von Covid-Infektionen im jeweiligen Distrikt in Indonesien: von grün = niedrig bis schwarz = hoch. [Anm. d. Ü.]

2
Es gibt Pläne, die indonesische Hauptstadt (Jakarta) nach Ost-Kalimantan zu verlegen. [Anm. d. Ü.]

Lalii Ataq

Jonathan Irene Sartika Dewi Max

Samarinda, February 19, 2017

Slipper by the mat, I stepped inside the tarpaulin tent. My eyes fell on a familiar face there. Ulan, a dancer who was a member of the Apo Lagaan Art Studio, and her mother also, were going back and forth with a tray of tea in glasses and a plate of sliced sponge cake. Father, with some other men, was repairing the position of the bamboo holding the blue tarpaulin.

I approached Ulan and asked, "*How can I help you?*"

Ulan replied, "*Just sit down, Sis. Have you eaten?*"

Immediately, I grabbed a glass of warm tea and a piece of sponge cake served on the mat and continued to chat with Ulan while looking around, looking for something that I could do.

Some women were already in their respective positions. Some were sitting near a large frying pan on a wick stove, roasting *pulut* rice (glutinous rice) seeds. Some sat with *tapaan* on the lap while rubbing young rice seeds with both hands to separate the seeds from the husks. Some were just chatting facing the *sung*, the rice pounder. Without saying anything, the other women handed the roasted rice to those of us who were near the *sung*. Quickly, two women stood up to grab the *aloq* stick, while the others filled the *sung* hole with three or four handfuls of the roasted rice seeds. With a little cue, pounder number one and pounder number two took turns hitting the rice in the hole of the *sung*, rhythmically without bumping into each other. Likewise for other *sung*. The atmosphere was now boisterous with the sound of people pounding rice. They were making chips from young *Ubaq* rice.

I didn't waste the opportunity to join the pounding. "*It's quite heavy, isn't it?*" I said to one of the women there.

She laughed, "Pekale, *ah*." It means, "try to learn."

I was desperately adjusting the *aloq* beats so as not to collide with the other pounder, and after a while, I finally got used to it. The rice that was beaten sufficiently became even more flattened. They call it *ubaq*, with a distinctive aroma of rice that lulled the smell because the warmth of the rice from the roasting process still remained. *Ubaq* can also be eaten right away, but the goal is to distribute it to each family as a sign of gratitude that the harvest is about to begin. This is what they call *Lalii Ataq*.

Lalii Ataq is a traditional activity that is often carried out by several families with the division of tasks as described above. The type of rice that is harvested first is *pulut* rice. This *pulut* rice is always planted next to the normal rice because it is a mandatory requirement in almost every traditional ceremony. *Pulut* rice is often processed into *lamang*, which is made by inserting glutinous rice mixed with coconut milk into a piece of bamboo layered with coconut leaves then chargrilled using firewood. However, in *Lalii Ataq*, the *pulut* is processed into *ubaq*, a kind of chip that is a symbol of sharing the early harvest from a family to its closest relatives.

The next rice harvested is *abung* rice, a type of mountain rice that is the main food ingredient for the Bahau community, especially in Ulu Mahakam.

Long Hubung, October 29, 2021

The roaring speed boat split the water heading upstream of the Mahakam River for four hours until it stopped at Long Hubung Ulu Village. I then arrived at the house belonging to Damianus Higang (Dami) and Natalia Lihwa Helaq (Lihwa), my best friends who decided to stay in their hometown after they both graduated from college and got married. Dami now works at the Department of Agriculture as an agricultural extension officer and Lihwa as a nurse at the Long Hubung Ulu Health Center.

These are the planting months for the Dayak Bahau community in Mahakam Ulu Regency, especially in the *ilir* or downstream. The planting season in the upstream area usually begins in the middle of the year. I had time to take part in *menugal* (planting the mountain rice) and witnessed for myself how local residents came down to help the field owner work on his field. The field, which is almost one football field wide, was cultivated by approximately 20 men and women from 8 am to 1 pm.

After the work on the field was done, I took the time to chat with a traditional secretary of Long Hubung Ulu Village, Leonardus Iraang Huvat, who is familiarly called Pak Iraang. We sat under a green tarp, a makeshift hut built as a place for the *penugal* to gather to share their morning seeds and take a break. Since the day's work was over, there were only four of us in the hut. I started by introducing myself and told them the purpose of the interview, which was related to the rice harvest. Pak Iraang enthusiastically answered despite perspiring heavily, sweat was already dripping from between his rattan *lavung*. It was midday and the sun was shining quite brightly.

I started to ask Pak Iraang, "*So, if for the planting season people are busy* nguraang, nugal, *and carrying out the* hudoq kawit *ritual, what rituals are there for the harvest?*"

He replied, "*Well, there is the* Lalii Ataq *ritual before the big harvest. Regarding prayer, yes, there must be prayer before people go to work, but there are no events as big as* hudoq kawit. *Because it is held close to Easter, usually the pastor at the church inserts an expression of gratitude in the harvest.*" Pak Iraang then explained that there are certain behaviors that the Bahau people must adhere to when harvesting rice.

"*Before harvesting, there are obligations that we must comply with,*" he said. "*People call it* nepo. *We also have to make some cake, which is called the* Dayak *cake. After praying, then we can take* pulut *rice. Just a little bit first, as we are asking for* Hunyaang Bulan's *permission*".

"*Who is* Hunyaang Bulan?" I asked curiously.

"Hunyaang Bulan *was once said to be a human too. It is said that the gods saw that humans had difficulty having food for eating, hence* Hunyaang Bulan *agreed to surrender himself to the gods and sacrificed his body to turn into grains of rice,*" Pak Iraang explained.

"*So how should we treat rice, sir?*" I continued to ask.

"*Of course, we have to be respectful. We shouldn't treat it rudely. Nothing should be left scattered and then wasted during harvest, because the rice may cry,*" he said.

Dami, who was also listening to our conversation at that time, joined in, "*That's why we are still (working) with manual tools, we can use our own hands or* ani-ani. *It never crosses our mind to use a machine because it is rude towards the rice.*" Dami continued, "*Let alone being rude, when I was little, in 5th grade of elementary school, if I remember correctly, I didn't know anything back then. I once ran in the middle of the fields when people were harvesting. I might accidentally have stepped on a rice stalk, and after that I had a fever for a month.*"

Dami continued, "*The fever remained after a month even though I was taken to see a doctor. My late mother then took me to my grandmother. Grandma immediately understood, 'You must have behaved impolitely in the field, maybe you accidentally stepped on a rice stalk.' It was only after I followed her to do* ngaping *that I finally recovered. Well, during the time of* ngaping, *my body was sprinkled with moistened rice stalks while my grandmother prayed for me. Since then, believe it or not, there have been many unlucky events that have happened to other people when they treat rice wrongly.*"

Not long after, one of the men who had also joined *menugal* remarked from behind, "*That's also what makes our work slow because you have to be really careful when picking rice. Even if it is only a piece of grain, if it falls, we have to pick it up. Because it is a custom, we have to follow,*" he said. It saddened me to hear that, remembering that people often leave rice on their plate and waste it. He continued, "*So it's very different from in Java, where we already use machines. We can't do that here. That's why they can work fast there, they can plant twice a year, while we can only have one planting cycle.*"

Dami chimed in, "*That's what made the officer at the farmer's forum say, 'Your custom is troublesome, it makes the government programs difficult to be implemented in the village'.*" I was stunned. How could such a statement come from someone who should be familiar with the traditional farming model of the Bahau community?

Dami said again, "*I was so upset when I heard that. I am also an extension member, I studied agriculture. I know very well what he meant, but it's not worth saying in front of the Indigenous people. I'm still looking for a way to discuss this with the office. Maybe a friend who works in an NGO can facilitate further dialogue. Because if I speak up, I may not be able to hold myself back, because this is about customary issues.*"

I continued to ask about the reaction of the Indigenous people. Dami lowered his voice as he answered, "*Yes, after the meeting, they also felt restless and asked me how (to respond to) the traditional farming tradition that has been passed down for generations. All I could say was, 'We will continue to do what our ancestors have taught us. Because there has never been a story of Dayak people dying from starvation so far.'*"

Dami then reminded us that it was time for lunch, and as it was, the fields were very quiet by then. The other people had returned to the hut area across the street to eat.

Since Covid-19 hit in 2019, despite implementing a strict and scheduled lockdown until early 2021, Mahakam Ulu Regency has not experienced any food supply disruptions at all. Instead, a kind of open market supplying cheap vegetables and even free vegetables have been deployed independently by residents to help each other with food availability there. In addition to still owning land for planting and personal rice savings, each house is also guaranteed rice supply by the District Government. They have succeeded in maintaining the green zone when other regencies in East Kalimantan have digressed to the red and even black zones. All of this cannot be separated from the community's compliance to and the implementation of *nyengham bengan*, a traditional village ritual that forbids people from leaving the house for a full day to avoid bad luck.

Samarinda, December 6, 2021

There is someone named Ismail Gag, a teacher at a Catholic school in Samarinda. He is one of the residents who performed the *Lalii Ataq* that I visited in 2017. Even though he has a permanent job, Pak Gag still practices farming. The farm area is located in Senoni, which is within the Kutai Kartanegara District, but it is still a two-hour journey by road from Samarinda. He is a member of the *Palaang Urip* Farmers Group.

According to Pak Gag's story, in 2006, they and a group of Dayak Bahau people from Ulu Mahakam entered the Senoni area without knowing whose land they were visiting. They cleared the forest, built huts, and planted the land with rice and several types of fruit trees, including cacao, *cempedak (Artocarpus integer)*, and rubber. Finally, they were visited by a messenger from a company who informed them that the land belonged to PT. ITCI Hutani Manunggal (IHM) which is also located in Benua Baru Village, Kota Bangun Sub-district, Kutai Kartanegara District. ITCI, the company's shortened name, is a legal timber company since 1996, whose concession area stretches from Kutai Kartanegara District to North Penajam Paser District. Thus, the company is among the parties that donated land for the location of the new Capital City of the State.

As it was, it didn't end up with any conflict, because the company saw that the residents who had lodged and farmed there had nothing but good intentions. So, their presence in the location is acknowledged but without having any written evidence of ownership or land management rights. The community may clear land there as long as they do not participate in maintaining or selling production timber trees *(gmelina)*, because only the company has the right to do so. For the Palaang Urip Farmers Group, Senoni, the concern so far is that there are some rogue individuals who would only put boundary pegs on the land but are not serious about working on it. Because there are also people who just pick land, but don't even build a hut. "*If this reaches the company's ears, they may reclaim the land*," said Pak Ismail Gag.

At Pak Gag's house, which is part of the two-story teacher's dormitory, before asking further, I told the story about my experience while I was in Loa Buah. He then also told a story that until around the 1990s, *Lalii Ataq* was held in a livelier manner in Long Tuyoq Village. In Samarinda itself, *Lalii Ataq* is centered in one resident's house, unlike in Ulu Mahakam village where it is held in every house so that residents would go around to visit other residents' houses one by one. After the *ubaq* breakfast, adults and children held a rowing competition from upstream to downstream. Pak Gag said, "*Until someone wins or they get exhausted themselves, they will keep rowing until reaching the downstream again. After that, they would continue with a tug of war competition, but use a rattan stick instead of rope. If the rattan stick breaks, they will be busy looking for a chick for the blood to drip on the broken rattan stick to evade bad luck. In the evening, they would continue with doing art activities in the traditional* Lamin *(traditional house of East Kalimantan). Some people would dance, some sang, or what is called* enjue. *All would last until 6 am. After that, they would go down to the river upstream of the village to take a bath to relax.*"

From the chat, stories about rituals in the fields when they were about to cut rice also came up. There is something called *Mekaa Tiq*. The owner of the field gives offering requirements of the blood of chicks, or a chicken egg as a substitute, which is placed on the rice straw. The goal is to ask permission from the rice guardian spirits to allow the family to take the rice seeds. The interesting thing about Pak Gag's story is that harvesting is not carried out in groups like the planting *(nugal)* time, so the head of the family is responsible for harvesting the produce of his field himself. That is why he, who has a small number of family members, does not dare to clear a field that is too wide, a maximum of only 1 hectare. Because the traditional way of working that does not allow the use of machines makes it impossible to do with limited power and in a short time.

The distance between the time for the first harvest and the big harvest is only a few days, and in between, there is a time for them to rest, which is called *ngelarah ngam pare*. After that day of rest, only then did they continue with the second harvest to complete the entire field. After that, a thanksgiving activity called *lebukoq* was held. Basically, similar to *Lalii Ataq*, everyone can come to eat together and enjoy *diņu'*, or the white round cake made from glutinous rice flour from the harvest. So, even though the harvest is cultivated by each family, the long celebrations still involve the whole community.

Pflege des kollektiven Gedächtnisses: Nasida Ria und ihr kontinuierliches Engagement

Purna Cipta
übersetzt von Gudrun Ingratubun

Nongkosawit klingt vielleicht für manche Menschen fremd. Die Ortschaft liegt relativ abgelegen, ungefähr 16 Kilometer von Simpang Lima, Semarang, entfernt oder 45 Minuten, wenn man mit dem Auto fährt. In dieser Gegend mit ihrem relativ frischen Klima liegt das Studio von Nasida Ria, das Zentrum der Aktivitäten der legendären Qasidah-Band aus Semarang. Vor der Pandemie war das minimalistische zweistöckige Haus immer voller Bandmitglieder von Nasida Ria und junger Frauen, die verschiedenen Beschäftigungen nachgingen: Proben, Konzertvorbereitungen, interne Besprechungen und Videoproduktionen.

Die Band Nasida Ria gibt es seit 47 Jahren, sie ist bis heute aktiv und produziert neue Werke. Nasida Ria hat im Laufe der Zeit 36 Alben mit mehr als 400 Liedern veröffentlicht. Die Band besteht aus neun festen Mitgliedern und drei weiteren Musikerinnen, die zusätzlich herangezogen werden können: Rien Djamain (Bass), Afuwah (Gesang, Trommel, Bass), Nadhiroh (Geige, Flöte, Keyboard), Nurhayati (Geige, Trommel), Sofiatun (Keyboard, Geige, Gitarre), Hamidah (Flöte, Mandoline, Trommel), Nurjanah (Gitarre, Keyboard, Geige), Uswatun Hasanah (Bass, Tamburin, Mandoline), Titik Mukaromah (Gitarre, Keyboard, Geige), Alfiatul Rohmaniah (Keyboard), Thowiyah (Trommel, Gitarre, Mandoline) und Nazla Zain (Tamburin).

Eine Gruppe, die voller Freude singt

Nasida Ria ist als eine Qasidah-Gruppe bekannt, die aus unterschiedlichsten Themen Ideen für ihre Lieder schöpft, von Heirat und Familie über Umwelt, Naturkatastrophen und Armut bis hin zum Krieg. Die vielfältigen Ideen haben ihre Wurzeln in einer recht einfachen Entstehungsgeschichte. Es war die Initiative des Lehrers einer islamischen Internatsschule: Haji Muhammad Zain (Haji Zain) regte seine Schülerinnen 1975 an, eine Tamburinband zu gründen. Damit verfolgte er gar keine hochgesteckten Ziele, er wollte einfach das Lernen abwechslungsreicher gestalten.

Um der Gruppe einen besonderen Charakter zu geben, fügte Haji Zain für den Bandnamen Wörter aus zwei Sprachen zusammen, aus dem Arabischen und aus dem Indonesischen. „Nasida" ist von dem arabischen Wort „nasyid" abgeleitet und bedeutet Gesang. „Ria" stammt aus dem Indonesischen und steht für Fröhlichkeit und Glück. So entstand also der Bandname, und seither gibt es Nasida Ria, eine Gruppe, die voller Glück und Freude singt. Drei Jahre nach der Gründung, 1978, bekam Nasida Ria von dem Aufnahmestudio Ira Record das Angebot, ein erstes Album zu produzieren. Es erschien unter dem Titel *Ala Baladi Mahbuub* (In der geliebten Heimat), und die Lieder wurden noch alle auf Arabisch gesungen.

Langsam erreichte Nasida Ria einen größeren Bekanntheitsgrad, insbesondere nach der Veröffentlichung ihres Albums *Perdamaian* (Frieden) 1982. Dessen titelgebender Hit *Perdamaian* wurde noch populärer, als die Band Gigi eine Coverversion des Liedes für ihr 2005 veröffentlichtes Album *Raihlah Kemenangan* (den Sieg feiern) aufnahm.

Aus Semarang nach Deutschland, ein Netzwerk ohne Grenzen

Seit ihrer Gründung hat sich Nasida Ria keine Begrenzungen auferlegt, ihr Netzwerk auszubauen und mit verschiedensten Partner*innen zusammenzuarbeiten. Ihre Kooperationen beschränken sich nicht nur auf andere Qasidah-Gruppen, sondern sie arbeiten auch mit Produzent*innen, Musiker*innen, Künstler*innen, Regierungsinstitutionen und ausländischen Partner*innen zusammen.

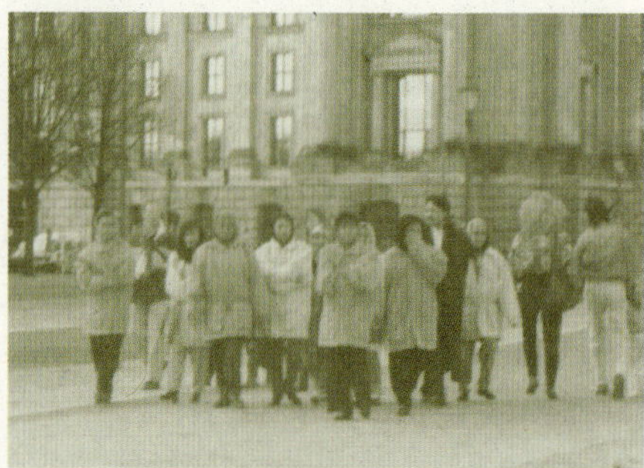

Die Bandmitglieder von Nasida Ria genießen beim Festival Heimatklänge die Atmosphäre in Berlin, 1996 (Quelle: www.instagram.com/nasidariamarang)

Von den 80ern bis in die 90er Jahre hat Nasida Ria mit dem Fernsehsender Televisi Republik Indonesia (TVRI) für das Programm „Aneka Ria Safari" gearbeitet. Die Gruppe ist dort regelmäßig aufgetreten, insbesondere wenn sie ein neues Album veröffentlicht hatten, beispielsweise 1986 *Vol. XII: Tahun 2000* (Das Jahr 2000), 1990 *Vol. XVI: Dimana-Mana Dosa* (Überall Sünde) und 1991 *Damailah Dunia* (Friede auf Erden).

Nicht selten hat sich ihr Netzwerk unerwarteterweise weiterentwickelt. 1985, nach der Produktion des Albums *Vol. XI: Merdeka Membangun dengan Puspita Record* (Unabhängiger Aufbau mit Puspita Record), hat das produzierende Label Nasida Ria mit dem deutschen Plattenlabel Piranha Records bekannt gemacht. Daraus entwickelte sich eine Zusammenarbeit, aus der 1991 das in Deutschland veröffentlichte Album *Keadilan* (Gerechtigkeit) entstanden ist. Es war auch das erste Album, das als CD produziert wurde, die vorherigen waren als Kassetten erschienen.

Durch dieses Album haben mehr Menschen in Deutschland und den angrenzenden Ländern die Musik von Nasida Ria kennengelernt. 1994, drei Jahre nach der Veröffentlichung von *Keadilan,* wurde Nasida Ria zu einer Ausstellung über islamische Kulturen, *Die Gärten des Islam,* im Haus der Kulturen der Welt in Berlin eingeladen. 1996 war die Gruppe dann zu Gast beim legendären Berliner Festival Heimatklänge.

Eins der größten Netzwerke, über das Nasida Ria verfügt, sind die über das ganze Land verteilten islamischen Internatsschulen. Diese Vernetzung war naheliegend, weil das musikalische Genre Qasidah islamische Themen anspricht. Über diese Verbindungen hat die Gruppe Tourneen in eine Vielzahl indonesischer Provinzen unternommen, nach Riau, Lampung, Jambi sowie durch Mittel- und Ost-Java.

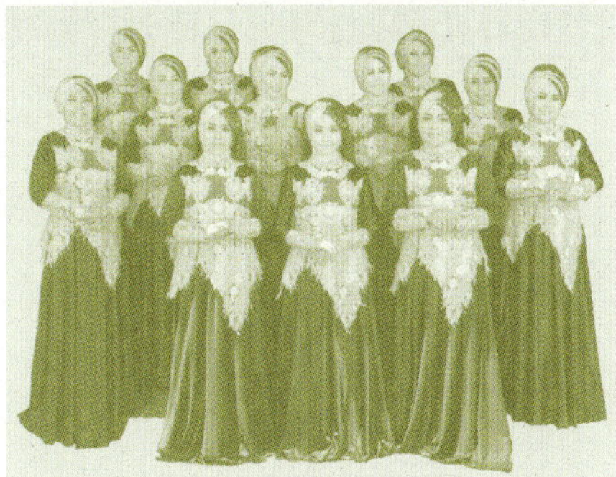

Nasida Ria (Quelle: Nasida Ria, 2017)

Ein wichtiger Wendepunkt war die Begegnung mit ruangrupa. 2016 hat ruangrupa Nasida Ria eingeladen, bei dem RRREC Fest in The Valley aufzutreten, auf dem Campingplatz Anakita, Situgunung, Sukabumi auf West-Java. Die Verbindung mit ruangrupa hat Nasida Ria neue Möglichkeiten eröffnet, bei Veranstaltungen für ein jüngeres Publikum aufzutreten. So war Nasida Ria einige Male bei der Veranstaltung Holy Market in Jakarta und in zwei aufeinanderfolgenden Jahren beim Synchronize Fest, 2018 und 2019, zu sehen. Wie ein frischer Wind wurde das Genre Qasidah von der Öffentlichkeit wieder viel stärker wahrgenommen, inmitten all der neuen, jüngeren Musikströmungen.

Erneuerung und Engagement ohne Ende

Als Gruppe, die es schon seit 47 Jahren gibt, folgt Nasida Ria der Tradition, sich immer wieder neu zu erfinden. Bei allem, was passiert, hat Nasida Ria sich immer bemüht, die Mitglieder aus der Gründungszeit zu behalten. Als anfangs noch alle Mitglieder Schülerinnen von Haji Zain waren, war die interne Organisation recht einfach und harmonisch, angefangen von den Proben über Auftritte bei Veranstaltungen bis hin zur Veröffentlichung des ersten Albums 1978. Doch die Anzahl der Frauen aus der Anfangsformation, sozusagen aus der ersten Generation, nahm allmählich ab. Einige waren gestorben, andere arbeiteten woanders oder hatten geheiratet. Anfang der 80er Jahre bemühte sich Nasida Ria, ein Ensemble aus neun Mitgliedern beizubehalten, indem sie neue Musikerinnen mit einer vergleichbaren Begabung für die zweite Generation rekrutierten.

Nach dem Tod von Haji Zain 1992 managte seine Frau Mudrikah Zain, unterstützt von ihrem Sohn Choliq Zain, die Gruppe. Sie engagierten im Folgenden geeignete Mitglieder für die dritte Generation. Als schließlich Choliq Zain das Management 2014 übernahm, begann eine erneute Suche nach Musikerinnen. Es gab Bewerbungen aus der breiten Öffentlichkeit, aber auch von Verwandten und Nachbarinnen.

Mit der vierten Generation begann die Probenroutine der jungen Nasida-Ria-Frauen. Das Management stellte professionelle Lehrer*innen ein, um die Qualität der Musik weiter zu verbessern. Nach einer gewissen Probezeit hatten sie ein Niveau erreicht, um bei Nasida Ria als zusätzliche Bandmitglieder einzusteigen. Aus diesem Verfahren ging eine neue Formation hervor: Seither gibt es die neue Gruppe Ezzura.

Ezzura ist groß geworden, als die Internetnutzung schon verbreitet war, insbesondere soziale Medien wie Facebook, Instagram und Youtube. Durch diese Medien ist die junge Qasidah-Gruppe sehr schnell bekannt geworden. Ezzura hat gezeigt, dass Qasidah-Musik sehr flexibel ist. Sie kann mit anderen Genres kombiniert werden, beispielsweise mit den in der jungen Generation sehr beliebten Soundtracks, Anime und anderen Liedern, die gerade im Trend sind. Ezurra hat für ein neues Verständnis gesorgt: Qasidah muss nicht immer steif sein, und es muss auch nicht immer nur um religiöse Fragen gehen. Im Gegenteil, Qasidah kann Mainstream werden und ein neues Publikum gewinnen.

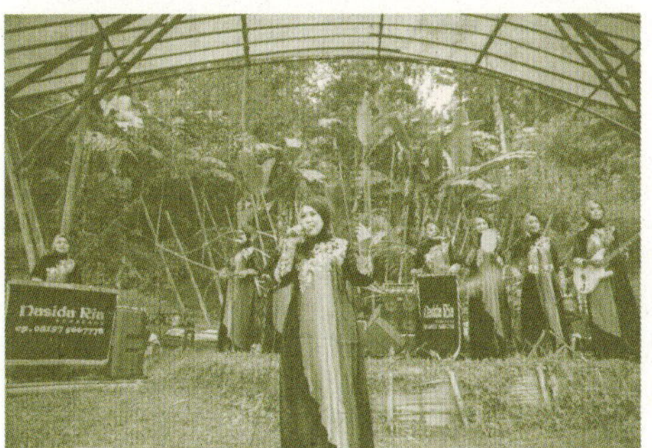

Nasida Ria auf dem RRREC Fest in the Valley 2016 (Quelle: ruangrupa, 2016)

Nasida Ria beschenkt uns mit islamischen Werten

In ihrer Erfolgsgeschichte hat Nasida Ria nicht nur Musik gemacht und islamische Werte besungen, sondern sie auch gelebt, etwa indem sie mit Bedürftigen teilten. Seit den 80ern übergibt Nasida Ria regelmäßig Spenden an in Not geratene Menschen und verteilt Almosen in der Nachbarschaft.

Mitte 2020 initiierte das Team des Ministerpräsidenten von Mittel-Java online eine Bühne, um Geld für von der Pandemie betroffene Künstler*innen zu sammeln. Nasida Ria beteiligte sich an der Aktion in der Hoffnung, noch mehr Menschen dazu zu bewegen, Geld zu spenden.

Die Kombination aus Spendensammeln und Online-Konzert wurde von Nasida Ria bei dem Konzert Amal Kemerdekaan (Benefizkonzert zur Unabhängigkeit) im August 2021 übernommen. Es konnten Spenden überwiesen werden, während die Zahlungseingänge in den sozialen Medien aktuell kommuniziert wurden. Nach demselben Muster wurde nach dem Vulkanausbruch des Semeru Ende 2021 Geld für Hilfsaktionen gesammelt. Mit den Einnahmen wurden Grundnahrungsmittel gekauft, die an die Opfer des Vulkanausbruchs verteilt wurden.

Nasida Ria ist ein Beispiel dafür, dass eine Musikgruppe relevant bleiben kann. Voraussetzung ist, dass sie bereit und in der Lage dazu ist, sich an neue Gegebenheiten anzupassen, auf der Höhe der Zeit zu agieren und aktuelle Fragestellungen aufzugreifen. Für Nasida Ria ist Musik ein Weg, nicht nur islamischen Themen eine Stimme zu geben, sondern sich auch in sozialen Fragen zu engagieren.

Caring for the Collective Memory: Nasida Ria and Endless Dedication

Purna Cipta

Nongkosawit Urban Village may sound foreign to some people. This village is relatively remote and is about 16 kilometers from Simpang Lima, Semarang, or about 45 minutes away from it by car. However, in this area that has a relatively fresh temperature, we can find Nasida Ria's studio house, the activity center of the legendary group of *kasidah* from Semarang. Before the pandemic, this minimalist two-story house was always filled with members of Nasida Ria and a group of teenage girls doing various activities, ranging from music rehearsals, concert preparations, internal meetings, to making music videos.

Now reaching 47-years old, Nasida Ria is still actively producing works. Nasida Ria has released 36 albums with more than 400 songs throughout their career. Nasida Ria's formation consists of nine main members and three additional musicians, they are Rien Djamain (bass), Afuwah (main vocals, drum, bass), Nadhiroh (violin, flute, keyboard), Nurhayati (violin, *kendang*/a traditional two-headed drum), Sofiatun (keyboard, violin, guitar), Hamidah (flute, mandolin, *kendang*), Nurjanah (guitar, keyboard, violin), Uswatun Hasanah (bass, tambourine, mandolin), Titik Mukaromah (guitar, keyboard, violin), Alfiatul Rohmaniah (keyboard), Thowiyah (drums, guitar, mandolin), and Nazla Zain (Tambourine).

The Group that Sings with Joy

Nasida Ria is known as a *kasidah* group that raises various issues in Indonesia as their song ideas, ranging from marriage, family, the environment, disasters, poverty, to the issues of war. The complexity of these ideas was in fact born from a fairly simple process, namely the initiative of a Koran teacher named Hajj Muhammad Zain (Hajj Zain) who invited his students to form a group of *rebana* (tambourine used in Islamic devotional music) in 1975. The goal was not grandiose, that is, simply so that there was variation in learning.

In order for this tambourine group to have a unique characteristic, Haji Zain created a name by combining two words in two languages, namely Arabic and Indonesian. The first word is *Nasida*, taken from the Arabic word "*nasyid*" which means singing, and "*ria*" which in Indonesian means joy or happiness. From that time, a *rebana* group named Nasida Ria was born, a group that sings with full of joy. After running for three years, in 1978, Nasida Ria got an offer to make an album by a recording studio called Ira Record. This became the initial momentum for Nasida Ria to release their first album entitled *Alabaladhi Mahbuub*that, of which all of the songs were still in Arabic.

Slowly, Nasida Ria became known to the general public, especially after the release of the album *Perdamaian* in 1982. One of the hit songs with the same title as the album, "*Perdamaian*", became increasingly popular after the widely known band Gigi re-arranged it and made a cover version that they included in their album entitled *Raihlah Perdamaian* which was released in 2005.

From Semarang to Germany, a Networking that Knows No Boundaries

Since its inception, Nasida Ria has not limited themselves to networking and collaborating with specific parties. They open the door for collaboration not only with other *kasidah* groups, but also with production houses, musicians, artists, government institutions, and foreign institutions.

In the 1980s and 1990s, Nasida Ria collaborated with Televisi Republik Indonesia (TVRI) in the Aneka Ria Safari music program. Nasida Ria became a regular performer, especially during the release of their new album, such as the album *Vol. XII: Tahun 2000* (1986), *Vol. XVI: Dimana-Mana Dosa* (1990), and *Damailah Dunia* (1991).

Infrequently, a network is established quite unexpectedly. For example in 1985, after producing the album *Vol. XI: Merdeka Membangun dengan Puspita Record*, the record label introduced Nasida Ria to Piranha Record, a German-based production house. It became the forerunner of their collaboration in producing the album *Keadilan* in 1991 in Germany. This album was also their first to be released in CD format, despite Nasida Ria's habit of almost always using cassettes in releasing albums.

With the album, Nasida Ria gained popularity in Germany and its surroundings. In 1994, three years after the release of the album *Keadilan*, Nasida Ria was invited to Germany to attend the Islamic Cultural Exhibition *Die Garten des Islam* by Haus der Kulturen der Welt, Berlin. Two years later, or in 1996, Nasida Ria was again invited to Berlin to enliven the legendary music festival *Heimatklange*.

One of Nasida Ria's biggest networks is with the *pesantren* (Islamic boarding school) in various corners of the country. This network was built up because of its *kasidah* music genre which reflects on Islamic themes. The network eventually opened up opportunities for Nasida Ria to embark on a tour to various provinces in Indonesia such as Riau, Lampung, Jambi, Central Java, and East Java.

Another important milestone was Nasida Ria's introduction to ruangrupa, a non-commercial art institution from Jakarta. In 2016, ruangrupa invited Nasida Ria to perform at the RRREC Fest in The Valley event, which was held in Tanakita campsite, Situgunung, Sukabumi, West Java. The collaboration with ruangrupa seems to have opened up new opportunities for Nasida Ria to take part in youth events. It was evidenced by Nasida Ria's appearance several times for the Holy Market event in Jakarta in 2016 and at the Synchronize Fest for two years in a row in 2018 and 2019. It's like a breath of fresh air to see the *kasidah* genre embraced again by the public amidst the onslaught of new and younger music genres.

Regeneration and Endless Struggle

As a group that has lived and worked for 47 years, Nasida Ria cannot be separated from the tradition of regeneration. In the midst of various circumstances that dictates them, Nasida Ria always tries to maintain the original members. In the early days after the group was established, Nasida Ria's members, who were mostly students of Hajj Zain, were quite solid in their internal activities, starting from practicing, performing at various events, to releasing their first album in 1978. The number of initial members that made up Nasida Ria's first-generation formation slowly began to decrease because some of them passed away, left the group to work outside, or got married. In the early 1980's, Nasida Ria tried to maintain the formation of a group consisting of nine people by recruiting new members, which also marked the entry of the second generation.

After Hajj Zain's death in 1992, Mudrikah Zain, his wife, became the successor in managing Nasida Ria with the help of her son, Choliq Zain. They then recruited new members and that marked the entry of Nasida Ria's third generation. The next recruitment was reopened in 2014, when Choliq Zain served as the new head of management. At that time, participants who applied did not only come from the general public but also from relatives and neighbors.

After the recruitment of the fourth generation was completed, this "young" Nasida Ria began to have regular training. The management invited a number of professional trainers to help improve their skills. After practicing for some time and trying out their skills as additional members of Nasida Ria, the young group was also tested to create their own group. Since then, the new group Ezzura was established.

Ezzura has existed and grown in the midst of the massive use of the internet, especially social media such as Facebook, Instagram, and YouTube. It was these media that quickly built the popularity of this young *kasidah* group. Ezzura shows that *kasidah* music is actually flexible and can be combined with various other genres, including those that are loved by young people, such as movie soundtracks, anime, and other popular songs. Ezzura opens a new understanding that *kasidah* is not only rigid and oriented only to religious issues, but can also enter the mainstream realm and attract new audiences.

Nasida Ria as the Practice of Islamic Values

In the course of their career, Nasida Ria does not only play music and voice Islamic themes, but also practices various Islamic teachings, one of which is doing charity work. Since the 1980s, Nasida Rida has routinely given charity or alms to local residents.

In mid-2020, the Central Java Governor's team initiated an online platform titled *Panggung Kahanan* which aimed to raise funds for artists affected by the pandemic. Nasida Ria then joined this activity in the hope of increasing community participation in fundraising.

The donation activity in the form of an online concert was later adopted by Nasida Ria in an event they held entitled *Konser Amal Kemerdekaan* or Independence Charity Concert in August 2021. Applying a similar concept, Nasida Ria then held an online concert and opened donations via bank transfer which proceeds were reported through Nasida Ria's social media. Another similar event was held as a response to the eruption of Mount Semeru at the end of 2021. The funds collected were used for groceries shopping and delivered to the victims around Mount Semeru.

Nasida Ria is proof that musical groups can remain relevant as long as they are willing and able to adapt to the times and keep themselves abreast of current affairs. Music is one of Nasida Ria's ways, not only to voice Islamic issues, but also to be responsive to social conditions.

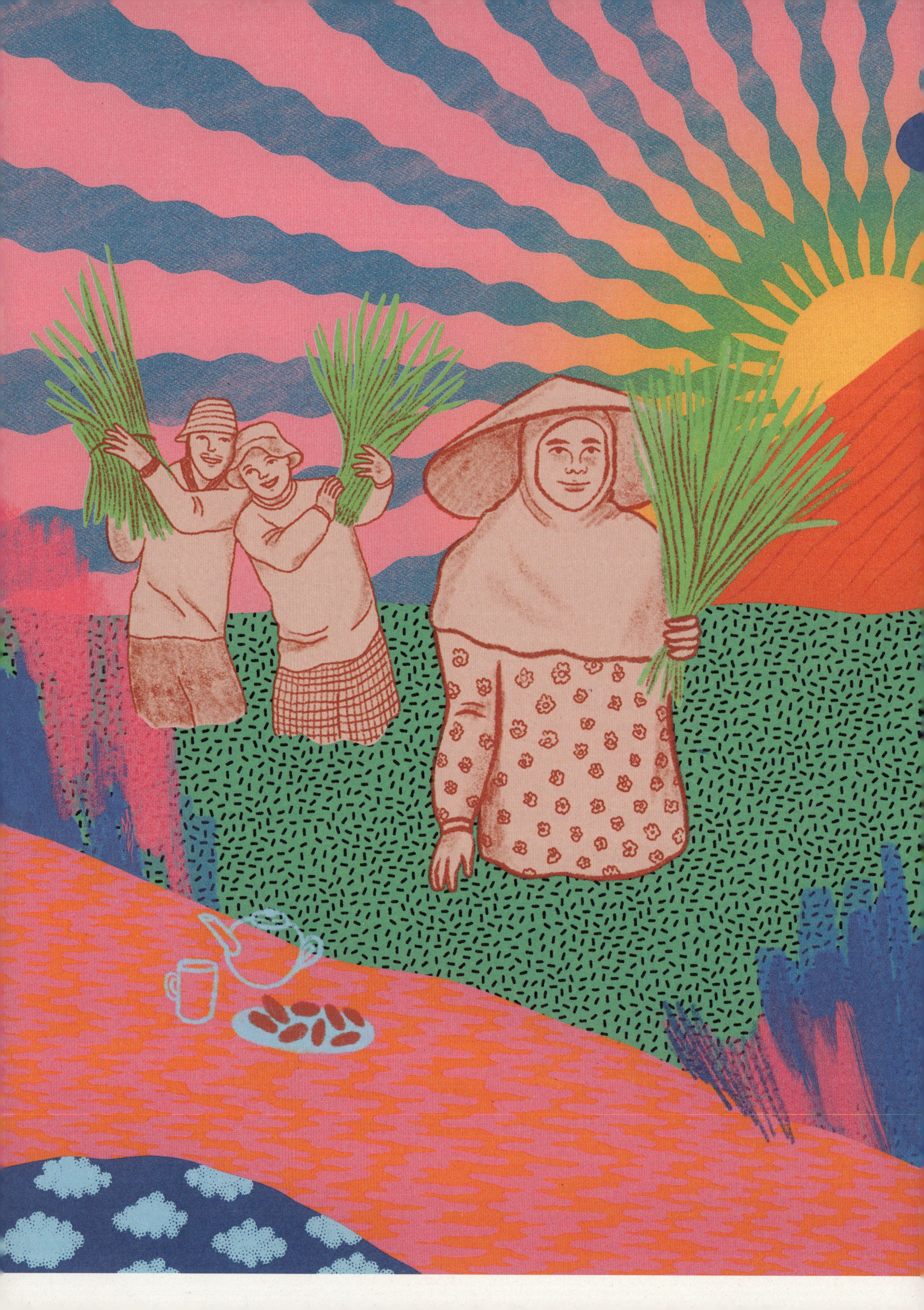

Illustration:
Marishka Soekarna

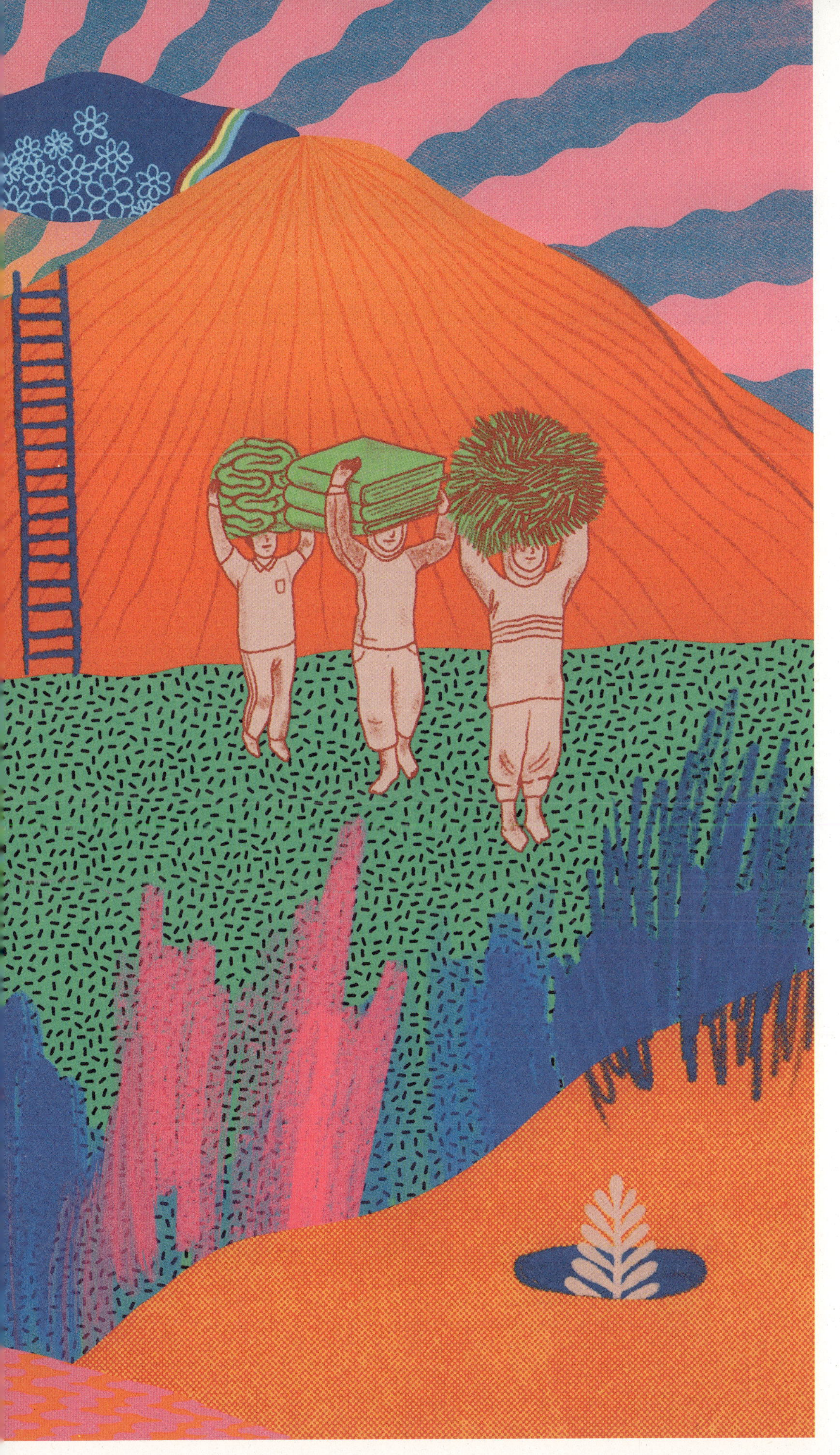

paderep: Die Geschichte der Erntefrauen in unseren Reisfeldern

I Made Susanta
übersetzt von Lydia Kieven
illustriert von
Adhitya Nisfianto (Ditkors)

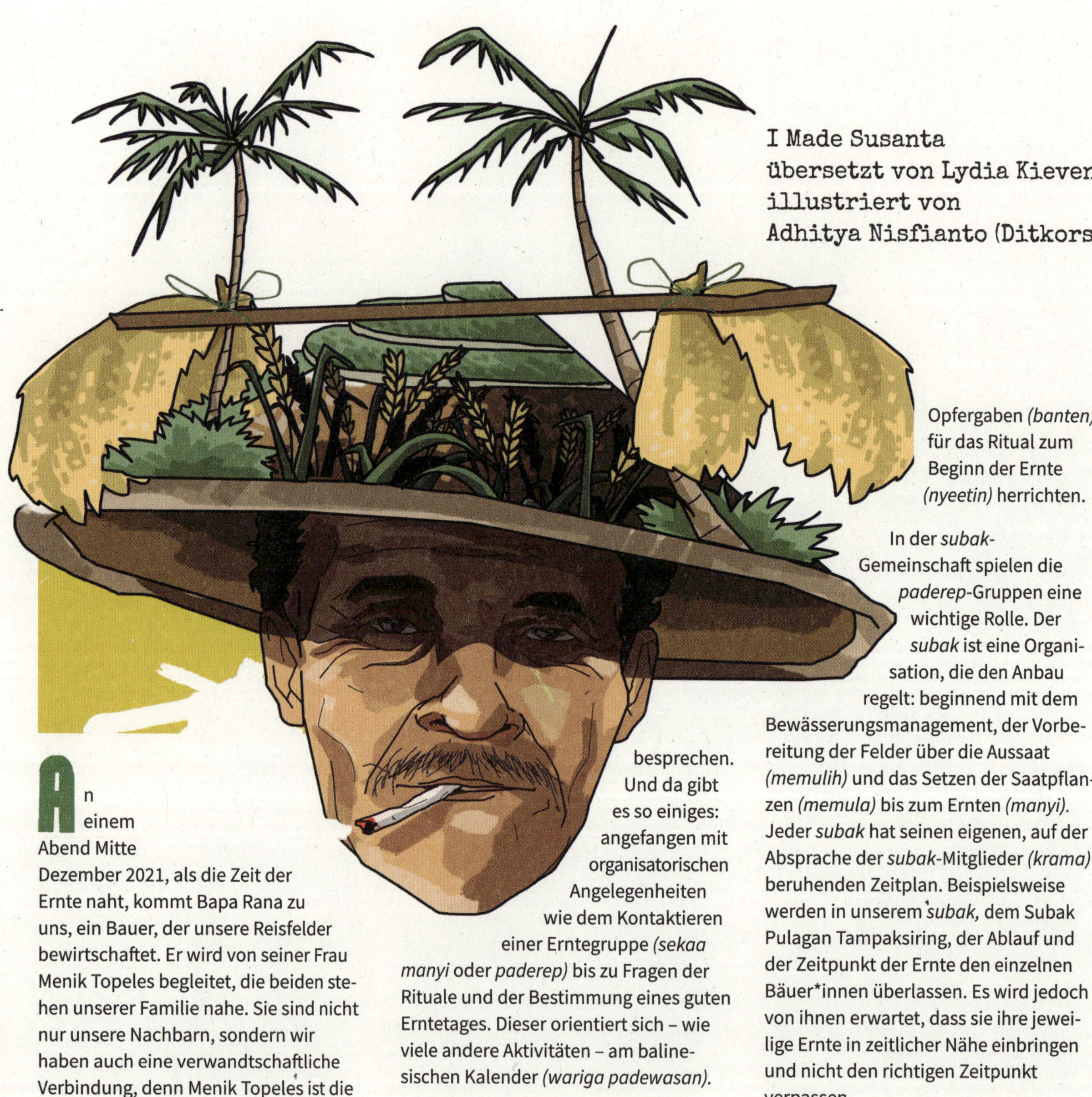

An einem Abend Mitte Dezember 2021, als die Zeit der Ernte naht, kommt Bapa Rana zu uns, ein Bauer, der unsere Reisfelder bewirtschaftet. Er wird von seiner Frau Menik Topeles begleitet, die beiden stehen unserer Familie nahe. Sie sind nicht nur unsere Nachbarn, sondern wir haben auch eine verwandtschaftliche Verbindung, denn Menik Topeles ist die jüngere Schwester meines Vaters. Schon seit vier Jahren bearbeitet Bapa Rana unsere Reisfelder. Er besitzt auch eigene, die aber weiter weg liegen.

Bapa Rana und Menik Topeles kommen an diesem Abend, um die Vorbereitungen für die Reisernte auf unseren Feldern zu besprechen. Und da gibt es so einiges: angefangen mit organisatorischen Angelegenheiten wie dem Kontaktieren einer Erntegruppe *(sekaa manyi* oder *paderep)* bis zu Fragen der Rituale und der Bestimmung eines guten Erntetages. Dieser orientiert sich – wie viele andere Aktivitäten – am balinesischen Kalender *(wariga padewasan)*.

In dieser Besprechung einigen sich Bapa Rana, Menik Topeles und meine Eltern auf das Datum für die Ernte. Am nächsten Tag wird Menik Topeles einige Freundinnen kontakten und den Frauen aus der bestehenden Erntegruppe *(sekaa manyi* oder *paderep)* Bescheid geben. Indessen wird meine Mutter die Opfergaben *(banten)* für das Ritual zum Beginn der Ernte *(nyeetin)* herrichten.

In der *subak*-Gemeinschaft spielen die *paderep*-Gruppen eine wichtige Rolle. Der *subak* ist eine Organisation, die den Anbau regelt: beginnend mit dem Bewässerungsmanagement, der Vorbereitung der Felder über die Aussaat *(memulih)* und das Setzen der Saatpflanzen *(memula)* bis zum Ernten *(manyi)*. Jeder *subak* hat seinen eigenen, auf der Absprache der *subak*-Mitglieder *(krama)* beruhenden Zeitplan. Beispielsweise werden in unserem *subak*, dem Subak Pulagan Tampaksiring, der Ablauf und der Zeitpunkt der Ernte den einzelnen Bäuer*innen überlassen. Es wird jedoch von ihnen erwartet, dass sie ihre jeweilige Ernte in zeitlicher Nähe einbringen und nicht den richtigen Zeitpunkt verpassen.

Bei der Ernte in den Reisfeldern im Bereich des Subak Pulagan Tampaksiring, darunter auch unsere Reisfelder, werden größtenteils noch die *paderep* eingesetzt. Die *paderep*-Gruppen sind offen, das heißt Bäuerinnen von überallher können Mitglieder sein. Ihr Alter reicht

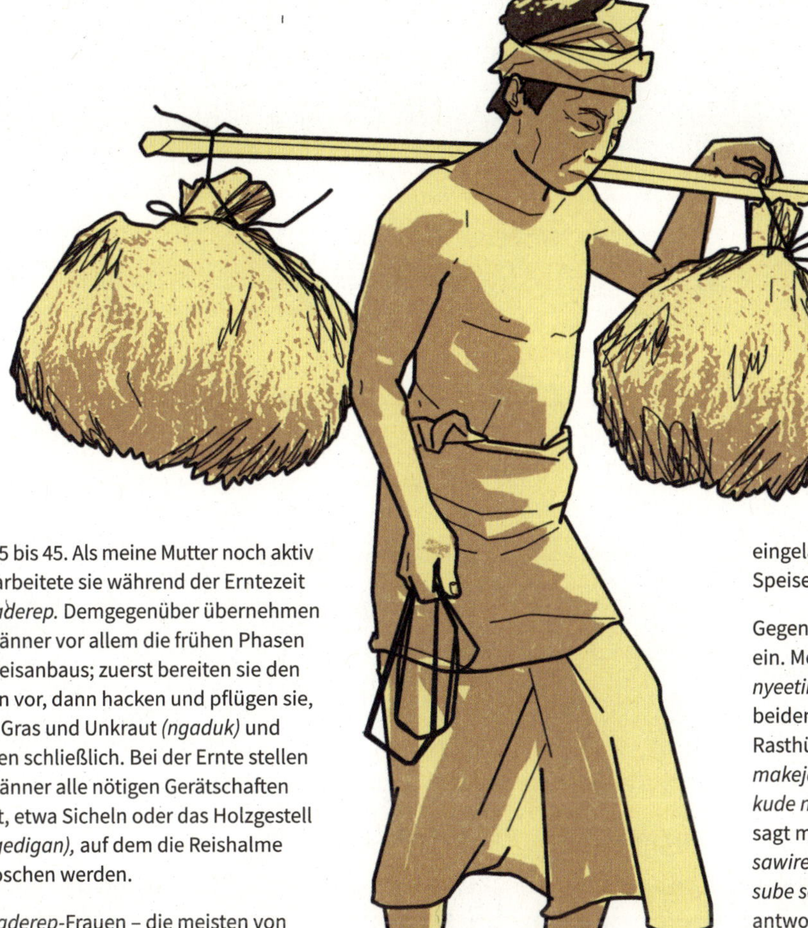

von 25 bis 45. Als meine Mutter noch aktiv war, arbeitete sie während der Erntezeit als *paderep.* Demgegenüber übernehmen die Männer vor allem die frühen Phasen des Reisanbaus; zuerst bereiten sie den Boden vor, dann hacken und pflügen sie, jäten Gras und Unkraut *(ngaduk)* und düngen schließlich. Bei der Ernte stellen die Männer alle nötigen Gerätschaften bereit, etwa Sicheln oder das Holzgestell *(pangedigan),* auf dem die Reishalme gedroschen werden.

Die *paderep*-Frauen – die meisten von ihnen sind Besitzerinnen und Bewirtschafterinnen von Äckern – profitieren von der Effizienz des gemeinschaftlichen Erntens. Sie erhalten einen Anteil an der Ernte als Lohn, den sie für den direkten Verbrauch mit nach Hause nehmen. Die Erträge ihrer eigenen oder zur Bewirtschaftung übernommenen Felder verkaufen die Bauernfamilien hingegen, oder sie bewahren sie im *lumbung* (Reisspeicher) auf; man muss dabei wissen, dass die Felder der meisten Bäuer*innen unseres *subak* nicht allzu groß sind. Wenn man die Gesamtfläche der bearbeiteten Äcker unseres *subak* Pulagan, nämlich 110 Hektar, durch die Anzahl der *subak*-Mitglieder, nämlich 205, teilt, dann kommt man auf eine durchschnittliche Fläche von 53 Ar pro Mitglied.

Am festgesetzten Erntetag bringt meine Mutter einen aus Bambusblättern geflochtenen viereckigen Korb *(sokasi),* der mit allerlei Opfergaben für das Ritual gefüllt ist, zu unserem Reisfeld. Währenddessen sind Bapa Rana und Menik Topeles emsig damit beschäftigt, die Gerätschaften bereitzulegen: Sichel und Messer, Körbe, Schnüre und die *pangedigan.* Ein *pangedigan* ist ein dreieckiges Gestell aus Holzlatten, das zum Ausschlagen der Reishalme benutzt wird. Man schlägt die Halmbüschel auf den Rand des Gestells, sodass sich die Reiskörner aus den Halmen lösen. Meine Mutter zündet in der kleinen Hütte, die neben den Reisfeldern steht, eine Feuerstelle zum Wasserkochen an; diese Hütte dient als Rastplatz oder zum Ablegen des Werkzeugs. Außer heißem Wasser für Kaffee werden auch Küchlein aus Klebreis mit Kokos und Palmzucker *(gula unti)* als Leckereien *(penguwun)* für die *paderep* bereitgehalten. *penguwun* nennt man die für die eingeladenen Helferinnen aufgetragenen Speisen.

Gegen acht Uhr treffen zwei der *paderep* ein. Meine Mutter, die gerade das *nyeetin*-Ritual beendet hat, begrüßt die beiden und fordert sie auf, in der kleinen Rasthütte Platz zu nehmen. „*Suksma ajak makejang suba ngidang teke jani ajak kude ngidang sekehe kal manyi jani?*“,[1] sagt meine Mutter. „*Ajak nem mbok sawireh sube itungin cang sikut umae dini sube sedeng yen garapin ajak nem gen*“,[2] antwortet Mbok Ratna, eine der *paderep,* die gerade angekommen sind. „*Ape seduhin menik ne? Kopi ape teh?*“,[3] fragt meine Mutter weiter. „*Antiang timpale malu menik peng ajak makejang mai mare gaenang kopi*“,[4] antwortet Menik Pejang lächelnd. Sie reden entspannt und lachen dabei. Währenddessen kommen nach und nach die anderen *paderep*-Frauen an unserem Reisfeld an. Meine Mutter schenkt ihnen Kaffee und Tee ein, vergisst natürlich auch nicht den Klebreiskuchen. Nachdem die *paderep* die *penguwun*-Speisen verzehrt haben, verabschiedet sich meine Mutter. Zu Hause erwarten sie noch andere Verpflichtungen, nämlich das Herrichten der Opfergaben *banten* für die Zeremonie *mantenin* (Zeremonie zum Einlagern des Reises in den Reisspeicher).

Nun beginnen die Erntearbeiten, los geht es beim *uma pangalapan,* dem Teil des Feldes, der zuerst vom Hauptkanal *(telabah)* bewässert wird. Bapa Rana schneidet geschickt ein Reishalmbüschel nach dem anderen, während die *paderep*-Frauen die abgeschnittenen Reishalme nehmen und sie auf dem *pangedigan*-Holzgestell ausschlagen, sodass die Reiskörner herausfallen. Ein anderer Teil der *paderep* befreit die Reiskörner von Halmresten, indem sie sie in einem Sieb *(tempeh* oder *nampah)* aus Bambusgeflecht schütteln. Wieder andere schütten die gereinigten Reiskörner in einen Korb. Schon bald steht die Sonne hoch im Zenit, dies ist das Zeichen für eine Pause. Menik Topeles fordert die *paderep* auf, sich auszuruhen. In der Hütte liegen Reis und allerlei Beilagen für sie bereit.

Nachdem sie gegessen und sich ein wenig erholt haben, wird die Erntearbeit bis zum Spätnachmittag fortgesetzt. Ungefähr um vier Uhr zählt Bapa Rana den Tagesertrag: Drei Parzellen sind schon fertig abgeerntet, es bleiben noch drei weitere. Die *paderep* rechnen damit, dass sie die Ernte am kommenden Tag zu Ende bringen werden.

Tags darauf wird die Erntearbeit fortgesetzt. Der Ertrag der gesamten Fläche beläuft sich auf zwanzig Körbe. Wenn ein Korb durchschnittlich 25 Kilo Reiskörner enthält, dann ist der Gesamtertrag der beiden Tage fünf Doppelzentner. Dieses Ergebnis macht deutlich, dass unsere Reisfelder nicht allzu groß sind, nämlich nur 30 Ar bei einer Gesamtfläche des Subak Pulagan von 110 Hektar. Der *subak* hat 205 Mitglieder *(krama subak)*, davon 150 Besitzer*innen von Feldern *(krama pengayah)* und 55 Teilpächter*innen *(krama pangampel)*. Der Subak Pulagan liegt im Ostteil des Dorfbezirks Tampaksiring und erstreckt sich von Nord nach Süd in der Nähe des Flusses Pakerisan. In dieser Gegend gibt es viele archäologische Stätten, die noch heute von den Familien als *Pura* (Tempel) oder Opferschrein genutzt werden. Dazu gehören etwa Pura Tirta Empul oder Pura Mangening sowie weitere archäologisch interessante Tempel und Felsentempel. An all diesen Stätten gibt es Wasserquellen, die von den *subak* in der Umgebung genutzt werden.

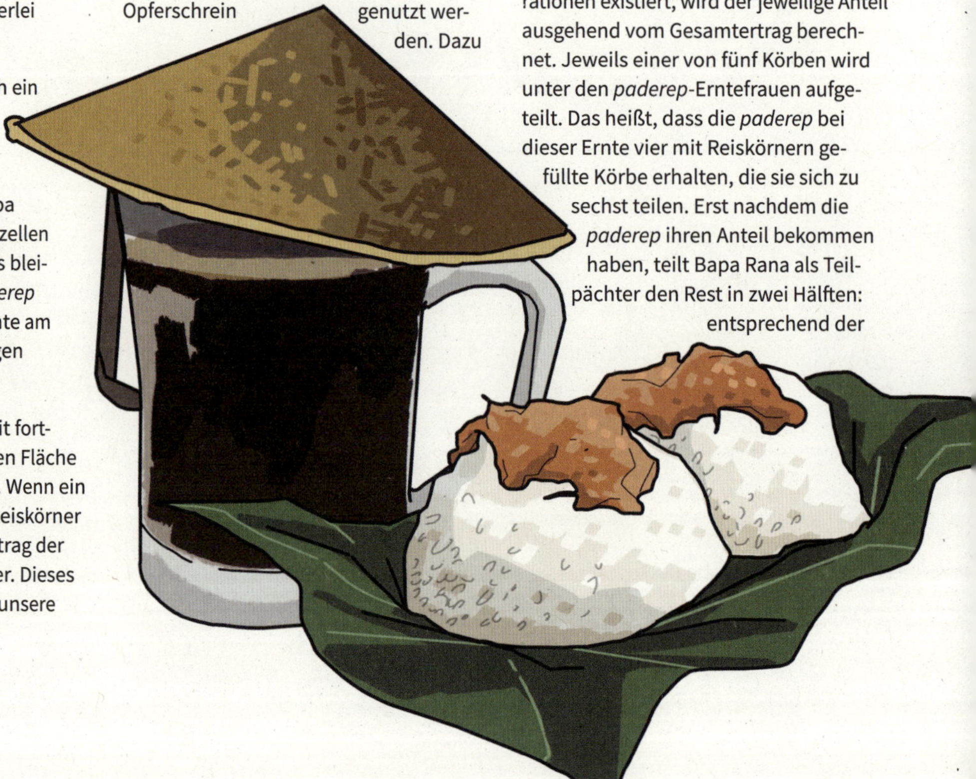

Als die Ernte am Nachmittag beendet ist, versammeln sich Bapa Rana und Menik Topeles mit den *paderep*. Sie besprechen, welchen Anteil des Ernteertrags die *paderep* erhalten. Auf Grundlage einer Vereinbarung, die schon seit Generationen existiert, wird der jeweilige Anteil ausgehend vom Gesamtertrag berechnet. Jeweils einer von fünf Körben wird unter den *paderep*-Erntefrauen aufgeteilt. Das heißt, dass die *paderep* bei dieser Ernte vier mit Reiskörnern gefüllte Körbe erhalten, die sie sich zu sechst teilen. Erst nachdem die *paderep* ihren Anteil bekommen haben, teilt Bapa Rana als Teilpächter den Rest in zwei Hälften: entsprechend der

Rechnung *piyak pada* für uns als Landbesitzer und für sich selbst als Teilpächter.

Neben diesen Verteilungsfragen reden die *paderep* auch über den Zeitpunkt der folgenden Reisernten, bei denen sie mitarbeiten werden. Menik Topeles, deren Ernte heute eingebracht wurde, kann nun als *paderep* bei der Ernte anderer Felder mitarbeiten, wenn es eine Anfrage gibt. Das ist durchaus möglich, denn die Mitglieder einer *paderep*-Gruppe können den Status von Landbesitzer*innen oder Teilpächter*innen haben. Die *paderep* helfen einander abwechselnd bei der Ernte. Diese Praxis ist bekannt unter dem Namen *ngedeng paderep,* also dem Bereitstellen von Zeit und Arbeitskraft, sowohl innerhalb der Gruppe als auch außerhalb, wenn tatsächlich mehr Arbeitskräfte für die Ernte benötigt werden. Eine zügige Ernte zum optimalen Zeitpunkt minimiert das Risiko einer Missernte.

Der Prozess des Erntens im System des Kollektivs *sekaa manyi* oder *paderep* folgt einem Modell, das von Generation zu Generation weitergegeben wurde und heute noch in einigen *subak* in Bali fortbesteht, einer davon ist der Subak Pulagan Tampaksiring. In anderen *subak*-Gebieten ist das gemeinschaftliche Ernten mittlerweile zu Auftragsarbeit oder einem Tagelohnsystem mutiert. Aber dennoch können wir nicht die Augen davor verschließen, dass es in einigen *subak* sehr schwer ist, Erntearbeiter*innen zu finden; das betrifft vor allem die *subak* in der Nähe von Städten mit einer heterogeneren Bevölkerungsstruktur und einem breit gefächerten Arbeitsangebot. Entsprechend müssen Landwirt*innen häufig lange warten, bis sie Arbeitskräfte für die Ernte bekommen.

Eine verspätete Ernte hat natürlich negative Auswirkungen. So erhöht sich zum Beispiel das Risiko eines Schädlingsbefalls. Besonders große Schäden entstehen durch Vogelfraß. Reisfelder in Bali liegen für gewöhnlich nahe beieinander, und wenn in einem *subak*-Gebiet auf einigen Reisfeldern die Ernte verspätet eingeholt wird, konzentrieren sich die Vögel natürlich auf diese Felder, weil keine anderen Nahrungsquellen mehr vorhanden sind. Es ist also wichtig, die Erntearbeiten innerhalb eines *subak*-Gebietes zum richtigen Zeitpunkt und annähernd gleichzeitig auszuführen.

1
Danke euch allen, dass ihr bereit seid, heute bei der Ernte zu helfen. Wie viele Erntehelferinnen können heute kommen?

2
Wir sind vier *mbok*, denn meiner Rechnung nach reichen insgesamt sechs Leute für Ihre Reisfelder aus.

3
Wollt ihr Frauen Kaffee oder Tee trinken?

4
Wir warten mit dem Trinken erst noch auf die anderen Helferinnen, ja.

paderep: The Story of Women Harvesting Rice in Our Rice Fields

I Made Susanta

One night in mid-December 2021, nearing harvest time, Bapa Rana, a *petanding* or farmer who works in our fields, came to visit accompanied by his wife, Menik Topeles. Both of them are not unrelated to our family. In addition to being close neighbors, they also have a family relationship with us. Menik Topeles is my father's younger sister. It has been four years since Bapa Rana has cultivated our rice fields. Apart from working in our rice fields, Bapa Rana also has his own rice fields which are located far from ours.

Bapa Rana and Menik Topeles came that night to discuss the preparation to harvest our fields. The discussion focused on various things, ranging from technical issues such as contacting the *sekaa manyi* or *paderep* (a group of people who harvest crops), to matters concerning harvest rituals such as determining the dates to harvest based on the calculation of *wariga padewasan*, or the Balinese calendar system used to choose the good days to carry out various activities including harvesting.

From that conversation, Bapa Rana, Menik Topeles, and my parents agreed on the time to do the harvest. The next day, Menik Topeles contacted some of her colleagues, women who are members of the *sekaa manyi* or *paderep* (the group of people who harvest crops), to inform them that our rice fields would soon be harvested. Meanwhile, my mother would prepare the *banten* or offerings that would be used in the ritual of starting the harvest *(nyeetin)*.

The *paderep* group is very much needed in the *subak* system. This is because, as an organization, *subak* governs the agricultural system from water resource management to various stages of farming such as *ngook* (land preparation), *memulih* (seedling), *memula* (planting), and *manyi* (harvesting). Each *subak* has its own scheduling rules according to the agreement between the *subak* members *(krama)*. For example, the one applies in the *subak* where our rice fields are located, Subak Pulagan Tampaksiring, the process and time of harvesting are left to each farmer who owns the land or cultivators to decide. Nevertheless, farmers are still expected to schedule their harvests close to each other so that no farmer should experience a delay in harvesting.

Rice harvesting in the Pulagan Subak of Tampaksiring area, including in our rice fields, still largely involves the *paderep*. The membership of *paderep* is fluid and open, meaning that any farmer can become part of a *paderep* group. The ages of members of the group vary, ranging from 25 to 45 years old. When my mother was still in her productive age, she also would engage in activities as part of a *paderep* when the harvest season arrived. Meanwhile, male farmers were more involved in the beginning, during the land preparation process, hoeing, plowing, *ngaduk* (weeding grass and weeds), and fertilizing. At harvest time, the male farmers who own the land prepare all the harvesting equipment starting from sickles to *pangedigan*, a tool made of wooden planks that are strung together to form a triangle which is used to separate the rice stalks from the grains.

The female *paderep* most of whom are landowners and cultivators—experience the direct benefits of *gotong royong* or collective harvesting because it is more efficient. Generally, the *paderep* will use the harvest from this *maderep* practice for daily consumption. Meanwhile, the agricultural products from their own land or from cultivating other people's land will be sold or stored in the *lumbung*, given that the size of land owned by most of the agricultural landowners in our *subak* area is not very large. If a calculation is made based on the total area of arable land in Pulagan Subak, which is 110 hectares, while the *subak* members, both owners and cultivators consist of 205 farmers, the average arable area by each farmer, both land owners and cultivators, is 53 *are* or 5,300 square meters.

Harvest day finally came. Early in the morning around seven o'clock, my mother brought a *sokasi* (a rectangular woven bamboo container) filled with various offerings for the *nyeetin* ritual to our rice fields. Meanwhile, Bapa Rana and Menik Topeles were preparing harvesting tools such as sickles, sacks, ropes, and *pangedigan*, a tool made of wooden planks that are strung together to form a triangle which is used to separate the rice stalks from the grains. To use the *pangedigan* you hit the grained rice stalks on the surface of the tool. My mother also didn't forget to turn on the stove to boil water in the small hut built in our rice field as a place to rest, or just to put in some agricultural equipment. In addition to the hot water for brewing coffee, there was also steamed sticky rice cake with *gula unti* (a mixture of coconut and brown sugar) to serve as *panguun* for the *paderep*. The term *panguun* means a treat or dish of food that is served to those we invite to help.

Around eight o'clock, two members of the *paderep* came. My mother, who had just finished the *nyeetin* ritual, immediately greeted them and invited them to sit in the courtyard of the small cottage in our rice field. *"Suksma ajak makejang suba ngidang teke jani ajak kude ngidang sekaa kal manyi jani?"*[1] mother said to them. *"Ajak nem mbok sawireh sube itungin cang sikut umae dini sube sedeng yen garapin ajak nem gen,"*[2] replied Mbok Ratna, one of the *paderep* who came that day. *"Ape seduhin menik ne? Kopi ape teh?"*[3] my mom asked again. *"Antiang timpale malu menik peng ajak makejang mai mare gaenang kopi,"*[4] Menik Pejang replied with a smile. They then engaged in casual conversation mixed with jokes and laughter. While they were chatting, the other female *paderep* arrived one by one in our fields. Mother and Menik Topeles brewed coffee and tea for them, and also served them with the steamed sticky rice cake. After the *paderep* enjoyed the *panguun* treat, my mother excused herself to go home because she had to undertake other activities, namely preparing the *banten* (offerings) for the *mantenin* ceremony (the ceremony of lifting rice in the *lumbung*).

The harvesting process then began, they started from the *uma pangalapan* or the part of the rice field that first gets water from the main water channel *(telabah)*. Bapa Rana looked very skillful at cutting rice stalks using a sickle, while the *paderep* women took the rice stalks that had been cut and then beat them on the *pangedigan* wooden plank to separate the rice grains from the stems. Some other *paderep* were tasked to *napinin* or clean the rice grains from unwanted materials such as rice stalks or leaves, namely by sifting them using *tempeh* or *nampah* made of woven bamboo. There were also yet other *paderep* whose job was to put the clean grains of rice into sacks. The sun seemed to move quickly, and suddenly was directly over the head, a sign that it was time for rest. Menik Topeles called the *paderep* to get some rest. There was rice available at the hut, in addition to various side dishes to serve to the *paderep*.

After eating and resting, the harvesting activity was resumed until late afternoon. Around four o'clock, Bapa Rana assessed the day's harvest yield; three plots of rice fields had been harvested and there were still three plots of rice fields remaining. The *paderep* estimated that the harvesting work would be completed the following day.

The harvesting activity resumed the following day. A total of 20 sacks of rice were successfully harvested from our fields. Given that on average one sack could hold 25 kilograms of rice, then the yield of rice gathered during these two days is five quintals in total. The result was realistic considering that our rice fields are not very large, they are only about 3,000 square meters of the total agricultural area in Pulagan Subak, covering an area of 110 hectares. There are 205 members *(krama subak)* here, consisting of 150 *krama pengayah* (own rice field and cultivate their own land) and 55 *krama pangampel* (*subak* members who become cultivators or *petanding*). Pulagan Subak is located in Tampaksiring Village, stretching from north to south around the Pakerisan watershed, an area that is home to many archaeological heritage sites which up to today are still used by the residents as *Pura* (temples) or places of worship. Sites such as Pura Tirta Empul, Pura Mangening with archaeological heritage in the form of temples, temple sites and Candi Tebing Gunung Kawi. All of these sites have springs that are used by the surrounding *subak* residents.

The harvest was over, Bapa Rana and Menik Topeles as the *petanding* farmers in our fields gathered with the *paderep* that afternoon. They discussed the distribution of the harvest to be received by the *paderep*. Based on an agreement that has been passed down for generations, the share received by the *paderep* will be calculated based on the total harvest, which is one out of every five sacks of harvest. The results will be divided equally based on the number of *paderep* members who participate in harvesting. Thus, in this particular harvest, the paderep got four sacks of grain which were divided equally by six. After the *paderep* got their share, then Bapa Rana as the *petanding* divided the harvest in two according to the *piyak pada* calculation, for us as the landowner, and for himself as the *petanding*.

In addition to discussing the distribution of results, the *paderep* also discussed the schedule for the other members' fields to be harvested next. Menik Topeles, whose arable land had been harvested that day, had the right to participate as a *paderep* in her own land or in other *paderep* members' arable lands, if there is a request from other groups. This is very possible because members of one *paderep* group are also land owners or sharecroppers. *Paderep* members will take turns harvesting each other's land or arable land. This practice is known as *ngedeng paderep*, or asking for an allotment of time and energy, either within the group or even outside the group, if more labor is needed to reduce the length of harvest time. The sooner and the more promptly the harvest is carried out, the smaller the risk of crop failure.

The process of harvesting using a collective system of *sekaa manyi* or *paderep* using a pattern passed down from generation to generation still persists in some *subaks* in Bali, one of which Pulagan is Subak in Tampaksiring Village. Meanwhile, in some other *subak* areas, the collective harvesting system has been transformed into a wholesale system or daily wages. However, it is an undeniable fact that in some *subaks*, especially those close to urban areas, the community structure is more heterogeneous, with increasingly varied job choices, it is increasingly difficult to find *padereps*. As a result, farmers often have to wait a long time to get them.

Delay in harvesting the field certainly has some negative impacts for farmers. One of which is the increased risk of pest attack. The most aggressive pests are birds. Rice fields in Bali are generally close to each other and are located in certain *subak* areas, so where there are fields that are going through delayed harvest time, naturally, the birds will concentrate on eating rice in those fields because there are no other food sources left. This is why harvesting the rice fields on time and having the harvest time scheduled close to each other is very important in the *subak* system.

1
Thank you all for being willing to come to help us harvest today. How many *sekaa manyi* members can come today?

2
Six, *mbok*, because I have calculated. For the field as large as your field, it is enough to harvest with only six people.

3
Do you want to have brewed coffee or tea?

4
Please wait for the other friends first, *bi*.

Die Fischer von Eretan Kulon an Javas Nordküste

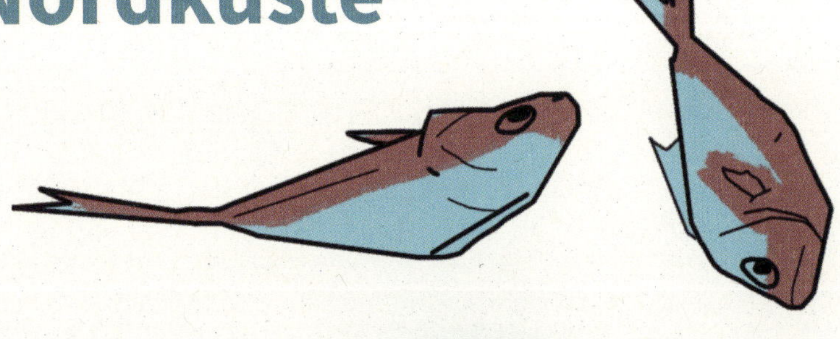

Agung M. Abul
übersetzt von Lydia Kieven
illustriert von Adhitya Nisfianto (Ditkors)

Es ist etwa zehn Uhr vormittags, die Fischer sind noch beschäftigt und laufen hin und her. Einige sammeln die Fische ein und schaffen sie von Bord, andere haben schon ihre *becak*-Rikscha und Motorräder mit Fischen beladen, um sie zum Auktionsplatz (TPI) zu bringen. Die Luft wird zunehmend heißer, der Schlamm auf dem Weg und die staubige Luft prägen die Stimmung auf dem Auktionsplatz. Von Weitem ist wie in Wellen die Melodie von *Tetep Demen* zu hören, einem typischen, populären Lied aus Javas Nordküstenregion. Der Fischgeruch in der prallen Sonne ist stechend, Frauen und Mädchen sind zu sehen, die auf einem Gestell trocknende Fische auswählen, während weiter weg Kinder im Schatten sitzen, aus Plastikflaschen Getränke schlürfen und zuschauen.

Im Lärm der hin und her fahrenden Motorräder gehe ich in Richtung einiger Fischer, die gerade Fische auswiegen. Zwei von ihnen halten einen großen blauen, mit Fischen gefüllten Plastikbehälter, den sie auf der eisernen Waage festbinden. Daneben sitzt ein Schreiber und notiert das Gewicht in einer akkurat geführten Liste. Dann zeigt er auf andere Behälter, die als Nächste gewogen werden sollen.

Inmitten dieser Geschäftigkeit richtet sich mein Blick auf einen in Grau gekleideten Mann, der auf einem Plastikstuhl am Rande des Menschengewühls sitzt. Das Gesicht ist mir nicht fremd, es ist Mas Aden, und wir treffen uns nicht zum ersten Mal. Ich kenne ihn von meinem ersten Besuch des Auktionsplatzes im letzten Dezember und gehe zu ihm. „Wann bist du angekommen?“, fragt Mas Aden im Indramayu-Dialekt. „Vor 15 Minuten“, antworte ich und reiche ihm die Hand zur Begrüßung. Ich erzähle, dass ich zu spät bin, weil ich so lange auf den Bus von Kuningan nach Indramayu warten musste. „Ooo ja, seit die Autobahn Cikopi Paliman (Cipali) eröffnet ist, fahren nur noch wenige Busse hierhin.“ Der Grund meiner Verspätung ist Mas Aden nur zu klar. Unser Gespräch geht nun über zum Fischverkauf hier auf dem Auktionsplatz, und natürlich geht es um die Arbeit, die Mas Aden hier beinahe täglich ausübt.

Die Auktionen finden fast jeden Vormittag am Rand des Fischerhafens statt, und die Transaktionen sind immer äußerst lebhaft. Ein Teil des Fangs wird hier am Sammelplatz verkauft, während die Fischer einen anderen Teil auf einem großen Boot zur Genossenschaft bringen. Das sind die Fischer, die mit der Genossenschaft zusammenarbeiten.

Für wie lange die jeweiligen Fischerboote ausfahren, hängt von ihrer Größe ab. Wer ein kleines Boot hat, kann höchstens sieben Tage auf dem Meer bleiben, während größere Boote bis zu zehn Tage durchhalten und einen ziemlich großen Fang machen können. Es gibt sehr viele kleine Boote, aber nicht alle sind Eigentum der Fischer, oft haben sie die Boote nur gemietet.

Der Besitz großer Boote im Dorf Eretan Kulon ist eng verbunden mit der lokalen Genossenschaft. Viele Fischer gehen das Risiko ein, von der Genossenschaft Kapital für große Boote aufzunehmen, um größere Fangerträge zu erzielen.

Die Genossenschaft Koperasi Unit Desa (KUD, Genossenschaft eines Dorfes) Minabahari Eretan Kulon im Kreis Kandanghaur, Distrikt Indramayu, wurde am 20. Oktober 1997 gegründet; sie ist eine Erweiterung der KUD Misaya Mina Eretan Wetan. Diese Erweiterung hatte den Zweck, die Fischfangerträge zu steigern, damit die Einwohner*innen von Eretan Kulon ein höheres wirtschaftliches Einkommen erzielen können.

Die beiden KUD liegen nahe beieinander: auf der einen Seite des Flusses Cilanang die KUD Minabahari, gegenüber die KUD Misaya Mina Eretan Wetan. Die Mitglieder der neuen KUD Minabahari konnten sich an den Erfahrungen orientieren, die die KUD Misaya Mina Eretan Wetan mit dem genossenschaftlichen Fischfang gemacht hatte.

In unserem freundschaftlichen Gespräch sagt Mas Aden, dass die Erweiterung der Genossenschaft während der vergangenen 25 Jahre große Auswirkungen auf das Einkommen der Dorfbewohner*innen von Eretan Kulon hatte, auch für den wirtschaftlichen Ausgleich zwischen den beiden Genossenschaften. Seit ihrer Gründung im Jahr 1997 konnten diese Genossenschaften die Fischfangerträge im Gebiet der Küste von Eretan und damit auch die Lieferungen an die Fischerei-Industrie im Distrikt Indramayu steigern. Die Mehrheit der Einwohner von Eretan Kulon arbeitet seitdem als Fischer.

Im Jahr 2011, so berichtet Mas Aden, zählte die KUD Minabahari 220 Mitglieder, 69 davon aktive. Heute sind die meisten aktiven Mitglieder der Genossenschaft Bootsbesitzer, genannt *juragan kapal.* Dem stehen 5.167 Fischer, die als Tagelöhner arbeiten, gegenüber. Diese Anzahl entspricht den Mitgliedern der KUD Misaya Mina Eretan Wetan.

Doch trotz der Entwicklung der Genossenschaften nimmt die Anzahl ihrer Mitglieder heute ab. Das liegt am mangelnden Kapital, um neue und bessere Gerätschaften anzuschaffen, und auch an den gesetzlichen Bestimmungen zum Fischfang. Diese bringen für viele Tagelöhner eine zeitliche Verteilung der Ausfahrten der Boote mit sich. Und dabei sind viele Dorfbewohner*innen von Eretan Kulon auf den täglichen Lebensunterhalt durch den Fischfang angewiesen.

Ein weiteres Problem für den Fischfang sind die steigenden Ölpreise; zudem sind die Ausfahrten auch von den Gegebenheiten des Meeres abhängig, zum Beispiel von Ebbe und Flut. Die Fischer achten zunehmend auf die Wetterbedingungen, damit Aufwand und Ertrag im Gleichgewicht sind und genügend für die eigene Familie übrig bleibt.

Trotz der vielen Hindernisse sind laut Mas Aden der Ertrag und der Umsatz sowohl der kleinen als auch der großen Schiffe in Eretan Kulon beachtlich. Die Aktivität der Fischer geht einher mit Ebbe und Flut und mit den Wetterverhältnissen.

Das Dorf Eretan Kulon, dessen Einwohner mehrheitlich Fischer sind, erzielt einen monatlichen Umsatz bis zu 24 Milliarden Rupiah [ca. 1,5 Millionen Euro; Anm. d. Ü.]. Das hat auch zu tun mit der Genossenschaft KUD Minabahari und mit dem Tourismus, der derzeit entwickelt wird. Eretan Kulon ist eines der Dörfer, die die „Straßenkarte eines Goldenen Dorfs“ mit Stufe 5 erreicht haben. Fünf Stufen eines „Goldenen Dorfs“ sind: Charakter und Menschlichkeit, Familie und Institutionen, Synergie, Spenden und Investitionen und schließlich Markt und Industrie; diese stehen im Fokus der KUD Minabahari.

Während er seinen Kaffee trinkt, sagt der 48-jährige Mas Aden, dass er normalerweise mit seinem eigenen Boot aufs Meer segelt. Es ist ein kleines Boot, *perahu arad*

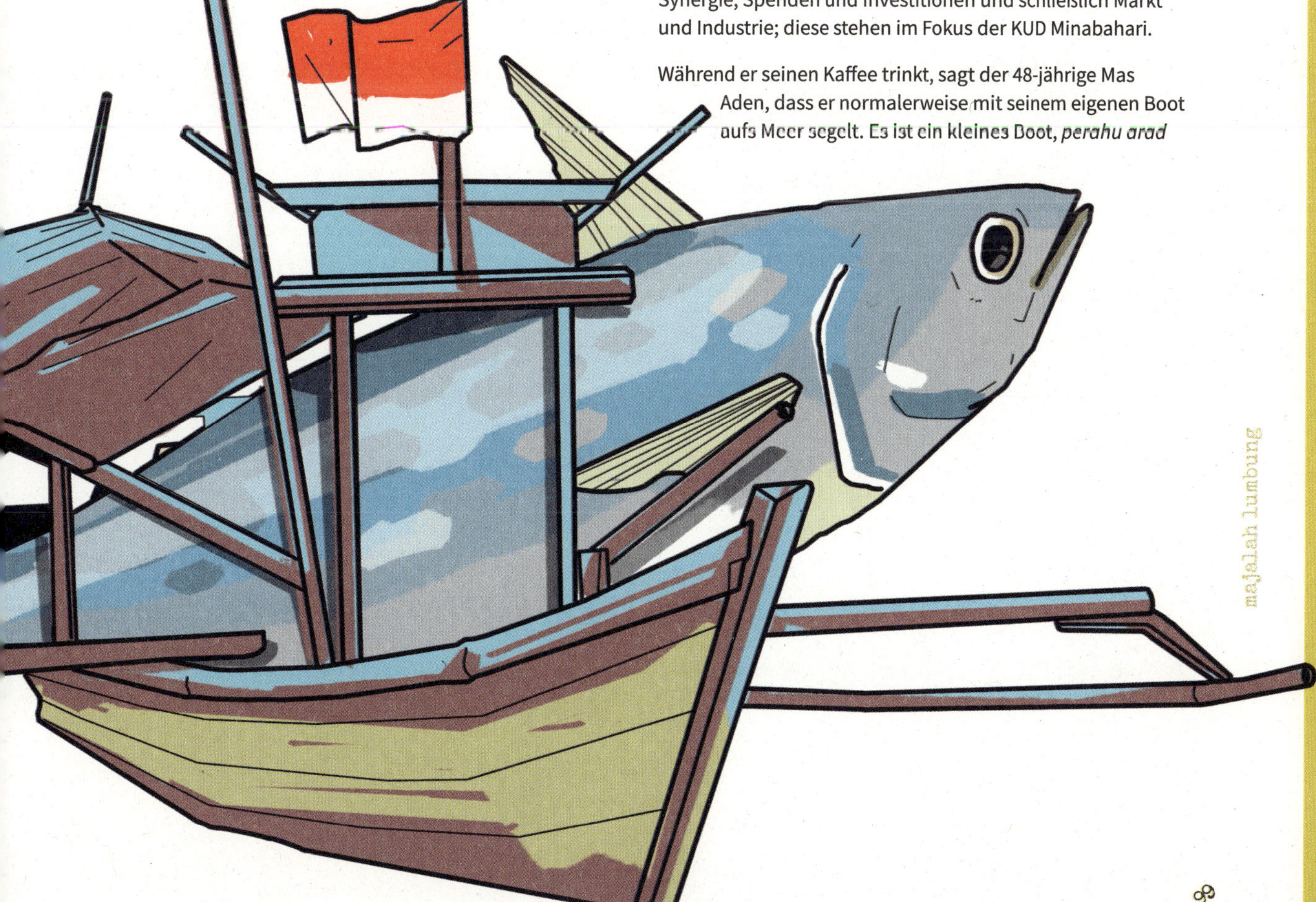

genannt. Solche *perahu arad* können bis zu drei Personen aufnehmen. Mit dieser Besatzung kann Mas Aden zwei bis drei Tage auf See bleiben. Bei einer Ausfahrt erzielen sie einen Umsatz von bis zu zehn Millionen Rupiah [ca. 600 Euro; Anm. d. Ü.]. Daraus ergibt sich nach Abzug von Sprit und dem Lohn der beiden Fischer ein Reinertrag von fünf Millionen [ca. 300 Euro; Anm. d. Ü.]. Nicht jedes Mal erreicht er diesen Ertrag, der auch vom jeweiligen Zeitplan und den Wetterverhältnissen abhängig ist.

Größere Boote, *perahu dogol* genannt, so erzählt Mas Aden, erzielen einen viel größeren Ertrag. Die *perahu dogol* können eine Besatzung von bis zu zwölf Leuten haben und bis zu zehn Tage auf dem Meer bleiben. Ihr Umsatz ist entsprechend höher, etwa 40 Millionen Rupiah [ca. 2.400 Euro; Anm. d. Ü.] pro Ausfahrt.

Ich frage ihn, ob er gerne mit einem größeren Boot rausfahren würde; er antwortet lachend: „Ah, ich weiß es noch nicht. Vielleicht später." Er lacht wieder. Dann wischt er sich den Kaffee von der Lippe.

„Mit zwei Freunden segeln wir nachmittags los. Manchmal kehren wir am nächsten Tag zurück, wenn das Wetter sich ändert. Dann haben wir nicht sehr viele Fische gefangen", sagt Mas Aden. „Bauern gehen auch nicht auf die Reisfelder, wenn es stark regnet, nicht wahr. Für uns ist es genauso. Aber Bauern ernten nur dann, wenn Erntezeit ist, wir ernten jeden Tag. Fische ernten. Hahaha ...", lacht Mas Aden. „Aber wir segeln auch nicht immer bei gutem Wetter raus. Früher sind wir manchmal mit der Familie gesegelt, nicht um Fische zu fangen, sondern nur entlang der Küste in die Nähe von Ancol Jakarta [ein Vergnügungspark; Anm. d. Ü.], wir machten Picknick und schauten auf das Meer ...", fährt Mas Aden fort und lacht dabei.

Im Weiteren erzählt Mas Aden, dass manchmal andere Leute sein Boot zum Fischen mieten. „Die Mietgebühr pro Person beträgt 100.000 Rupiah [ca. 6 Euro; Anm. d. Ü.]. An einer Fahrt können bis zu fünf Leute teilnehmen. Ja, das ist einigermaßen", sagt Mas Aden. „Nicht nur ich mache es so, andere Bootsbesitzer auch."

Unterdessen ist es schon Mittag geworden. Wir besprechen viele Dinge, schließlich beenden wir unser Gespräch und flanieren über den Auktionsplatz. Es herrscht immer noch emsiges Treiben. Fischer tragen noch ihre Fische heran und wiegen sie, andere reinigen die Boote, Frauen richten die Trockengestelle, Fahrzeuge fahren hin und her, und wir beide wollen einen Platz zum Mittagessen suchen.

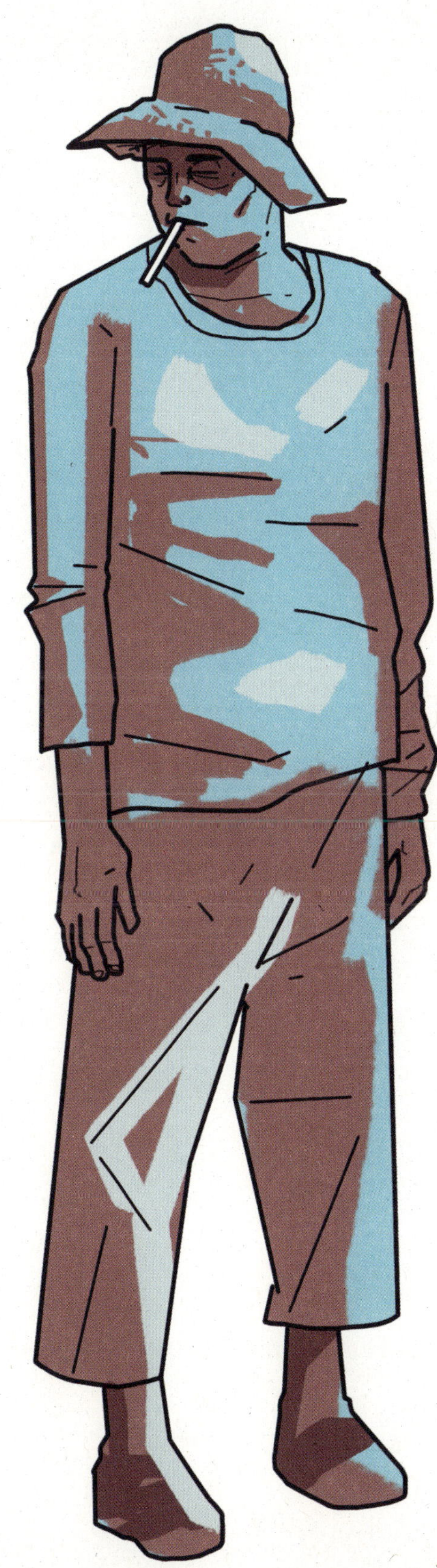

Eretan Kulon, North Coast (Pantura)

Agung M. Abul

One late morning, around ten o'clock, the fishermen were still walking back and forth. Some of them were carrying fish and unloading them from the boat, some had already filled rickshaws and motorbikes with fish to take them to the fish auction place (TPI). Warm air rose, muddy roads, and dusty air adorned the atmosphere at the auction. From a distance, the song *Tetep Demen*, a typical North Coast (*Pantura*) song that is quite popular, was playing around the auction place. The fishy odor permeated through the warm air, heated by the sun, older women and some young women were solemnly selecting fish to dry on the *ancak*,[1] while their children watched from a distance in the shade, sipping drinks from plastic bottles.

Through the roaring sound of the passing motorbikes, I walked towards several fishermen who were lifting fish to be weighed. Two fishermen lifted a blue plastic barrel full of fish large enough to attach to the scale hook on an iron pole. The clerk sitting next to the iron pole immediately jotted down the results while tidying up the parallel writing from top to bottom. Then he pointed to a few more barrels to weigh next.

In the midst of the hustle and bustle, my eyes fell on a person in a gray t-shirt who was sitting on a plastic chair at the edge of the crowd. The owner of that familiar face was usually called Mas Aden, and it was not the first time we met. I knew him when I first visited this auction in December last year. I walked towards him. "*When did you come?*" asked Mas Aden in Indramayu dialect. "*Fifteen minutes ago.*" I answered while offering my hand for a handshake. The conversation started with me talking about my late arrival because I waited too long for the bus from Kuningan to Indramayu. "*Oh, after the Cikopo Palimanan (Cipali) toll road was opened, there were only a few buses that passed here.*" Mas Aden explained the reason I was late. Our conversations continued to flow from the trip I did earlier to the harvest at the auction, and of course about the field of work that Mas Aden does almost every day.

Fish auctions occur every day on the shores of the fishing port from morning to noon and are always busy with transactions. Some of the fishermen's catches go directly to the collectors, while others are delivered by the fishermen using large boats to the cooperative. Usually, this applies to those who work with cooperatives.

The duration of going to sea depends on the size of the vessel used by the fishermen. When using a small boat, they can go to sea for less than seven days, while for a larger vessel, they can survive at sea for up to ten days with a fairly large number of catches. There are quite a number of small boats, but not all of them belong to the fishermen, many of the fishermen have to rent boats belonging to others to go to sea.

The ownership of large vessels at the auction in Eretan Kulon Village is closely related to the presence of cooperatives operating there. Many fishermen dare to take capital for a large boat from cooperatives in order to get bigger catches because it is usually worth what they get.

The Village Unit Cooperative (KUD) of Minabahari Eretan Kulon located in Eretan Kulon Village, Kandanghaur Sub-district, Indramayu Regency which was formed on October 20, 1997 is an extension of the KUD of Misaya Mina Eretan Wetan. The two KUDs are located close to each other, separated only by the Cilanang River. This expansion is intended to increase fish catches which are expected to make a major contribution to the economy of the people of Eretan Kulon Village. The experiences of cooperatives and fishing that were first implemented by the KUD of Misaya Mina Eretan Wetan and its members are expected to be the role models for the new cooperative, the KUD of Minabahari, and members of the village's fishermen.

During our pleasant conversation, Mas Aden said that in the past 25 years, the extension of the cooperative has had a real impact on the incomes of the residents of Eretan Kulon Village, as well as for economic equality for both cooperatives, including members and the surrounding community. Since its establishment in 1997, the cooperative still has the potential to increase fishing yields in the Eretan Coastal area and continues to contribute to the fishing industry of Indramayu Regency. With the cooperative in place, now, most of the people of Eretan Kulon Village which is located on the North Coast of Indramayu, work as fishermen.

Furthermore, Mas Aden said that during 2011, the KUD of Minabahari had 220 members, with 69 active members. Now, most of the active members registered in the cooperative are boat owners or often called skippers. Meanwhile, the number of labor fishermen who are members of the ship crew or Pandega is 5,167, which is equal to the number of members of the KUD of Misaya Mina Eretan Wetan as the main cooperative.

However, along with the development of the cooperative, as Mas Aden revealed, the number of members of the cooperative is currently decreasing. The decrease is due to insufficient capital for the needs for better, newer fishing gear, and of course to comply with the maritime law on fisheries. This resulted in the division of the fleet schedule of going to sea due to a large number of workers. While, in fact, many residents of Eretan Kulon village rely on fishing for their livelihood.

Another thing that affects and impedes the fishermen's fishing activities is the increase in the price of fuel, so despite the fishing schedule that has been well arranged, in practice going to the sea depends on the conditions of the sea itself, including the tides. Fishermen are becoming more careful in reading the weather so that the catch yield is worth the cost and of course, there is leftover that they can bring home for the family.

Even so, with the various obstacles they face, according to Mas Aden, the catch and turnover produced by fishermen in the Eretan Kulon area, both using small and large vessels, are still fantastic. Even though the fishermen's enthusiasm was high and low akin to the tides due to the erratic weather.

Eretan Kulon Village, in which the majority of the villagers are fishermen by profession, is able to record a turnover of up to IDR 21 billion per month. This cannot be separated from the presence of the KUD of Binabahari, the village-owned enterprise *(bumdes)*, and the tourism that is being developed. As a result, Eretan Kulon has become one of the villages that have successfully implemented the Golden Village Road Map with its 5 BINA Pillars (Five Pillars of Building/ Development). The Five Pillars of the Golden Village include the implementation of Character Building and Human Resource Development, Brotherhood and Institutional Development, Synergy Development, Fund and Investment Development, and finally Market and Industry Development which is the focus of the implementation of the KUD of Binabahari.

While sipping his coffee, Mas Aden, who is 48 years old, told me that he usually goes to sea in his own boat. The boat he uses is a small boat commonly called an *arad* boat. This *arad* boat can accommodate up to three people at a time to go to sea. Using the *arad* boat, Mas Aden and two of his colleagues can go to sea for two to three days. Once at sea, they can get a turnover of up to IDR 10 million and even more. This means, by getting IDR 10 million, after deducting the cost of fuel and the two crew members who help him, he can bring home about IDR 5 million once at sea. It's not every day that he gets a nominal in millions, that depends on the schedule and weather conditions at that time.

Other bigger boats or *dogol*[2] boats, Mas Aden continued his story, can carry more catches. The *dogol* boat can accommodate up to twelve people with the ability to go to sea for up to ten days. The turnover is also much greater, reaching IDR 40 million in one fishing trip to the sea.

In the midst of our relaxed conversation, Mas Aden laughed back when asked whether he was interested in using a bigger boat to go to sea. "*Ah, I haven't (gone to sea using a* dogol*). Maybe later*," he explained with a laugh. Occasionally he wiped the coffee grounds that were stuck to the corner of his mouth.

"*I, together with two other colleagues, usually go to the sea in the afternoon. Sometimes, we come back the next day when the weather changes. We don't get that much fish*," said Mas Aden. "*Just like a farmer, if it rains heavily, it is impossible for him to go to the fields, and so for us. However, the farmer harvests (only) during the harvest season, well, we can harvest every day. Fish harvest. ha-ha ...*" Mas Aden made a joke. "*But we don't only go to the sea for fishing in good weather. In the past, sometimes our family went to the sea not to catch fish, but just to go to the area near Ancol Jakarta. We just sailed past the coastline, just like having a picnic, enjoying the sea. ha-ha ...*" Mas Aden continued his story, again with a laugh.

Furthermore, Mas Aden shared that sometimes when he is not at sea, there are people who rent their boats to go to sea just to go fishing. "*The rental fee is IDR100,000 one person. The number of people can be up to five people on one trip. Yes, that's fine.*" Mas Aden said. "*That applies not only to my boat but also to those of other fishermen*," he continued.

It was getting late as we continued to talk. Much had been said, but our conversation ended with a walk around the auction site. It was clearly busy still. Fishermen were still unloading and weighing the fish, cleaning the boats, women tidying up the *ancak*, and the vehicles passing by noisily, and of course, all of us wanting to get lunch.

1
A 25-cm-wide and 40-cm-long, three-legged thresher rack made of bamboo/wood standing on the ground.

2
Farmer's wage system where payment is daily with no meals provided, except for drinks and snacks. The income earned is higher when compared to the amount they would receive if the farmers who own the harvest provide them with meals. The freelance system does not burden the harvesting farmers because they do not need to prepare food for the farmers working to help them with their harvest.

Die ma'utu-Tradition bei den Sahu

Abdullah Totona
übersetzt von Gudrun Ingratubun
illustriert von Dwi Wicaksono Suryasumirat

Die Uhr zeigt 8.30 Uhr ostindonesischer Zeit. Ich habe in dem Dorf Hatebicara im Landkreis Jailolo auf Halmahera (Nord-Molukken) übernachtet. Eilig mache ich mich auf den Weg in das Dorf Balisoan im Landkreis Sahu. Für die Wegstrecke von ungefähr zwanzig Minuten fahre ich auf dem Rücksitz eines Motorrads mit. In Balisoan angekommen treffe ich Pak Jamal Baikole, einen 74-jährigen *adat*[1]-Dorfvorsteher vom Volk der Sahu. Er lebt mit seiner Frau und zwei Enkelkindern in einem Steinhaus mit einer Grundfläche von 10 mal 15 Metern.

Wir beginnen unser Gespräch mit einer Diskussion über das Landwirtschaftssystem der Sahu-Community. Das Land der Sahu war zu Zeiten des Sultanats von Jailolo und Ternate ein Reisspeicher in West-Halmahera. Ich frage, ob das bis heute so ist.

„Lange vor den 70er Jahren war der traditionelle Reisanbau die Grundlage, um den Lebensunterhalt der Sahu sicherzustellen. Er gehört zur Tradition unserer Vorfahr*innen. Doch heute werden auch Kokosnüsse, Muskatnüsse und Nelken von den Sahu intensiv kultiviert, weil sie als vielversprechender angesehen werden, um die Lebensbedürfnisse zu erfüllen. Also bauen nicht mehr alle Sahu Reis an", erzählt Pak Jamal.

Während meiner Feldforschung[2] habe ich tatsächlich beobachten können, dass nur noch ein Teil der Dörfer dem Reisanbau nachgeht. Etwa Akelamo, Idam, Gamomeng und einige Nachbardörfer haben ihn durch den Anbau von Kokosnüssen, Muskatnüssen und Nelken ersetzt.

In den Dörfern Balisoan (einschließlich Nord-Balisoan) und Ngaong ist die Kultur des Reisanbaus trotz der Einflüsse der modernen Landwirtschaft erhalten geblieben, auch dank der traditionellen Rituale, die zu allen Arbeitsschritten abgehalten werden – von der vorangehenden Bodenbearbeitung über die Pflege der Pflanzen bis zur Ernte. Die Rituale beginnen mit dem Sprechen von Gebeten und Mantras durch den Pfarrer und den *adat*-Dorfvorsteher, um das Gefühl der Dankbarkeit zum Ausdruck zu bringen.

Die Reissorte, die von den Sahu am häufigsten kultiviert wird, heißt *Jongodi* und wird von ihnen auch lokaler Reis sasadu genannt. Aus kulturhistorischer Sicht bildet der Trockenreisanbau die Lebensgrundlage, neben Bananen, Süßkartoffeln und Maniok, wenn die entsprechende Erntezeit gekommen ist.

In der lokalen Sprache heißt Ernte *ma'utu*. Diese erfolgt nach einer Vegetationszeit von ungefähr fünf Monaten. Gemäß der Tradition wird *ma'utu* durch den *adat* von einem religiösen Ritual begleitet. Ganz anders hält man es in dem Dorf Goal: Dort setzen die Landwirt*innen moderne Technik ein und verzichten auf Rituale. Die Sahu glauben, dass die Rituale Segen bringen und den Respekt gegenüber Gott, der Natur und den Vorfahr*innen, die für Fruchtbarkeit gesorgt haben, zum Ausdruck bringen.

„Bevor mit *ma'utu* begonnen werden kann, besucht die Gemeinschaft des Reisfeldbesitzers die Kirche. Sie bitten den Pfarrer um ein Gebet, und außerdem wird ein Mantra *(bobeto)* für die Natur und die Ahnen gesprochen, damit *ma'utu*

erfolgreich sein wird. *ma'utu* wird nicht vom Feldbesitzer allein durchgeführt, sondern auch von den Nachbar*innen", berichtet Pak Jamal.

Bei der Ernte folgt man dem Prinzip des *gotong royong,* der gegenseitigen Hilfe bei der Arbeit. So können sich die Familien, die Reisfelder bestellen, abwechselnd helfen, und die Solidarität der Dorfbewohner*innen untereinander bleibt lebendig.

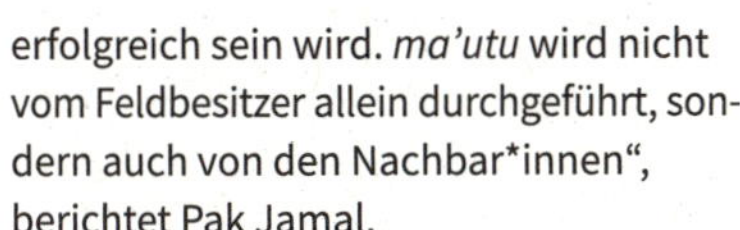

Estepanus, ein Bauer aus dem Dorf Ngaong, erklärt, dass die kollektiv erledigte Arbeit sowohl bei der Tradition des Pflanzens als auch bei der Ernte von den Einheimischen als *rion-rion* bezeichnet wird.

rion-rion wird nicht nur als Hilfe innerhalb der Gruppe gesehen, sondern als soziale Aktivität, bei der die Werte, die die Sahu-Gemeinschaft verbinden, gepflegt werden. So kann der Entstehung von zu individualistischen Lebensformen, die nicht den Traditionen entsprechen, vorgebeugt werden. Wer beim Pflanzen und Ernten hilft, bringt eigenes Essen von zu Hause mit, um keine Belastung für denjenigen zu sein, dessen Feld gerade bearbeitet wird. Und auch die Erntegeräte könnte man als traditionell bezeichnen: Es werden nämlich *pete-pete*[3] benutzt.

Bevor die Reisernte ins Haus geschafft wird, bringt der Feldbesitzer den Reis vom Feld in den *lumbung,* um den Teil, der in der folgenden Saison als Saatgut verwendet werden soll, zu separieren und einzulagern. Der für den Familienbedarf vorgesehene Anteil wird hingegen als gedroschener Reis nach Hause gebracht. Dort wird er auf dem Vorhof vier Tage lang getrocknet. Von dort aus geht es weiter zur Mühle, wo die Verarbeitung zu geschältem, poliertem Reis erfolgt. Hierbei kommt eine moderne Apparatur zum Einsatz. Die Leute haben es zu schätzen gelernt, dass dies wesentlich schneller geht als mit dem traditionellen großen Holzmörser *lesung.*

Im Gegensatz zu Pak Jamal berichtet mir Pak Agus Mole, ein anderer *adat*-Dorfvorsteher, dass die Mehrheit der Sahu im Landkreis Ost-Sahu die Tradition, Trockenreis zu kultivieren, als Teil ihrer kulturellen Identität aufrechterhält.

In der Sichtweise der beiden *adat*-Dorfältesten zeigen sich also gewisse

Abweichungen. Meine Feldforschung hat ergeben, dass es immer noch eine größere Anzahl von Sahu gibt, die die Kultivierung von Trockenreis der Sorte *Jongodi* betreiben, wenn auch nicht mehr so viele wie in den 70er Jahren. Nach dem Verständnis von Pak Agus, das sich aus den Erzählungen seiner Eltern speist, dient die Trockenreiskultur nicht nur der Sicherung des Lebensunterhalts, sondern auch der Pflege dieser Tradition für die Ahn*innen. Darum wird diese Reiskultur über die Generationen hinweg von Kindern und Enkelkindern der Sahu weitergeführt.

Ist die Ernte *ma'utu* beendet, wollen die Reisfeldbesitzer ihr Gefühl der Dankbarkeit für das erfahrene Glück zum Ausdruck bringen. Sie bitten den Pfarrer, ein Gebet zu sprechen. Die Ältesten lesen ein Mantra. Und zum Abschluss erfolgt ein traditionelles Ritual im *sasadu.*

sasadu und der Reisertrag der _ma'utu_ bei den Sahu

In den Landkreisen Sahu und Ost-Sahu stehen rechts und links der Straße in den Dörfern Häuser mit Sagopalmenblätterdächern. Für die Sahu ist das *sasadu* nicht nur ein Ort für Zeremonien und traditionelle Rituale, sondern man kann sich hier auch bei Erschöpfung ausruhen oder vor dem Regen Schutz suchen. Ein *sasadu* steht nicht nur den Sahu offen, auch Menschen mit anderem ethnischen oder religiösen Hintergrund können hier mit der *sasadu*-Kultur in Verbindung treten.

In diesem *adat*-Bau sind viele traditionelle Schmuckelemente zu sehen. So zum Beispiel die *tifa,* eine bis zu fünf Meter lange Trommel, die aus einem Betelnusspalmenstamm gefertigt wird, der zuvor eingeweicht und wieder getrocknet worden ist. Die *tifa* kommt bei *adat*-Zeremonien zum Einsatz. An gewöhnlichen Tagen hängt sie einfach an der Decke des *sasadu.*

Als eine ethnische Minderheit auf den Nord-Molukken sind die Sahu dafür bekannt, dass sie eine besondere Beharrlichkeit besitzen, ihre Kultur aufrecht-

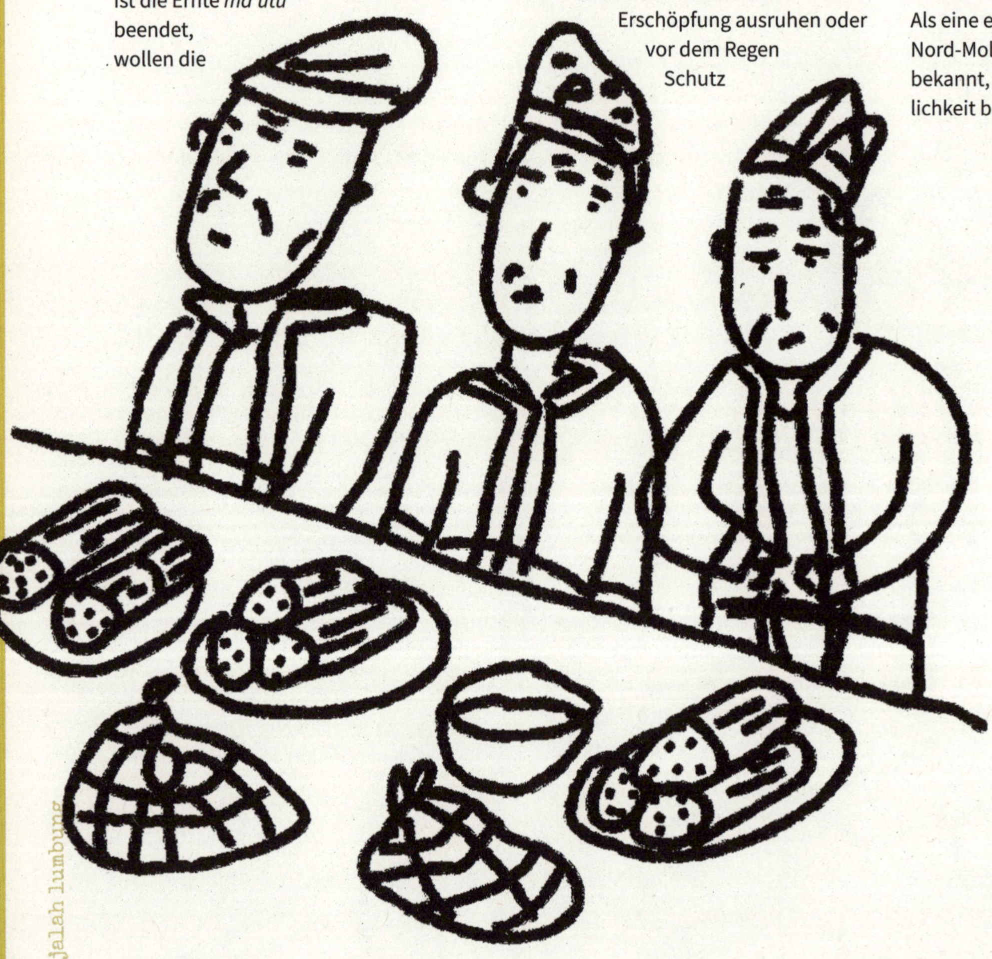

zuerhalten inmitten der Umzingelung durch die Moderne, insbesondere im Vergleich zu den Dörfern im Landkreis Jailolo. Dies zeigt sich in vielen Lebensbereichen. Es gibt noch viele *sasadu*-Häuser, und die *adat*-Kultur ist in der Praxis des Trockenreisanbaus, in der *adat*-Kleidung und in der eigenen Sprache, die bei den täglichen Begegnungen benutzt wird, lebendig.

Nach der Erntezeit bestimmen der *adat*-Dorfvorsteher und die Dorfverwaltung zusammen mit den Einwohner*innen, welcher Tag am besten für eine Zeremonie im *sasadu* geeignet ist. Diese Zeremonie findet einmal im Jahr statt. Jede Familie bereitet eine lokale Spezialität zu, beispielsweise *nasi jala* oder *nasi kembar*[4] mit vielen Beilagen. In dieser Zeit bildet sich mit Zustimmung der *adat*-Vorsteher und der Dorfverwaltung ein Komitee für die Durchführung der Zeremonie. Das Komitee muss über die Spenden, die von außerhalb kommen, Buch führen und die für die Zeremonie notwendigen Dinge bereitstellen.

Dann nimmt das Ritual fröhlich seinen Lauf. Die Gebete und Mantras laufen auf ihren Höhepunkt zu und werden von Musik und Tanz begleitet, ein Ausdruck der gemeinsamen Kultur. Das Ritual wird mit dem Festmahl *orom sasadu* fortgesetzt, einem *adat*-Essen, mit dem die Sahu ihren Dank für den Segen des Schöpfers in Form der Ernte ausdrücken. Im *sasadu* bewahren die Sahu ihre *ma'utu*-Tradition.

1
überliefertes Brauchtum und Recht, Tradition, Bezug zu Ahnen und Natur

2
Die Feldforschung fand vom 12. bis 15. Januar 2022 statt.

3
pete-pete sind fünf Zentimeter lange Schneidewerkzeuge, die aus einer kleinen Klinge und einem Stück Holz als Griff bestehen.

4
Die Zubereitung von *nasi jala* oder *nasi kembar* ähnelt der des *lemang.* Ein ein Meter langes Bambusrohr wird mit Bananenblättern ausgelegt und dann mit Reis befüllt. Anschließend wird es auf dem Feuer gegart und mit den Beilagen, die die Bewohner*innen mitgebracht haben, gegessen.

The ma'utu Tradition of Sahu People

Abdullah Totona

The hour hand shows 08:30 Eastern Indonesian Time (WIT). I hurriedly departed from Hatebicara Village in Jailolo Sub-district where I stayed to head for Balisoan Village, at the Sahu Sub-district. It took me 20 minutes traveling by motorbike to get there. Arriving at Balisoan, I met Mr. Jamal Baikole, a 74-year-old customary elder of the Sahu Tribe. He lived and stayed with his wife and two grandchildren in a permanent house of 10 x 15 meters.

We started the chat by discussing the farming system of the Sahu people. Historically, the Sahu area was a *lumbung* of food in West Halmahera during the era of the Jailolo and Ternate Sultanates. I asked, "*Does this status still withstand to this day?*"

"*Indeed, long before the 1970s, the tradition of growing rice fields became the basic thing that supported the lives of the Sahu people and was a tradition of our parents as well. However, now that the Sahu people are increasingly planting coconut, nutmeg, and cloves because these plants are considered more promising in meeting basic household needs, not all villages in Sahu plant rice in the fields anymore,*" said Mr. Jamal.

During my field research, I discovered the fact that the cultivation of upland rice was only carried out by a few villages in Sahu. Several other villages such as Akelamo, Gamomeng, Idam Gamlamo, and several neighboring villages no longer cultivate upland rice and have replaced them with coconut, nutmeg, and cloves.[1]

In Balisoan Village, North Balisoan (a proliferation of administrative village of Balisoan Village), and Ngaong, the upland rice cultivation is protected from the modern agricultural system thanks to all the traditional rituals that they still routinely perform in each process starting from the clearing of land for farming, how to care for rice, until the harvest season arrives. The ritual starts from the reading of prayers or mantras by the priests and traditional elders to the peak celebration at the *sasadu* (traditional house) to express gratitude.

The type of upland rice that is widely cultivated by the Sahu people is the *jongodi* type, or what is also known as local upland rice by the Sahu people. From proper cultivation, the upland rice then becomes a source of food for them, besides bananas, sweet potatoes, and cassava when the harvest season comes.

In the local language, the Sahu people refer to harvesting as *ma'utu*. The harvest is conducted after cultivating the upland rice for approximately five months. According to tradition, *ma'utu* is carried out with religious and customary rituals. This is different from the harvesting process carried out by the residents of Goal Village, which uses modern tools and does not involve traditional rituals at all. The Sahu people believe that performing rituals can bring blessings, as well as being a form of respect to God, nature, and ancestors who have given fertility.

"*Before doing the* ma'utu, *the people who own the upland rice fields will go to the church to ask the priest to pray and also read a mantra* (bobeto) *to nature and ancestors so that the ma'utu is successful.* Ma'utu *is not only carried out by the landowners, but also assisted by residents who have the same land,*" said Pak Jamal.

The *ma'utu* activity is carried out in *gotong royong* or mutual cooperation, the goal of which is that when the *ma'utu* season arrives, all residents who have upland rice fields will take turns helping each other. Thus, the solidarity between fellow residents in farming will be maintained.

Estepanus, a farmer from Ngaong Village, explained that cooperation between residents, both in the planting and *ma'utu* traditions, is known as *rion-rion*.

Rion-rion is not only observed as group activities, but also social activities that embody cultural values in uniting the Sahu people to avoid individual practices that are not in accordance with their traditions.

Residents who help with the harvest will bring their own food from home so as not to bother the owner of the field. The tools used for harvesting are still fairly traditional, namely using *pete-pete.*[2]

Before the rice yield is brought home, the landowner will put it first in the *lumbung* of the garden to separate the seeds that will be planted in the following season. Meanwhile, the rice that is brought home for family consumption is already in the form of grains. The grain will later be dried on the terrace of the house for four days, then taken to the mill to be processed into rice to be consumed. The tools used are modern and the process is considered by residents to be faster than using a mortar.

Contrary to Pak Jamal, when confirmed to another traditional elder of the Sahu Tribe, Mr. Agus Mole, he explained that most Sahu people in East Sahu Sub-district still maintain the tradition of cultivating upland rice as their cultural identity.

Although there are slight differences in the views of the two Sahu traditional leaders on this matter, the field observation proves that the Sahu people are still cultivating *jongodi* type of upland rice, although not to the same extent as in the 1970s. According to Mr. Mole, he also got an understanding of upland rice cultivation from the stories of his parents, who interpreted upland rice cultivation not only as a practice to meet the needs of family life, but also to take care of the traditions of the ancestors. That is why the cultivation of upland rice is then passed on for generations by the descendants of the Sahu people.

When the *ma'utu* activity is over, the owner of the field will express gratitude for the favors they have received, starting from asking the priest to pray, the elder to read a *mantra*, to the implementation of traditional rituals in the *sasadu*.

Sasadu and the Yields of *Ma'utu* of the Upland Rice of the Sahu People

Houses with thatched roofs stand upright on the right and left sides of the road along the way as I passed through villages in Sahu and East Sahu Sub-districts. For the Sahu people, *sasadu* not only serves as a place to perform traditional ceremonies or rituals but also as a resting place for people who are tired while driving past or just to take shelter when it rains. *Sasadu* is not only "open" to the Sahu Tribe, but all people from various ethnic and religious backgrounds can join in mingle in the *sasadu* culture.

We can see various traditional ornaments in the traditional houses. One of them is *tifa*, a percussion instrument with an average size of 5 meters made of betel palm wood that had been soaked and dried. *Tifa* is commonly used during traditional ceremonies. On ordinary days, however, *tifa* will only be hung from the ceiling of the *sasadu*.

As one of the ethnic minorities in North Maluku, the Sahu people are known for their persistence in maintaining culture in the midst of the siege of modernity, compared to villages in Jailolo Sub-district. This is obvious from the many *sasadu* traditional houses that are still standing, cultural devices such as a customary structure that is still in use, the practice of cultivating upland rice, to the traditional clothing and language that is actively used in daily social activities.

After the harvest season, the traditional elders and the village administration together with the residents will determine a good day for the implementation of traditional ceremonies in *sasadu*. The traditional ceremony is held one day a year. Each family will provide regional specialty, namely *nasi jala* or twin rice[3] complete with the side dishes. At that time, they will also form an executing committee, with the approval of the traditional elders and the village administration, which will be in charge of making a record of donations from outside the Sahu Tribe and preparing for the needs of traditional ceremonies.

The ritual is lively. Prayers and mantras are sent up with the accompanying music and dances as a manifestation of their culture. The ritual is followed with *orom sasadu*, traditional meals as a thanksgiving of the Sahu Tribe for the blessing from the Creator at the harvest time. *Sasadu* is the place where the Sahu people preserve the *ma'utu* tradition.

1
The study was conducted on January 12–15, 2022.

2
Pete-pete is a 2-inch rice-cutter made of a small blade and a piece of wood at the handle.

3
The process of making *nasi jala* or twin rice is the same as making *lemang*. The inside of the 1-meter bamboo is covered with banana leaves, then it is filled with rice. After that, it is cooked by grilling the bamboo, then eaten with side dishes provided by the residents of Sahu.

Kollektive Bewegungen in Zentral-Sulawesi

Rahmadiyah Tria Gayathri
übersetzt von Gudrun Ingratubun

Ein Rückblick auf die Verletzungen durch den Poso-Konflikt im Jahr 2000

Es ging auf Weihnachten und die Feier zum Jahreswechsel im Dezember 2001 zu, als an einem bewölkten Morgen die Nebengasse der M. H. Thamrin-Straße im Stadtteil Ost-Besusu in Palu von einer aus der Pantekosta-Ekklesia-Kirche aufsteigenden Rauchsäule erfüllt wurde. Alle Türen der Häuser zur Thamrin-Straße hin wurden lautlos geschlossen. Undeutlich hörte man von Weitem das Weinen verängstigter Kinder. Die Bombe eines Selbstmordattentats, die an diesem Morgen in der Ekklesia-Kirche explodierte, war Teil einer Serie von drei Anschlägen auf Kirchen im Vorfeld der Neujahrsfeierlichkeiten 2002 in der Stadt Palu.

Ich war damals zehn Jahre alt. Was mir von diesem düsteren Morgen am lebhaftesten in Erinnerung geblieben ist, ist die Ankündigung, dass die Schule ausfällt. Es gibt nichts, was ein Kind in meinem Alter hätte glücklicher machen können. Doch leider durften wir während dieser unverhofft freien, aber angsterfüllten Tage fast eine ganze Woche nicht draußen spielen. In die panische Angst der Menschen mischten sich Verwirrung und Vorurteile. Wir lebten in einem Teil von Palu, in dem unterschiedliche Ethnien und Religionen nah beieinander wohnten. So war unser Viertel seit dem Jahr 2000 für Gewaltausbrüche besonders anfällig. Erst zehn Jahre später sollte sich dies beruhigen.

Der 20-Zoll-Röhrenfernseher im Wohnzimmer zeigte ununterbrochen traurige Nachrichten über Vermisste und über die großen Verluste während des Bürgerkriegs im Jahr 2000. Die einzige Unterhaltung, auf die wir uns die ganze Woche freuten, gab es am Sonntag. Das sonntägliche Fernsehprogramm war wie ein Geschenk für uns Kinder in dieser Zeit, in der durch die Wirren des Konflikts der Terror nach Poso eindrang. Wahrscheinlich ist meine Geschichte nur ein kleiner Mosaikstein in all den bitteren Erfahrungen der Überlebenden des Poso-Konflikts. Als Kind von Eltern, die für Regierungsinstitutionen arbeiteten, waren die Narrative über die wirklichen Ursachen des Konflikts in unserem Haushalt verzerrt. Was wir damals erfuhren, war, dass es zu Spaltungen kam, weil alles schwarz und weiß war, richtig und falsch, verloren und gewonnen. Niemand kümmerte sich um die Verletzungen derjenigen, die Verluste erlitten hatten. Niemand hatte den Mut, sich in das bittere Trauma, das die Leute fest in sich verschlossen hielten, einzufühlen. Bis eines Tages ein Lehrer in unsere Klasse kam und uns eine neue Klassenkameradin vorstellte: Gabby.

Sie wurde direkt neben mich gesetzt. Sie hatte die Schule gewechselt, weil ihr Haus während des Poso-Konflikts abgebrannt war. In der Pause öffnete Gabby ihre Lunchbox und bot mir von dem gelben Reis an, den ihre Mutter zubereitet hatte. Es schmeckte sehr lecker, würzig, aber nicht so scharf. Beim Essen erzählte Gabby ruhig, wie sie auf einen Schlag ihr Zuhause, ihren großen Bruder und ihren Vater verloren hatte. Er war einer der Vermissten in diesem Konflikt. Ich war zu jung, um Gabby trösten zu können, meine Augen füllten sich mit Tränen. Ich fühlte eine Mischung aus Trauer und Schuldgefühl wegen dieses so schwerwiegenden Verlustes.

Einige Jahre nach dem Bürgerkrieg entwickelten sich aus der Zivilgesellschaft gemeindenahe Aktionsbündnisse. Unsere erste Begegnung mit kollektiven Initiativen in dieser Zeit hatten wir mit NGOs, die sich für Versöhnung und Heilung nach diesen Konflikten einsetzten. Diese Organisationen gaben uns alternative Narrative über die Geschichte und den Ursprung des Konflikts, den wir vorher schwarz-weiß gesehen hatten: ein Bruch zwischen zwei religiösen Lagern. Die Jahre vergingen. Die Bewegung für Versöhnung und Heilung hat nicht wirklich zu einem Durchbruch geführt. Immer wieder wurden Militäroperationen in Siedlungen bis in die Berge hinein durchgeführt. Der Schrecken und das Stigma, in einer Stadt zu leben, die zu gewalttätigen Konflikten neigt, haftet hartnäckig an unserer Identität als Überlebende, ebenso steckt das Trauma noch tief in unseren Körpern.

Zum zweiten Mal eine Überlebende werden

Innerhalb von Sekunden erschütterte ein Erdbeben der Stärke 7,6 die Palu-Koro-Verwerfung und verwüstete die Stadt Palu. Eine Reihe von Tsunamiwellen bis hin zur Bodenverflüssigung in einigen Stadtteilen war die Folge. Fast zwölf Tage lang lebten wir ohne Staat: Es gab keinen Strom, das Telefonnetz und das Internet waren zusammengebrochen, Benzin und Diesel wurden wie Gold gehandelt. Die Straßen waren verlassen. Nur die Krankenwagensirenen heulten in einem fort. Über allem hing der unangenehme Geruch verwesender Leichen. Mit einem halben Liter Benzin konnten wir unser Motorrad auftanken und verabredeten schließlich ein Treffen im Stadionpark GOR, wo wir inmitten der Schrecken der nicht enden wollenden Nachbeben Durchhaltestrategien berieten.

Die Leute plünderten halb eingestürzte Läden, so sicherten sie ihre Grundversorgung inmitten der Hoffnungslosigkeit notdürftig aufgebauter Zelte. Die Nachrichten von Todesfällen zerrten an unseren Nerven. Ein Freund, der an der Küste wohnt, sprach uns von der gegenüberliegenden Straßenseite an und schrie: „Die gelbe Brücke ist eingestürzt! Talise, Lere und Golni sind zerstört. Es gibt dort viele Leichen!“ Wir haben nicht nur viele Freund*innen und Verwandte verloren, sondern auch zahlreiche wichtige Orte in unserer Stadt: die Strandpromenade Talise, den beliebten Strand Lere und das Sport- und Kulturzentrum Golni. Zwei Wochen vor dem Unglück hatten wir eine Ausstellung mit Medienkunst im Golni-Gebäude eröffnet; der einzige Ort für darstellende Kunst und Kultur, wo Kunstwerke, Arbeiten von Künstler*innen aus Zentral-Sulawesi aufbewahrt werden, ist vom Wasser weggefegt worden.

Der Verlust von Häusern und wichtigen Gebäuden ist nicht mit dem Vertrauensverlust zu vergleichen, dem Vertrauen in unsere heimatliche Erde, die tausende Menschen verschluckt hat. Die Leute, die eine Wahl hatten, zogen weg, weil sie die Angst nicht ertragen konnten. Wer keine Wahl hatte, blieb in den Notzelten zurück, denn unsere Häuser gab es nicht mehr. Wir nahmen den letzten Rest unseres verbliebenen Mutes zusammen, um durchzuhalten. Fast ohne Wissen über Naturkatastrophen war die einzige nützliche Voraussetzung, die wir hatten, unsere Erfahrung, uns selbst kollektiv zu organisieren.

In diesen dunklen Tagen erarbeiteten wir eine Strategie, wie die Hilfe kanalisiert werden konnte, damit jeder Reis, Öl und eine Bettdecke bekam. Auch Babywindeln konnten schnell an die Leute verteilt werden, die sie benötigten. Kunst war in dieser Situation zu einem tertiären Bedürfnis geworden. Die beste Aufheiterung war, als wir über unsere Sehnsucht nach einer weichen Matratze, nach kalten Getränken und leckerem Essen lachen mussten – unmöglich, so etwas in dieser Zeit zu bekommen.

Nach ungefähr einem Monat hatten wir den Mut, mit unserem Posten für Freiwilligenarbeit wieder ins Büro zu ziehen, obwohl die Wände Risse bekommen hatten. Im Wohnzimmer machten wir die Arbeitspläne, verteilten die Aufgaben und die Hilfe auf die Zelte, von morgens bis abends. Wir bauten unser Netzwerk für kollektive Arbeit weiter aus. Wir sammelten große Mengen an finanzieller Unterstützung und Studierende, Künstler*innen, Kulturarbeiter*innen, Arbeiter*innen bis hin zu Tierärzt*innen meldeten sich als Freiwillige. Die Wörter „Freiwillige", „Geflüchtete", „Überlebende" und „Wiederaufbau" wurden unsere neuen täglichen Begleiter. Mit dem Erdbeben zusammenhängende Fragen waren die vordringlichsten Themen. Ebenso wichtig aber erschien uns die Erfüllung der Grundbedürfnisse der in der Stadt verbliebenen Überlebenden und Freiwilligen. Wir fühlten uns wie in einem Haus, in dem tausende Menschen einquartiert sind. Uns wurde bewusst, dass unsere Stadt gleichsam von tausenden Bedrohungen und Erinnerungen an die Katastrophe bewohnt war. Doch die einzige Wahl, die wir hatten, war durchzuhalten und uns gegenseitig zu heilen. Diskussionen darüber, wie die Auswirkungen des Erdbebens abgemildert werden könnten, waren vielen Menschen in der Stadt sehr wichtig. In offiziellen und freien Räumen kamen Gruppen von Wissenschaftler*innen, die Zivilgesellschaft, Studierende und Kulturleute zusammen, um unterschiedliche Diskussionsformate zu initiieren und Programme für den Wissenstransfer über die lokale Geschichte und die sich wiederholende Bedrohung durch Naturkatastrophen ins Leben zu rufen. Als Kollektiv hatten wir eine gemeinsame künstlerische Praxis. In diesem Sinne haben wir die Vorführung eines Dokumentarfilms von einem Filmforschungsinstitut organisiert. Der Film erzählt von den Spuren der Geschichte des Tsunamis auf den Mentawai-Inseln. So sind wir mit einer heilenden künstlerischen Intervention nach einer Katastrophe zu unseren Wurzeln zurückgekehrt. Wir haben den Film in den Zelten gezeigt, wo die Menschen Zuflucht gefunden haben. Und wir haben versucht, Erinnerungen in Form von visuellen Notizen und Texten zu sammeln, bis zur Gedenkfeier mit Musikgruppen und Überlebenden ein Jahr nach dem Erdbeben vom 28. September 2018.

Dadurch ist uns bewusst geworden, dass die Schaffung von Wissen über das Risiko von Naturkatastrophen und die lokale Geschichte eine langfristige Aufgabe ist, an der viele Menschen mitwirken müssen. Am 28. September 2018 waren wir dem Tod so nahe. Uns ist die Gelegenheit gegeben worden weiterzuleben. So ist es unsere Aufgabe, diese dunkle Erinnerung wachzuhalten und das daraus abgeleitete Wissen weiterzugeben. Das Bewusstsein über die Verletzbarkeit der Gegend, in der wir leben, ist eine wertvolle Erfahrung im Heilungsprozess. Unsere eigene Erfahrung als Überlebende verbinden wir mit der künstlerischen Arbeit. Wenn Palu, die Stadt, in der wir leben, als ein Ort der Bedrohung und des Risikos von Naturkatastrophen gesehen wird, wie steht es dann mit Indonesien, das auf dem Pazifischen Feuerring liegt? In einer von Naturkatastrophen gefährdeten Gegend zu überleben schreit geradezu nach der Bemühung, um ein Leben im Einklang mit der Natur zu ringen. Die Arbeit, unserer Erfahrung, die das Trauma von erlebten Naturkatastrophen und die Erinnerung an große politische Unruhen in sich trägt, eine Bedeutung zu geben, hat zu einer Erkenntnis über Lebensstrategien geführt, die mit dem Trauma verflochten und in ihm verwurzelt sind. Und das Mindeste, was wir machen können, ist zu überleben.

Mit den Brüchen und Erinnerungen an die politischen Unruhen überleben

Das vierte Jahr, in dem wir der Naturkatastrophe in Zentral-Sulawesi gedenken, führt uns zu der Erinnerung an die humanitären Konflikte, die im Poso-Land vor 22 Jahren aufbrachen. Diese beiden großen Erinnerungsbereiche geben uns unsere soziale Identität als Überlebende. Die Schrecken der Militäroperationen in den Bergketten Zentral-Sulawesis, die nicht enden wollten, wurden zu einem Warnzeichen in unserer Arbeitspraxis, die untrennbar mit den humanitären Konflikten verknüpft ist.

Währenddessen stehen hunderte Firmen auf den Hügeln, die die Bucht umrahmen, und schürfen Sand, Gold und andere Bodenschätze, ohne an das Risiko von Naturkatastrophen in der Zukunft zu denken. Zentral-Sulawesi befindet sich im Herzen der Insel Sulawesi und wird zu einem Extraktionsroboter, der die großen Firmen Indonesiens mit Treibstoff versorgt. Und wieder akzeptieren wir die regionale Entwicklung, die weiterhin eine hohe Katastrophengefahr birgt, als Spielregel der Herrschenden. Als noch junges Kollektiv sind wir uns bewusst, dass unsere künstlerische Praxis eine Waffe ist, um Möglichkeiten zu diskutieren, wobei wir gleichzeitig versuchen, den Druck von uns zu nehmen, uns aber auch im Überlebenskampf als Bürger*innen und Traumatisierte engagieren.

Die Position als Künstlerkollektiv, das in der Vergangenheit oft als politische Bewegung auf gleicher Ebene mit anderen politischen Interessenvertretern gesehen wurde, nutzen wir jetzt bewusst, um Widerstand aufzubauen und Wissen zusammenzutragen. Die formalen Bildungsinstitutionen in dieser Stadt sind schon lange im Tiefschlaf, erschöpft davon, Schüler*innen hervorzubringen, die unter dem Dach von Bergbaufirmen arbeiten wollen. Unser Künstlerkollektiv sehen wir als Geburtshaus, um die Freiheit, aktiv zu werden, das Licht der Welt erblicken zu lassen und sich nicht auf die Seite der Herrschenden zu stellen, die das Wissen ausblenden. Wir glauben, dass jede Stadt verletzlich ist und sich an ihre dunkle Geschichte erinnert. Die Bewegungen von Künstlergruppen, die ihre Forschungstaktiken und Wissensquellen austauschen, sind die Manifestation unseres Aushandlungsprozesses als Bürger*innen. Im Strudel der Macht sammeln wir unsere Kraft und leisten Widerstand.

Collective Movements in Central Sulawesi

Rahmadiyah Tria Gayathri

Looking Back on the Memory of the Wounds of the 2000 Poso Conflict

On one cloudy morning leading up to Christmas and New Year's Eve in December 2001, the small alley on M.H. Thamrin street of the Urban Village of East Besusu, Palu, was surrounded by smoke rising from the Ekklesia Pentecostal Church. Doors of the houses along Thamrin street were closed tightly without a sound, and faintly from a distance, one could hear the cries of frightened children. The suicide bombing at the Ekklesia Church that morning was one of three in a series of church bombings leading up to the 2002 New Year celebrations in Palu City.

I was ten years old at that time. What I remember most about that gloomy morning was the announcement that school was closed, and nothing should have made a child my age happier than hearing the news that school was closed. Unfortunately, however, the school holiday turned out to be quite a distressing one as we were prevented from playing in the yard for almost a week. Everyone was going through feelings of unidentifiable terror mixed with anxiety and nerve-racking prejudice. Living in one corner of Palu City, in the middle of a neighborhood where people of various ethnicities and religions live, we were exposed to great vulnerability for almost ten years after 2000.

The 20-inch tube television in the living room continued to bring sad news about those who disappeared and the great losses during the dark wars of the Poso Conflict in 2000. The entertainment we looked forward to the most was Sunday's program when television broadcasts felt like a gift in our childhood as the chaos of conflict permeated terror into Palu City. My story may just be one piece of the bitter experiences of survivors of the Poso conflict at that time. As a child born to parents who worked in government agencies, truthful narratives of the Poso Conflict were obscured from the bed- and dining rooms in the house. What we knew at that time was that division occurred because life was black and white, right and wrong, losing and winning. No one cared about the wounds of those who had lost, no one even dared to look into the bitterness of the trauma that people buried deep in their psyche. Until one morning, a teacher entered our classroom with a new student named Gabby.

Gabby sat right next to me as a friend who had just transferred schools because her house was burned down during the Poso conflict. During school break, she opened her lunch box and offered to share with me the yellow rice her mother made. It was delicious, savory, and not so spicy. While munching on food, Gabby spoke calmly about how she had lost her home, brother, and father, who was among those that disappeared during the conflict. At the time, I was too young to be able to offer her solace, but my eyes were teary and I was overwhelmed by sadness and guilt at the same time for losing, which was also difficult to digest.

In the years following the major conflict, community-based activism groups began to initiate community movements. Our initial introduction to collective works at that time was from pockets of community social organizations that were massively promoting post-conflict reconciliation and post-conflict recovery. These non-governmental organizations also provided alternative narratives about the stories and origins of the conflict, which were previously read in black and white as a simple dispute between two religious camps. However, after many years have passed, the reconciliation and recovery movements have in fact never seen the light. A succession of military operations was launched in the mountain hamlets, one after another. Terror and stigma were strongly attached to the conflict-driven city, and became both an assumed identity and trauma attached for us the survivors and residents of the city.

Becoming a Survivor for the Second Time

On one fateful afternoon, in a matter of seconds, an earthquake with a magnitude of 7.6 triggered the Palu-Koro Fault to change the contours of the city of Palu. After being hit by a series of tsunami waves and liquefaction in some housing settlements, for almost twelve days we lived without a country; the electricity went out, telephone and internet lines were cut off, gasoline and diesel fuel were suddenly traded like gold, the streets were silent, except for the sound of ambulance convoys all day long, filling the air with the putrid stench of liquid coming from rotting human corpses as they drove along. With a supply of half a liter of gasoline to get our automatic motorbikes going, we arranged an appointment to gather at the sports stadium (GOR) and devised a strategy to survive amidst the endless terror of aftershocks.

People walked into nearly-collapsed shops, looting them to get basic necessities in order to survive under the woes of makeshift tents. News of deaths was so close, hitting a nerve; a friend who lived in the coastal area yelled at us from across the street, shouting, "*The yellow bridge was washed away, Talise, Lere, and Golni are all gone, there are many bodies found there!*" In addition to losing many friends and relatives, we also lost important places in this city, like the Talise beach promenade, the popular beach area of Lere, and Golni, the Art Stadium building. Only two weeks before the disaster hit, we held a media art exhibition celebration there. The only performing arts and cultural building where artifacts of the memories of works of art in Central Sulawesi were kept had been swept away by the water.

The loss of important buildings and structures is certainly not comparable to the loss of our trust in our homeland that had swallowed thousands of people. Those with an option chose to move because they could not believe in fear. While we who remained were left to stay in makeshift tents with almost no choice; we lost our homes and mustered the courage to persevere with hardly any knowledge of disaster. The only provision we had was the experience of organizing ourselves collectively. On those dark days, we devised a strategy for distributing aid, ensuring that rice, cooking oil, blankets, and baby diapers were quickly distributed to the right people who really needed them. At that time, art for us was a tertiary need. The ultimate luxury that we enjoyed was when we laughed at each other's longing for soft mattresses, cold drinks, and delicious food, the things that were impossible for us to get at that time.

After almost a month, we ventured to move the volunteer post into our office, with cracks on the walls caused by the earthquake. In the living room, we prepared work schemes, division of tasks, and distribution of aid in refugee camps from morning till night. Through a collective network, we managed to amass thousands of handouts and volunteers comprising people from diverse backgrounds from students, art workers, laborers, to veterinarians. The keywords "volunteer," "refugee," "survivor," and "reconstruction" became very familiar in everyone's ears and part of everyday life. Issues concerning the disaster were the subject of discussion as equally important as the primary needs of the survivors and the remaining volunteers in the city. Like a house inhabited by thousands of people, we realized that the city was like a home with thousands of hazards and memories of the disaster, but the only choice we had was to survive and heal each other. Discussions about knowledge regarding disaster mitigation were of interest to many people in this city. In both formal and informal spaces, groups of researchers, members of civil society, students, and art workers initiated various discussions and programs to disseminate knowledge about the history of the region and the threat of repeated disasters. As a collective that works in the practice of artwork, at that time we initiated the screening of a documentary film from a research institute. The documentary film that tells about the historical traces of the tsunami in Mentawai reestablished the roots of our work in intervening with post-disaster recovery through artwork practices. In the disaster victims' refugee camps, we conducted film screenings. It was part of the efforts to collect memories through visual notes and texts, leading up to the commemoration of the first anniversary of the disaster with musical groups and disaster survivors on September 28, 2018.

Since then we have come to realize that the task of developing knowledge about disaster risks and the history of the region is a long-term effort for many to continue. On September 28, 2018, death was so close to our breath, therefore we who were given the second chance to stay alive had to assume the duty of planting the dark memories into a legacy of knowledge. Being conscious of the vulnerability of the place where we live is a valuable experience for us in intervening with recovery efforts with our experiences as survivors and trunks of artworks as our main resources. If Palu, the city where we live, is analogized with a particularly hazardous and disaster-prone space, then what about Indonesia, which sits right on the Pacific Ring of Fire? The ability to survive in a potentially disaster-prone area should be read as an attempt to negotiate a life that is tolerant of nature. Working out the meaning of our experiences of going through the trauma of natural disasters and living on the memories of major humanitarian conflicts have actually thrown light on life strategies that are intertwined and rooted in trauma, and the least effort we can do is to survive.

Surviving on Top of the Faults and the Memories of Humanitarian Conflict

Entering the fourth anniversary of the memory of the natural disaster that took place in Central Sulawesi, it also brings back memories of the humanitarian conflict that occurred in Poso 22 years ago. The two great calamities have led us to be socially defined as survivors. The terror instilled by endless military operations in the mountainous ridges of Central Sulawesi become an alarm as well as a warning sign that our work practices cannot be separated from humanitarian issues.

Meanwhile, on the hills that surround the Bay of Palu, hundreds of companies are extracting sand, gold, and others, digging deep into the bowel of the earth without consideration of the vulnerability of the physical environment to future disasters. Central Sulawesi, which is right in the heart of the island of Sulawesi, has become a major source of energy, like a robotic giant machine, scraping fuel for big companies in Indonesia. And, again and again, we have to accept regional development activities that increase disaster risks and exposure to natural hazards to be carried out in our island as the rule of the game of those in power. As a new collective, we realize that the practice of performing arts can be a weapon to be used for many possibilities in dissolving tensions as well as gathering strength to take part in the struggle to survive as both citizens and survivors.

We consciously use the position of the art collective, which was later read as a political movement that is on par with other political interests, to help put up resistance and gather knowledge. The city's formal educational institutions have long been sound asleep after the exhaustion after giving birth to thousands of students whose burning ambition is to work under the roofs of mining companies. We then think of the art collective as a delivery room to facilitate the birth of freedom of action and to define the alignments of power relations that blind knowledge. We believe that every city has its own vulnerabilities and memories of bitterness. The art groups' movements that today continue to exchange tactics and resources of knowledge are a manifestation of our negotiations as citizens amidst the vortex of power to continue to gather strength and fight.

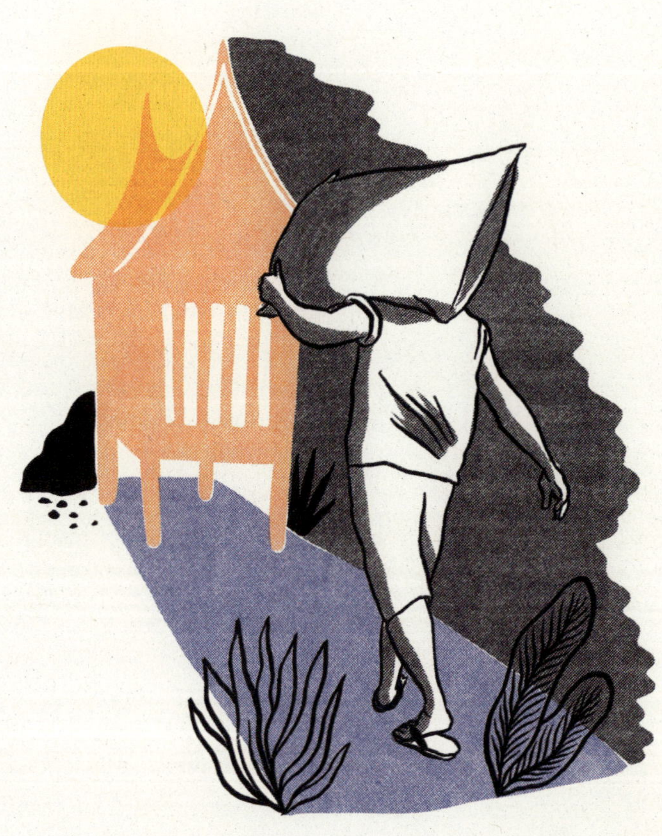

panen/*harvesting*

DOCUMENTA FIFTEEN

majalah

lumbung

edisi: bagi

rebba sipatokkong, mali' siparappe', sirui' menre' tessirui' no',
malilu sipakainge' mainge' pi mupaja

Ich richte dich wieder auf, wenn du fällst. Du gibst mir Halt, wenn ich die Orientierung verliere. Ich stärke dich. Du lässt mich nicht fallen. Wenn ich mich irre, machst du mich darauf aufmerksam, bis es mir bewusst wird.

~ Sprichwort der Bugis

lifting each other up when falling, bringing each other ashore when drifting, raising each other up and not pulling each other down, reminding each other when we err until our sense is regained

~ Bugis Proverb

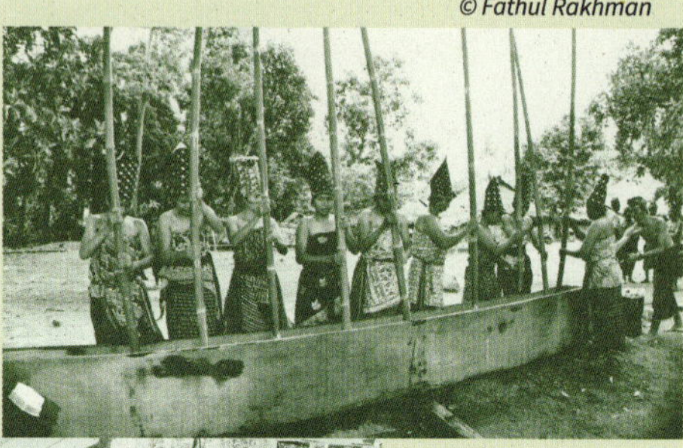

© Fathul Rakhman

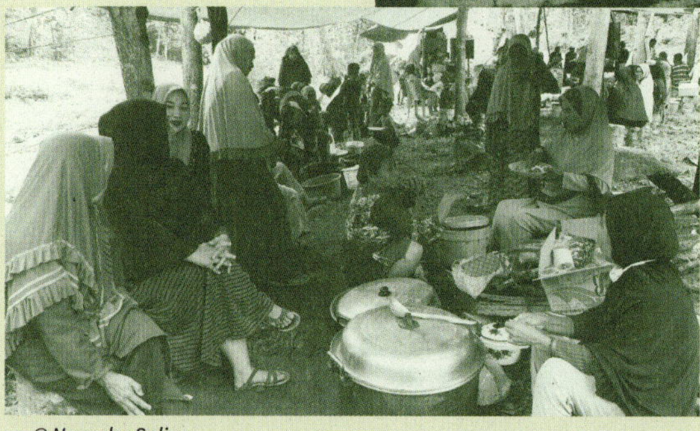

© Nugraha Salim

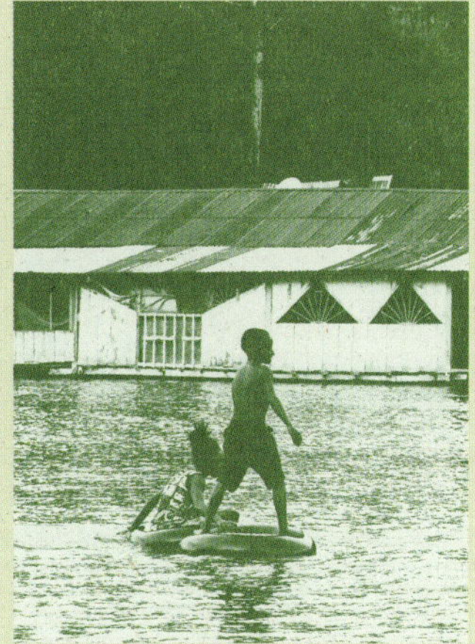

© Dadank Yepese

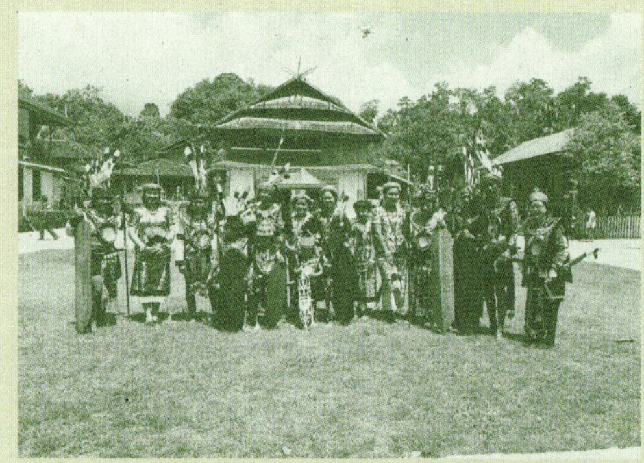

© Panitia Nemlaai Kampung Long Tuyoq, 2019

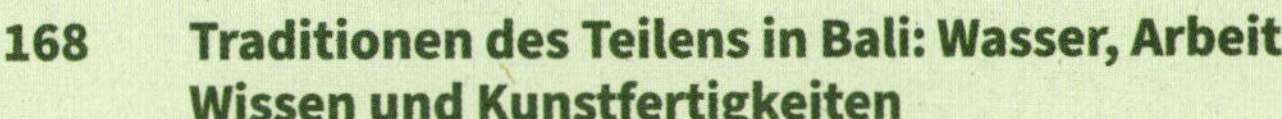

© Asok Nagara

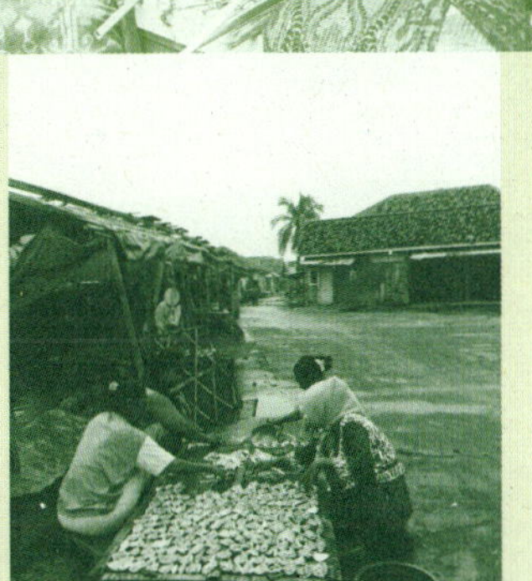

© Agung M. Abul

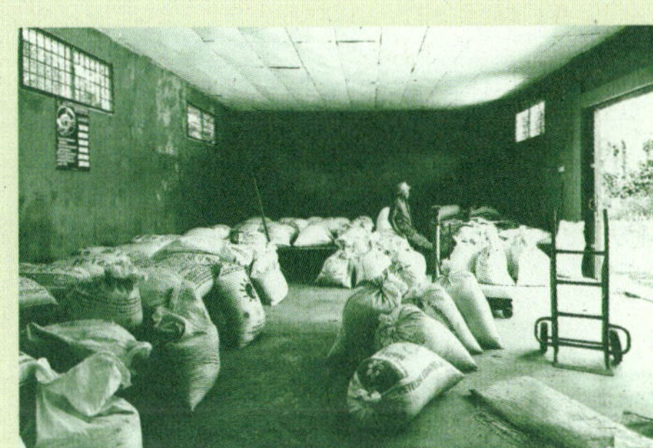

© Novita Yulia Sukiman

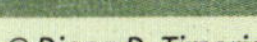

© Diana D. Timoria

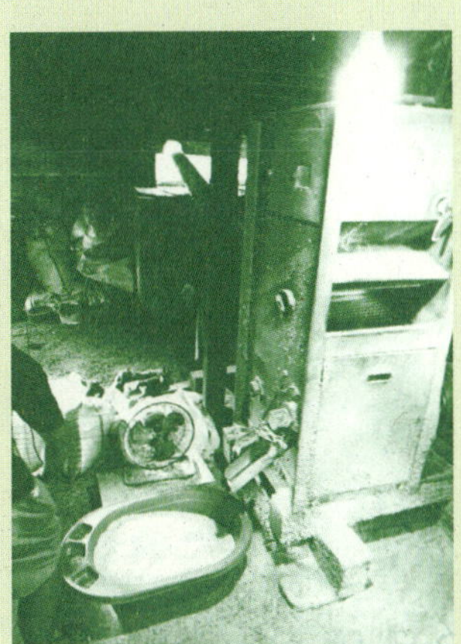

© Abdullah Totona

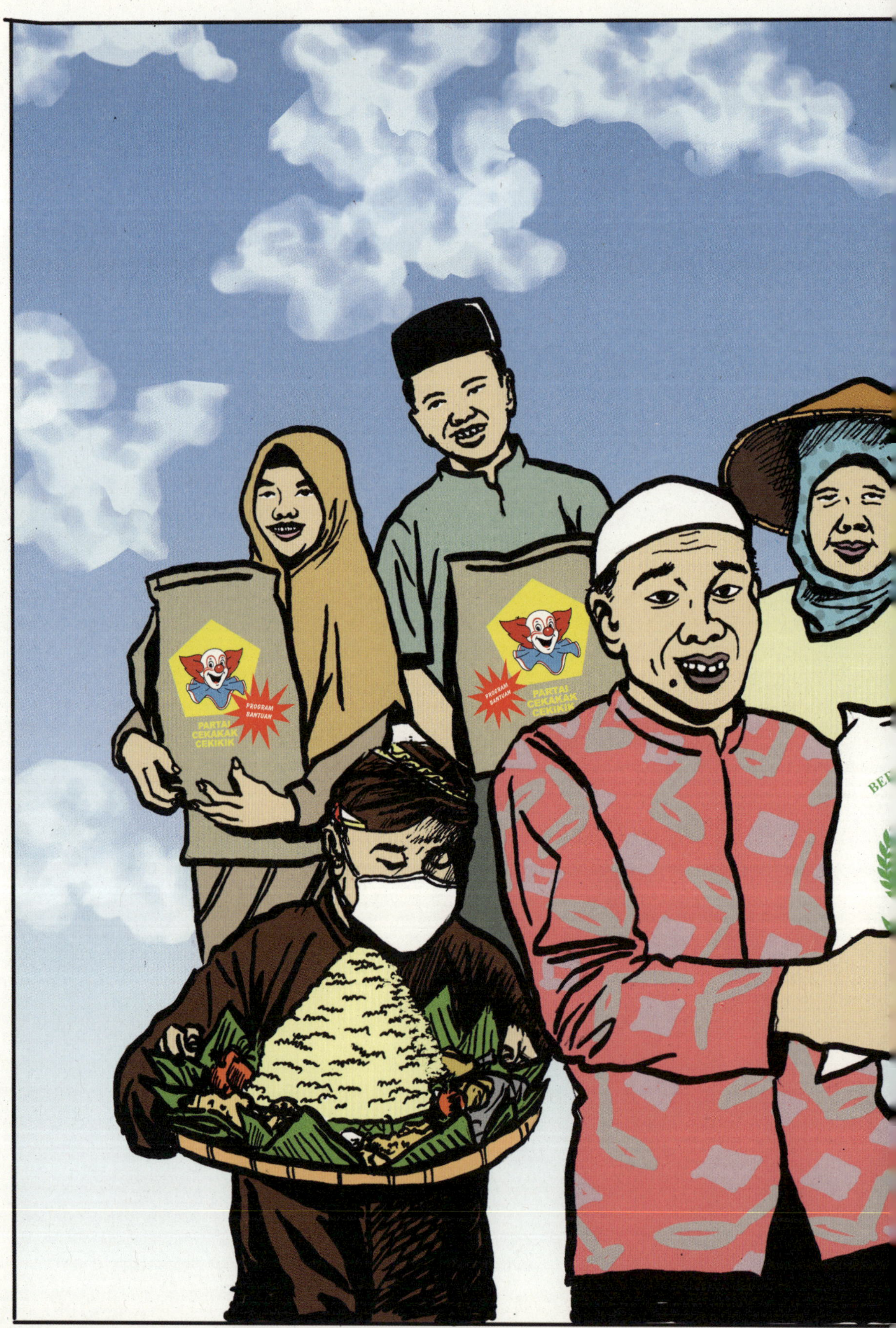
PROGRAM BANTUAN
PARTAI CEKAKAK CEKIKIK
PROGRAM BANTUAN
PARTAI CEKAKAK CEKIKIK

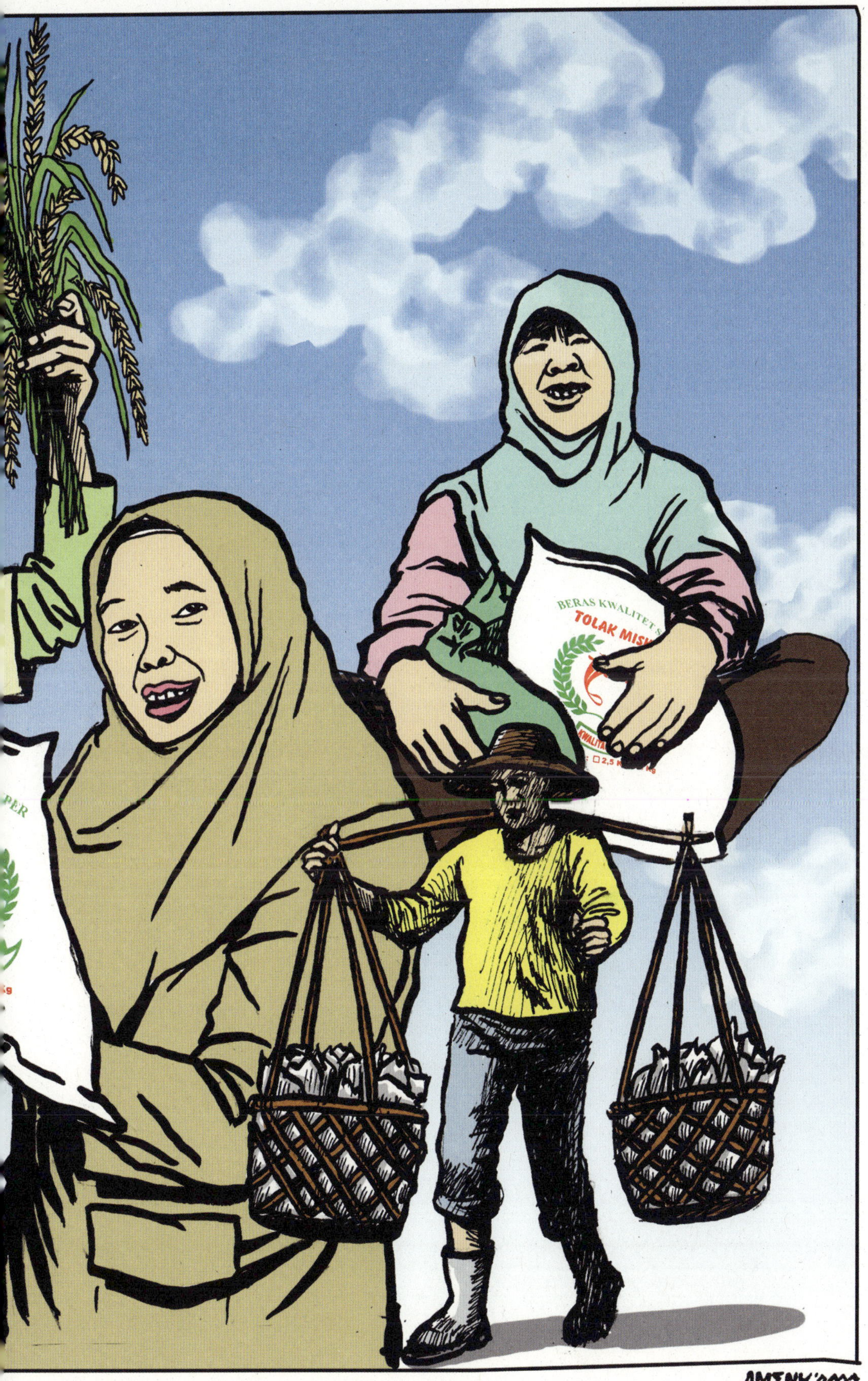

Illustration:
Mufti Priyanka

Faulheit schafft Freizeit, Teilen schafft Reichtum

Harry Isra Muhammad
übersetzt von
Gudrun Ingratubun
illustriert von Dwi
Wicaksono Suryasumirat

Er ist wirklich kein Lastwagenfahrer, wie man sich einen Lastwagenfahrer vorstellt. Pak Ambo oder Pak Ismail, wie er unter Freund*innen genannt wird, lädt jeden Tag Baumaterial auf und wieder ab. Doch anders als ein gewöhnlicher Lastwagenfahrer reist er auch noch als Lehrer für ökologische Landwirtschaft umher. Das macht er, wenn er zwischen den Sandtransporten von einem Ort zum anderen Zeit findet.

Pak Ambo ist kein Teilzeit-Lehrer, der nebenbei die Gelegenheit nutzt, als Teilzeit-Fahrer zu arbeiten. Auch ist er kein ehemaliger Bauer, der sich entschieden hat, Lkw-Fahrer zu werden. Und noch viel weniger ein Absolvent der Agrarwissenschaft. Durch Zufall hat er mit seinen Freund*innen in Salassae im Bezirk Bulukuma in Süd-Sulawesi sehr oft über die dort praktizierte ökologische Landwirtschaft diskutiert und ist so tief in das Thema eingestiegen, dass man sagen kann, dass er sich inzwischen ein solides landwirtschaftliches Wissen angeeignet hat – auch wenn sich bei seiner Vermittlungsarbeit ab und zu „Proteste“ regen, wenn beispielsweise ein Bauer eine Frage stellt und andere Bäuer*innen rufen:

„Hör doch nicht auf einen Lkw-Fahrer!“

„Stimmt, er hat noch nie selbst eine Landwirtschaft gehabt.“

Natürlich machen sie nur Spaß. Abgesehen davon, dass Pak Ambo mit den Bäuer*innen gut befreundet ist, behandelt ihn hier niemand herablassend, schließlich ist das, was er sagt, nachvollziehbar. Bei einem benachbarten Bauern, der seine Empfehlungen befolgt hat, waren sie wirklich hilfreich. So ist es, wenn Pak Ambo mit Bäuer*innen diskutiert. Wenn er mit Menschen zu tun hat, die keine Bäuer*innen sind, ist das eine andere Geschichte.

Dann schlüpft er in die Rolle eines Botschafters, der Maurer*innen, Gießer*innen, Schmied*innen und anderen Bauarbeiter*innen davon erzählt, in der Hoffnung, dass sie die Informationen an ihre Familie oder engsten Verwandten, die Bäuer*innen sind, weitergeben. Vielleicht wechseln sie von der konventionellen zur biologischen Landwirtschaft, wenn sie von Pak Ambos Erzählungen hören.

Die Geschichte von Pak Ambo illustriert eines der ungeschriebenen Gesetze der Landwirtschaftlichen Gemeinschaft Swabina in Salassae (KSPS): Wer lernt, sollte auch unterrichten. So ist fast jeder Biobauer in Salassae auch ein Mentor für einen Schüler, der oder die normalerweise aus der eigenen Familie oder engsten Verwandtschaft stammt. Dabei kommt es nicht darauf an, wie viele Menschen jemand unterrichtet, es ist genauso wichtig, einem Menschen die ökologische Landwirtschaft näherzubringen wie das Wissen an fünfzig Leute weiterzugeben.

Wie das Beispiel von Pak Ambo zeigt, muss man nicht unbedingt selbst Bauer sein, um die ökologische Landwirtschaft zu verstehen und sein Wissen darüber weiterzugeben. Entscheidend ist, dass man bereit ist, gemeinsam Zeit zu verbringen, egal ob man Lkw fährt, Gemüse oder Streetfood verkauft oder an einer Universität studiert. Gemäß einer solchen gelebten Vereinbarung findet der Prozess des Teilens und des Austauschs von Wissen über die Landwirtschaft nicht nur auf den Reisfeldern statt, sondern auch auf Märkten, in Baugeschäften, an Flussufern, an Imbissständen, in den Häusern der Menschen, in Cafés und am Straßenrand, gewissermaßen eine Graswurzel-Universität.

Eine weitere ungeschriebene Vereinbarung, die nicht weniger wichtig ist, besagt, dass der Flüssigdünger, den Biobäuer*innen in Salassae ausprobiert haben und der zur Regenerierung von kontaminiertem Boden verwendet wird, nicht verkauft werden darf – er ist da, um daraus zu lernen. Denn wenn man ihn verkaufen würde, würden die Menschen nicht mehr zusammenkommen und diskutieren. Geld zerstört die soziale Verantwortung, das Wissen über die Herstellung von Flüssigdünger zu teilen. Die Verwendung natürlicher Stoffe, die aus anderen Gegenden stammen, kann tatsächlich dazu führen, dass der Flüssigdünger weniger wirksam ist, weil die Bedürfnisse jedes Bodens unterschiedlich sind und der Dünger auf die Temperatur, Höhenlage, den Wind und die in der Nähe lebenden Mikroorganismen abgestimmt werden muss. Daher wird Lernenden des Biolandbaus empfohlen, flüssigen Dünger zu mischen, dessen Grundzutaten fermentierter Reis, Bananenblüten und brauner Zucker sind. Zutaten, die in einem tropischen Land wie Indonesien leicht zu finden sind. Eine ungeschriebene Vereinbarung ist etwas, dem freiwillig zugestimmt und das freiwillig umgesetzt wird. Die Landwirt*innen sind von der Wichtigkeit dieser Vereinbarung überzeugt und sich der Folgen bewusst, wenn sie nicht umgesetzt wird.

Armin Salassa, einer der Initiator*innen und Ausbilder*innen der KSPS, sagt jedoch: „Die natürliche Landwirtschaft funktioniert nicht nach einer Standardformel. Sie beruht auf nur zwei Hauptprinzipien: Es dürfen keine Gifte und keine chemischen Düngemittel eingesetzt werden." Das Fehlen einer Standardformel ermöglicht eine große Flexibilität, um die Methoden auf den sozialen, kulturellen und geografischen Kontext abzustimmen, in dem Biolandbau praktiziert werden soll. Und es macht es leichter, an verschiedenen Orten unterschiedliche Wege zu gehen oder Praktiken zu verbreiten. Von ursprünglich nur einem Dutzend Menschen hat sich das KSPS-Netzwerk seit seiner Gründung im Jahr 2011 auf Dutzende andere Dörfer in Süd-Sulawesi ausgeweitet, die Zahl der Biobäuer*innen ist hier auf rund 3.000 gestiegen. Um in so großem Maße zu wachsen, war ein langer Prozess erforderlich. Also, wie hat alles angefangen?

Ende 2010 kam Abdul Wahid zusammen mit Dutzenden anderen Einwohner*innen von Salassae aus dem Ausland zurück. Sie hatten als Plantagenarbeiter*innen bis dahin in Nachbarländern gearbeitet und kehrten aus dem gleichen Grund in ihren Heimatort zurück, dessentwegen sie Salassae verlassen hatten: wirtschaftliches Wohlergehen. Die Arbeit als Landarbeiter*innen im Ausland scheint nicht wesentlich zur Verbesserung ihres Lebensstandards beigetragen zu haben.

Zur gleichen Zeit war auch Armin Salassa, der schon über eine langjährige Erfahrung in der Arbeit von Gemeinschaftsorganisationen verfügte, gerade aus der Hauptstadt zurückgekehrt. Die beiden trafen sich, saßen zusammen und führten lange Diskussionen, Tag und Nacht, bis sie zu dem Schluss kamen, dass das, was sie aus Salassae vertrieben hatte, ihre Unzufriedenheit mit dem landwirtschaftlichen System war, das auf chemische Düngemittel, Pestizide, Herbizide und synthetisches Saatgut setzte. Anstatt den Lebensunterhalt der Familien zu sichern, hatte diese Form der Landwirtschaft die Kosten der landwirtschaftlichen Produktion in Salassae deutlich erhöht. Schließlich waren Wahid und die anderen Dorfbewohner*innen gezwungen, ihr Glück für ein Dutzend oder Dutzende von Jahren an anderen Orten zu suchen.

Das gemeinsame Abhängen und der Diskussionsprozess führten auch zu weiteren Überlegungen. Die Suche nach positiven Aspekten der modernen Landwirtschaft blieb hingegen ohne Erfolg. „Es gibt keinen Chemiebauern, der nie klagt und leidet", sagt Armin. „Mehr noch, die moderne Landwirtschaft vergiftet nicht nur den Boden, sondern auch den Verstand der Bäuer*innen, die nur noch ein Mittel zum Zweck sind, um Hilfe vom Staat zu erhalten und zu verteilen."

Die Probleme, die durch die sogenannte Grüne Revolution entstanden sind, haben das Selbstbewusstsein der Bäuer*innen schrumpfen lassen, weil sie sich daran gewöhnt haben, belehrt zu werden. Sie verloren nicht nur das Vertrauen in sich selbst, sondern auch in das Wissen und die Erfahrungen, die sie gesammelt hatten. Am Ende glaubten sie nur noch, was die Regierung sagte. Wahid und seine Freund*innen stellten später fest, dass dieses Problem auch Menschen an anderen Orten betraf, auch ihre eigene Familie und enge Freund*innen. Das war der Ausgangspunkt für die Gründung der KSPS und für das ungeschriebene Gesetz „Wer etwas gelernt hat, muss das Wissen weitergeben".

„Ohne Diskussion und Dialog lässt sich niemand überzeugen", sagt Armin, „Deshalb müssen die Menschen in Salassae, bevor sie mit der natürlichen Landwirtschaft beginnen, zuerst lernen. Jeder lernt, jeder versteht. Wenn die Leute durch einen Diskussionsprozess zum Biolandbau finden, fällt es ihnen anschließend leichter, ihre Erfahrungen weiterzugeben."

Als die KSPS gegründet wurde, wurde ihnen noch etwas klar: Die meisten Mitglieder hatten nur die Grundschule abgeschlossen und ihr Erwachsenenleben auf Ölpalmen- oder Kautschukplantagen verbracht, keiner hatte Organisationserfahrung. Sobald die Leute gebeten wurden, in einem Forum zu sprechen, wurden viele unglaublich nervös. „Viele unserer Freunde waren groß und stämmig wie Schlägertypen, aber als sie an der Reihe waren, im Forum zu sprechen, brach ihnen der Angstschweiß aus", erinnert sich Wahid lachend.

Wahid und seine Freund*innen, die damals noch Teilzeit als Lkw-Fahrer*innen arbeiteten, um sich über Wasser zu halten, experimentierten weiter mit einer schadstofffreien alternativen Landwirtschaft und bekamen eine neue Hausaufgabe: Sie sollten lernen, sich vorzustellen. Es war ein sehr intensiver Lernprozess, angefangen bei der Übung, 40-mal am Tag zu grüßen, bis hin zu Moderationsübungen. Dass einige von ihnen einen starken malaysischen Akzent hatten, war auch etwas, an dem sie arbeiten mussten, um die Kommunikation zu verbessern.

Eine Reihe weiterer Übungen dienten auch als Überlebensstrategie: Weil zum Beispiel viele Einwohner*innen von Salassae rauchen, verkauften sie Zigaretten, wobei das Startkapital aus dem gemeinsamen Crowdfunding stammte. Zum Glück lief es ziemlich gut, mit einem Kapital von 50.000 Rupiah konnten sie 39.000 Rupiah im Monat verdienen. Auch wenn manchmal nicht klar war, wo der Gewinn geblieben war, kümmerte sie das nicht. Denn sie hatten sich von Anfang an nie ein Ziel gesetzt, um sich nichts aufzubürden. Auf diese Weise lernten sie etwas über Management, wie eine Genossenschaft funktioniert und auch Buchhaltung.

Obwohl die Menschen, die mit der biologischen Landwirtschaft begannen, von den anderen Einwohner*innen zunächst häufig für verrückt erklärt wurden – vor allem weil viele von ihnen keine landwirtschaftlichen Vorkenntnisse hatten –, erwachten in Salassae langsam der Lerngeist und die Diskussionskultur. Indem sie mehr über die Nährstoffaufnahme von Pflanzen lernten, konnten die neuen Landwirt*innen besser verstehen, was sie tun müssen, damit die Pflanzen breitere oder dickere Blätter, größere und stärkere Stängel ausbilden oder sie eine bessere Fruchtentwicklung erzielen. Auch kam mehr und mehr von dem im Dorf verborgenen Wissen wieder zum Vorschein, etwa darüber, bei welchem Stand des Mondes der beste Zeitpunkt für die Bambusernte ist. So konnten sie lokales Wissen mit wissenschaftlichen Erkenntnissen über den Biolandbau in Gegenden außerhalb Sulawesis miteinander verknüpfen.

Es geht jetzt nicht mehr darum, wie man Pestizide, Herbizide und andere Gifte einsetzt, die den Landwirt*innen bei der Pflege ihrer Felder viel Arbeit machen, sondern wie man gar nichts einsetzt, damit das

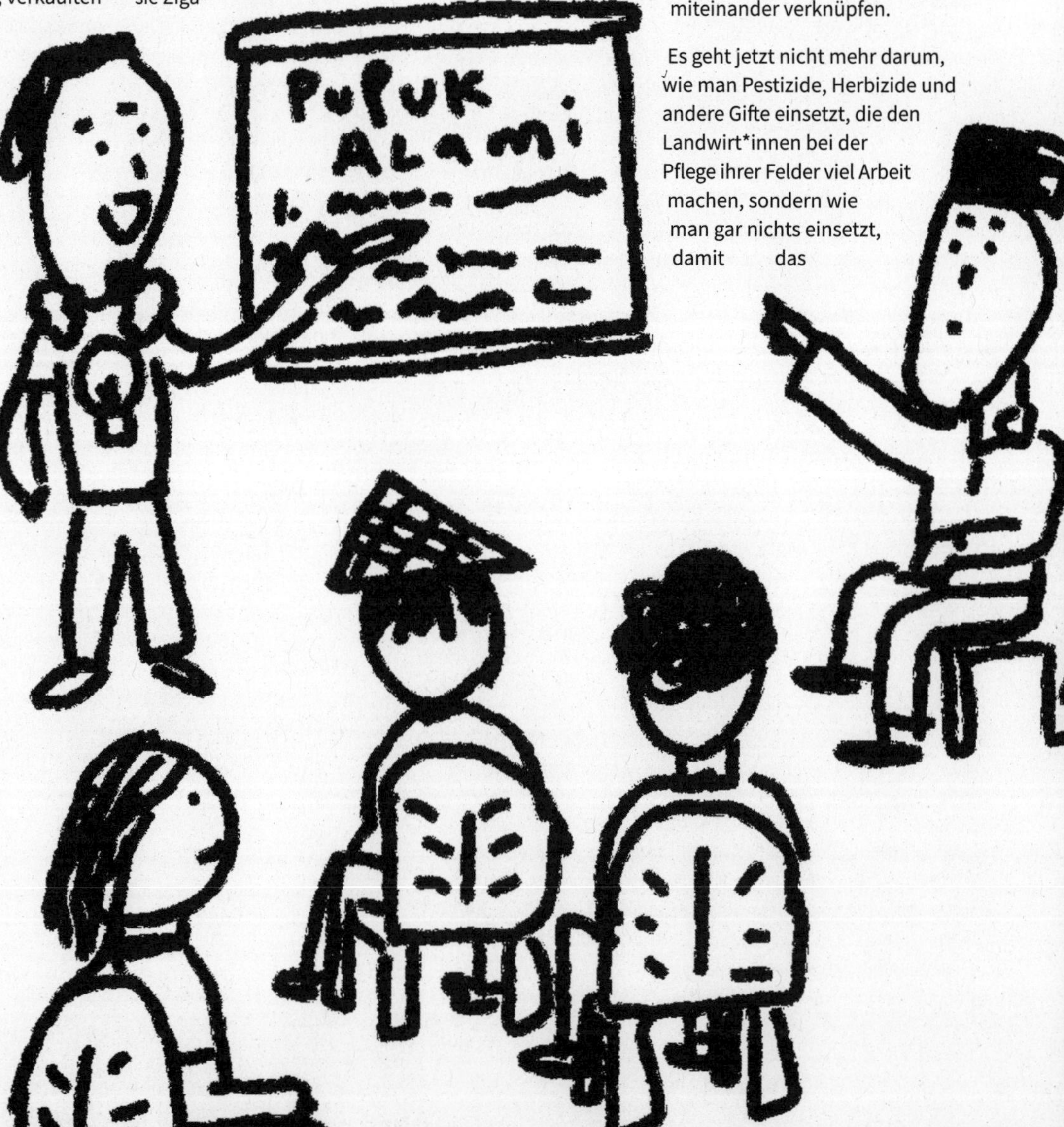

Pflanzenwachstum so natürlich wie möglich dem Kreislauf der Nahrungskette folgt. „Deshalb", so Armin, „ist Biolandbau für die faulen Bäuer*innen geeignet, weil sie nicht fortwährend irgendwelche Mittel anwenden müssen. Wenn sie zu fleißig sind, haben sie keine Zeit zum Herumsitzen, und diese Zeit können sie zum Organisieren, Lernen und ähnlichem nutzen. Nur Biobäuer*innen können bis in den Tag hinein schlafen. Und jetzt wetteifern die Bäuer*innen in Salassae darum, wer weniger einsetzt."

Die neu gewonnene Freizeit und die Flexibilität, die die biologische Landwirtschaft bietet, ermutigten die Landwirt*innen schließlich, auf ihrem jeweiligen Gebiet noch mehr dazuzulernen und zu experimentieren. So entwickelten sie einer nach dem anderen ihre eigenen Fähigkeiten und überwanden dadurch das Gefühl der Minderwertigkeit, das sie früher geplagt hatte. Wahid ist als Experte für Ernährung und Mikroben bekannt. Pak Bate wurde Ameisenexperte und Philosoph der biologischen Landwirtschaft. Pung Masi' und andere Frauen in Salassae haben sich auf die Techniken der Reislagerung spezialisiert. Pak Nur ist Fachmann für die Organisation von Veranstaltungen. Pak Ambo ist Experte darin, Menschen für die ökologische Landwirtschaft zu begeistern. Und es gibt noch viele weitere Spezialist*innen.

All dieses Wissen kommt nicht nur einem Landwirt zugute, es wird in der Organisation diskutiert und steht als geteiltes Wissen zur Verfügung. Wenn ein Landwirt auf seinem Feld ein Problem hat, das er nicht lösen kann, nutzt er das Know-how der anderen, um es zu lösen oder zumindest zu lindern. Kein Bauer muss mehr allein grübeln und verzweifeln, wie das in der modernen Landwirtschaft passieren kann. In diesem Fall geht es bei der Organisation nicht darum, Probleme anzuhäufen, vielmehr dient sie als Besprechungs- und Diskussionsraum, in dem die Menschen den größtmöglichen Nutzen für gemeinsame und persönliche Interessen finden können.

Langsam, aber sicher gelang es, das durch die Grüne Revolution zerstörte soziale und wirtschaftliche Kapital erfolgreich wieder aufzubauen. Damit gingen auch neue Formen kollektiver Arbeit und Solidarität einher. Die Mitglieder der KSPS haben gelernt, dass der Ansatz oder die Methode, mit der sie Menschen für die Biolandwirtschaft interessieren, sehr unterschiedlich sein kann und an den Charakter jedes Einzelnen angepasst werden muss. Daraus ist ein anderes ungeschriebenes Gesetz entstanden: Bei jedem kollektiven Arbeitseinsatz *(gotong royong)* sollte es auch ein paar Menschen geben, die nicht mitarbeiten und deren einzige Aufgabe es ist zuzuschauen.

Wahrscheinlich sind es ohnehin Leute in schlechter Verfassung, denen das Arbeiten gerade schwer fällt. Nebenbei können diejenigen, die den anderen bei der Arbeit zusehen, die Vorgänge aus einer anderen Perspektive beobachten, was nützliche Erkenntnisse für Bäuer*innen liefern kann. Die bloße Anwesenheit ist also auch eine Form der Partizipation und ein wertvoller Beitrag. Eine solche flexible Beteiligung findet man auch, wenn Menschen in Salassae eine Veranstaltung organisieren. Jeder kann mit seinen Fähigkeiten dazu beitragen. Ob es darum geht, Hühnchen zu schlachten, eine elektrische Orgel mitzubringen, seine Arbeitskraft einzubringen oder einfach nur zu kommen, um da zu sein – alle fühlen sich als Teil der Veranstaltung.

2016, als das soziale und wirtschaftliche Kapital bereits auf einem recht soliden Fundament stand, hielten die Bäuer*innen in Salassae ein Treffen ab, zu dem das gesamte Netzwerk von Biobäuer*innen eingeladen war, das sich über verschiedene Orte von Süd-Sulawesi verteilte. Fast tausend Menschen nahmen daran teil. Ein kostbarer Moment, der ihr Selbstvertrauen weiter stärkte, um optimistisch in die Zukunft zu blicken. Danach kamen immer mehr Menschen aus aller Welt nach Salassae, um zu lernen. Umgekehrt reisten die Bäuer*innen aus Salassae abwechselnd in andere Orte außerhalb ihrer Provinz und lehrten die ökologische Landwirtschaft. Und das ist bestimmt erst der Anfang. Denn die Mitglieder sind überzeugt, dass der Lernprozess vorerst kein Ende hat.

„Wir hoffen, dass Salassae, das eine Fläche von etwa zehn Quadratkilometern umfasst, in Zukunft ein Ort für das gemeinsame Lernen, Reflektieren, Nachdenken und für den Aufbau einer Kultur werden kann. Ein Ort, um zu wachsen, für ein besseres und sinnvolles Leben. Wir wünschen uns, dass alle Teile des Ortes Klassenzimmer werden; in den Höfen, in den Gärten, in den Reisfeldern, an den Ufern des Flusses, der sich immer um die Beziehung zwischen den Mitgeschöpfen kümmert, die der Allergnädigste und Allbarmherzige geschaffen hat", sagt Armin.

Als ich ihn frage, was die KSPS so widerstandsfähig und nachhaltig macht, gibt er eine Antwort, die eng mit der Kunstwelt verwandt zu sein scheint: „Weil wir die Arbeit für die Organisation nicht vom Alltag trennen."

Laziness Begets Leisure, Sharing Begets Wealth

Harry Isra Muhammad

He is not just any truck driver. Mr. Ambo, or familiarly called Mr. Ismail, works day-to-day loading and unloading construction materials. However, unlike any truck driver, he also doubles as a traveling natural agriculture teacher which he does when loading and unloading sand from one village to another.

Mr. Ambo is certainly not a part-time teacher who has the opportunity to work part-time as a driver. Nor is he a former farmer who later turned into a truck driver, let alone an agricultural graduate. It just so happens that he often discusses and witnesses the natural farming practices that his friends are engaged in, in Salassae, Bulukumba, South Sulawesi, which seems to have led him to acquire exhaustive knowledge about farming, although it sometimes makes people "protest." For example, when a farmer asks Mr. Ambo about farming, another farmer breaks in.

"*Oh, do you really want to listen to him, a driver?*"

"Iyo *(yes), never ever farmed before.*"

Of course, they are just bantering. Apart from the fact that they are good friends, there is no patronizing attitude whatsoever and what Mr. Ambo says is logical after all. There is another farmer who has acted on Mr. Ambo's advice and it has been proven to be truly useful. But that is when the discussion is between Mr. Ambo and the farmers. When dealing with non-farmers, it is a different story.

He will change gear and take the role of a brand ambassador, telling the story to bricklayers, casters, blacksmiths, and other builders in the hope that they will pass the information shared on to their family or closest relatives who are farmers. When Mr. Ambo's stories reach their ears, perhaps they will be interested in switching from chemical farming to natural farming.

Mr. Ambo's story is an illustration of one of the unwritten agreements among the members of the Salassae Agricultural Swabina Community (KSPS), namely those who have learned shall teach. Almost every natural farmer in Salassae has a mentor-student, who is usually a member of their own family or one of the closest relatives. It does not matter how many people they want to teach, for them, teaching one person is as important as teaching fifty people.

Like Mr. Ambo, you don't have to be a farmer to learn and then teach natural farming. Obviously, however, you must have time to hang out, whether you are a driver, a vegetable seller, a meatball seller, or a student. With this kind of unwritten agreement, the process of sharing and exchanging knowledge about agriculture does not only take place in the rice fields, but also in markets, construction shops, riverbanks, food stalls, people's houses, coffee shops, and the roadsides, not to mention all of those places as a "university."

The other no less important unwritten agreement is that the liquid fertilizer that was experimented with by the natural farmers in Salassae and used to regenerate lands that are experiencing toxic exhaustion is not for sale. It is there to be taught. The reason is simple. If nutrients are sold, people will stop hanging out and having a conversation because money removes the social responsibility to share knowledge on how to make liquid fertilizer. Using natural ingredients that come from one place may make liquid fertilizer less effective to nourish the soil of another place. After all, the needs of each soil are different from one place to another as they must be adapted to the temperature, altitude, wind, and micro-organisms that live in the vicinity.

Therefore, every student of natural farming is recommended to develop the ability to mix liquid fertilizer with basic ingredients that include fermented rice, banana flower, and brown sugar. Something that is easy to find in a tropical country like Indonesia. The unwritten agreement is something that is agreed upon and done voluntarily. Since the farmers understand the reasons behind the agreement, they are aware of the consequences if it is not implemented.

However, says Armin Salassa, one of the initiators and instructors of KSPS, "Natural agriculture does not provide a standard formula. It only rests on two main principles; the important thing is not to use poison and not to use chemical fertilizers." In turn, the absence of such a standard formula or model provides flexibility that can be adapted to the social, cultural, and geographical context in which natural agriculture is practiced. It is then easier to spread the knowledge to various places in various ways or practices. Currently, from the original membership of merely a dozen people when it was established, by 2011, the KSPS network had spread to dozens of other villages in South Sulawesi with approximately 3,000 natural farmers within the community. To arrive at such a large scale would certainly require a long process. So, how did it all start?

At the end of 2010, Abdul Wahid, along with dozens of other Salassae residents, had just returned from overseas. They are plantation workers who previously worked in neighboring countries and returned to their hometowns for the same reason that made them leave Salassae: economic welfare. Working as farm laborers in other countries did not seem to have a significant impact on improving their standards of living.

At the same time, Armin Salassa, who had a long experience of engagement in community organizing work, had also recently returned from the capital. They then met, hung out, and had long discussions day and night, until they came to a conclusion that what had driven them out of Salassae was the decision to choose an agricultural system that relied on chemical fertilizers, pesticides, herbicides, and synthetic seeds. Instead of supporting the livelihood of families, this kind of farming system had significantly increased the cost of agricultural production in Salassae. Eventually, that compelled Wahid and his fellow villagers to try their luck elsewhere for a dozen years or even decades.

The process of hanging out and having a conversation led to further reflections after they tried to find positive aspects about chemical agriculture, to no avail. "*There is no chemical farmer who has never complained and suffered,*" Armin said. Moreover, chemical agriculture not only poisons the soil but also poisons the minds of the farmers who have been turned into a mere tool to distribute and receive aid from the state.

The problem that came up as a consequence of the Green Revolution then further led to the shattering of the farmers' self-confidence because they became accustomed to being lectured. They not only lost confidence in themselves, but also in the knowledge and experiences they had accumulated. They ended up believing only what the government said. Wahid and his friends later realized that other people in other places also had similar problems, which included their own family or close friends. This was the reason behind the establishment of the KSPS and the unwritten agreement, 'those who learn shall teach'.

"*No one is certain without having a discussion and dialogue. That's why in Salassae, before people start farming naturally, they have to learn first. Everyone learns, everyone understands. Because if one practices natural farming by reason of the discussion process, that person will find ease in teaching it. Hence, the principle that those who learn shall teach came up,*" says Armin while reminiscing about the early days of the establishment of KSPS.

However, when they initiated the KSPS, they realized that they had one more problem: on average, most of them had graduated from elementary school, and had spent their adulthood on palm oil or rubber plantations, therefore no one had any organizational experience. Once they were asked to speak in a forum, they were incredibly nervous. "*Many of them were big and stocky like thugs, but when it was their turn to speak in the forum, they broke out in a cold sweat,*" Wahid recalls with a laugh.

While continuing to experiment with non-toxic farming options, Wahid and his friends, who at the time were working part-time as truck drivers to survive, had a new homework assignment: learning to introduce themselves. The learning process was quite intense, starting with the practice of saying greetings 40 times a day to facilitating exercises. The fact that some of them had thick Malaysian accents was also something they needed to work on to improve communication.

A series of other tryouts were also carried out as a survival strategy. For example, because many Salassae residents smoked, they also sold cigarettes, which capital came from the crowdfunding between them. Fortunately, it was sufficient, with a capital of 50 thousand, they could get 39 thousand per month. Even though where the proceed went was unknown to them, they did not really care. That was because from the start they never set a goal so as not to be burdened. The experience gave them the opportunity to learn about management, cooperatives, and bookkeeping.

Although at first the dozens of people who initiated natural agriculture were often considered crazy by other residents—especially because many of them had no prior knowledge of farming—slowly the spirit of learning and the culture of discussion in Salassae began to develop. By learning about nutrition for plants, farmers gain a better understanding of how to make plants have wider or thicker leaves, bigger and stronger stems, or better fruit development. The knowledge that was previously hidden in the village also began to re-emerge, such as how the height of the moon affects the time for harvesting bamboo. This local knowledge was then combined with the farming knowledge they acquired from natural farming practices that were practiced outside the island of Sulawesi.

The question now is no longer about how to use pesticides, herbicides, and other poisons that make farmers too meticulous in taking care of their fields, but more about how to use nothing so that plant growth occurs as naturally as possible following the cycle of the food chain. That's why, says Armin, "*Natural farming is suitable for the lazy farmers because they don't use much of anything. If you are too meticulous, you will have no time to sit around, which is used for organizing, studying, and so on. Only natural farmers can wake up during the day. Nowadays the farmers in Salassae are vying for using nothing.*"

The availability of free time and the flexibility that natural farming allowed eventually encouraged farmers to continue learning and experimenting in their respective fields. As a result, one by one the farmers emerged with their own skills, eroding the sense of inferiority that had once plagued them. Wahid is known as an expert on nutrition and microbes. Mr. Bate is now an ant expert and natural agricultural philosopher. Pung Masi' and other Salassae women have expertise in grain storage techniques. Mr. Nur is an expert in organizing events. Mr. Ambo is an expert in promoting natural agriculture. And so the list of experts goes on.

All this knowledge is not only used for one farmer, it is consulted within the organization and becomes shared knowledge. If one farmer has a problem in his field that he cannot solve, then the expertise possessed by other farmers is used to help solve or reduce the intensity of the problem. No more contemplating and having headaches alone as happened to chemical farmers. In this case, the organization does not function to accumulate, but as a meeting and discussion space where the people in it may grasp the maximum benefit for common and personal interests.

Slowly but surely, the social capital and economic capital that collapsed due to the Green Revolution were successfully rebuilt. Forms of collective work and solidarity also rose up to accompany them. For example, because farmers have learned that the approach or method used to attract people to become natural farmers can be very diverse and adapted to the character of each individual, they have another unwritten agreement that is coined organically: when working in mutual cooperation, there should be some people who will not participate and are only present as spectators.

Perhaps the people are not in a good condition to work at the time. Moreover, people who watch other people working can become observers with a different point of view, which may provide useful input for those at work. Thus, attendance or "showing up" is a form of participation and contribution in itself. This kind of flexible form of participation can also be found when people in Salassae organize an event. Anyone can donate anything, according to their capacity. Whether it is slaughtering a chicken, bringing an electone, giving a helping hand, or even by merely showing up. Everyone feels like they belonged to the event.

In 2016, with an increasingly stronger foundation of social and economic capital, the farmers in Salassae held a get-together that invited the entire network of natural farmers spread across various places in South Sulawesi. Almost 1,000 people came to join the event. It was a precious moment that boosted their confidence to boldly look to the future with optimism. After that, more and more people from all over came to Salassae to study. Conversely, farmers in Salassae alternately went to teach natural agriculture to other places outside the province of South Sulawesi. This, of course, was just the beginning. Because they believe there is no end to the learning process.

"*Therefore, in the future, we hope that the village of Salassae, which covers an area of about 10.08 square kilometers, can become a place for co-learning, contemplating, thinking, and working to build the culture. A place to grow for a better and more meaningful life. We expect this area to be all classrooms; in the yard, in the garden, in the rice fields, by the river that always takes care of the relationship between fellow creatures created by the Most Gracious and Most Merciful,*" Armin tells me.

When I ask how can KSPS continue to prevail and be sustainable, he gives me an answer that seems to be closely related to the art world, "*Because we don't separate organizational work from everyday life.*"

Die moderne Welt bedroht die Praxis des Teilens

Dedy Hermansyah
übersetzt von Gudrun Ingratubun
illustriert von Marishka Soekarna

Es wird mir immer klar in Erinnerung bleiben, wie ich am Freitag, den 10. August 2018, nur fünf Tage nach dem großen Erdbeben der Stärke 7 auf der Richterskala, zusammen mit anderen Freiwilligen einige Dörfer in Nord-Lombok besuchte – Häuser waren zerstört, und es hatte Tote gegeben. Als erstes besuchte ich den Ortsteil Dasan Beleq von Gumantar im Landkreis Kayangan. Ziel war es, eine Befragung in Orten durchzuführen, die noch keinen Zugang zu Hilfe erhalten hatten. In diesem Ortsteil lebt eine an tradierten Werten *(adat)* orientierte Community.

Als ich mein Motorrad abgestellt hatte, bot sich mir ein erstaunlicher Anblick: eine Gruppe erwachsener Männer, die daran arbeiteten, eine Steintreppe wiederaufzubauen, die zum Tor ihres traditionellen Hauses führte. Die Frauen versammelten sich im *berugaq,* dem Nebengebäude für den Empfang von Gästen und die Durchführung von Ritualen, in der Nähe der Gemeinschaftsküche. Vor den traditionellen *adat*-Häusern waren Kinder ins Spiel vertieft oder lasen Bücher.

In Gesprächen mit den *adat*-Dorfältesten und den jungen Leuten erfuhren wir ihre Geschichte des Erdbebens. Häuser waren zusammengestürzt, und Menschen waren verletzt worden.

Doch sie versanken nicht im Klagen und Jammern. Sie organisierten sich selbst, alle wurden aufgefordert zusammenzuarbeiten. Keiner durfte aus der Gruppe ausgeschlossen werden.

Zu diesem Zeitpunkt hatten sie schon darüber beraten, wie sie mit den schwierigen Bedingungen in Zukunft umgehen würden. „Wenn die Erdbeben länger anhalten, werden wir gezwungen sein, den Javanica-Reis für unseren Nahrungsbedarf einzusetzen", sagte ein *adat*-Dorfältester. „In der Tat", sagte er, „wird der Javanica-Reis nicht leichtfertig aus dem *lumbung* geholt, nur in Zeiten von Hungersnot."

Der Weg in dieses Dorf war lang. Das war bestimmt der Grund, warum so wenige logistische Hilfsmaßnahmen hier angekommen waren. Doch die Menschen gingen wie gewöhnlich ihren Tätigkeiten nach.

Ich sprach mit einer Frau, die gerade dabei war, Erdnüsse zu ernten, obwohl auch sie trauerte. „Das ist für die Zeit nach dem Erdbeben", sagte die Frau. Dieses Mal hatten sie entschieden, die Erdnussernte nicht zu verkaufen, sondern sie für ihren eigenen Bedarf zu verwenden.

Die *adat*-Leute erklärten, sie würden Hilfen beim Wiederaufbau ihrer Häuser ablehnen, wenn sie dauerhaftere, moderne Häuser bauen müssten. „Wir wollen keine massiv gebauten Häuser. Wir wollen unsere Häuser so wieder aufbauen, wie unsere Vorfahr*innen sie errichtet haben", betonten einige Dorfbewohner*innen. Es könne kleine Änderungen geben, aber keine prinzipiellen.

Im Landkreis Bayan, in dem eine andere indigene Gruppe lebt, war die Situation mehr oder weniger ähnlich. Als wir fragten, was sie als Notfallhilfe bräuchten, sagten die meisten

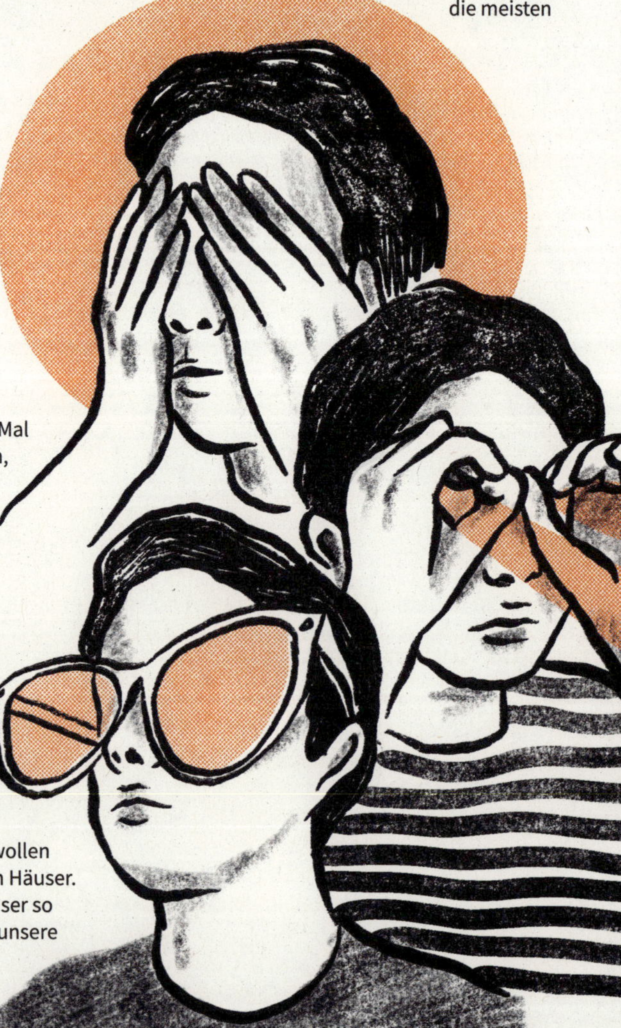

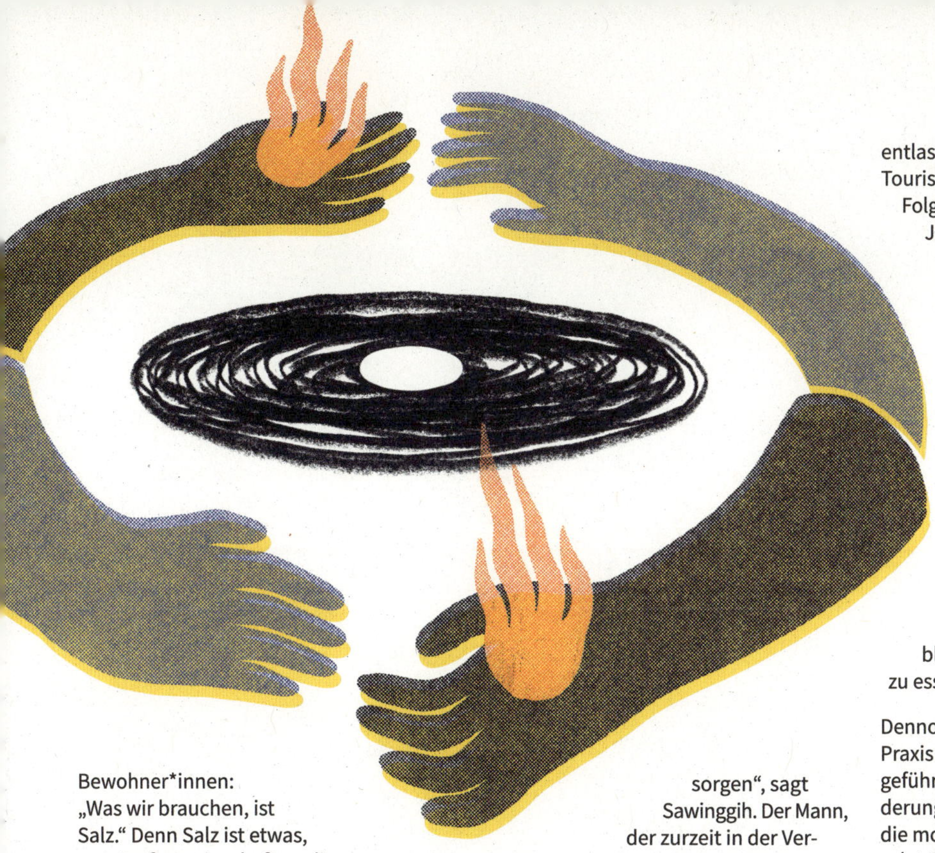

Bewohner*innen: „Was wir brauchen, ist Salz." Denn Salz ist etwas, was Dorfgemeinschaften, die in den Bergen leben, nicht selbst herstellen.

Auf dem Heimweg aus Beleq und Bayan wurde ich von meiner Bewunderung für die Tatkraft dieser Menschen überwältigt. Damals hatte ich in meinem Herzen schon den Entschluss gefasst: Eines Tages musste ich an einen dieser Orte zurückkehren, um mehr über *adat* und die Besonderheiten dieser Communitys zu erfahren, die auf die Naturkatastrophe so gut organisiert reagiert haben.

***

Ungefähr vier Jahre später, im Jahr 2022, ist die Gelegenheit gekommen, einen dieser Orte wieder zu besuchen. Ich entscheide mich für den Landkreis Bayan, wo eine *adat*-Volksgruppe mit demselben Namen lebt: die *adat*-Gemeinschaft Bayan. Ich fahre in den Ortsteil Bajo mit der alten Moschee Masjid Kuno, ein Zentrum für verschiedene *adat*-Rituale.

Ich werde mit offenen Armen empfangen. Die Wächter der Moschee, die *adat*-Dorfvorsteher, Männer, Frauen und jungen Leute erzählen mir ihre Geschichten über *adat, lumbung* und andere Traditionen. Sie geben mir viele Informationen, die ich wissen und verstehen wollte.

„Der *lumbung* hat für die Gesellschaft die Funktion, für Nahrungssicherheit zu sorgen", sagt Sawinggih. Der Mann, der zurzeit in der Verwaltung des Landkreises arbeitet, fährt fort: „Die Tradition ist hier, dass jede Familie ihren *lumbung* hat."

Und wie hat das mit der Ernährungssicherung während des Erdbebens 2018 und in den folgenden Jahren während der Covid-19-Pandemie funktioniert?

„Das Erdbeben 2018 und die folgenden zwei Jahre Pandemie hatten eigentlich keine wirtschaftlichen Auswirkungen auf unsere Gemeinschaft. Außer dass einige ihre Flächen für eine touristische Nutzung verkauft haben", berichtet Mahni. Die 30-jährige Frau betreibt ein Kaffeegeschäft, sie nutzt die Etage über ihrem Wohnraum als Café. Mahni beklagt nur, dass die Regierungsanweisungen in der Pandemie, nicht zusammenzukommen und Abstand zu halten, ihre Gewohnheit, wichtige Rituale gemeinsam zu begehen, gestört hätten.

Mahnis Aussage wird vom Dorfältesten bestätigt. „Was man verbieten sollte, sind nicht unsere Rituale, sondern Trinkgelage mit Arrak und *Gendang-Beleq*-Musik", findet er. *Gendang Beleq* ist die traditionelle Musik, bei der eine große Trommel das Hauptinstrument ist.

„Der Regierungsapparat hat uns immer unter Beobachtung, wenn wir unsere Rituale feiern", erzählt der 23-jährige Riki. Vor zwei Jahren ist er aus Bali zurückgekehrt, weil er von seiner Chefin entlassen wurde. Er hatte dort in der Tourismusbranche gearbeitet, die die Folgen der Pandemie zu spüren bekam. Jetzt ist er im Landwirtschaftsamt im Bereich Wasserwirtschaft für die Bewässerung von Reisfeldern zuständig.

Alle drei, Sawinggih, Mahni und Riki, bestätigen, dass der *lumbung* in den beiden Notfallsituationen Erdbeben und Pandemie eine wichtige Rolle gespielt hat. „Durch den Betrieb unserer *lumbung* brauchen wir keine Angst vor Hunger zu haben. Auch während der Pandemie, als wir zu Hause bleiben mussten, hatten wir genug zu essen", erklärt Sawinggih.

Dennoch ist die Frage, wie lange diese Praxis von der Community noch weitergeführt wird. Vor welchen Herausforderungen stehen die Menschen, wenn die moderne Welt immer mehr in die *adat*-Gesellschaft eindringt?

***

„In der Tat sehen wir schon jetzt, wie sich bei einem Teil der *adat*-Community Denkmuster und Gewohnheiten verändern. Beispielsweise gibt es Familien, die keinen *lumbung* mehr betreiben", sagt Sawinggih.

Dieser Wandel begann schon in den 70er Jahren, als die traditionelle Landwirtschaft nach und nach ersetzt wurde durch Hybridsaatgut und den Einsatz von Pestiziden und Kunstdünger. Die Veränderungen machten sich auch dadurch bemerkbar, dass sich die Bedeutung von Schädlingen und anderen Dingen änderte.

„Früher wurden weder Kunstdünger noch Pestizide benutzt. Wir haben Schädlinge nicht als Störung empfunden, sondern als Ergänzung zu unserem Essen. Wir haben uns gefreut, Heuschrecken auf unseren Feldern zu sehen, weil wir sie essen konnten. Und um das, was heute Schädlinge genannt wird, zu kontrollieren, haben wir früher Bäume gepflanzt, bitter schmeckende Madjobäume (Bengalische Quitte)", sagt Sawinggih.

Sawanggih erklärt uns auch, dass früher alle Arbeitsschritte, vom Pflanzen bis zum Ernten des Reises, durch eine Reihe von Ritualen eine besondere Bedeutung bekamen. „Beispielsweise haben wir für die Reisaussaat eine Grabrezitation abgehalten, dann gab es *tamba*-Sprossen, um Schädlinge zu reduzieren, damit der Reis keine Krankheiten bekam. Und nach der Ernte fand immer ein kollektives Ritual statt."

Wenn sich die Reiskörner allmählich füllten, gab es die Tradition *nyemprek*. Dabei wurde ein Gericht aus Klebereis, Kokosraspeln und Palmzucker während eines Spaziergangs rund um das Reisfeld verstreut. „Leben und Tod der Bayan waren vom Reisanbau abhängig. Schließlich leben wir in einem fruchtbaren Tal", so Sawinggih.

In der Regel bepflanzen die Menschen hier dreimal im Jahr ihr Land: zweimal mit Reis und einmal mit verschiedenen anderen Feldfrüchten. Einerseits machen sie das, um die Fruchtbarkeit ihrer Böden zu erhalten, andererseits, um Wasser zu sparen. „Es gibt aber auch Leute, die auf Felder pflanzen, die vom Regenwasser abhängig sind. Dann ist eine Bepflanzung nur einmal im Jahr möglich."

Geht es nach Sawinggih, schätzen die Bayan heute die Situation falsch ein, vor allem seit 1978/79 damit begonnen wurde, Pestizide und Kunstdünger einzusetzen. „Davor haben sie nur Javanica-Reis und Klebereis angebaut. Dann wurde ein neues Saatgut eingeführt, Pelita genannt, das auf das Programm der Zentralregierung zurückgeht. Pelita steht für Pembangunan Lima Tahun (Fünfjahresplan)", erklärt er.

Sawinggih kennt die Veränderungen von 1978 besonders gut, weil sie mit der Geschichte seines Namens verbunden sind. „Ich bin 1978 geboren, und mein Name war ursprünglich nicht Sawinggih, sondern Pelita Jati. Aber weil ich oft bei Sonnenuntergang geweint habe und das als schlechtes Zeichen gesehen wurde, wurde ich in Sawinggih umbenannt", erzählt er und stößt dabei ein kurzes Lachen aus.

Und warum betreiben einige *adat*-Leute keinen *lumbung* mehr? Sawinggih nennt einige Gründe. Zum einen gibt es weniger Felder, weil einige Flächen wegen der gestiegenen Einwohnerzahl inzwischen in Wohngebiete umgewandelt wurden. Zum anderen finden sich inzwischen praktischere Möglichkeiten des Sparens, nämlich in Form von Geld.

„Alles muss heute praktisch sein", schimpft Sawinggih. Noch gibt es genügend Reisfelder, aber der rituelle Prozess des Reisanbaus ist sehr langwierig, angefangen beim Pflanzen bis hin zum Lagern im *lumbung*. „Früher haben wir den geernteten Reis gestampft, heute macht das eine Maschine", führt er als Beispiel an.

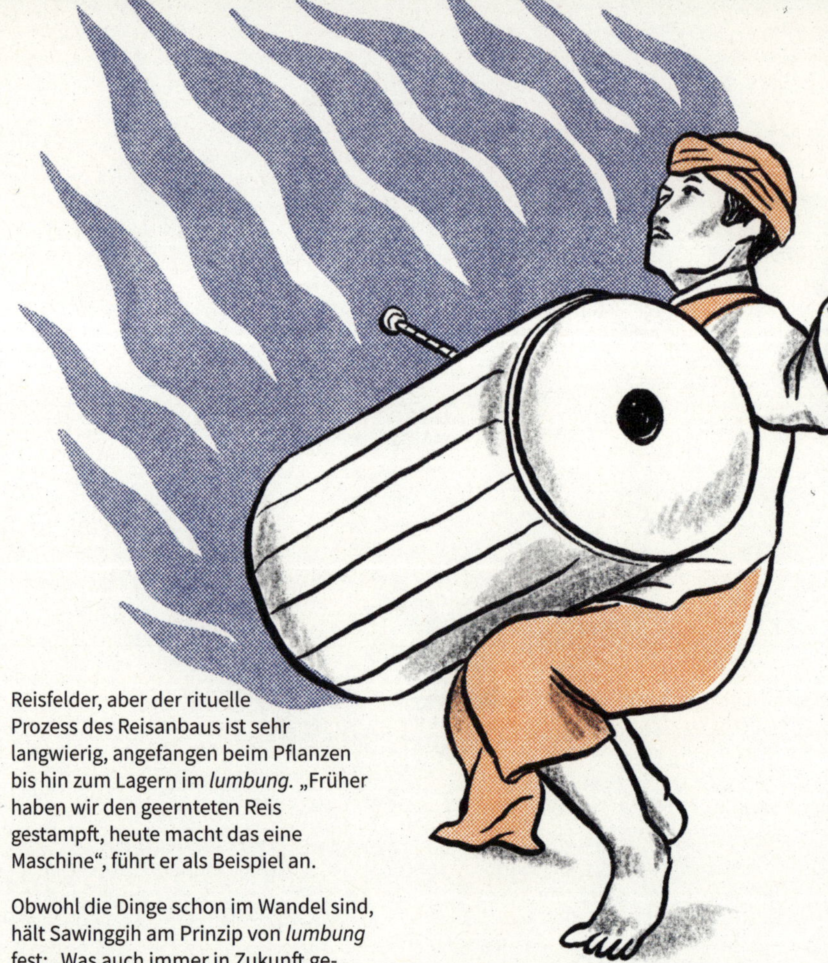

Obwohl die Dinge schon im Wandel sind, hält Sawinggih am Prinzip von *lumbung* fest: „Was auch immer in Zukunft geschieht, Nahrung wird immer sehr wichtig sein, damit wir in Zeiten von Naturkatastrophen und Hungersnöten die Auswirkungen nicht spüren. Denn Erdbeben haben nicht nur die Zerstörung von Natur und Gebäuden zur Folge, sondern es gibt auch ökonomische Auswirkungen, insbesondere auf die Grundbedürfnisse."

***

Von dieser kritischen Sichtweise habe ich größtenteils durch Sawinggih erfahren. Er war schon Dorfbürgermeister, allerdings nicht in dem Dorf, in dem er jetzt lebt. Und er hält es für wichtig, die *adat*-Werte aufrechtzuerhalten, als Schutz gegen die negativen Aspekte des modernen Lebens, die einen schädlichen Einfluss auf die kollektive Lebensweise haben – sie bedrohen die Sicherheit und Unabhängigkeit der Lebensmittelerzeugung. Die Tradition des Teilens ist in Gefahr, durch den individualistischen Lebensstil ersetzt zu werden.

Sawinggih erklärt mir, dass es in der *adat*-Gemeinschaft drei unterschiedliche Typen gibt: Die erste Gruppe ist fanatisch, möchte keinerlei Veränderung und strebt Reinheit an. Die zweite Gruppe ist konservativ, hat einen Lebensstil, der offen für Veränderungen ist, hält aber an den *adat*-Prinzipien fest. Die dritte Gruppe hat die *adat*-Traditionen ganz abgelegt, aber die ist nicht groß. „Ich fühle mich der konservativen Gruppe zugehörig", sagt er über sich selbst.

Vielleicht deshalb erwähnt er, dass es ziemlich schwer sei, in dieser modernen Zeit, die sich so schnell wandelt, zu einer *adat*-Community zu gehören: „Wir leben nicht mehr allein, wir leben in einer offenen Welt. Alle Leute haben Zugang zu technischen Herausforderungen."

Nach dem Erdbeben 2018 haben sich die Menschen der *adat*-Community zum Beispiel daran erinnert, dass sie Holz als erdbebensicheres Material zum Bauen nutzen können. „Es ist gut, Holz zu verwenden", sagt Sawinggah, „Holz hält zwar nicht ewig, aber es hat einen Wert, der die Menschen daran erinnert, Bäume zu pflanzen. Mein Haus ist beispielsweise 100 Jahre alt. Das sagt mir, dass ich 100 Jahre vorher Bäume für die nächsten 100 Jahre pflanzen muss."

Sawinggih war mal in eine Diskussion mit Akademiker*innen verwickelt, in der es darum ging, ob man nach dem Erdbeben Häuser mit Holz wiederaufbauen sollte. Sie argumentierten, das Holz zerstöre die Umwelt, weil es irgendwann ein Alter erreiche, in dem es morsch werde und kaputt gehe. „Aber ich denke, das Gegenteil ist der Fall. Das Holz minimiert eher die Schäden – unsere Eltern haben uns immer gesagt, dass es früher oder später wieder ein Erdbeben geben wird", erklärt er.

Laut Sawinggih sind es auch die Auswirkungen der modernen politischen Praxis, die die kollektive Tradition bedrohen: „Die Wahl des Bürgermeisters kann hier Brüder entzweien. Durch *adat* hingegen können zerbrochene Bindungen wieder geheilt werden."

Es stimmt, dass die Abstammung über den Vorsitz der *adat*-Gemeinschaft entscheidet, aber das gewählte Oberhaupt muss die ganze Gemeinschaft miteinbeziehen. Und später wird in einem *sangkep* oder *gundem* darüber beraten. „Die Praxis der politischen Führung in der Bayan-Gemeinschaft ist von Kollektivität und Kollegialität geprägt, wie in einem Rat. Es ist also eine Kombination aus Demokratie und patrilinearem System", sagt Sawinggih.

Als konservativer, aber der Außenwelt gegenüber offener *adat*-Vertreter, der die tradierten Werte erhalten möchte, engagiert sich Sawinggih zusammen mit Mitgliedern anderer *adat*-Gemeinschaften für die Entwicklung von politischen Grundsätzen, die die Existenz der *adat*-Gemeinschaften anerkennen. Was ist das Ziel? „Als Kulturaktivist*innen denken wir darüber nach, wie wir unsere Kultur vor den Interessen der Gesellschaft, der Regierung und der Unternehmen schützen und auch vor dem Gericht verteidigen können", antwortet er. Bahnbrechend sind die so entstandenen regionalen Verordnungen. „In unserem Land gibt es noch kein *adat*-Gesetz, das die Existenz des *adat* anerkennt. Aber es gibt Gesetze, die bestimmte Aspekte regeln. Das Landwirtschaftsgesetz regelt den Landbesitz durch Gewohnheitsnutzung. Das Waldgesetz bezieht sich auf solche Fragen im Wald. Und das Dorfgesetz regelt die Organisationsformen. Aber ein Gesetz, in dem es ausschließlich um *adat* geht, gibt es noch nicht."

Immerhin wurde 2018 die Regionalverordnung Nr. 6 durchgesetzt, die den *adat* rechtlich anerkennt. Genau diese Verordnung soll jetzt weiterentwickelt werden. „In der anfänglichen Debatte hat es uns gereicht, dass wir anerkannt werden. Wir befürchteten, dass die Regionalregierung sich einmischen und die regionale Polizei einschalten könnte", sagt Sawinggih.

Er berichtet, dass der Entwurf dieser Regionalverordnung immer noch weiterentwickelt und diskutiert wird. Das Ziel ist eigentlich, schon 2022 eine Endfassung zu haben, aber die Schwierigkeit liegt darin, dass der Vorsitz bald wechseln wird und man nicht weiß, ob der nachfolgende Entscheidungsträger die gleiche Sichtweise haben wird. „Ich finde, die Bezirksregierung engagiert sich zu wenig", sagt Sawinggih. „Sie messen dem Thema *adat* keine große Bedeutung bei. Und sie tun zu wenig, um die Bevölkerung über die Regionalverordnung zu informieren."

Sawinggih ist sich bewusst, dass die *adat*-Gemeinschaft zum jetzigen Zeitpunkt noch vielen Problemen gegenübersteht. Trotzdem wünscht er sich, dass die tradierten Werte bewahrt werden, auch wenn manche Mitglieder pragmatischer denken und Teile der Tradition zu verwässern beginnen.

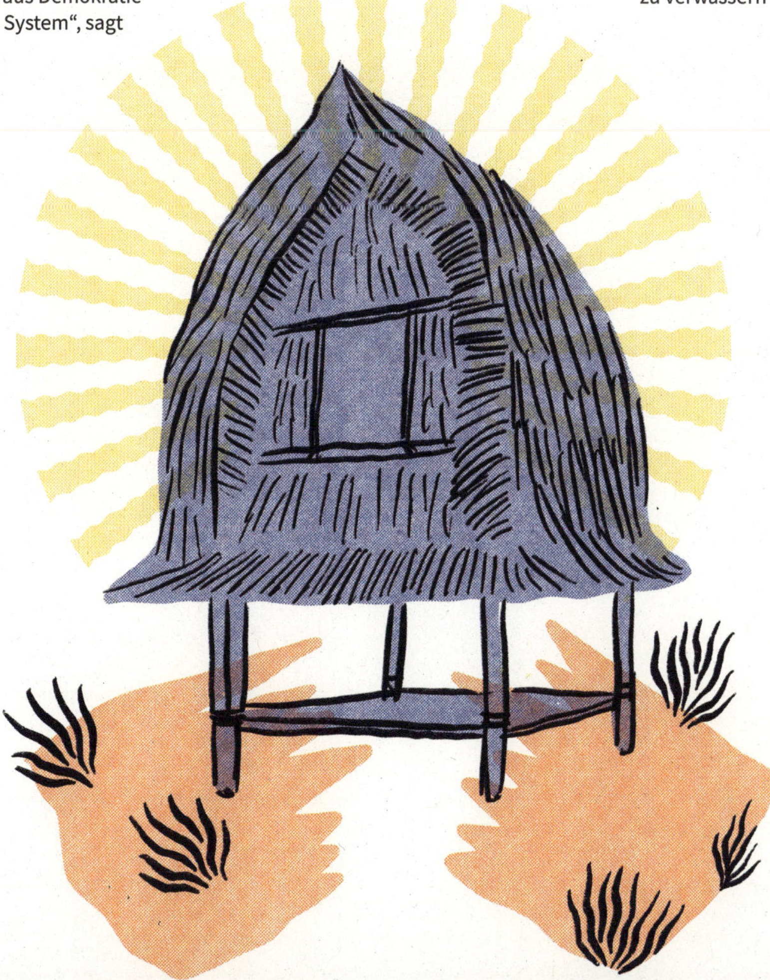

Sharing Practices Amid the Threat of Modernization

Dedy Hermansyah

The memory of that day remains clear in my mind, that Friday, on August 10, 2018, just five days after the large earthquake measuring 7 on the Richter scale that destroyed houses and claimed lives in North Lombok District, together with some other volunteers, I visited several hamlets there. One of them was the Dasan Beleq Hamlet in Gumantar Village, Kayangan District. The purpose of our visit was to conduct a survey of locations that had not yet received any assistance. In that hamlet lives one Indigenous community.

As soon as I parked my motorbike, I was greeted with an astonishing sight: a group of grown men was working to (re)build the stone steps leading to the gate of their customary house. The women were gathering in the *berugaq* near the common kitchen. Only children were engrossed in playing and reading in front of the customary house.

From conversations with traditional leaders and young people there, the story about when the big earthquake occurred was narrated. Their houses collapsed. There were injuries from the incident.

That, however, did not lead them to endless lamentation. They quickly organized themselves, everyone was to work together and no one should be separated from the group.

At that time, they had already discussed matters with regard to the anticipation of dealing with bad possibilities in the near future. "*If the earthquake conditions continued for a long time, we would have been forced to take down the* bulu *(indica) rice to fulfill our needs for food,*" said one traditional leader. Whereas he said, the *bulu* rice could not be used indiscriminately as it was reserved for famine only.

Getting to this village really required us to travel quite a distance. That was perhaps why logistical assistance to this area was still very minimal. However, the people of this village continued to carry out their activities as usual.

I even had time to chat with some residents who were harvesting peanuts, even though they were grieving. "*This is to feed us after the earthquake, sir,*" one of the women there said. This time they decided not to sell the harvested peanuts, but to consume them.

They also told me that if assistance would be provided for them to rebuild their houses, they would refuse if the building concept was for a permanent or modern house. "*We don't want permanent houses, we want to go back to building houses like they used to be, like our ancestors built them,*" some of them said. Indeed, in the end, there would be some changes, but they were not significant in principle.

In Bayan District, where another Indigenous community lives, the situation was more or less similar. When we asked what they needed most for an emergency, most of them said, "*We need salt.*" Yes, salt, the food seasoning that mountain people like them do not produce.

Upon returning from Beleq Hamlet and the Bayan region, I was overwhelmed with admiration for the spirit of the people there. At that time, I silently made a pledge in my heart: that I would come back one day to one of those places to learn about the customs and characteristics of the people that enable them to deal with disasters in a very organized manner.

***

About five years later, in 2022 to be precise, I was finally afforded the opportunity to return. I decided to visit the Bayan sub-district, where the Indigenous community shared the same name: the Bayan Indigenous community. I visited Dusun Karang Bajo where there is an ancient mosque that is a kind of center for various rituals of the Indigenous people.

I was warmly received by the hamlet's residents. I heard their stories about their *adat* or custom, *lumbungs*, and sharing traditions: the guardians of the ancient mosque, customary leaders, male and female figures, and young people. They provided me with a lot of information regarding what I wanted to know and understand.

"*The* lumbung *for the Indigenous people does serve the function of providing food security,*" Sawinggih told me. The man who now works at the sub-district office continued, "*The common tradition here is that every family must have a* lumbung."

Then how has this food security worked during the 2018 earthquake, which was followed by the Covid-19 pandemic a year later, at the end of 2019?

"*The 2018 earthquake and the two-year pandemic have actually had no economic impact on us the Indigenous people. Except for a handful of those who have sold their land to be used for tourism business,*" Mahni explained to me. This 30-year-old woman who is now in the coffee business by using the top floor of her house as a coffee shop told me that it is precisely the habit of gathering in the community when carrying out traditional rituals that have been routinely "disturbed" by government policies in the form of prohibiting gatherings in order to keep a distance.

Mahni's statement was seconded by the *Penghulu*. "*What must be prohibited is throwing a party that is not a customary one, such as a procession party that provides entertainment with* gendang beleq," the Penghulu explained. The *gendang beleq* is traditional music involving hitting a large drum as the main instrument.

"*The government officials would keep an eye on us while we perform the rituals,*" said Riki, a 23-year-old youth. Two years earlier he returned from Bali after being sent home by his employer because the tourism sector where Riki was earning a living was affected by Covid-19. He then worked at the Department of Agriculture in the water management section, and in the rice fields.

All three of them, Sawinggih, Mahni, and Riki said that *lumbung* played an important role during the two emergency conditions of the the earthquake and pandemic. "*By implementing the* lumbung *system we managed to free ourselves from the threat of hunger, and when the pandemic required us to stay at home, there was still food to eat,*" said Sawinggih.

Nonetheless, to what extent is this customary practice carried out by the community? What are the challenges of modernity that have begun to penetrate into various aspects of the Indigenous people's lives?

***

"*In reality, we are now beginning to see a change in the mindset and habits of some Indigenous people. For example, there are people who no longer have any* lumbung," Sawinggih explained to me.

This change was initiated in the 1970s when traditional farming patterns began to be juxtaposed with the model of growing unhulled rice using pesticides and chemical fertilizers. The change was especially felt with regard to issues such as how to interpret terms such as "pests" and the like.

"*In the past, we didn't recognize the use of chemical fertilizers or pesticides. Back then, we didn't call pests a nuisance, but rather as food additives. We used to love it when grasshoppers arrived at our fields because we could eat them. And, to control what are called pests in today's terms, we planted* maja *trees: the bitter-tasting* maja *tree,*" Sawinggih said.

Sawinggih also explained that in the whole process from planting to harvesting, rice is always treated specially by making a series of traditional rituals. "*For example, doing the* ngaji makam *to take down rice seeds, then there are the* tamba *shoots to reduce pests so that the rice is not exposed to diseases, and after harvesting a collective ritual is performed,*" he explained further.

Then, he continued, nearing the time when the rice grain in the field is filled, there is the *nyemprek* tradition, which is the practice of spouting a dish of glutinous rice mixed with grated coconut and brown sugar while walking around the rice fields planted with rice. "*So, the life and death of the Bayan people depend on rice. We do live in a fertile valley,*" he added.

In general, said Sawinggih, the Bayan Indigenous people plant their land three times a year: twice for rice, and once for *palawija* (seasonal crops). In addition to soil fertility factors, it is also due to the availability of water that is still maintained. "*There are indeed those who plant in fields that depend on rain and plant only once a year.*"

Hence, according to Sawinggih, there is a mistake in the Indigenous people's way of thinking today, especially since the use of pesticides and chemical fertilizers began in 1978–1979. "*Before that, people grew rice and glutinous rice. Later, a new grain seed named* Pelita *was introduced, following the introduction of the central government's program, the* Pelita (Five-Year Development)," he explained.

Sawinggih is well aware of the changes in 1978 because it is related to the story of his own name. "*When I was born in 1978, my name was actually not Sawinggih, but Pelita Jati. But because I was said to often cry every* maghrib *(sunset), and it was considered a bad sign, so my name was changed to Sawinggih,*" he said and let out a small laugh.

Then why did people start to abandon the system of *lumbung* ownership? Sawinggih cited several reasons. The main reason is that the amount of land itself has begun to decrease due to the conversion of land into settlements due to the increase in population. The next reason is, the saving system is also starting to become more practical, where people prefer to save money.

"*Now everything is practical,*" said Sawinggih to emphasize. Indeed, the availability of land now may still be sufficient, but the ritual process in rice cultivation is very long, starting from planting until it is stored in the *lumbung*. "*In the past, we pounded rice, but now we use a huller,*" he said, giving an example.

Even though there are changes that are starting to happen, Sawinggih still holds the principle, "*Whatever happens in the future, food is very important. So, in times of disaster and famine we are not affected. Because the earthquake did not only have damaging impacts on nature and buildings but also on the economy, especially with regard to primary needs,*" he said.

***

Most of the critical views I got were from Sawinggih. He was a village head once, albeit not in the current village he lives in. He thinks it is still important to maintain traditional values as a way to survive the various bad elements of modern life which he considers to have damaged the collective fabric of society, threatens food security and sovereignty, and will change the society's tradition of sharing which is in danger of being replaced by an individualistic lifestyle.

Sawinggih explained to me that currently there are three types of character of Indigenous people: first, the fanatic, that is, he who does not want change and tends to expect purity. Second, the conservative, namely a person who has a way of life that is open to change, but still tries to maintain customary principles. Third, those who abandon traditional traditions altogether, but this is not a big deal. "*As for me, I put myself into the category of those with a conservative character,*" Sawinggih identified himself.

Perhaps that is why he says that it is quite difficult to be an Indigenous person at this time in the midst of modernization that is rapidly changing. "*Because we don't live alone anymore. We live in an open world. The challenge coming from technology is one, everyone can access it,*" he said.

With the 2018 earthquake, the Indigenous people were actually reminded, for example, to use wood as an earthquake-resistant construction material. "*Using wood is good. Although wood has an age limit, it contains a value that makes people think about planting trees. For example, my house is 100 years old, meaning that before one hundred years I will have to plant for the next 100 years,*" he said.

Sawinggih had some arguments regarding the use of wood in the construction of houses after the earthquake with some academics, who in his opinion, had an anti-timber mindset. The academics argued that the use of wood was damaging to the environment because it would reach a certain age and would become brittle and damaged. "*But I think otherwise. This wood is actually a reminder of mitigation because we were reminded by our parents that sooner or later an earthquake would happen,*" he explained.

Sawinggih also said another change from the impact of modern political practice is currently threatening the collective tradition of society. "*Here the election of a village head can lead to the breakup of brotherhood,*" he said. Now, he said again, the role of *adat* is to re-tie the ties that have been broken.

It is true that customary leadership follows lineage, but the leader chosen must still involve all representatives of the Indigenous people, which will be discussed in the *sangkep* or *gundem*. "*So, the practice of political leadership in the Bayan Indigenous community is collectively collegial, just like a council. Thus, it is a combination of democracy and a patrilineal system,*" he said.

As a member of the community who identifies himself as a "conservative" who is open to the outside world while still trying to maintain customary values, Sawinggih then together with other members of an Indigenous people are trying to push for policies that recognize the existence of Indigenous peoples. What is the purpose? "*As cultural activists, we think about how to maintain this culture when dealing with the interests of the community, government, and companies, and be defended before the law,*" he replied. So, from there a breakthrough has been made in the form of local regulations. "*In our country, there is no customary law. The one that governs custom does exist, however. It's in the Law on Basic Agrarian Principles concerning the* ulayat *land; in the Forestry Law concerning forests; and in the Village Law with regard to its institutions. However, there is no law yet that specifically governs Indigenous peoples,*" he explained.

Consequently, Regional Regulation No. 6 of 2018 regarding the legal recognition of Indigenous peoples was enacted. The implementing instruments of the regional regulation are currently being fought for to be finalized. "*During the first debate, even to just be recognized was enough for us. Because at the time we were afraid that if the local government interfered, they would deploy the* Satpol PP *(municipal police) to handle things,*" said Sawinggih.

Sawinggih said that the drafting of this regional regulation is still being finalized and discussed. The target, said Sawinggih, is that it will actually be completed in 2022, but the challenge is that the leadership will soon change, (which raises a question) whether the next official will have the same perspective or not. "*I see that the district government's response is still lacking. They do not see this customary issue as something important. Not to mention the lack of effort to disseminate information with regard to this regional regulation,*" he said.

Sawinggih is aware that there are many problems that Indigenous peoples are facing today. However, he still wants traditional values to be maintained, even though pragmatism is starting to influence some people's worldview, and there have been conditions where some parts of tradition are starting to be eroded.

Warum es nicht möglich ist, in der indonesischen Kunst allein zu arbeiten

Gesyada Siregar
übersetzt von Martina Heinschke

Die kurze Antwort: Eine Kunstdisziplin, bei der es um Form und Gestaltung geht, braucht Material, Werkzeuge und einen Raum, um zu existieren. Wir wissen, dass in dieser verrückten Zeit alles teuer ist und dass man erkleckliches Kapital braucht. Um diesen Bedingungen zu begegnen, müssen diejenigen, die sich mit Kunst befassen, sie praktizieren und von ihr leben wollen, ihre Ressourcen miteinander teilen. Der Mensch ist nie frei vom Mangel. Ist genug Geld zum Kauf von Material da, mangelt es möglicherweise an Ideen. Selbst wenn Geld und Ideen gegeben sind, fehlt vielleicht die Zeit, sie umzusetzen. Aber keine Sorge – denn irgendwo gibt es immer auch ein Zuviel. Ein Zuviel an Zeit, Dingen, Energie, Ideen, Wissen, Ansehen, Essen, Freiraum, ja sogar Geld, sodass die Menschen sich gegenseitig unterstützen und den Mangel ausgleichen können. Das ist der Grund, warum ein Dasein als Einzelkämpfer*in im Feld der indonesischen Kunst schwierig, wenn nicht gar unmöglich ist.

Der affektive Aspekt: Sambal – Schmerz, Genuss und Blitz in der Kunstarbeit

Bekanntlich sind Indonesier*innen verrückt nach Sambal, empfinden dessen brennende Schärfe als köstlich. Gleiches gilt für die Zusammenarbeit im Feld der bildenden Kunst. Das schmerzhafte Brennen stellt sich hier in vielerlei Formen ein: interne Missverständnisse, Veranstaltungen ohne Publikum, abgeblasene Einladungen, Verzweiflungskopfschmerz darüber, wie das Geld für die Miete der gemeinsamen Räume aufgetrieben werden kann, Überdruss an Online-Meetings, unzählige Neuentwürfe zur Platzierung eines institutionellen Logos, unbeantwortete E-Mails, Zeitnot beim Hängen von Bildern in der Galerie, ausbleibende Kostenerstattungen et cetera. Wie die Sambal-Aficionados leiden auch allzu enthusiastische Kunstaktivist*innen an Magenproblemen.

Wo bleibt da der Genuss? Gehen wir der Definition von Kunst in verschiedenen Traditionen Indonesiens nach, so zeigt sich uns die Vorstellung von Kunst als transzendente Erfahrung. Bei dem Kunstwissenschaftler Jakob Sumardjo liest sich das so:

> „Paradoxe Kunst präsentiert etwas, das in der Alltagserfahrung bekannt, aber gleichzeitig in der Alltagserfahrung unbekannt ist. Eine transzendente Erfahrung ist also eine Erfahrung, die sowohl empirisch als auch rational bekannt und unbekannt ist."
> (Sumardjo 2004, S. 42/43)

Das Erlebnis höllischer Schärfe, die einem in die Augen schießt, einen weinen, zischen, keuchen, schwitzen, durstig macht – genauso erleben wir die künstlerische Zusammenarbeit. Die Empfindungen hierbei können wir als eine transzendente Erfahrung ansehen – ein Erleben von etwas Außergewöhnlichem oder von etwas außerhalb unserer Selbstbehauptung. Biologisch löst diese Empfindung eine erhöhte Ausschüttung von Endorphinen im Körper aus, die beruhigend wirken oder, anders ausgedrückt, Genuss bereiten. Nachdem wir den brennenden Schmerz etlicher der gerade genannten Schwierigkeiten durchlebt haben, bringt der Moment, in dem wir gemeinsam Lösungen finden, ein Gefühl genussvoller Befriedigung.

Das Prinzip „Erfindungsreichtum", man könnte auch Lösungsorientierung sagen, ist das Rezept für Reifung und genussvolle Lust an der Zusammenarbeit mit anderen im Feld der indonesischen Kunst. In der Praxis des Teilens von Ressourcen werden die Kunstarbeiter*innen immer auf altbekannte, aber auch auf vollkommen neue Probleme stoßen. Diese werden nicht immer künstlerischer Natur sein, sondern werden genauso Buchhaltung, Verwaltung und psychische Phänomene betreffen oder auch Rechtsfragen, Logistik, Politik und Kommunikation. Zum Glück müssen wir sie nicht allein schultern. Als Mitglieder einer Gemeinschaft finden wir immer vertrauenswürdige Mitstreiter*innen, die bereit sind, uns so gut sie können bei der Suche nach einem Ausweg zu helfen.

Altbekannte Probleme lassen sich schnell lösen, unbekannte nicht. Diese müssen wir genau studieren, wir müssen spekulieren, mögliche Lösungen durchspielen. Doch damit nicht genug, wir müssen sie mit erfahrenen Leuten diskutieren, dann erst können wir sie ausprobieren. Scheitert die angepeilte Lösung in der Praxis, müssen wir neue Ansätze suchen, sie erneut studieren, wieder spekulieren, tentative Lösungen diskutieren und umsetzen. Aus diesem Grund können in den indonesischen Kunstorganisationen die

Prinzipien einer Arbeitskultur, die im industriellen Stil auf Produktivität, Geschwindigkeit und Effektivität setzt, nur sehr selten und niemals in Gänze übertragen werden. Die Prozesse der Lösungsfindung in der Zusammenarbeit im Kunstbereich brauchen stets viel Zeit: In einer guten Küche müssen Zutaten mariniert und eingelegt werden, auf kleiner Flamme lange köcheln, um dann der Kundschaft fürs Auge ansprechend serviert zu werden. Was in Eile und gedrückter Stimmung zubereitet worden ist, wird niemandem munden.

Als Leser*in runzeln Sie vielleicht die Stirn und denken: Im Bereich der Kunst scheint die Zusammenarbeit ja besonders schwierig zu sein. – Nun, ganz so lässt sich das nicht sagen. Laut Sukarno, dem ersten Präsidenten Indonesiens, entwickeln sich die politischen Wissenschaften und Fähigkeiten des Menschen viel langsamer als der rasante Wandel im Bereich der Technologie. Zur Veranschaulichung fügte Sukarno hinzu, dass ein Mensch zwar Blitze ableiten könne, wohin er will, dass er aber über die Mitmenschen, selbst in seiner Nähe, keine Kontrolle habe. Diese Äußerung liegt zwar schon 67 Jahre zurück, doch hat sich meinem Eindruck nach bis heute nichts daran geändert, dass Menschen gerne mal ein wenig aus der Reihe tanzen.

Bevor ich mich aber in Abschweifungen über menschliche Anwandlungen verzettele, komme ich lieber auf das Hauptthema zurück: das Teilen in der Kunst. Menschen, die ihre Ressourcen in der Kunst aktiv teilen, sind im Allgemeinen tolerant und verstehen, dass sich viele Dinge auf der Erde ihrer Kontrolle entziehen. Diese Haltung finden wir insbesondere bei Menschen, die schon mehrfach das Erlebnis der Transzendenz erfahren haben. Die Geduld und Flexibilität, Entscheidungen je nach Erfordernis in unterschiedlichem Tempo zu treffen, hilft bei der gemeinsamen Arbeit im künstlerischen Feld. Der Prozess des gemeinschaftlichen Teilens ist ein Lernprozess, bei dem sich der Schwierigkeitsgrad von Stufe zu Stufe steigert. Er kann aber auch plötzlich und verstörend wie ein Blitzschlag sein.

Der Bildungsaspekt: Die Unmöglichkeit, „allein zu lernen", und die Erinnerung an Persagi

Es kann gut sein, dass Sie in einer Kurzbiografie eines*r Künstler*in gelesen haben, er*sie sei Autodidakt*in. Im Allgemeinen dient der Begriff der Unterscheidung zwischen denjenigen, die akademisch oder formal ausgebildet sind, und denen, die es nicht sind. Doch beunruhigt es mich, wenn wir den Begriff „Autodidakt*in" als „Selbststudium" im Sinne eines „Alleine-Lernens" verstehen. Ein alternatives Verständnis wäre „autonomes Lernen" im Sinne der eigenen Entscheidung darüber, was ich wann, wo, warum, wie und von wem lernen möchte.

Die Vorstellung von Selbststudium als „Alleine-Lernen" ist ein Unding. In der Praxis braucht der*die Künstler*in bei seinem*ihrem Lernprozess andere Menschen. Lernt er*sie mittels YouTube? So schaut er*sie Bildungsinhalte an, die andere gemacht haben. Lernt er*sie allein im stillen Kämmerlein? Er*sie bleibt angewiesen auf die Hersteller von Farbe und Leinwand, auf den Laden für Künstler*innenbedarf, die Verfasser*innen von Lehrbüchern, die Person an der Kasse oder den Kurier, der ihm*ihr das Material nach Hause liefert. Es kann gut sein, dass er*sie im Laden noch zusätzlich einen Wissensbonus erwirbt, wenn er*sie sich von der*dem Verkäufer*in die Spezifikationen der Leinwand und die Qualität der Farbe erklären lässt. Selbst in einem Urwald ohne einen Menschen in der Nähe würde er*sie Lehrer*innen haben: Bäume, Flüsse, Berge, Wind, Sonne, Sterne, Vögel, Insekten, die ganze Flora und Fauna um ihn herum. Anders gesagt: Die Vorstellung des „Alleine-Lernens" führt uns in die Falle einer anthropozentrischen und individualistischen Perspektive.

Nach dieser Klärung will ich auf die Praktiken des Teilens von Ressourcen und Wissen im Feld der bildenden Kunst eingehen. Über die Zeit haben sich verschiedene Modelle entwickelt: Ateliers, Werkstätten, Hochschulen, formale Bildungseinrichtungen und Künstler*innengemeinschaften in Orten oder Regionen Indonesiens, die Schulen initiierten. Wenn verschiedene Künstler*innen zusammenkommen und beschließen, für sich einen gemeinsamen Raum zu schaffen, so ergibt es sich geradezu von selbst, dass sie auch Bildungsprogramme durchführen.

Ein Beispiel aus der Zeit der Anfänge der modernen indonesischen Malerei im kolonialen Niederländisch-Indien ist die 1938 gegründete Vereinigung Persatuan Ahli Gambar Indonesia (Persagi – Vereinigung indonesischer Maler*innen).

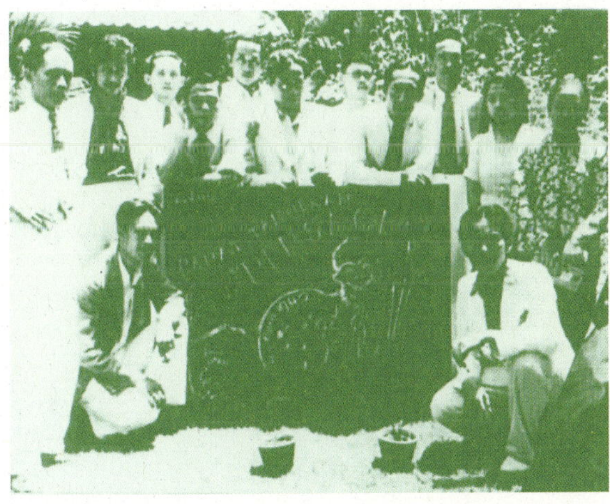

Die Mitglieder der Vereinigung Persagi bei ihrer Jahresversammlung. Quelle: dok. Indonesia Visual Art Archive

Sie wollte allen Interessierten einen Raum bieten zur Diskussion, Vertiefung und zum Erlernen der modernen Malerei. Daneben lud die Vereinigung regelmäßig Kulturschaffende zu Vorträgen ein, so etwa den Dichter Sanusi Pane, den Pädagogen Ki Hadjar Dewantara und die niederländische Kunsthistorikerin Jeanne Maria Cornelia de Loos-Haaxman, die für das Ausstellungsprogramm des Bataviasche Kunstkring arbeitete. Der heute als der Gründungsvater der modernen indonesischen Malerei verehrte S. Sudjojono (1913–1985) fungierte als Sekretär und Sprecher von Persagi. In seinen Erinnerungen berichtet er, dass die Vereinigung nicht nur Malunterricht für ihre Mitglieder anbot und gemeinsame Ausstellungen durchführte, sondern dass die Persagi-Künstler*innen auch den Prozess der sozialen und politischen Kontextualisierung der modernen bildenden Kunst initiierten.

Bis heute bauen wir auf ihren Ideen auf und verwenden die Begriffe, die sie als indonesische Pendants für die niederländischen Kunsttermini geprägt haben. Das beginnt mit den Wörtern für Leinwand, Selbstporträt, Skizze, Radierung und reicht bis hin zu Skulptur, Malerei et cetera. Selbst die indonesischen Wörter für Kunst *(seni)* und Künstler*in *(seniman)* wurden in dieser Zeit geprägt, die beiden Letzteren von Sarmidi Mangoensarkoro, damals Lehrer in der indigenen Schulbewegung und Aktivist, im unabhängigen Indonesien kurzzeitig (1949/50) Minister für Bildung und Kultur. Diese Übersetzungsarbeit war möglich durch *tongkrongan*, die breite multidisziplinäre Zusammensetzung von Persagi. Die soziale Ausrichtung der späteren Künstler*innengemeinschaften mit ihren öffentlichen Programmen (Vorträge, Künstler*innengespräche, Seminare, Diskussionen), Workshops und gemeinsamen Ausstellungen nahm hier ihren Anfang. Und seither findet sich auch das multidisziplinäre nongkrong als eine Strategie des Teilens von Ressourcen und Wissen im Feld der Kunst.

Was hat mehrere Hundert Kunstschaffende zur Zusammenarbeit motiviert, um die Ostjava-Biennalen mit geringsten Finanzmitteln auf die Beine zu stellen? Dwiki Nugroho Mukti (unter Freunden Komeng genannt), seit 2019 der Direktor (oder in seinen Worten: „Provokateur“) der Jatim-Biennale, erzählte mir, was sich hinter den Kulissen abspielte: „Wir fragten die Gruppen, warum sie trotz der oft geäußerten Kritik dennoch unter dem Dach der Jatim-Biennale agieren und nicht ihre eigenen Programme machen wollten. Und dabei stellte sich heraus, dass der Name Jatim-Biennale, wie auch immer, in den Köpfen der hiesigen Künstler*innen enorm lebendig ist. Sie ist eine Vorstellung und zugleich etwas Reales; durch die vergangenen Aktivitäten sind die Künstler*innengruppen an einen Punkt gekommen, an dem sie die Biennale als etwas ansehen, das zu ihnen gehört und an dem sie beteiligt sein wollen. So ist das. Warum sollten wir dies geringschätzen? Warum sollten wir dann aufgeben?“

Eine Biennale, die sich vornimmt, alle zwei Jahre in Gestalt eines großen Fests die aktuelle Kunst einer Region zu präsentieren, braucht stattliche Finanzmittel. Oft scheitert solch ein Projekt schon in der Vorbereitungsphase, da die eingeworbenen Mittel nicht ausreichen. Die Aktivist*innen der Jatim-Biennale, Komeng, Ayos Purwoaji, Toyol Dolanan Nuklir, Deden S. Yogi und Syska La Veggie – alle Kurator*innen und Künstler*innen der Millennial-Generation aus Surabaya –, überlegten sich, dass es möglich sein müsste, den Organisator*innen der Biennale nicht auch noch die finanzielle Last aufzubürden. Nachdem ihrer Einschätzung nach vielen Leuten die Jatim-Biennale wichtig war, stellten sie in ihren Netzwerken die Idee zur Diskussion, die Biennale nach dem Modell des *gotong royong* – dem im dörflichen sozialen Leben verbreiteten Prinzip gegenseitiger Hilfeleistung – zu organisieren, was implizierte, dass keine Auswahl stattfinden würde und alle das Recht hätten, ihre Aktivitäten im Rahmen der Biennale durchzuführen. Diese Öffnung

Der imaginative Aspekt: Quer durch Ost-Java und den Namen teilen

Gibt es aber auch Beispiele für die gemeinsame Nutzung von Ressourcen in einem größeren Umfang? Im indonesischen Kunstbetrieb der letzten drei Jahre haben die Jatim-Biennale VIII und IX (8. und 9. Ostjava-Biennale) für Aufsehen gesorgt. Wie sollte es anders sein – war es doch hier einem Team von lediglich vier Personen gelungen, die 2019er-Ausgabe dieses Kunstfests als großen Event zu organisieren: 65 Aktivitäten in 15 Städten (verteilt über die ganze Provinz) unter Beteiligung von 500 Künstler*innen mit unterschiedlichem Hintergrund und 40 beratende Kurator*innen. Bei der 2021er-Ausgabe der Jatim-Biennale erhöhte sich die Zahl sogar auf 126 Programme in 36 Städten und Distrikten, getragen von 50 Durchführungskomitees, zu denen etliche Kurator*innenräte, Koordinator*innen und sogar spirituelle Berater*innen zählten. All dies wurde mit einem minimalen Etat auf Freiwilligenbasis realisiert.

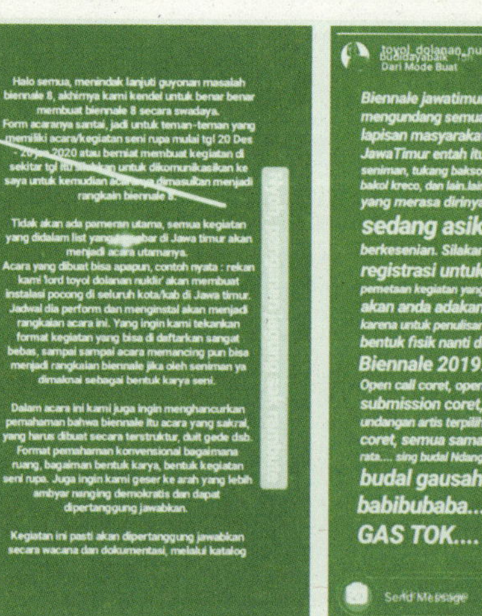

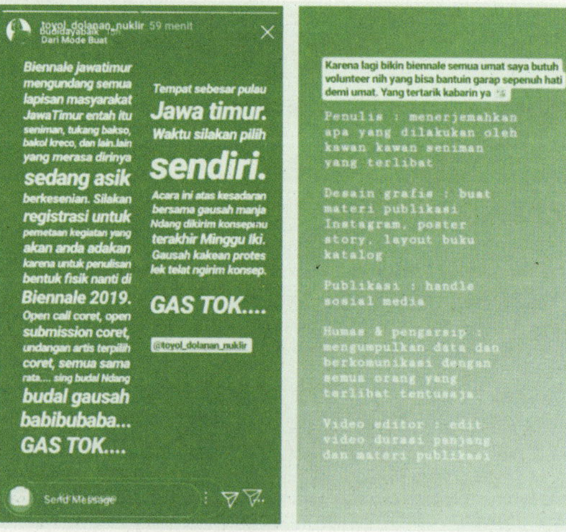

Screenshots der Instagram Story mit der Einladung zur Teilnahme an der Jatim-Biennale, darunter ein Post von Toyol Dolanan Nuklir, Künstler und Aktivist der Jatim-Biennale 2019 und spiritueller Berater der Jatim Biennale 2021. Quelle: https://jatimbiennale.org/2021/07/09/reposisi-biennale-jatim-sebagai-gerakan-kesadaran-ruang-partisipasi-dan-jejaring-yang-meluas

war auch eine Reaktion auf die oft beklagte Einseitigkeit der Künstler*innenauswahl bei vorangegangen Biennalen, wo immer wieder Einzelne und Gruppen sich übergangen fühlten. „Wir waren bereit, den Namen Jatim-Biennale mit allen zu teilen, die aus Interesse und Begeisterung aktiv sind, ohne Blick aufs Geld, sondern nur aufgrund ihres *sense of belonging*. Unsere Strategie war, dass alle selbstständig ihre Events durchführten und selbst auch Künstler*innen und Kurator*innen suchten“, erläuterte Komeng.

Der einzige finanzielle Einsatz, den die Organisator*innen den Künstler*innen anboten, war der Katalog. Das war insofern attraktiv, da den Teilnehmenden die Dokumentation sehr wichtig ist. Durch den Verzicht auf die Vorgabe von Standards der Foto- und Videoformate akzeptierten die Organisator*innen Qualitätsunterschiede im Archivierungsmaterial zugunsten des Ziels, allen die Teilnahme zu ermöglichen. Der Katalog erfasst damit die Kunstaktivitäten aller Teilnehmenden und zeigt auch die Breite der Lokalitäten: Busbahnhöfe, Gästehäuser, Reisfelder, Cafés, Einkaufszentren, Denkmäler und auch Vorgärten von Privathäusern.

2019 war das Kapital der Organisator*innen die Vision der Jatim-Biennale und das Versprechen eines Katalogs. 2021 kam in der Vorbereitungsphase eine Förderung durch den Internationalen Hilfsfonds für Organisationen in Kultur und Bildung des Auswärtigen Amtes und des Goethe-Instituts hinzu. Diese Gelder haben die Organisator*innen transparent an alle Teilnehmenden weitergegeben, und zwar nicht gleichmäßig verteilt auf die 126 eingereichten Programmpunkte, sondern orientiert am finanziellen Aufwand des Events, da die Kosten beispielsweise für eine Online-Diskussion weit geringer sind als die für ein Festival als Präsenzveranstaltung. Der Zuschusscharakter der Gelder wurde klar kommuniziert; alles Darüberhinausgehende sollte Leistung und Engagement der Teilnehmenden sein. Selbst das Team der fünfzig Koordinator*innen arbeitete ehrenamtlich, lediglich Gebühren für die Online-Kommunikation wurden erstattet. „Okay, als Erstes geht es uns um die Jatim-Biennale, aber darüber hinaus schwebt uns ein Ekosistem gemeinsamen Wohlergehens vor, das jedem von uns, auch dir, zugutekommt – wenn die Leute sich dessen bewusst sind und daran arbeiten, kann es tatsächlich funktionieren“, betonte Komeng. „Die Jatim-Biennale ist ein wichtiges Instrument, und sie muss aus der Vorstellungskraft der Künstler*innen leben. Wenn wir keinen Punkt sehen, auf den wir zugehen wollen, befürchte ich, dass dieses Ekosistem nirgendwohin führt.“

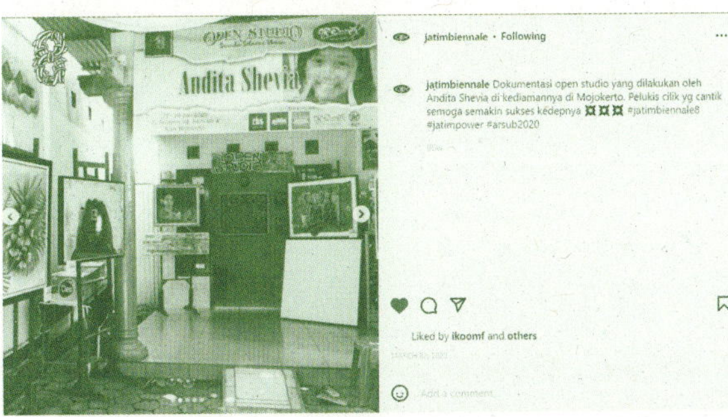

Fotodokumentation eines Events der 8. Jatim-Biennale: Open Studio der neunjährigen Malerin Andita Shevia in Mojokerto, Ost-Java, 2021. Quelle: https://www.instagram.com/jatimbiennale/

Zuletzt: Empathie entfachen

Nun, liebe*r Leser*in, Sie sind am Ende dieser langen Ausführungen angelangt. Vielen Dank für Ihre Zeit und Energie! Ich stelle mir vor, dass Ihnen vielleicht beim Lesen über den Sambal, den Blitz, Persagi und Ost-Java manchmal Ihre eigenen Erfahrungen in den Sinn gekommen sind. Letztendlich führt uns der Weg, um im künstlerischen Feld Indonesiens nicht allein zu sein, zu der Frage, wie wir Empathie entfachen können. Zusammenzuarbeiten bedeutet nicht, die eigenständige Arbeit im Bereich der Kunst zu verneinen. Zusammenzuarbeiten ist das Bündeln individueller Arbeiten in Richtung auf einen gemeinsamen imaginären Zielpunkt. Sollte es scheitern, wird jeder wieder mutig neu ansetzen oder gemeinsam mit anderen nach neuen Wegen suchen, getragen von einem geteilten Bedürfnis und der uns verbindenden Neugier. Zusammenzuarbeiten bedeutet nicht, die Menschen zu vereinheitlichen. Gerade aus dem komplementären ungleichen Sein kann generativ Neues entstehen. So das kurze Fazit.

Depok, 2022

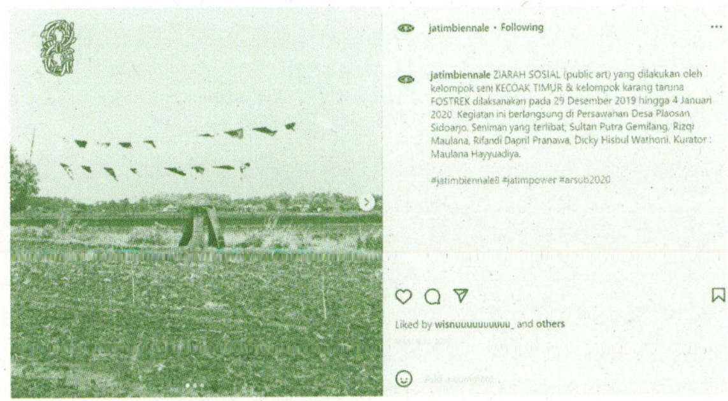

Fotodokumentation eines Outdoor-Kunstwerks der 8. Jatim-Biennale: Ziarah Sosial (Sozialer Pilgerweg) der Künstler*innengruppen Kecoak Timur und Karang Taruna Fostrek auf den Reisfeldern des Dorfes Plaosan, Sidoarjo, Ost-Java, 2021. Quelle: https://www.instagram.com/jatimbiennale/

Why is it Impossible to be Alone in Indonesia's Art Field?

Gesyada Siregar

In short, as a branch of art that prioritizes appearance, it requires materials such as tools, equipment, and space to materialize. We know that living in these manic times, everything is expensive and requires a significant amount of capital. To circumvent this, people with knowledge of, and who make a living from the arts, must share resources. Humans are inextricable from shortcomings. If they are not lacking capital to buy materials, they may be lacking in ideas. If they are not lacking in ideas, they may be lacking in time to work on them. However, there is no need to worry, there is always something they possess in excess. From an excess of free time, goods, energy, ideas, knowledge, prestige, food, empty space up to money, people can always complement one another. That is why it is difficult or even impossible to struggle alone in the field of art in Indonesia.

Affective Aspect: Feeling the Pain and Lightning of *Sambal* in the Arts

As a society crazy about chili sauce, Indonesians have a fondness for things that attract pain yet are delicious. The same is true for collective work in the realm of art in Indonesia. These painful problems can be in the form of internal miscommunication, an event devoid of an audience, cancelled invitations, confused about how to pay the community venue rent, fatigue from online meetings, numerous revisions on logo placement, unanswered emails, a very small window of time to hang works in the gallery, or reimbursements that fail to materialize. Like *sambal* enthusiasts, art workers that are overly active in organizations are all too familiar with gastric reflux.

Then where is the pleasure? If we trace how art is defined in various traditions in Indonesia, art is a transcendent experience. In line with this, the fine arts thinker Jakob Sumardjo once wrote:

> "Paradox art presents something that is known in everyday experience but simultaneously unknown in everyday experience. So a transcendent experience is an experience that is both known and unknown, both empirically and rationally."

The sensation of spiciness that causes "*merem-melek,*" crying, hissing, gasping for air, sweating, and thirst also occurs in joint artworks. The sensation can be seen as a transcendent experience—something extraordinary or beyond self-endurance. Biologically, this sensation then triggers an increase in the amount of endorphins in the body that imparts a calming effect, or, in other words, provides pleasure. After experiencing the various pains of the problems listed above, the moment when they could together find answers to the problems then becomes the sensation of pleasure.

The principle of *"akal-akalan"* or being solution-oriented is a recipe for maturity and enjoyment for people who continue to work together in the arts in Indonesia. In the practice of sharing resources, the arts workers involved will always be faced with *familiar* problems as well as entirely new ones. This issue is not only related to artistic matters, but also accounting, administration, psychology, legality, logistics, politics, and communication. Well, fortunately, this problem does not need to be borne alone. People in the community can always find trusted friends who are ready to help find a way out as best they can.

Problems that are familiar can be solved quickly, but not unfamiliar ones. They need to be studied, given speculation for resolution. Not only that, these speculations must be discussed with experienced people, only then can they be tested. If it fails in the field, they need to try to study it again, speculate again, discuss, and then do it again. That is why, a work culture based on industrial-style productivity, speed and effectiveness is rarely fully implemented in art organizations in Indonesia. The process of finding solutions in working together in the art field always takes a long time to steep and braise in the kitchen before being sold to the public. If it's prepared in a rush and when in a gloomy mood, it won't taste good.

Perhaps the reader will furrow their brow while thinking: if that is the case, it doesn't seem easy then, working together in the field of art? Hmm, of course not. For Soekarno, the first president of Indonesia, the development of science or human political expertise was slower than the acceleration of technology. He presupposes, if humans can moor lightning at will, control the people where they are... well, they can't. Even though this divulgence was made 67 years prior to this piece being written, it feels like humans are still difficult to manage.

Before this article becomes a blabbering of human mischief, let's go back to the main problem: sharing in the field of arts. People who are passionate about sharing their resources in the arts are generally tolerant and understand that there are many things in this world that are beyond their control. Especially after many times experiencing that transcendental sensation. Having the patience and flexibility to make decisions with different tempo requirements is one way to facilitate joint work in art. This sharing process is a learning process whose variants of difficulty increase each time you advance to a new level. It can come suddenly and startles like a bolt of lightning.

Educational Aspects: The Impossibility of "Self-Learning" and Remembering Persagi

Perhaps we have come across a short biography of an artist who claims to be an autodidact. Usually, the term is used to distinguish between those who are academically or formally trained versus those who are not. What worries me is that when I define autodidactic as 'self-study', not 'independent study', that is, self- regulating what, when, where, why, how and by whom to learn.

It is impossible if what is meant is "self-study." In practice, they will need other people in the learning process. Learning from YouTube? They will watch educational content that has been created by others. Teaching yourself to paint? They need paint and a canvas, a painting supplies shop business owner, a tutorial book writer, cashier, and a delivery boy so they can get their materials. They receive a bonus of knowledge if they visit the shop and get an explanation of the specifications of the canvas and the quality of the paint from the shopkeeper. Studying alone in the jungle where there are no humans, they will certainly learn from trees, rivers, mountains, wind, sun, stars, birds, insects, and all the flora and fauna that exist there. In another sense, the concept of "self-study" can make us trapped in an anthropocentric and individualistic perspective.

Next, I will highlight the practices of sharing resources and knowledge in the field of fine arts. We find various models of studios, hermitages, universities, formal educational institutions, and schools initiated by communities in various regions of Indonesia in the field of art across the ages. When a number of artists come together and agree to manage a common space, it has become a kind of instinct to run educational programs.

One example in the development of modern painting in Indonesia is the Association of Indonesian Drawing Experts (Persagi) which was founded on October 23, 1928. This association was intended as a space for those who wanted to learn to paint at that time. They regularly invite well-known cultural figures to give lectures such as Sanusi Pane, Ki Hadjar Dewantara, and Jeanne Maria Cornelia de Loos-Haaxman, an art historian from the Netherlands who also works for the exhibition program at the Bataviasche Kunstkring, Jakarta. As noted by its secretary and spokesperson, S. Sudjojono, in addition to exhibiting together and training in painting for its members, Persagi is also active in the process of contextualizing modern art into their locality.

We still use their ideas, such as words in Indonesian including *seni* (art) itself, artists, painting, painting, painters, canvas, sculptors, fine arts, snippets, natural objects, self-portraits, character, studios, sketches, and etchings. This translation was made possible because of the multi-disciplinary composition of the members who regularly "hung out" at Persagi. For example, the word artist for *kunstenaar* (Dutch) was coined by Sarmidi Mangoensarkoro, an education activist who years later served as Indonesia's Minister of Education and Culture in 1949–1950. The arts community works to create public programs such as lectures (seminars, artist talks, discussions), training (workshops), joint exhibitions, to accommodate "hangouts" consisting of various groups as a strategy for sharing resources and knowledge in the art field from the past to the present day.

Imaginative Aspects: Tracing East Java and Sharing Names

What is an example of sharing resources on a wider scale? In the field of art in Indonesia, which has garnered quite a bit of attention in the last three years is the 8th and 9th East Java Biennale. How could it not? At the 2019 celebration, they organized 500 artists from various backgrounds including 40 curators, 65 activities, and 15 cities throughout the province of East Java with only four people on the organizing team. In 2021, they held 126 programs in 36 cities and regencies throughout East Java. There were 50 committee teams consisting of members of the Syuro Curator Board, coordinators, through to spiritual advisors. Everything was done with minimal funds and voluntarily.

What moved these hundreds of art workers to bring to life the East Java Biennale, even with minimal capital? Dwiki Nugroho Mukti, Director (or provocateur, as he calls himself) of the East Java Biennale since 2019, who is fondly called Komeng, told me the behind-the-scenes story. "*We realize, despite the many criticisms, 'why should we use the name Jatim Biennale? Why not make your own activities?' Whether you want it or not, the name of the East Java Biennale is already alive in the heads of artists in East Java. It becomes a real imagination, the activities have taken place and they are already at the point of feeling ownership, because they want to be involved. That's one thing. Yes, why should it be turned off? Or why should it be abandoned?*" said Komeng.

Biennale as a biennial event that shows the up-to-date art in a certain area always requires a large amount of capital to process. Not infrequently, biennale preparations often falter because the capital obtained is not sufficient. The activists for the East Java Biennale such as Komeng, Ayos Purwoaji, Toyol Dolanan Nuklir, Deden S. Yogi, and Syska La Veggie, who are curators and artists of the millennial generation in Surabaya, think that they need to find an organizing method that they are able to do and not burden those who take the initiative to become organizers. Realizing that there are many people who think that the East Java Biennale is important, they try to pass this idea on to the East Java artists in their network that this event will be held in mutual cooperation, there will be no selection and everyone has the right to create their own activities. This is also a reflection of the tendency of the previous biennale where the artist's choice was from a certain circle and made those who didn't have the opportunity feel "why weren't you invited?" "*There are people who care and love, not looking at money, but from a sense of belonging by sharing the name of the East Java Biennale. That's a strategy, they organize themselves, they look for their own artists and curators,*" continued Komeng.

The capital promised by the organizers of the East Java Biennale to these artists is a catalogue. Because, for those involved, the archive of works is important. Although the organizers cannot propose standard photo and video formats for archiving quality needs, they accept the disparity in the quality files. Because the main consideration is that it is important that everyone can participate. This catalogue then summarizes all the art activities they carry out, from terminals, guesthouses, rice fields, cafes, *warkop*, malls, monuments, to their gardens at home.

If in 2019 using their imagination and catalogue promises they have met the needs of the East Java Biennale, in 2021 they will receive additional funding from the International Relief Fund for Organizations in Culture and Education 2021 of the German Federal Foreign Office, the Goethe-Institut. The capital they got in the middle of this road they conveyed transparently to all participants. The distribution of these funds is not evenly distributed to 126 proposed programs, but is adjusted to the scale of needs. For example, the funds for submitting an online program will not be the same as holding a physical festival. This fund is also communicated only as a subsidy, the rest is the result of the effort and enjoyment of the people involved. As many as 50 people who become the coordinating team are also volunteers who are only given phone credit for online communication. *"Okay, we're thinking about the Jatim Biennale, but more broadly, what we envisage is an ecosystem for shared prosperity and it can also improve your welfare—if people are aware of that and want to do it, it can actually work,"* said Komeng. *"Jatim Biennale is an important instrument that must be lived as an artist's imagination. If we don't have a point to move forward, we're afraid the ecosystem won't go anywhere."*

***

Final: Igniting Empathy

Well, dear readers, you have come to the end of this long dissection. Thank you for your time and energy to read up to here. I'm assuming, perhaps you are recalling your own experience while listening to stories from *sambal*, *petir*, Persagi, dan Jatim. In the end, the way to not be alone in the art field in Indonesia is how we can ignite empathy. Working together does not mean denying independent work in the artscape. Working together is a collective of individual works towards a point that has been imagined together. If it fails, each person has the courage to try again or seek another path together with the same news and curiosities. Working together does not mean making people uniform. Generative things can actually manifest from differences that are complementary. Such is the short closing of this piece.

Depok, 2022

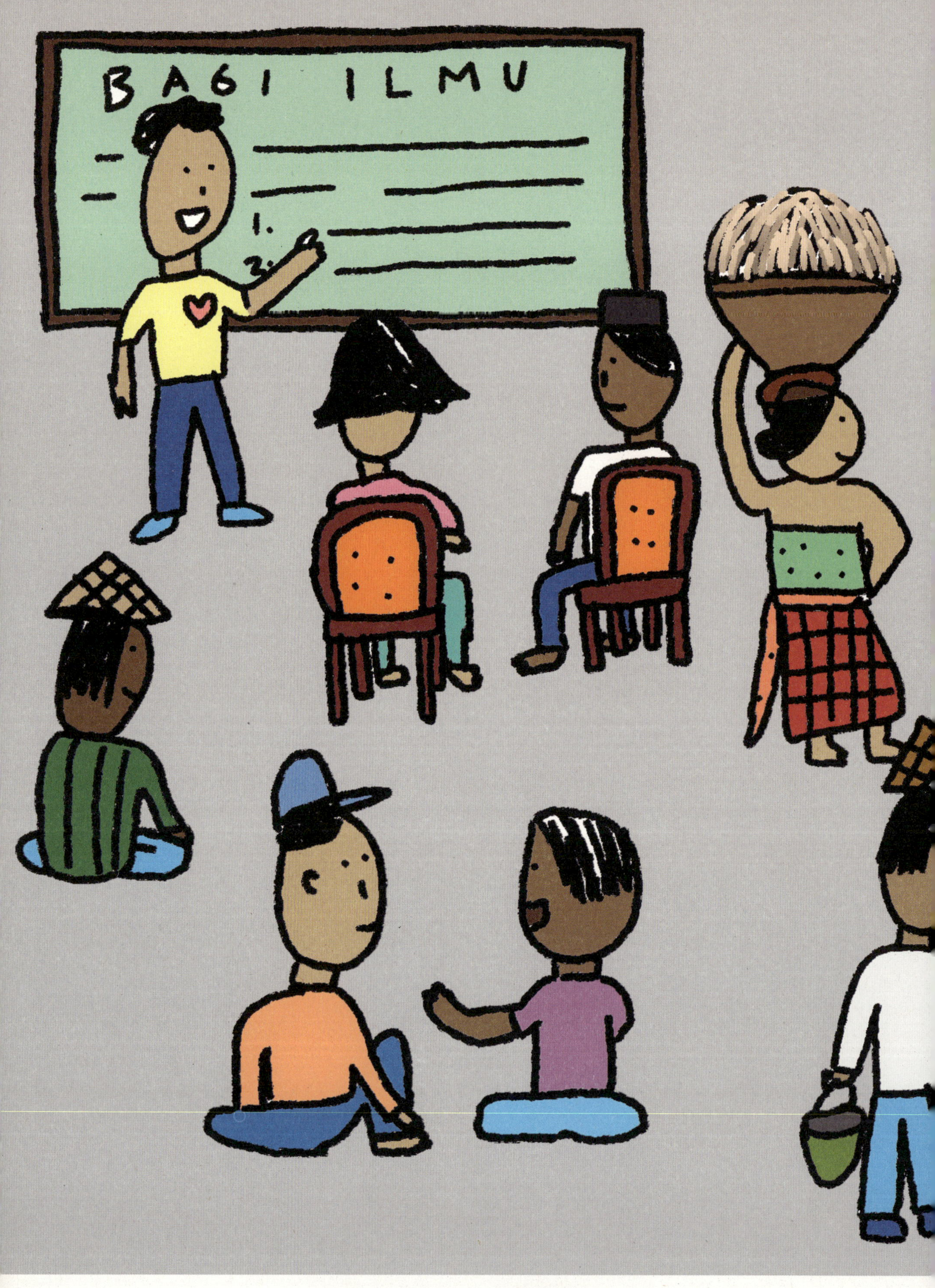
BAGI ILMU
1.
2.

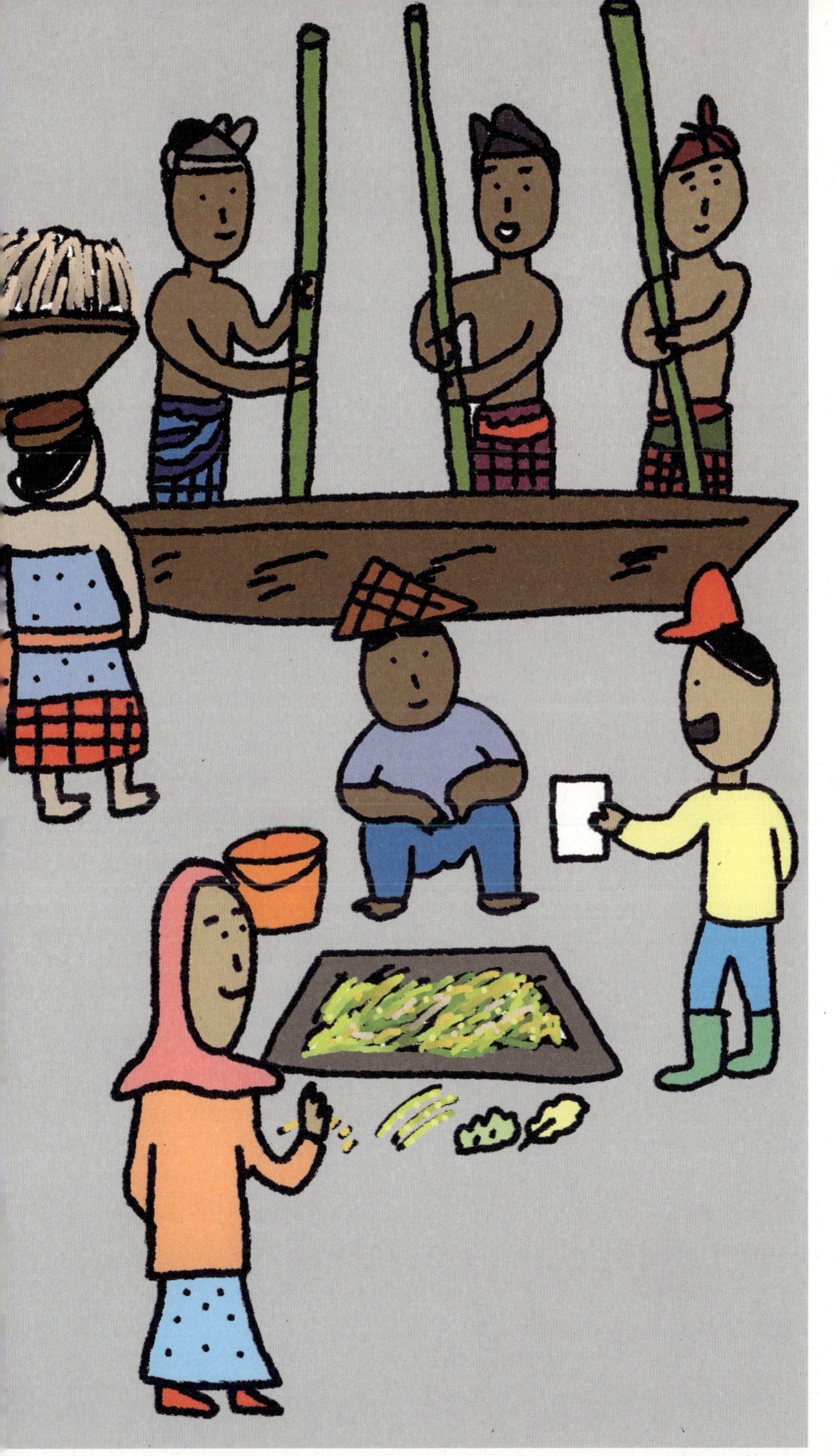

Illustration:
Dwi Wicaksono
Suryasumirat

Im Einklang mit den Regeln der Tradition

Dadank Yepese
übersetzt von Martina Heinschke

illustriert von
Adhitya Nisfianto

Morgens ist die Luft in Yokiwa, einem Dorf im Distrikt Jayapura der Provinz Papua, kühl und klar. Die Sonnenstrahlen wärmen angenehm die Haut, aus den dichten Sagopalmen-Wäldern weht ein frischer Wind herüber. Ich bin mit Arnold Awoitauw unterwegs, einem der Ältesten im Dorf, der hier geboren und aufgewachsen ist. Er weiß viel über sein Dorf, besonders über das *lumbung*-System und über die Ernährungssicherheit. Schon beim ersten Gespräch hat er mir erklärt, dass der Wald und die Gärten den Menschen in Papua „die Küche füllen", dass die Natur ihnen sozusagen der *lumbung* ist. Yokiwa ist wegen seiner geografischen Lage privilegiert: Das Dorf liegt an den Ufern des Flusses Jaifuri, der vom Sentani-See Richtung Süden verläuft und später in den Fluss Tami mündet. Fischfang spielt deshalb für die Ernährung eine wichtige Rolle, neben den fruchtbaren Sagopalmen-Wäldern am Flussufer, während Flächen auf den nahen Hügeln als Gärten für den Anbau von Mais, Knollenfrüchten, Gemüse und anderem genutzt werden.

In diesem Jahr ist Pak Arnold 65 Jahre alt geworden. Man sieht es ihm nicht an: Sein Gesicht ist frisch und lebendig, die Muskeln an Armen und Beinen sehen kräftig aus. Das mag an seiner Lebensweise liegen. Viele Jahre schon lebt er als Bauer in seinem Dorf. Wenn wir auf unserem Rundgang Kindern begegnen, begrüßen sie Pak Arnold freudig und nennen ihn „Tete Ari" (Großvater Ari).

Diesmal möchte ich von Pak Arnold noch mehr über die Traditionen im Dorf, besonders über die Praxis des Teilens erfahren. Auf unserem Spaziergang erklärt er mir, dass die Menschen in Yokiwa das Konzept des Teilens von alters her kennen. Die vorangegangenen Generationen haben das Konzept entwickelt, und die Ältesten haben es jeweils weitergegeben. Er erzählt, dass nach Abschluss der Ernte immer ein Prozess des Teilens beginnt. Dabei halte man sich an die Regeln der tradierten Ordnung *(adat),* an deren Spitze der *Ondoafi* steht, er ist das höchste Oberhaupt des Dorfes und steht den Häuptern der ansässigen Stammesgruppen vor. „Die Regeln des *Ondoafi* sind streng und bindend. Im Dorf muss das befolgt werden, was er anordnet", sagt Pak Arnold.

Bei den Papua-Gruppen im Gebiet des Sentani-Sees und speziell in Yokiwa war es früher üblich, die gesamte Ernte in das Versammlungshaus *(obhe* oder *para-para adat)* zu bringen. Das Versammlungshaus hat eine besondere soziokulturelle Funktion: Hier beraten die Häupter der verschiedenen Stammes- und Familiengruppen im Dorf traditionell alle wichtigen Angelegenheiten, hier werden Vereinbarungen und Verträge geschlossen, wird vor Eheschließungen das Brautgeld übergeben und werden Konflikte zwischen einzelnen Gruppen und Personen geschlichtet. Was das Teilen angeht, so überlässt das Dorf zehn Prozent der Ernte, die im Versammlungshaus zusammengetragen wurde, dem *Ondoafi* und den ihm untergeordneten Häuptern – als Dank für die von ihnen ausgeübten Ämter und Führungsaufgaben und für den Schutz der Dorfgemeinschaft.

Von Pak Arnold erfahre ich auch, dass das System des Teilens die wirtschaftliche Situation derjenigen Dorfbewohner*innen beträchtlich verbessert, die keine Gärten besitzen. Sie können Ernteanteile bekommen, wenn sie fremde Nutzgärten im Auftrag der Besitzer*innen in der Zeit bis zur Ernte versorgen. Für die Papua-Gruppen im Sentani-Gebiet, aber auch in ganz Papua seien die fruchtbaren Gärten von enormer Bedeutung: Sie sichern die Ernährung und das Überleben und bilden seit jeher und noch heute die Grundlage der traditionellen Ordnung der Papua. Und sie seien ein Symbol für das Selbstbewusstsein und die Identität der Papua, und deshalb sei jede Papua-Dorfgemeinschaft dazu verpflichtet, ihre Gärten zu erhalten, zu pflegen und nicht aus der Hand zu geben.

Für Pak Arnold sind die Gärten und das Teilen zwei wichtige, unmittelbar miteinander verknüpfte Aspekte, die in der heutigen Situation entscheidend sind. Wenn die Papua einmal keine Gärten mehr hätten, wie könnten sie sich dann ernähren? Was könnten sie miteinander teilen, was an ihre Kinder und Enkel*innen weitergeben? Als einer der Ältesten im Dorf sieht sich Arnold verpflichtet, überall in Papua und besonders in seinem Dorf das Bewusstsein für die Bedeutung der Gärten als Wurzel der Tradition zu stärken, damit die Papua nicht ihre kulturelle Identität verlieren.

Die Gärten und das Teilen schaffen einen Zusammenhalt und sichern die Lebensgrundlage der Familien im Dorf. Wie Pak Arnold sagt, praktizieren eigentlich fast alle Sentani-Gruppen die Tradition des Teilens. Die Indigenen Papua sehen es auch als ein Zeichen für die Verbundenheit zwischen den Familien. In der Erntezeit zum Beispiel gibt jede Familie üblicherweise einen kleinen Teil der Ernte an Verwandte ab, das stärkt indirekt die emotionale Bindung zwischen ihnen. Das Teilen ist dabei keineswegs begrenzt auf Rituale, die durch die traditionelle Ordnung *(adat)* und die Kirche vorgegeben sind, sondern gehört zum Alltag.

In der heutigen Zeit, so Pak Arnold, verblasse die Bedeutung der Gärten leider – und damit auch das Selbstwertgefühl und die Struktur der herkömmlichen Gesellschaftsordnung. Das liege vor allem an externen Faktoren wie der Neubewertung der Arbeit: Früher bewirtschafteten alle im Dorf die Gärten, heute streben die Menschen immer häufiger nach einer Arbeit in der öffentlichen Verwaltung. Und wenn sie ihr Land verkaufen, gehen der ganzen Dorfgemeinschaft Flächen für den Anbau von Nahrungsmitteln verloren.

Man kann das Teilen also als ein Konzept verstehen, das für die Stärke und Einheit der Indigenen Gemeinschaften und der Gesellschaft insgesamt steht; aus wirtschaftlicher Sicht sorgt es dafür, dass der Bedarf an Nahrungsmitteln gedeckt wird – und damit für ein Gleichgewicht. Aus kultureller Sicht geht es für die Papua bei diesem Gleichgewicht um eine gleichmäßige Verteilung der Lebensgrundlagen und der Arbeit.

„Manchmal erwirtschaften wir so viel, dass wir etwas verkaufen können, manchmal teilen wir die Ernte mit unserer Familie oder Verwandten im Dorf", erzählt Pak Arnold.

Als ein Mann, der aus dem Dorf stammt, ist Pak Arnold sehr dankbar für die Verhältnisse in Yokiwa, die er im Vergleich zu anderen Dörfern als recht gut einschätzt. In unserem Gespräch betont er die wichtige Rolle der tradierten Ordnung und ihrer Regeln *(adat),* an die sich alle halten sollten. Gute Regeln ermöglichen ein gutes Zusammenleben. Seiner Überzeugung nach sorgen die überlieferten Regeln dafür, dass die Dorfgemeinschaft die Bedürfnisse erfüllen kann, alle im Dorf Nahrung und ein Auskommen haben und auch sonst Ausgleich und Harmonie gewahrt bleiben.

„Deshalb ist die Rolle des *Ondoafi* so wichtig", sagt Pak Arnold, „er ist die höchste Autorität, ihm obliegt es, die Dorfangelegenheiten zu regeln, und dazu gehören auch die Ernte und das Teilen." Das Teilen könne auch als Wert oder Glaube verstanden werden, der bewusst vor dem Vergessenwerden bewahrt werden müsse.

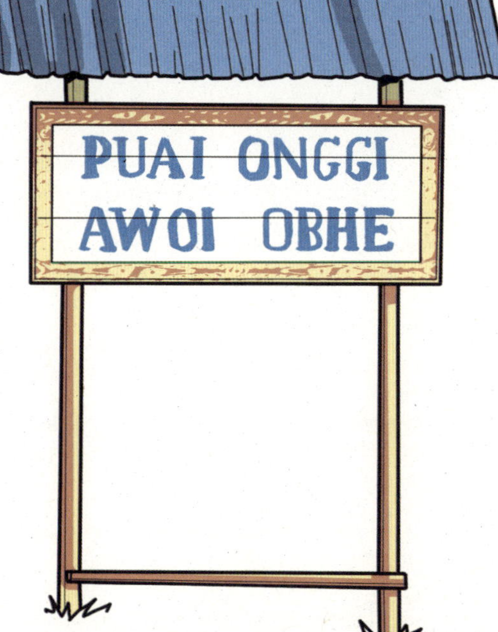

Bound by Customary Rules

Dadank Yepese

That one morning in Yokiwa Village, Jayapura Regency, Papua Province, Indonesia, was bright and cool. The sun's rays touched the skin. The cool breeze from the sago palms refreshed the body. Mr. Arnold Awoitauw, an elder who was born and grew up in this village, and I were on the road. He knows a lot about the village, especially about the *lumbung* system and food security. Geographically, Yokiwa Village is quite fortunate, especially with regard to food security and its *lumbung* system. The Indigenous peoples' food system in Yokiwa Village is built around the fishery sector through the Jaifuri River which passes from Lake Sentani through Yokiwa to the estuary. In addition to the fish, their sources of food also come from the sago forest that thrives along the river and from the hills where they plant maize, tubers, vegetables, and other crops.

Arnold turned 65 this year, but his face remains fresh. His arm and leg muscles are still strong. It could be because of his lifestyle. He spent many years as a farmer in his hometown. Occasionally, when the two of us met the children in this village, they called Mr. Arnold by the popular name he is known as by the children, "*Tete* Ari" (Grandpa Ari).

This time, I wanted to know more from Mr. Arnold about the habits of the people in this village, especially on the subject of their system of sharing. As we were walking, he explained that the people of Yokiwa had recognized the concept of sharing since ancient times. The concept was developed by their ancestors or the traditional elders in the past. He explained that after the harvest season, there would be a process for sharing. Everything is done by following customary rules which are headed directly by the *ondoafi* (the leader of all tribal chiefs in the village). "Ondoafi*'s rules are strong and binding. The villagers must obey what ondo has arranged,*" said Mr. Arnold.

For the Sentani people, especially in Yokiwa Village, in the past, all the harvest they got would be put in *obhe (para-para adat). Obhe* is a traditional house that has a socio-cultural function as the traditional hall of the Sentani tribal community. Usually, *obhe* is used as a place where the settlement of various agreements, payment of a bride's dowry, and settlement of conflicts that occur in the community is carried out. With regard to sharing, 10 percent of the harvest that is placed in the *obhe* will be shared with the *ondoafi* and the tribal chief, as an expression of gratitude to the leaders, the protectors of Indigenous peoples.

Arnold also explained that the influence of the sharing system was also quite strong in supporting the economy of the village community who do not have gardens or *dusun*. This is done by sharing the yields from the *dusun* owner to the villagers who do not have a *dusun* on the condition that those who do not own a *dusun* are obliged to care for and protect other people's *dusun* until the harvest season arrives. In the matter of regional structure in Papua Province, Indonesia, especially for the Sentani people in general, *dusun* has a very important role. *Dusun* can be interpreted as *lumbung* in storing the garden yields to maintain food security, and this has become part of the tradition of the Papuan people from the past until now. *Dusun* also symbolizes self-esteem and identity as a Papuan, thus, every Papuan community is obliged to protect their respective *dusun* in order not to lose it.

Dusun and sharing are two important things that are bound and connected, in the present time. If the Papuans no longer have *dusun*, then how do they protect their food? What is left to share with their children and grandchildren? For this reason, as an elder in this village, Arnold also reminds all Papuan people to be more aware of keeping things that have become part of the roots of tradition so as not to have an impact on the loss of cultural identity.

It serves as a form of kinship with the entire village community. Arnold himself admits that the good impact of the habit of sharing is being able to maintain and support the food of the family living in the village. Almost all of the Sentani Tribes practice the habit of sharing. As native Papuans, the ordinary people know the term "sharing" as a symbol of kinship between one family and another. He gave an example when the harvest season arrives, each family usually distributes a small amount of their harvest to other relatives. And it is indirectly able to strengthen the emotional connection between them. So, this is done not only during traditional or church rituals but is often also done in their daily lives.

In the modern era like today, *dusun* is slowly starting to fade in its existence, the dignity and the structure of Indigenous peoples' traditions. This has been caused by various other external factors, such as the change in the work orientation of the village community who used to work their gardens but now have started to switch professions to work in the government sector. Other things have also happened, such as selling off land which resulted in the loss of Indigenous peoples' land as their food source.

As a native Papuan, Arnold revealed that ordinary people know the term "sharing" as a symbol of kinship between one family and another. He gave an example of when the harvest season arrives, each family usually distributes a little of their harvest to their other relatives. And it is indirectly able to strengthen the emotional connection between them.

The term "sharing" can also be considered as a form of strength and unity of Indigenous peoples or society in general, and it provides an economic balance in meeting the food needs of the community. From the cultural point of view of the Papuan people, the balance referred to is more about the equal distribution of life, work systems, and also the customary structures that have an impact on harmony.

"*Sometimes, the yields we get are to sell, sometimes, we also share the harvest with our family or relatives in the village,*" Arnold said.

As a member of the community from this village, Arnold is very grateful for the condition of his village which he thinks is quite good compared to other villages. He also reminded the important role of customary rules that essentially must be obeyed. For him, good customary rules will provide the community with good governance. Customary rules are needed so that the village community lives according to their needs, especially in maintaining a balance between food and other things.

"*So that's why the* ondoafi*'s role is very important.* Ondoafi *plays a higher role than the tribal chief. In the customary structure,* ondoafi *has full authority in running the village governance system. Starting from the harvest system to the system of sharing. Everything is done in the* obhe. *Then, all will be resolved in a traditional manner by* ondoafi *with the tribal chiefs' assistance,*" he said. He emphasized that the term "sharing" can also be interpreted as values and beliefs, which in fact must always be maintained so that they will not disappear.

mepaang pare

Jonathan Irene Sartika Dewi Max
übersetzt von: Birgit Lattenkamp
illustriert von Dwi Wicaksono Suryasumirat

Bei dem Begriff „Teilen" denken wir üblicherweise sofort an alle Dinge oder Tätigkeiten, die gemeinsam und auf gerechte und gleichmäßig verteilte Weise genutzt oder ausgeübt werden können. In gemeinschaftlich organisierten Gesellschaften zum Beispiel gibt es die Arbeitsteilung und auch das Teilen der Erträge aus der Arbeit. Dies trifft auch auf die Lebensweise der Volksgruppe der Dayak Bahau zu. Am auffälligsten ist jedoch die Art und Weise, wie die Dayak Bahau ihre Ernteerträge teilen. Die erste Reisernte der Saison *(pare havet* genannt, die Ernte der frühen Reissorten) wird gemeinsam während des Dankesrituals *lalii ataq* verzehrt. Ein paar Tage nach dieser ersten Ernte findet die große Ernte des neuen Reises statt, zu deren Abschluss das Ritual *petapa baha'* unbedingt dazugehört. Erst dann dürfen die Ernteerträge auch an Familienangehörige außerhalb des Dorfes verteilt werden; zum Beispiel wird Verwandten in der Stadt Samarinda ein Reisvorrat geschickt oder ein Teil des Reises verkauft, wenn die Erträge den eigenen Jahresbedarf übersteigen.

Mulang im Kreis Long Pahangai des Distrikts Mahakam Ulu ist eines der Dörfer, in dem der Brauch des *petapa baha'* bis heute lebendig ist. Für dieses Ritual wählen die örtlichen Dayak Bahau Busang eine geeignete Stelle am Oberlauf des Mahakam aus. Dabei handelt es sich um eine Kiesbank am Flussufer, die gewöhnlich mit unzähligen Flusssteinen bedeckt ist, die von den Dayak häufig als Korallen des Mahakam bezeichnet werden. Vom frühen Morgen an kommen die Dorfbewohner*innen mit ihren Familien auf Motorbooten zu diesem Ort. Sie stellen Zelte auf und machen Feuer, um den frisch geernteten neuen Reis zu kochen, anschließend wird er gemeinsam verzehrt. Bei diesem Ritual können sich die Menschen gleichzeitig auch ein wenig von der anstrengenden Erntearbeit erholen, die sich über einen Zeitraum von Februar bis April erstreckt, je nachdem, wann die einzelnen Dörfer mit der Aussaat und dem Bepflanzen begonnen haben.

Liu

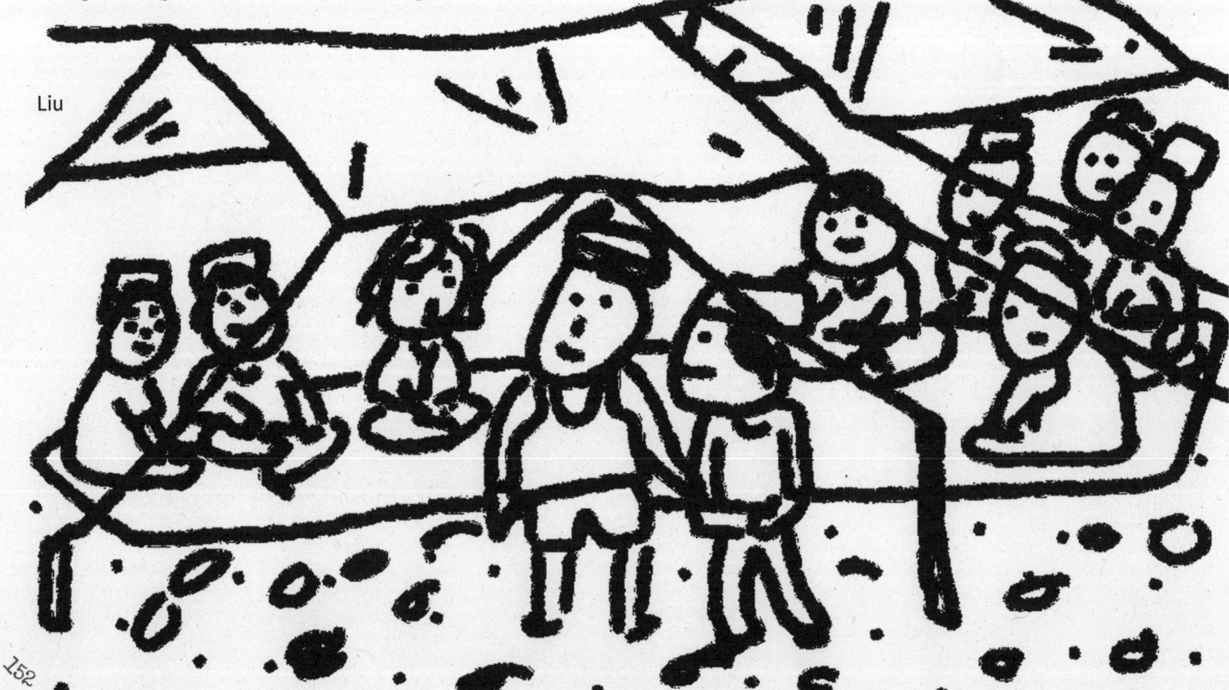

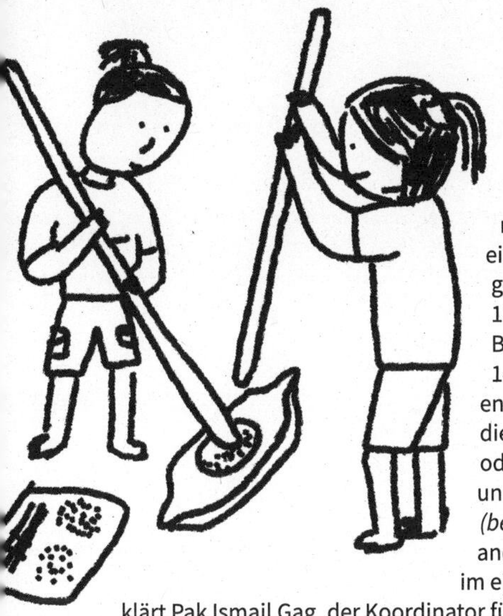

Auch heute noch verwenden die Dayak Bahau zur Berechnung der Reismenge die Doseneinheit. Bemessungsgrundlage ist eine 18-Liter-Dose für Bratöl, was ungefähr 14 Kilogramm Reis entspricht. Sie lagern die Reisrispen *(padi)* oder den gedroschenen und geschälten Reis *(beras)* nicht wie andere Volksgruppen im eigenen Gehöft, erklärt Pak Ismail Gag, der Koordinator für *adat*[1]-Angelegenheiten der Bahau Busang in Samarinda und Mitglied der Bauerngemeinschaft Palaang Urip in Senoni im Distrikt Kutai Kartanegara, Provinz Ost-Kalimantan: „Der Reisspeicher *(lumbung)* der Familie befindet sich immer neben der Hütte auf dem Reisfeld und nicht neben dem Wohnhaus im Dorf. Das heißt, jedes Mal, wenn wir Reis brauchen, müssen wir zum Feld gehen und uns welchen holen."

Der *lumbung* neben der Reisfeldhütte wird als *lepo pare* bezeichnet, hier werden neben dem Reisvorrat auch die Samenkörner, die als Saatgut für die nächste Saison dienen, aufbewahrt. Wenn der *lepo pare* voll ist, wird der übrige Reis unter der auf Stelzen stehenden Reisfeldhütte gelagert – dieser Stauraum wird *kelevung* genannt und hat einen Fußboden und schützende Holzwände. Sollte es dann immer noch einen Rest Reis geben, wird er in Gefäße gefüllt, zum Beispiel in ein *tebilung,* ein rohrförmiges Behältnis aus Baumrinde, und im Inneren der Reisfeldhütte gelagert.

Pak Ismail Gag erzählt, dass es früher auch ein System der Reislagerung im Dorf gegeben habe. Das sei eine alte Tradition des Dorfes Long Tuyoq (Kreis Long Pahangai, Distrikt Mahakam Ulu) gewesen, die mittlerweile nicht mehr fortgeführt werde. In der Sprache der Dayak Bahau Busang nennt man dieses System *mepaang pare,* was „Reis zusammentragen" bedeutet. Noch in den 1980er Jahren gab es diese Praxis, als Pak Bonifasius Belawing Belareq, Oberhaupt des Dayak-Stammes Lung Glaat, das Amt des Dorfvorstehers von Long Tuyoq innehatte. Damals wurde im Dorf eine Reisscheune errichtet, in der Familien, die mehr Reis geerntet hatten, als sie für das Jahr benötigten, ihre überschüssige Ernte lagern konnten; aus diesem Vorrat konnten sich Familien, deren Bedarf über das Jahr nicht durch die eigene Ernte gedeckt war, Reis nehmen. „Bedingung war jedoch, dass im nächsten Jahr die aus dem *lumbung* entnommene Reismenge ersetzt wird, damit dauerhaft Vorräte für die jeweils bedürftigen Familien des Dorfes vorhanden sind", sagt Pak Ismail Gag.

Das System ähnelte damit dem von Dorfgenossenschaften, in diesem Fall bezogen auf die Reisversorgung. Doch die Motivation zur Zusammenarbeit nach dem *gotong-royong*-Prinzip, das in ganz Indonesien für gemeinschaftliches solidarisches Handeln steht, und der Wunsch, den Wohlstand aller Dorfbewohner*innen durch gegenseitige Hilfe zu sichern, hatten ihre Wurzeln im gemeinschaftlich orientierten Leben der Dayak Bahau.

Bei einer anderen Gelegenheit erzählt mir Pak Belawing Belareq noch von einer weiteren Besonderheit der *lumbung* bei den Dayak Bahau. Früher besaßen die *hipui,* die Adligen, die größten Felder unter den Dorfbewohner*innen. So ist es im traditionellen Landsystem geregelt, und diese Regelung hat bis heute Bestand. Das Bestellen dieser Felder, von der Aussaat bis zur Ernte, wurde aber von allen Dorfbewohner*innen gemeinschaftlich übernommen.

Die Reisernte lagerte die Adelsfamilie zunächst selbst ein, doch war sie dazu verpflichtet, ihre Vorräte anlässlich von traditionellen Festen und Ritualen für das Festmahl der Dorfbewohnerschaft herauszugeben. „Weil die Kinder der Adligen heutzutage keinen Reisanbau mehr betreiben, bestellt die Dorfgemeinschaft nur noch einen kleinen, symbolischen Teil der Felder der Adligen als Zeichen dafür, dass die Zeit der Aussaat begonnen hat. Danach dürfen die Dorfbewohner*innen auf ihren eigenen Feldern mit dem Aussäen beginnen", so Pak Belawing Belareq.

Bei einem Besuch bei Damianus Higang (Dami), einem traditionellen Reisbauern und zugleich landwirtschaftlichen Ausbilder im Dorf Long Hubung Ulu (Kreis Long Hubung, Distrikt Mahakam Ulu), erfahre ich etwas darüber, wie die Dayak Bahau gemäß ihrem traditionellen System des Wechselfeldbaus die jeweiligen Grenzen ihrer Felder bestimmen. Im Beisein von Pak Leonardus Iraang Huvat, Dorfsekretär von Long Hubung Ulu, erzählt Dami: „Anfangs wusste ich nicht, was es bei der Auswahl eines geeigneten Feldes zu beachten gibt. Ich habe einfach irgendwo begonnen, das Land vom Wildwuchs zu befreien. Dann bekam ich jedoch den Rat, niemals eine Feldgrenze so zu ziehen, dass eines meiner Felder höher liegt als das meines Feldnachbarns. Das bringe Unglück und könne dazu führen, dass ich immer wieder von Krankheiten heimgesucht werde."

Pak Iraang ergänzt: „Nicht, dass ein Feld von unten aufsteigend und das nächste von oben absteigend angelegt wird. Die Begrenzung darf nicht in einer Steigung liegen. Man muss eine geeignete Stelle für eine Feldgrenze oder einen Grenzgraben finden, damit die Reissamen nicht vom oberen Feld in das darunterliegende rollen können."

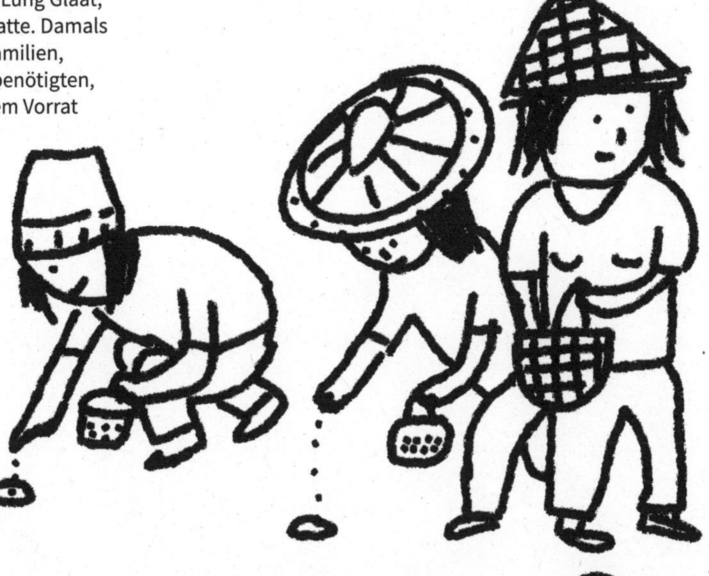

Dami sagt: „Stimmt, das ist es, was wir jungen Leute manchmal nicht verstehen. Die ältere Generation kennt die Feldgrenzen und die Grenzen zwischen verschiedenen Reissorten auf einem Feld, auch ohne dass sie es schriftlich vermerkt haben. Deshalb wissen sie bei der Ernte auch genau, welcher Reis zuerst geerntet werden kann. Das müssen wir erst lernen."

„Das Gleiche gilt auch für die Form der Felder", so Pak Iraang. „Beim Vorbereiten des Bodens muss man aufpassen, dass das dabei entstehende Feld nicht immer schmaler wird und spitz wie eine Speerspitze zuläuft. Stattdessen sollte das Feld zum vorderen Ende hin immer breiter werden. Man muss also die vordere und hintere Grenzmarkierung beachten."

Und Dami weiter: „Auch für die Grenzen zu den Feldern anderer Reisbäuer*innen gibt es Regeln. Wenn ich zum Beispiel hier ein Feld angelegt habe, nutze ich im nächsten Jahr das Stück Land, das vor meinem diesjährigen Feld liegt. Sollte jemand anderer hier ein Feld anlegen wollen, ist das nur links oder rechts von meinem Feld möglich. Sein Feld darf nicht auf der Fläche vor meinem Feld beginnen, ansonsten drohen Krankheiten. Rücke ich nun mit meinem Feld von Jahr zu Jahr immer weiter vor, insgesamt vielleicht ein paar Hundert Meter, so kann es passieren, dass es irgendwann an einem Fluss endet. Wenn ich nach mehreren Jahren bis zu dieser natürlichen Grenze vorgedrungen bin, darf ich wieder zu dem Feld zurückkehren, mit dem ich ursprünglich begonnen habe."

Pak Iraang ergänzt: „Würden Dami und ich zu einer Familie gehören, und ich würde mir das vor seinem Feld liegende Stück Land nehmen, so wäre das trotzdem verboten. In der Vorstellung der Dayak würde Dami mich auf dem Rücken tragen *(nyiun)*, die Dayak Bahau verwenden dafür den Begriff *lungun*. Obwohl ich älter bin als Dami, wäre er mir überlegen, er würde mich sozusagen stützen. Infolgedessen könnte ich krank werden oder mir blieben Glück und Erfolg verwehrt. Auch andere Leute, die nicht familiär miteinander verbunden sind, dürfen das nicht tun."

Dami fährt fort: „Weil diese Regeln für uns selbstverständlich geworden sind, kommt niemand bei der Suche nach einem neuen Feld auf die Idee, sich ein unrechtmäßiges Stück Land zu sichern. Ich komme nicht in die Situation, sagen zu müssen: Lass das. Das hier ist mein Feld. Jeder weiß sofort, dass dieses Feldstück schon jemandem gehört und er sich nur ein Feld nebenan anlegen kann. Sollte sich trotzdem jemand mal ein Feld aneignen wollen, das ihm nicht zusteht, muss man nichts dagegen unternehmen. Die Strafe in Form von Unheil wird ihn früher oder später ein-holen."

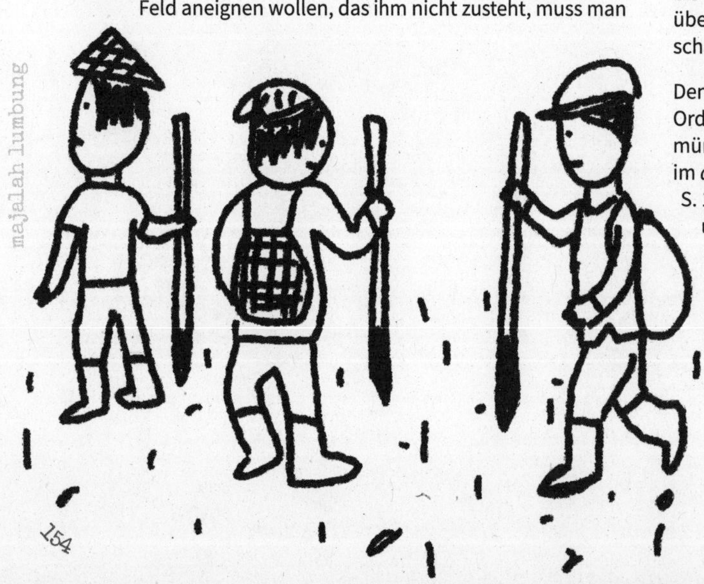

„Man darf auch kein Feld anlegen, das zwischen zwei Feldern liegt, die Mitgliedern einer Familie oder deren Verwandten gehören", sagt Pak Iraang. „Sonst würde man bildlich gesprochen eingequetscht, könnte krank werden oder sogar Familienmitglieder verlieren. Besser sucht man sich woanders ein Feld. Das eingeklemmte Stück Land kann sich jemand nehmen, der zur gleichen Familie wie die Feldnachbar*innen gehört."

Dami erzählt weiter: „Es ist tatsächlich schon vorgekommen, dass sich jemand ein Feld gewählt hat, das zwischen Feldern von Dorfbewohner*innen aus einer Familie lag. Der wurde dann krank. Um wieder gesund zu werden, musste er das *ngaping*-Ritual zur Selbstreinigung oder zum Abwerfen des Pechs vollziehen."

„Auch wenn man ihn ins Krankenhaus gebracht hätte, ohne das traditionelle Ritual *ngaping* wäre er niemals gesund geworden", sagt Pak Iraang.

Gemäß dem *adat*-Gesetzesbuch der Dayak Mahakam Ulu[2] handelt es sich bei *ngaping* um ein Ritual, bei dem ein Medium *(dayuung)* mithilfe eines Cavendish-Bananenblatts Kontakt zu den Vorfahren und Tipang Tenangaan (Gott) aufnimmt, um die Reinigung von allem Schlechten zu erbitten.

Das Gespräch über den Wechselfeldbau und seine Regeln hat gezeigt, dass die Volksgruppe der Dayak Bahau mithilfe ihrer überlieferten Traditionen *(adat)* ein effektives und weitsichtiges System zur Vermeidung von Konflikten bei der Landnutzung entwickelt hat. Indem man beispielsweise keine Feldgrenze an einer Steigung ziehen darf, verhindert man, dass Samenkörner von einem Feld ins andere rollen und dort zu wachsen beginnen. So gibt es zwischen den Reisbäuer*innen auch keinen Streit über die Ernteerträge, denn die Grenzen sind eindeutig. Vermeidet man spitz zulaufende Felder, sorgt man konfliktfrei für eine über Jahre gleichbleibende Anbaufläche in der Hoffnung auf stabile Erträge, ohne Defizite in den Folgejahren.

Die Regeln zeugen davon, wie tief verankert das Bewusstsein für das Teilen des landwirtschaftlich genutzten Bodens ist. Das System der Dayak Bahau funktioniert dabei ohne administrative Verordnungen und auf Papier verbriefte Rechte. Es ist bis heute eine gelebte Praxis der Gemeinschaft. Streitigkeiten über Landnutzungsfragen kommen innerhalb der Gemeinschaft so gut wie niemals vor.

Dennoch gibt es für diesen Fall eine Regelung in der *adat*-Ordnung der Dayak Bahau Busang. Sie wurde ehemals nur mündlich überliefert, findet sich nun aber auch verschriftlicht im *adat*-Gesetzbuch der Dayak Mahakam Ulu; in Kapitel VI, S. 137–138, werden Verstöße im Zusammenhang mit Lebensunterhaltsquellen behandelt, unter anderem im Artikel 80, *Ngetatu* (unerlaubte Bearbeitung / Vereinnahmung von Land). Demzufolge kann jeder, der sich ohne Erlaubnis der Dayak-Bahau-Gemeinschaft oder einer ihrer *adat*-Institutionen Land aneignet, durch den Dayak-adat-Rat des Distrikts Mahakam Ulu mit einer Strafe belegt werden, deren Umfang in Gütern (Art und Anzahl) festgelegt ist. Diese *adat*-Rechtsvorschrift gilt sowohl für Einzelpersonen als auch für Unternehmen der Palmöl-, Bergbau- und Holzindustrie sowie für andere

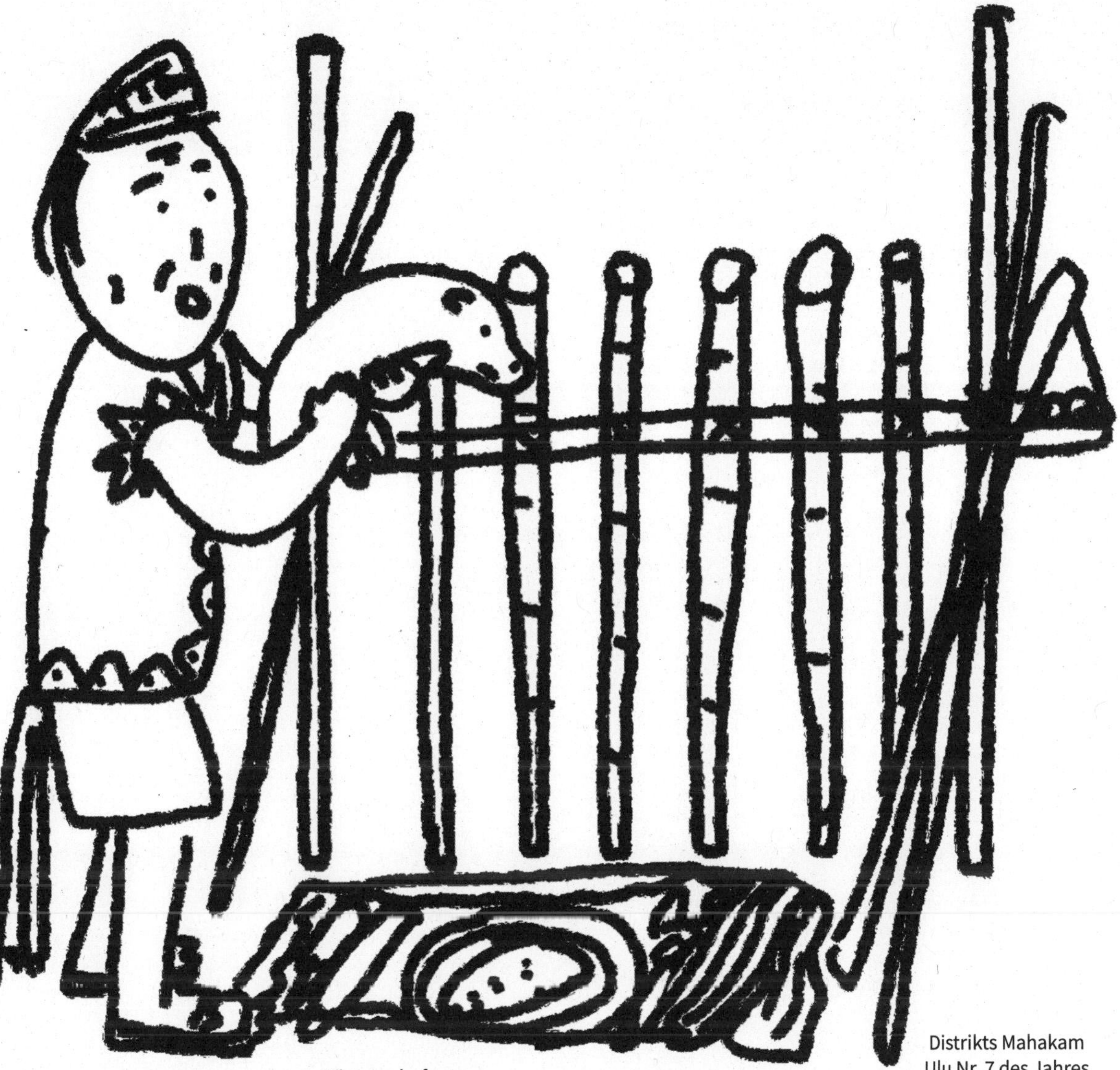

Körperschaften inklusive der Regierung, selbst wenn diese die Absicht hat, zum Beispiel Gebäude für die Gesellschaft zu errichten. Rechnet man den Wert der Güter in Geld um, kann die Strafe eine Höhe von Millionen oder sogar Milliarden Rupiah erreichen.

Das Erscheinen des *adat*-Gesetzbuchs der Dayak Mahakam Ulu im August 2019 wurde vom administrativen Oberhaupt des Distrikts Mahakam Ulu, Bonifasius Belawan Geh, unterstützt und auch von den Vertreter*innen aller *adat*-Institutionen auf Kreis- und Dorfebene unterzeichnet. Die Erstellung dieses Gesetzbuchs durch den *adat*-Rat des Distrikts Mahakam Ulu ist auch vor dem Hintergrund der UNO-Deklaration über die Rechte der Indigenen Völker aus dem Jahr 2007 (S. 31–43) zu sehen. Die Verfasser*innen beziehen sich auch auf die Anerkennung der *adat*-Gemeinschaften und damit der Indigenen Völker und ihrer Rechte in den Gesetzen und Verordnungen der Republik Indonesien, hier sind vor allem der Artikel 18B, Absatz 2 der Verfassung von 1945 zu nennen, die Verordnung des Innenministers Nr. 52 des Jahres 2014 über die Richtlinien für die Anerkennung und den Schutz von *adat*-Rechtsgemeinschaften und die Regionalverordnung des Distrikts Mahakam Ulu Nr. 7 des Jahres 2018 über die Anerkennung, den Schutz und die Ermächtigung der *adat*-Rechtsgemeinschaften und der *adat*-Institutionen (S. 40–44).

1
adat sind mündlich überlieferte Normen, Regeln und Traditionen.

2
Dewan Adat Dayak Wilayah Mahakam Ulu, *Kitab Hukum Adat Dayak Mahakam Ulu*, Malang 2019, S. 105.

mepaang pare

Jonathan Irene Sartika Dewi Max

When we hear the term sharing, what comes to our mind is usually anything that can be done or used together fairly and equitably. In the pattern of communal societies, for example, there is a division of labor, there is also a division of yield. Likewise in the life of the Dayak Bahau community. But what is most striking in this community is the pattern of the harvest distribution. In the first harvest, *pare havat* or a type of fast-harvesting rice, is taken from the fields to be consumed together at the thanksgiving ritual, the *Lalii Ataq*. A few days after the first harvest, a new big rice harvest is also held which after that is closed with a ritual called *petapa baha'* as a prerequisite before all rice yields can be distributed to other families outside the village, for example, to be sent as rice rations to relatives in Samarinda City or to be sold if there is excess after some of the yield has been set aside and stored to be used for their own consumption for the year.

One of the villages that still preserves the *petapa baha'* custom is Liu Mulang Village, Long Pahangai Sub-district, Mahakam Ulu District. The *Petapa baha'* ritual in the Dayak Bahau Busang custom takes place on a river coral *(karangan)* which is located upstream of the river. *Karangan* itself is a plain in the shallow Mahakam watershed and is usually covered with river rocks which they often call Mahakam coral. On the plain, from first thing in the monring, the residents come in groups by single-engine speedboat (*cas* boat), carrying their respective family members. There, they build a tarpaulin hut and light the fire to cook new rice. Then, together, they are obliged to eat the rice they have just harvested. This activity is done while relaxing from the harvest work carried out around February to April, depending on the start of the planting season in each village.

Today, harvested rice in the Bahau Dayak community is measured in a can. The can is an 18-liter can of cooking oil or the equivalent of approximately 14 kilograms. With regard to rice storage, there are two systems that the Dayak Bahau apply. According to Mr. Ismail Gag (a member of the Palaang Urip Farmers' Group, Senoni, Kutai Kartanegara District, East Kalimantan Province, and the Coordinator of Lumaq/Dumaan Customary Affairs of the Bahau Customary Institute of Busang Samarinda), the Bahau Dayak people do not have a tradition of storing husked rice or rice at home. He said, "*The family's* lumbung *is always located in the hut in the field, not at the house in the village. So, every time we need rice, we have to go to the field to get it.*"

Husked rice or rice is generally placed in a storage *lumbung* which is separate from the hut in the field, the *lepo pare*. What is stored in the *lepo pare* is the main rice and also rice seeds which will be used as seed material for the next planting season. When the *lepo pare* is full, the rice is stored at the bottom part of the hut called *kelevung*. Even though the *kelevung* is located under the hut, it also has a floor beneath and is covered with wooden walls. If there is still excess rice to be stored, then it is placed in a hut in a tube-shaped bark container called *tebilung*.

Mr. Ismail Gag also talked about the presence of a storage system in the village, but this tradition was an old tradition in Long Tuyoq Village, Long Pahangai Sub-district, Mahakam Ulu Regency, which is no longer practiced by the local community. In the Bahau Busaang language, this system is called *mepaang pare,* or collecting rice. This tradition was practiced when Mr. Boniface Belawing Belareq, the head of the Lung Glaat Dayak Tribe, served as an official in Long Tuyoq Village in the 1980s. In this tradition, there is a *lumbung* provided in the village area where families whose harvest yield is more than what they need for a year would store the remaining rice there so that families whose harvest is less than what is needed can use it. "*But there is a condition that must be met. In the following year, the amount of rice used must be replaced and put back there so the supplies are maintained for other families,*" said Mr. Gag.

The customary system is almost similar to the principle of village cooperatives, but it is in the form of rice. However, the spirit of mutual cooperation and mutual assurance of welfare among residents has grown as part of the communal life of the Dayak Bahau community.

On another occasion, Mr. B. Belawing Belareq (Head of the Lung Geliit Dayak Tribe) said something else as regards the traditional rice *lumbung* of the Dayak Bahau community. He recounted that long ago the *hipui* (nobles) had the most extensive farmland compared to other family members in the village. It is part of the customary land order which is still recognized today. In the process, the harvesting and planting in the *hipui* family's fields were done jointly by the entire village.

The rice harvest was then stored by the *hipui* family themselves, but later the rice savings would be taken out to meet the needs of traditional events that require consumption for the villagers. "*Nowadays, because the young people no longer work in the fields, the planting process only takes a small part of the* hipui*'s field as a sign that the planting season has started. That way, villagers can start planting in their respective fields,*" said Mr. Belawing.

Talking about farmland, Damianus Higang, a traditional farmer and an agricultural extension worker from Long Hubung Ulu Village, Long Hubung District, Mahakam Ulu Regency, explained how the Dayak Bahau community's tradition determined the boundaries of farmland in the village. On this occasion, he and Mr. Leonardus Irang Huvat, a traditional secretary of Long Hubung Ulu Village, shared their stories.

"*At first, I didn't understand anything about the proper time to clear the fields. I would just cut the weed. But someone advised me, 'You must not have the field boundary on the part of the land where one is higher and the other is lower, it may make you get sick*'," Dami said.

Mr. Iraang chimed in, "*You must not start from the bottom, one from the top, in one slope, you must not do that. So, we have to find a clear dike or valley boundary so that the rice seeds from above don't roll down into the fields below.*"

Dami said, "*Now, this is what young people sometimes don't understand. Even though the elderly people did not take notes, they remember very well where the boundaries of fields and the boundaries of different types of rice are in one field. Hence, at the harvest time, they know which rice to be taken first. This is something that we have to learn.*"

"*Likewise, with the shape of the field,*" continued Mr. Iraang. "*Our direction is forward to open the field, do not taper like the tip of a spear, but it must be widening. So, when cutting the plants in the fields, we have to pay attention to the front and back lines so that the front doesn't narrow down.*"

Dami continued, "*And, there are also rules about the boundaries with other people's fields. For example, if I opened a field here, then it will be mine for the following year. If someone else wants to open a field, he has to open it on the left or right, he can't open a field in front of my field, he can get sick later if he does. Then, if I move forward, the boundary of my arable field in the next few hundred meters could be a river, but if it reaches that limit in the next few years, I can reopen this original field for planting again.*"

Mr. Iraang added, "*If we (Dami and I) were two people from the same family and then I opened a field in front of his (Dami), that's not allowed, either. The Dayaks would say, Dami whose field is behind me* nyiun *(carries on the back) me. The Bahau People called it* Lungun. *I, who is behind him, will lose to him even though I'm older. It's like I am supported by Dami, and as a result, I will get sick or have lack of sustenance. Other people outside of family relations should not do the same thing, either.*"

Dami further explained, "*With this becoming a habit, no one intends to steal land when clearing the land to open a field. I don't have to say 'no, that's my farm'. People will immediately know that the land already belongs to someone and they can only take the land next to it. Even if that person still intends to steal the land, just let him, something bad will happen to him, anyway.*"

"*A person also can't open a field between plots of land owned by other people who are still part of the family or relatives,*" said Mr. Iraang. "*He would be squeezed, and he can get sick and even have a family member dies, so it's better to open a field in another land while the squeezed land can still be cleared by the relatives.*"

Dami continued, "*Indeed, once there was a person who opened a piece of land in the middle of fields belonging to other people who are still relatives, then he got sick. In order for him to heal, the person had to perform a customary ritual,* ngaping, *such as cleaning himself or throwing away the bad luck so that he could recover.*"

Mr. Iraang said, "*Even if the person goes to the hospital, he won't be able to recover if he doesn't perform the customary ritual,* ngaping."

According to the Customary Law of Dayak Mahakam Ulu (2019, p. 105), *ngaping* is a ritual with a medium called *Ubungputeq Uraan* (the leaf of *Musa acuminata* Cavendish Subgroup banana) by a *Dayuung* as a way of communicating with the ancestors and *Tipang Tenangaan* to clean up all things that are not good.

From this conversation, we can draw a valuable lesson from the tradition of the land clearing of the Bahau community, which in fact already has a system of preventing land tenure conflict in place. For example, by not demarcating fields on the same sloping land, no seed will wastefully roll and grow in the adjacent field. Therefore, no problem between farmers with regard to harvesting the yields of their respective fields occurs since the boundaries are clear. Clearing the land and making the fields open up and widen instead of narrowing like the tip of a spear also implies an aspiration that the yields from the fields are always stable so that they do suffer from shortage in the following year.

Thus, the farming tradition of the Dayak Bahau people already contains an awareness to share the land use even without administrative records, in black and white. This awareness has been a community practice until now, so there is almost no dispute between fellow Dayak Bahau residents due to claiming other people's fields. This is governed in the Customary Law of Dayak Bahau Busang in the Mahakam Ulu Dayak Customary Law (2019, p. 137–138) Chapter VI concerning Violations of Livelihoods Article 80 *Ngetatu* (Cultivating/Pilfering Land Without Permit). In this article, the perpetrators of land pilfering without the permission of the community or customary institution, applicable to individuals, palm oil plantation companies, mining companies, timber companies, and other companies including the government that intends to facilitate development for the community may be subject to sanctions by the Dayak Customary Council of the Mahakam Ulu Region in the form of fines that must be paid with customary goods of which type and amount have been specified. And if the fine is converted to the value of money, it can reach millions and even billions of rupiah.

The issuance of the Mahakam Ulu Dayak Customary Law was also supported by the District Head of Mahakam Ulu District, Bonifasius Belawan Geh, in August 2019 and also signed by representatives of each District Customary Institution and Village Customary Institution. The adoption of this customary law is also based on the rights of Indigenous peoples stipulated in the United Nations Declaration on the Rights of Indigenous Peoples (pp. 31–43). It also includes the acknowledgment of Indigenous Peoples based on domestic laws and regulations, including the 1945 Constitution of the Republic of Indonesia Article 18B Paragraph (2), Regulation of Minister of Home Affairs Number 52 of 2014 concerning Guidelines for Recognition and Protection of Indigenous Peoples, and The Regional Regulation of Mahakam Ulu District Number 7 of 2018 concerning Recognition, Protection, and Empowerment of Indigenous Law Communities and Customary Institutions (pp. 44–40).

Reference:

The Dayak Customary Council of the Mahakam Ulu Region. (2019). The Customary Law of Dayak Mahakam Ulu. Malang: Kota Tua.

Ein Blick auf Gradiasi: lumbung und das Wissensmanagement einer sozialen Bewegung

Maulida Raviola
übersetzt von Martina Heinschke

Die Ausgangssituation

„Tatsächlich sind die Zustände, die wir (Menschen mit Behinderung) erleben, die Folge eines Konzepts von Entwicklung, in der wir keinen Raum haben, weil wir als unproduktiv angesehen werden. Entwicklung ist wie ein Flugzeugträger, auf dem wir (Menschen mit Behinderung) uns nicht bewegen können. Die Frage an Behindertenorganisationen und -aktivist*innen lautet daher: Wo werden wir uns in diesem System positionieren?"[1]

Das Management von Wissen ist ein untrennbarer Bestandteil sozialer Bewegungen. Aus der Reihe der Definitionen, die Studien zum Wissensmanagement bereithalten, können wir ein praxisorientiertes Verständnis von Wissen als „Handlungsfähigkeit" entnehmen, und damit verbinden wir das Sammeln von Daten, Methoden, Prinzipien und Techniken als Grundlage für das Erreichen von Zielen. Diesem Verständnis zufolge lässt sich sagen, dass eine Bewegung ohne gemeinsame Wissensbasis nicht über ausreichend Kraft und Fähigkeiten verfügt, um ihre Ziele zu erreichen. Daher werden unter Aktivist*innen Fragen des kollektiven Wissensmanagements als Grundlage von Bewegungen beziehungsweise als „Bewegungswissen"[2] vielerorts diskutiert.

Innerhalb der Behindertenbewegung in Indonesien zählt die Sekolah Gerakan Advokasi Indonesia Inklusif (Schule der Advocacy-Bewegung Inklusives Indonesien, kurz Gradiasi) zu den Initiativen, die sich mit Wissensmanagement befassen. Gradiasi ist ein kollektives Projekt, getragen von Behindertenaktivist*innen verschiedener Organisationen und Regionen, das auf zwei Herausforderungen reagiert: den Schulungsbedarf von Aktivist*innen und den Mangel an Diskurs in der Behindertenbewegung Indonesiens – gemeint ist damit vor allem, dass es keinen Diskurs gibt, der von den authentischen Erfahrungen der Behindertenaktivist*innen ausgeht und diese in den Mainstream der Entwicklungspolitik und in breitere zivilgesellschaftliche Bewegungen[3] hineinträgt. Gradiasi will den Diskurs der Behindertenbewegung, der unbestreitbar stark von entwicklungspolitischen Programmen der Industrieländer beeinflusst wird, mit dem „Graswurzel-Wissen" zusammenbringen – der langen Erfahrung der Aktivist*innen bei der Mobilisierung von Menschen mit Behinderung und bei der Schaffung eines Bewusstseins, das es diesen Menschen ermöglicht, als organisierte Gruppe ihre Rechte als Bürger*innen einzufordern.

In diesem kurzen Beitrag nehme ich die Prozesse in den Blick, die Gradiasi bei der Umsetzung dieses Vorhabens bislang durchlaufen hat, wobei ich das *lumbung*-Konzept auf die Praxis des Wissensmanagements in der Behindertenbewegung anwende. Ich frage also: Wie werden an der Schnittstelle zwischen zivilgesellschaftlichen Organisationen und sozialen Bewegungen *lumbung* zur Sammlung und zum Teilen von Wissen errichtet? Welches Wissen wird dabei zu welchem Zweck und für wen gesammelt? Wer ist alles beteiligt und wie findet ein Aushandeln von Wissen in diesem Prozess statt? Daran schließt sich eine weitergehende Frage an: Ist das *lumbung*-Konzept ein Modell für das Wissensmanagement von und in den sozialen Bewegungen Indonesiens?

***lumbung* und das Verhandeln von Wissen**

Die Entwicklung der Behindertenbewegung in Indonesien begann in den späten Jahren des Suharto-Regimes, also noch vor der politischen Reformbewegung *(reformasi)*, die 1998 Suharto zum Rücktritt zwang. Initiator*innen der Behindertenbewegung waren Einzelpersonen und Behinderten-

organisationen, die außerhalb des Systems von Anerkennung und Kontrolle durch die Regierung agierten. Die Gründung verschiedener Behindertenorganisationen und -kollektive war damals eine Form des Widerstands gegen das Entwicklungsparadigma, das die dichotome Denkweise von Normalität/Abnormalität perpetuierte und Menschen mit Behinderung ausschließlich auf die Position als Empfänger*innen karitativer staatlicher Hilfsprogramme festschrieb. Nach der politischen Reform *(reformasi)* wuchs das Bewusstsein dafür, dass das Wissen als Grundlage oder Blaupause für die Behindertenbewegung durchaus eines Managements bedarf, insbesondere als nach der Tsunami-Katastrophe 2004 in Aceh den zivilgesellschaftlichen Organisationen viele internationale Hilfsgelder zuflossen. Für Bahrul Fuad[4], Behindertenaktivist und Mitglied der Plenarkommission 2020–2024 der Nationalen Kommission gegen die Gewalt an Frauen (Komnas Perempuan), basiert dieses Bewusstsein auf der Erkenntnis von Behindertenaktivist*innen, dass ausländische Geldgeber die Programme der Bewegung zu stark dominieren. Man sehe die Gefahr zu großer finanzieller Abhängigkeit und zudem die Dominanz eines reaktiven im Gegensatz zum kreativen Handeln.[5]

Die Anstrengungen, kollektives Wissen mit dem Schulungsprojekt Gradiasi weiterzuentwickeln, werden seit Ende 2017 vorangetrieben. An den ersten Diskussionen nahmen verschiedene Organisationen von Menschen mit Behinderung teil sowie Organisationen, die sich mit behindertenspezifischen Fragen befassen; federführend waren Talenta (Solo), SIGAB (Yogyakarta), Dria Manunggal (Yogyakarta), SAPDA (Yogyakarta), SEHATI (Sukoharjo), PPDiS (Situbondo), PerDIK (Makassar), YAKKUM (Yogyakarta), Karina KAS (Klaten), Bahtera (Ostsumba), Pattiro (Bogor), PSLD Universitas Brawijaya (Malang) und YASMIB (Makassar). Im Rückblick auf die Diskussionen während der Anfangsphase ist es interessant zu beobachten, wie Gradiasi bei dem Versuch, ein gemeinsames Wissen zu formen, zu einem Aushandlungsraum wurde: In der Debatte über die Terminologie wurde beispielsweise der Begriff *inklusi* (Inklusion), der im heutigen Entwicklungsjargon eine so große Rolle spielt, hinsichtlich seiner Bedeutungsbreite als eher schmal bewertet im Vergleich zu dem in der indonesischen Sprache bereits seit Langem bestehenden Begriff *kebhinekaan* (Vielfalt, Diversität)[6]. Diskussionen löste auch der Begriff *aksesibilitas* (Barrierefreiheit, Zugänglichkeit) aus – wegen des Konnotats „Selbstständigkeit", „Autonomie" sah man in diesem Begriff zu sehr den Geist von Wettbewerb und Konkurrenz eingeschrieben, während in der gemeinschaftlich orientierten indonesischen Gesellschaft das Ideal gegenseitiger Unterstützung tiefer verwurzelt sei.[7]

Neben der zu wählenden Terminologie diskutierten die Initiator*innen von Gradiasi auch, inwieweit unter den Aktivist*innen der Behindertenbewegung ein kritisches Bewusstsein stärker verankert werden sollte. Nach Ansicht einiger Aktivist*innen lässt sich die soziale Konstruktion von Behinderung nicht von den Beziehungen zwischen den Akteuren in den sozialen, politischen und kulturellen Kontexten, die sie umgeben, trennen. Ein Verständnis der sozialen Strukturen, die Menschen mit Behinderung marginalisieren, sollte daher zum Grundwissen aller Aktivist*innen gehören; auf dieser Basis könne ein kritischer analytischer Rahmen geschaffen werden, der zur Aufklärung und Sensibilisierung der breiteren Gesellschaft genutzt werden könne. Demgegenüber deuten die Erfahrungen der Aktivist*innen in den vergangenen fünf Jahren darauf hin, dass sie eher pragmatische Unterstützung benötigen, um die Rechte von Menschen mit Behinderung einzufordern: Sie müssen lernen, wie sie Daten erheben, wie sie Zugang zu Ressourcen aus den Etats der Regionalverwaltungen erhalten und wie sie eigene Communitys organisieren. Die Aktivist*innen gehen davon aus, dass Tätigkeiten wie die Datenerhebung, die Teilnahme an Planungssitzungen für Entwicklungsmaßnahmen auf der Dorf- oder Stadtteilebene und die Organisation von Behindertengruppen weitaus größeren Einfluss auf das Wohlergehen von Menschen mit Behinderung haben. Vor diesem Hintergrund wurde eine intensive Debatte über die Gewichtung von ideologischen und praktischen Fähigkeiten im Gradiasi-Schulungsprogramm geführt. Im lebhaften Austausch über die Grenzen von Generationen, Kulturen und Disziplinen hinweg arbeiteten die Aktivist*innen so an einer umfassenden Wissensstruktur als gemeinsamer Basis, um die Ziele der Bewegung zu erreichen.

Trotz dieser Debatten und Aushandlungen blieb es das Hauptziel beim Aufbau von Gradiasi, eine neue Generation von Aktivist*innen zu gewinnen und zu stärken. Das war bei allen Überlegungen richtungsweisend, etwa bei der Frage nach Art und Struktur des Wissens, das gesammelt und vermittelt werden soll, oder auch bei der Frage, wer an diesem Prozess aktiv beteiligt sein soll. Zumindest sollte ein Wissen entwickelt werden, das Führungskräfte hervorbringt, die in der Lage sind, auf lokaler Ebene eine unabhängige Gemeinschaft zu organisieren, die nicht abgehoben und aus ihrem Umfeld entwurzelt sind und fähig, in ihrem Umfeld Quellen der Stärke zu identifizieren. Insbesondere Frauen oder Mütter von Kindern mit Behinderung wurden als potenzielle Führungskräfte erkannt, denn in Familien, die mit Behinderung umgehen müssen, sind es meist die Mütter, denen die wichtigste Rolle bei sozialen Akzeptanzprozessen zukommt. Darüber hinaus verschaffte sich Gradiasi, so weit möglich, einen Überblick über Graswurzel-Behindertenaktivist*innen außerhalb Javas, die noch nicht in soziale Entwicklungsprogramme einbezogen sind – bislang hatten die sich nämlich auf Java konzentriert. Der erste Kartierungsprozess lieferte ein interessantes Bild davon, wie Gradiasi – als ein Fallbeispiel für die *lumbung*-Praxis – die Strukturen und Zuständigkeitsbereiche ihrer Mitglieder und ihres Territoriums innerhalb des Prozesses der Produktion und Verteilung von Wissen definiert.

Nach diesen vorbereitenden Prozessen einigten sich die Initiator*innen von Gradiasi schließlich auf einen Wissensfluss, der mit einer Einführung in Fragen der Identität von Menschen mit Behinderung beginnt und über die Auseinandersetzung mit der Geschichte und den kulturellen Paradigmen von Behinderung in Indonesien zur Vermittlung praktischer Fähigkeiten bei der Organisation von Menschen mit Behinderung zu einer Community führt. In thematischen Unterrichtseinheiten sollen Kenntnisse über politische Interessenvertretung, Katastrophenmanagement, gemeindebasierte Rehabilitation und Datenerhebung vermittelt werden, um die organisatorische Arbeit zu stärken. In diesem Sinne hält Gradiasi daran fest, dass das Thema Behinderung in Indonesien nicht von den historischen, kulturellen, wirtschaftlichen und politischen Kontexten getrennt werden kann, und macht Berührungspunkte mit den Anliegen anderer Bewegungen deutlich, bei denen es um Geschlechtergleichstellung, Arbeit, Raummanagement und Umweltzerstörung geht.

Modularisierung des Bewegungswissens

Nach weiteren Planungsdiskussionen konnte das Gradiasi-Schulungsprogramm 2020 an den Start gehen. Der Beginn fiel damit mitten in die Covid-19-Pandemie, die das Lernen in Präsenz unmöglich machte. Die angebotenen Online-Lernsitzungen wurden jedoch gut angenommen und führten mehr als 116 Behindertenaktivist*innen (mit und ohne eigene Behinderung) aus 37 Distrikten und Städten zusammen. Die Ansätze und Methoden wurden aus der Erwachsenenbildung übernommen. Großes Augenmerk lag auf direktem Praxisbezug, hier insbesondere Fragen der Organisation von Selbsthilfegruppen und die lokale Datenerhebung und Forschung – um auf diese Weise einige der Probleme anzugehen, mit denen Menschen mit Behinderung in ihrer jeweiligen Region konfrontiert sind. Die Teilnehmenden konnten einzelne Lernmodule auswählen, um ihre Fähigkeiten entsprechend ihrer Rolle und Aufgaben in der jeweiligen Community zu vertiefen. Wie in *lumbung*-Gemeinschaften Ressourcen geteilt werden, versuchte man hier also, das Wissen mit den Bedürfnissen und der sozialen Rolle der Teilnehmenden zusammenzubringen – die Mitglieder dieser lernenden *lumbung*-Gemeinschaft konnten so ihre Fähigkeiten gemäß den Chancen und Herausforderungen ihrer Umgebung weiterentwickeln.

Interessant an diesem Wissensverteilungsprozess ist der modulare Charakter, der sich aus der *lumbung*-Praxis ergibt. Modular organisiertes Bewegungswissen wird nicht als Ganzes vermittelt, sondern lässt sich auf die Bedingungen im Aktionsraum der Teilnehmenden abstimmen. Ziel ist es, ihre Handlungsfähigkeit zu verbessern in dem Sinne, dass sie nicht einem vorgegebenen Modell folgen, sondern kreativ handeln. Natürlich hat die Kreativität Grenzen – die Community-Mitglieder können sich nicht gänzlich vom entwicklungspolitischen Mainstream und den damit verbundenen Projekten abkoppeln, sie müssen immer auch Kollaborationen und Kompromisse eingehen. Dennoch

1
Diese Frage stellte Setia Adi Purwanta, Direktor von Dria Manunggal, einer 1991 gegründeten Organisation für andersbegabte Menschen mit Sitz in Yogyakarta. In den 1990er Jahren gab es intensive Diskussionen zwischen ihm und Mansour Fakih – einem wichtigen Denker über die sozialen Bewegungen in Indonesien. Diese Diskussionen brachten den Begriff *difabel (differently able people,* andersbegabte Menschen) hervor als eine Alternative für den im Indonesischen im offiziellen Kontext weithin genutzten Begriff *penyandang cacat* (Menschen mit Behinderung, wörtlich „Leidender an einem Fehler"), der in dem noch von Suharto unterzeichneten Gesetz über Menschen mit Behinderung (Gesetz Nr. 4 des Jahres 1997) verwendet wird.

2
In der ersten Ausgabe der wissenschaftlichen Zeitschrift *Interface,* die sich speziell mit der Forschung über soziale Bewegungen auf der ganzen Welt befasst, sprechen die Herausgeber*innen Laurence Cox und Cristina Flesher Fominaya von „movement knowledge", das sie als das Wissen über Bewegungen verstehen und dem sie Folgendes zurechnen: wie eine Bewegung Wissen produziert, welches Wissen eine Bewegung produziert und wie sie dieses Wissen anwendet.

3
Cox und Fominaya (in *Interface)* sehen ein Spannungsverhältnis zwischen zivilgesellschaftlichen Organisationen und sozialen Bewegungen, wobei sie bei zivilgesellschaftlichen Organisationen eine Tendenz zur Förderung von „weicheren" Formen der politischen Beteiligung und Mobilisierung erkennen, um das Funktionieren des Neoliberalismus aufrechtzuerhalten. Das Vorgehen der sozialen Bewegungen sei hingegen „rauer" und ermögliche einzelnen Gruppen die Beteiligung gemäß ihren eigenen Wünschen, Formen und Zielen.

können wir beobachten, dass die Aktivist*innen, die an dem Lern- und Nachlernprozess von Gradiasi teilgenommen haben, aktiv auf verschiedene Probleme reagieren, mit denen ihre Community konfrontiert ist, beispielsweise wenn sie unvollständige Datenerfassungsprozesse von Menschen mit Behinderung in ihrer Region aufdecken, wenn sie das zögerliche Engagement der Kommunalverwaltungen bei der Erfüllung der Grundrechte von Menschen mit Behinderung anprangern und einen besseren Schutz von Frauen und Kindern mit Behinderung vor Gewalt einfordern. Die Gradiasi-Teilnehmenden sind auch bei der Organisation von Menschen mit Behinderung und ihren Angehörigen in Selbsthilfegruppen und gemeindebasierten Rehabilitationsteams aktiv.

Das *lumbung*-Konzept, wie es bei Gradiasi angewendet wird, kann auch anderen sozialen Bewegungen in Indonesien ein Beispiel für Wissensmanagement sein. Wenn die Entwicklung, wie eingangs bildlich gesagt, einen Flugzeugträger hervorbringt, auf dem soziale Ungerechtigkeit herrscht, sollten die ausgegrenzten Gruppen dies als gemeinsame Herausforderung sehen und nach ähnlichen Konzepten für eine soziale Transformation suchen – auch indem sie Bewegungswissen jenseits der Grenzen ihres eigenen Aktionsraums sammeln und das Potenzial der Modularisierung von Wissen erkennen und nutzen. Nur so kann eine breite Bewegung oder Gemeinschaft entstehen, die sich eine andere Art des Handelns vorstellen kann als nur reaktiv und fragmentiert. Der *lumbung* für Wissen kann ein Anfang sein, um die Vielfalt an Erfahrungen und Perspektiven zu vereinen, das erhöht das Potenzial für kreative statt spaltende Aktionen.

Für Gradiasi ist der erste Schritt in diese Richtung Nachhaltigkeit. Es geht nicht nur darum, ein Lernprogramm zu organisieren. Das Ziel muss vielmehr ein zirkulärer und reflektierter Wissensfluss zwischen den Gemeinschaftsmitgliedern und ihrem *lumbung* sein, damit der *lumbung* für die Gemeinschaft, die ihn trägt, stets relevant bleibt. Für diejenigen, die sich für diesen *lumbung* engagieren, bleibt eine sehr wichtige Frage, vielleicht aber auch für die Aktivist*innen anderer sozialer Bewegungen, die anfangen, eigene *lumbung* zu initiieren: Wie kann *lumbung* eine wirklich transformative Handlungsfähigkeit vermitteln, damit die Bewegung nicht als bloße Interessengruppe endet?

Literatur:

Laurence Cox, Cristina Flesher Fominaya, „Movement knowledge. What do we know, how do we create knowledge and what do we do with it?", in: *Interface,* Nr. 1, 2009. www.interfacejournal.net/wp-content/uploads/2020/03/Full-PDF-Vol-1-issue-1.pdf.

Bahrul Fuad, „Revitalisasi Gerakan Difabel di Indonesia", in: *Jurnal Perempuan,* Nr. 69, 2011, www.caktarno.wordpress.com/2014/09/20/revitalisasi-gerakan-difabel-di-indonesia.

Interview mit Bahrul Fuad, 30. Januar 2022.

Arundhati Roy, „LSM-isasi Perlawanan", 2014, https://medium.com/literasi/lsm-isasi-perlawanan-c11b161914a9.

4
Interview mit Bahrul Fuad, 30. Januar 2022. Bahrul Fuad ist seit Beginn an dem Prozess der Planung und Realisierung von Gradiasi beteiligt und fungiert als der Leiter der ersten Generation von Gradiasi-Schulen.

5
Natürlich steht nicht nur die Behindertenbewegung vor diesem Problem. In ihrem Artikel „LSM-isasi Perlawanan" diskutiert Arundhati Roy, wie durch internationale Institutionen finanzierte Initiativen den Charakter von Widerstandsbewegungen verlieren, bis sie nicht mehr sind als ein bloßer „Job". Auch wenn es einerseits unstrittig ist, dass Hilfsgelder die Realisierung von Anliegen einer Bewegung beschleunigen, ist andererseits auch zu beobachten, dass die Fähigkeiten und kollektiven Werte, die zuvor als Manifestationen der Eigenständigkeit gelebt wurden, langsam verblassen.

6
Setia Adi Purwanta in der anfänglichen Diskussion von Gradiasi, Mai 2018.

7
Slamet Thohari (Aktivist, PSLD Universitas Brawijaya) in der anfänglichen Diskussion von Gradiasi, Mai 2018.

Probing into Gradiasi: lumbung as a Medium for the Management of Movement Knowledge

Maulida Raviola

Introduction

"Actually, the conditions that we (the diffable) are experiencing are the impact of development, in which we have not been provided space because we are considered unproductive. Development is like an aircraft carrier where inside it we (the diffable) cannot move. The question to the diffable organizations and activists then is: where are we going to position ourselves in this system?"[1]

Knowledge management is an inseparable part of social movements. From a number of references on knowledge management, one understanding that can be used is knowledge as "the capacity for action," in which there are a series of efforts to collect facts, methods, principles, and techniques as the basis for achieving goals. In this sense, it is fair to say that without knowledge as a common basis, a movement will not have sufficient power or capacity to achieve its goals. Therefore, knowledge management that is carried out collectively as the basis of the movement,[2] or knowledge about the movement, is a topic that is frequently explored by the actors.

In the context of the disability movement in Indonesia, one of the initiatives undertaken to manage knowledge is through the Sekolah Gerakan Advokasi Indonesia Inklusif (or Inclusive Indonesian Advocacy Movement School, hereafter referred to as Gradiasi). As a collective effort, Gradiasi is driven by diffable activists across organizations and regions to address the need for the regeneration of diffable activists and then respond to challenges regarding the lack of discourse in the disability movement in Indonesia, especially the discourse that departs from the authentic experiences of its movers amidst the broader mainstream development and civil society movements.[3] Gradiasi seeks to bring together the discourse of the disability movement, which, undeniably, is highly influenced by development programs from developed countries, with "undercurrent" knowledge derived from the long experience of its cadres in mobilizing awareness of diffable people to become an organized group in encouraging the fulfillment of their rights as citizens.

This short article attempts to review the process that is gone through at Gradiasi by incorporating the concept of *lumbung* as a practice of managing knowledge of the disability movement. How, in the intersection between civil society organizations and social movements, is *lumbung* constructed as an attempt to gather and share knowledge? What kind of knowledge is collected and for what and whom are the efforts made? Who are the parties involved and how does knowledge negotiation occur in the process? And, more broadly, can *lumbung* be a model offered for the management of knowledge about social movements in Indonesia?

Lumbung and Knowledge Negotiation

In the history of its development, the disability movement in Indonesia which was initiated by individuals and organizations with disabilities outside the umbrella of government control began to emerge ahead of the reform or known as *reformasi.*[4] The establishment of various disability collectives and organizations at that time was a form of resistance against the development paradigm that perpetuated the dichotomous way of thinking about normality/

abnormality and positioned the diffable solely as recipients of charitable government assistance programs. In the post-reform era, the awareness to manage knowledge as a foundation or blueprint for the disability movement has also strengthened, especially in the midst of the rapid flow of international aid funds for civil society organizations that was poured into Indonesia after the Aceh tsunami. As described by Bahrul Fuad, a diffable activist and member of the 2020–2024 plenary commission of National Commission on Violence Against Women (Komnas Perempuan)[5], this awareness is based on the reflection of diffable activists who feel that foreign donor programs are dominating the movement's agenda, which in turn makes the disability movement tend to be reactive rather than creative and dependent on external sources of funding.[6]

Efforts to develop collective knowledge through Gradiasi have been carried out since the end of 2017. The initial discussions of Gradiasi were attended by various disability organizations and organizations working on disability issues, such as Talenta (Solo), SIGAB (Yogyakarta), Dria Manunggal (Yogyakarta), SAPDA (Yogyakarta), SEHATI (Sukoharjo), PPDiS (Situbondo), PerDIK (Makassar), YAKKUM (Yogyakarta), Karina KAS (Klaten), Bahtera (East Sumba), Pattiro (Bogor), PSLD of Brawijaya University (Malang), and YASMIB (Makassar). In the initial discussions of its establishment, it is interesting to see how Gradiasi has become a negotiating space in an effort to form shared knowledge. The debate over the term "inclusion," for example, which is so widely used as a development jargon nowadays, is seen as having a narrower meaning than the term "diversity" which already exists in Indonesian[7]. Likewise, the term "accessibility," with the connotation of independence which is considered to have a tendency to encourage the spirit of competition rather than mutual assistance which is more entrenched in the communal Indonesian society[8].

In addition to the choices of terminology, the initiators of Gradiasi also discussed the extent to which the critical awareness of diffable activists needs to be built and strengthened. For some activists, the social construction of disability cannot be separated from the relations between actors in the social, political, and cultural contexts that surround them. An understanding of the social structures that marginalizes the diffable should become basic knowledge for every activist, so that a critical analytical framework can be established to be used in educating and increasing awareness of the wider community. On the other hand, the experiences of activists in the field, at least for the last five years, show more pragmatic needs to encourage the fulfillment of the rights of the diffable, such as the ability to collect data, to access resources through regional funds, and to manage communities. Activities such as data collection, participation in village and sub-district development planning meetings, and organizing groups of the diffable in villages and sub-districts are considered as types of activities that have far more impact in promoting the welfare of the diffable. In these discussions, the debate about the weight of ideological and practical skills that needs to be accommodated in the learning curriculum became lively with the exchange of insights from diffable activists across generations, cultures, and disciplines, in an effort to develop a comprehensive knowledge structure to achieve the movement's goals.

However, among the various debates and negotiations, the regeneration of activists as the main objective of the implementation of Gradiasi is the most important consideration in deciding the kind of knowledge structure that needs to be collected and distributed, as well as the persons that need to be actively involved in facilitating the process. At the very least, knowledge needs to be developed to create cadres who can be independent in organizing communities at the local level, who are not uprooted from their communities, and are able to identify sources of strength from their social environment. In particular, women or mothers who have diffable children are mapped as potential cadres, because in a family with a member who is diffable, the mother is the most important figure in the process of the self-acceptance of the diffable. In addition, Gradiasi also mapped out grassroots disabled activists outside Java who had not been touched by the development programs that were more concentrated on the island of Java. This mapping process provides an interesting picture of how Gradiasi as a practice of *lumbung* defines the structure and scope of members and their community territories in the process of knowledge production and distribution.

Through the whole process that they had been through, the initiators of Gradiasi finally agreed on a flow of knowledge that started from an introduction to the identity of the diffable, to the history and paradigm of the diffable in the Indonesian culture, and finally to the ability of diffable people to organize communities. Knowledge of policy advocacy, disaster management, community-based rehabilitation, and data collection is provided in thematic classes to strengthen the organizational works. So clearly, the whole process of designing this Gradiasi shows how the disability issues in Indonesia

cannot be separated from the historical, cultural, economic, and political contexts from time to time, with allusions or meeting points that are so close to various other movement issues such as gender equality, labor, spatial management and environmental damage.

Modularization of Knowledge about Movement

After a long series of planning discussions, Gradiasi was carried out in 2020 in the midst of the COVID-19 pandemic which made face-to-face learning impossible.

However, through online learning sessions, Gradiasi was able to gather more than 116 diffable cadres and activists on the disability issues from 37 districts and cities in Indonesia. The andragogic method or approach is used to emphasize direct practice in the learning process of participants, both through community organizing and research, in responding to various problems faced by the diffable in their respective areas. Participants can choose the specific capacity they want to explore, according to their respective roles and abilities in their community. In this case, the learning session as a practice of distributing resources in *lumbung* tried to bring together knowledge with the needs and awareness of the social role of the participants, where participants as part of the learning *lumbung* community can actively adapt their abilities to the existing opportunities and challenges in their environment.

One of the interesting things from this knowledge distribution process is the characteristic of knowledge about movement which is modular, or knowledge that can be placed according to the context of the space where the participants are located. As a result of a *lumbung* practice, this modularity provides the capacity for action which is not authoritative, but creative, for participants or community members. Even within their creative boundaries, the community members still cannot be separated from the mainstream nature of development projects that direct their actions to forms of collaboration and compromise. In these learning and post-learning processes, we can see how the participants of Gradiasi become active subjects in responding to various problems at the community level, such as the data collection process for the diffable that is not comprehensive, the weak commitment of local governments to fulfill the basic rights of people with disabilities, to the protection of diffable women and children from violence. The participants or cadres also move to organize individuals and families with diffable through a community model of self-help groups and community-based rehabilitation teams.

The concept of *lumbung* in the management of Gradiasi can also be an endeavor for a broader knowledge management practice about social movement in Indonesia. In the context of development whose ramifications are marginalization and social injustice as a common "aircraft carrier," the commonality of the challenges faced and parallel ideas on the way

1
The question was asked by Setia Adi Purwanta, Director of Dria Manunggal, a diffable organization founded in 1991 and is located in Yogyakarta. In the 1990s, the intense discussions between Setia and Mansour Fakih—one of the important thinkers on social movements in Indonesia, found the term "diffable" (differently able people or people who are able in a different way) as an alternative to "handicapped persons" which was widely used, which included in the Law concerning Handicapped Persons No. 4 of 1997 signed by Suharto.

2
In the first issue of *Interface*, an academic journal that specifically reviews knowledge about social movements from around the world, the journal editors Laurence Cox and Cristina Flesher Fominaya mention the term "movement knowledge," which involves: how a movement produces knowledge, which knowledge is produced, and how that knowledge is used.

3
Cox and Fominaya (in *Interface*) see that there is a tension between civil society organizations and social movements, where civil society organizations are seen as parties that tend to encourage more "subtle" forms of political participation and mobilization to sustain the operation of neoliberalism, while social movements are more "rough" measures that allow a group to participate according to their own desires, forms, and goals.

to social transformation should open up greater opportunities for movement activists to gather knowledge about the collective movement by seeing the potential for modularity of knowledge—at least, so that it can become a movement or a large community that can imagine ways of working beyond the "push" to be reactive and fragmented. The knowledge *lumbung* can also be the first step to unite the diverse experiences and perspectives as a potential for a creative rather than divisive action.

However, as a first step, Gradiasi cannot be separated from challenges related to its sustainability. Sustainability is not only about organizing the learning session but also ensuring that the flow of knowledge can take place in a circular and reflective manner between community members and their *lumbung*, so that the *lumbung* can continue to be relevant to the communities that live them. This is an important question for the activists, perhaps also for activists of other social movements who have started their own *lumbung* initiatives in various ways: how can *lumbung* truly provide a transformative action for the movement and not stop as merely an interest group?

Reference

Cox, Laurence Cox & Fominaya, Cristina Flesher (2009) *Movement knowledge: what do we know, how do we create knowledge and what do we do with it?* in Interface: Volume 1 (1).

(https://www.interfacejournal.net/wp-content/uploads/2020/03/Full-PDF-Vol-1-issue-1.pdf)

Fuad, Bahrul (2011) *Revitalisasi Gerakan Difabel di Indonesia*, published on Jurnal Perempuan the 69th edition and accessed through https://caktarno.wordpress.com/2014/09/20/revitalisasi-gerakan-difabel-di-indonesia/

Fuad, Bahrul, interview (January 30, 2022).

Roy, Arundhati (2014) *LSM-isasi Perlawanan (NGO-ization of Resistance)*, accessed on the translated article through: https://medium.com/literasi/lsm-isasi-perlawanan-c11b161914a9

4
Bahrul Fuad discusses the history and typology of diffable organizations in Indonesia in an article entitled "Revitalization of the Diffable Movement in Indonesia," which was published in the 69th edition of *Jurnal Perempuan* (2011).

5
Interview with Bahrul Fuad, January 30, 2022. Bahrul Fuad was involved in the entire process of planning and implementing Gradiasi and acted as the principal of the first batch of Gradiasi schools.

6
Of course, this problem is not experienced by the disability movement only. In an article entitled "LSM-isasi Perlawanan (or NGO-ization of the Resistance)," Arundhati Roy discusses how the development projects funded by the international institutions have turned the resistance movement into a mere "work." Although on the one hand it is undeniable that the aid funds also accelerate issues brought about by the movement, on the other hand, the capacity and the collective values that were previously lived as manifestations of self-reliance are slowly fading away.

7
Setia Adi Purwanta in the initial discussion of Gradiasi, May 2018

8
Slamet Thohari (activist of PSLD of Brawijaya University) in the initial discussion of Gradation, May 2018

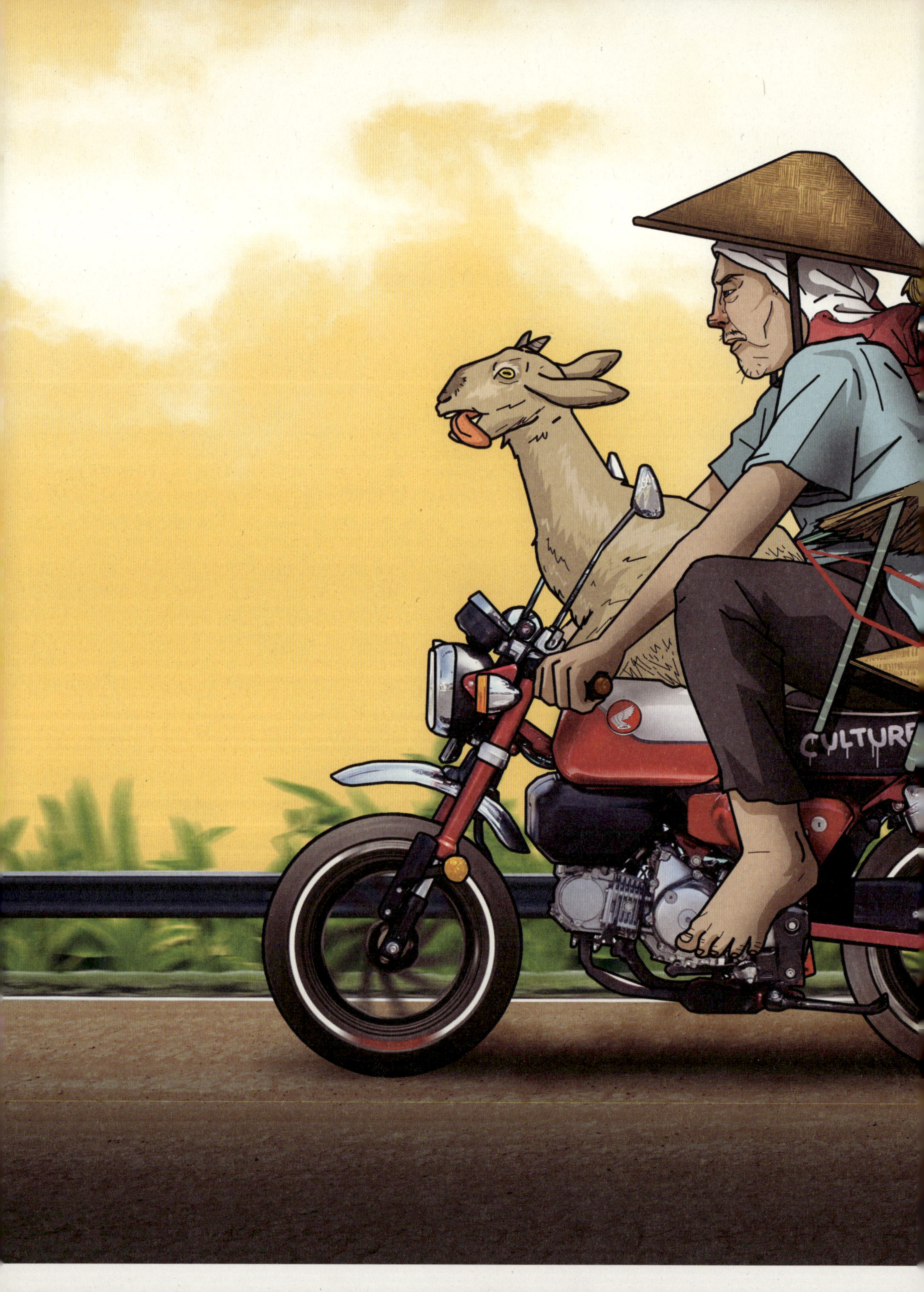
CULTURE

Illustration:
Adhitya
Nisfianto

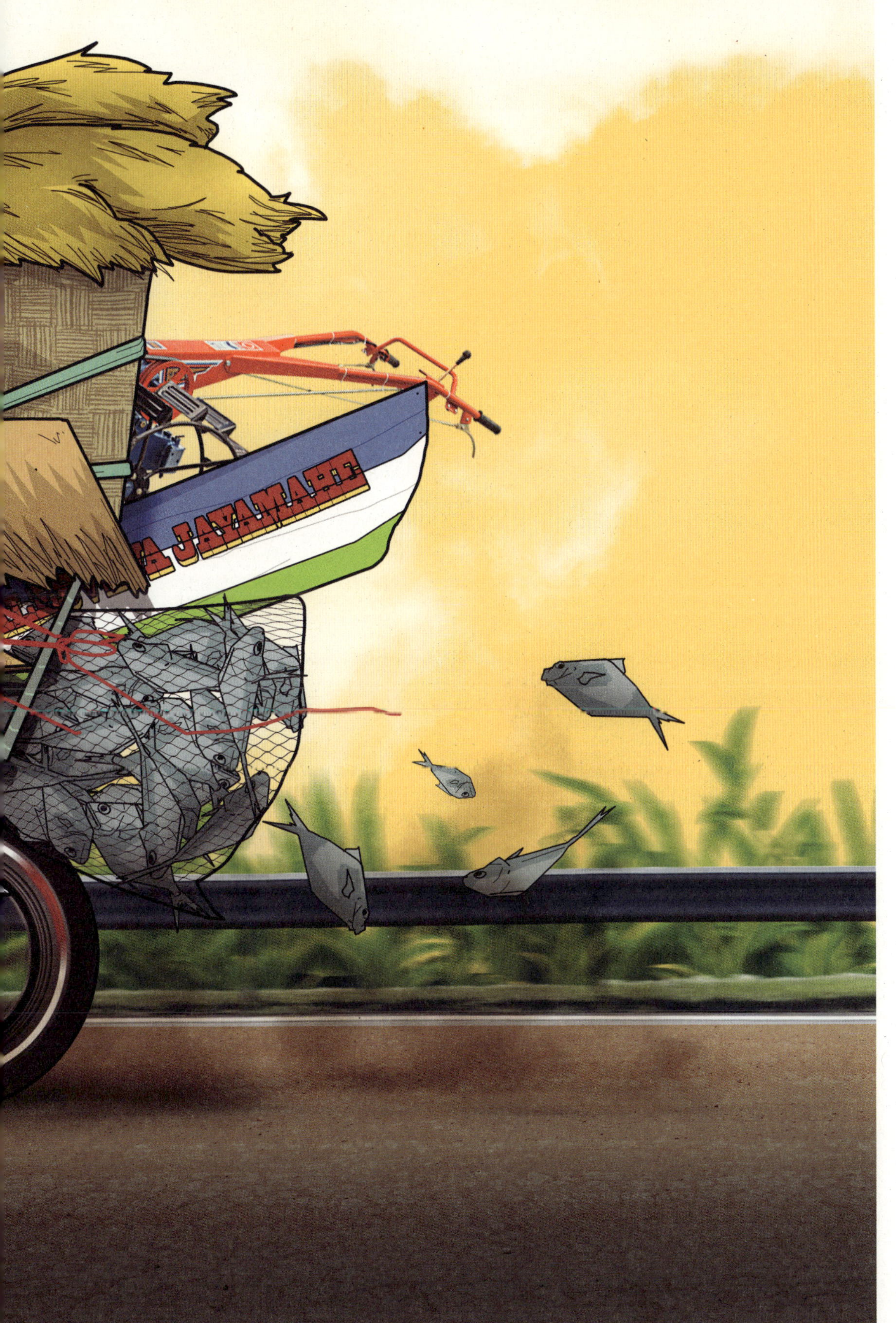

Traditionen des Teilens in Bali: Wasser, Arbeit, Wissen und Kunstfertigkeiten

I Made Susanta
übersetzt und bearbeitet von Martina Heinschke
illustriert von Marishka Soekarna

Bali ist berühmt für seine von Menschen geschaffene Kulturlandschaft: ausgedehnte Reisfelder in den Ebenen und weiter im Landesinneren Reisterrassen, oft schmale, kleinste Parzellen, die sich an Berghänge und steile Taleinschnitte schmiegen. Der Reisanbau beruht auf einem ausgeklügelten Bewässerungssystem, das die Schwerkraft ausnutzt und das bergabwärts fließende Wasser geschickt sammelt, verteilt und durch die Felder Richtung Meer fließen lässt. Gebaut und betrieben wird dieses System seit Jahrhunderten von Bewässerungsgemeinschaften, auf Balinesisch *subak* genannt. Erstmals erwähnt finden wir dieses Wort in Inschriften aus dem 10. und 11. Jahrhundert. Gut tausend Jahre später hat die Unesco die Kulturlandschaft Balis und die Institution der *subak* als Weltkulturerbe anerkannt.

Bewässerungsgemeinschaften gibt es nicht nur beim spektakulären Nassreisanbau, sondern auch in Gegenden mit Trockenreisanbau (im Balinesischen werden daher *subak carik* oder *subak uma* von *subak anbiyan* unterschieden). Die Mitgliedschaft im *subak* ist nicht freiwillig: *subak*-Mitglieder *(krama subak)* sind all diejenigen, deren landwirtschaftlich genutztes Land auf einen Bewässerungskanal angewiesen ist; dazu gehören Landbesitzer*innen, Pächter*innen, Teilzeit-Bäuer*innen und andere. Man kann sich jedoch gegen Geldzahlungen von der aktiven Mitarbeit in der Bewässerungsgemeinschaft befreien lassen. Da die Gemeinschaften vom Lauf des Wassers abhängen, stimmen *subak*-Grenzen nicht immer mit den Dorfgrenzen überein. Je nach Lage der Felder kann es sein, dass ein Bauer auch in mehreren *subak* Mitglied ist.

Das Wasser als Lebensgrundlage hat eine sakrale Bedeutung und steht auch im Zentrum der balinesischen Religion. Bevor sich für diese Religion in den 1950er Jahren im Kontext des unabhängigen indonesischen Staates die offizielle Bezeichnung „Balinesischer Hinduismus“ *(Hindu Bali)* durchsetzte, waren verschiedene Bezeichnungen in Gebrauch, darunter *Agama Tirtha* (Tirtha-Religion), was von der Bedeutung des Wassers herrührt. *Tirtha* steht für heiliges oder geweihtes Wasser, ohne das religiöse Rituale unvollständig sind. Die sakrale Bedeutung des Wassers zeigt sich auch darin, dass die Mitglieder eines *subak* ihre Versammlungen im *subak*-Tempel abhalten.

Die *subak*-Mitglieder haben alle das gleiche Stimmrecht, unabhängig von der Größe ihrer Felder und den Eigentumsrechten. Die einzubringenden Arbeitsleistungen und Geldbeiträge für die Instandhaltung und den Betrieb der Anlagen richten sich jedoch nach der jeweiligen Bewässerungsfläche des Mitglieds. Das zeigt, dass es im *subak* um die gemeinsame, effiziente und vor allem anteilsgerechte Verteilung des Wassers geht. Weil beim Nassreisanbau auf jede Feuchtphase eine Trockenphase folgt, erfordert das System darüber hinaus, dass alle Tätigkeiten vom Bepflanzen bis zur Ernte gemeinsam geregelt werden. Zudem muss sich die Bewässerungsgemeinschaft mit benachbarten *subak* abstimmen, die auf Wasser aus dem gleichen Quellfluss oder künstlich angelegten Wasserreservoir angewiesen sind.

Am Beispiel des *subak* Pulagan auf dem Gebiet des Dorfes Tampaksiring, Distrikt

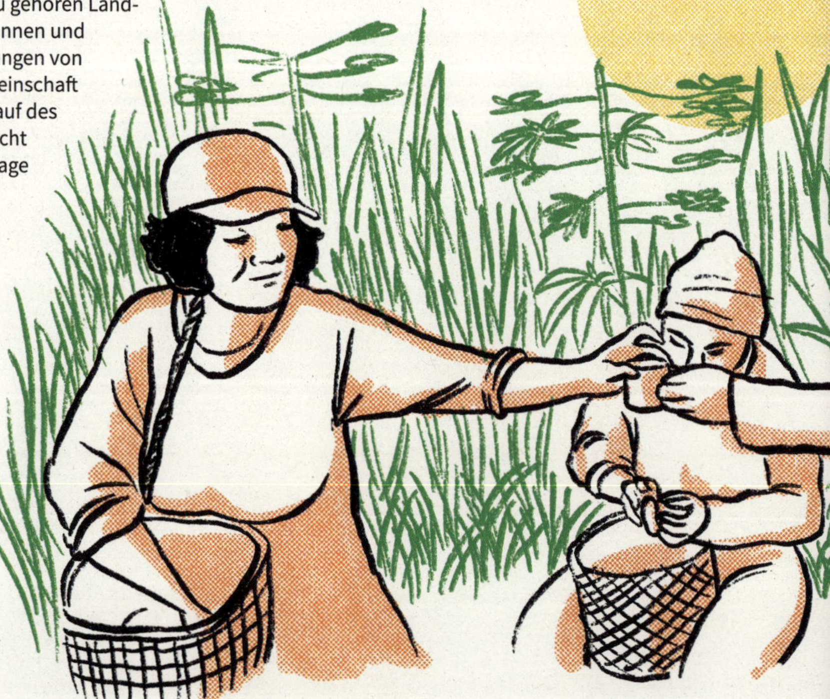

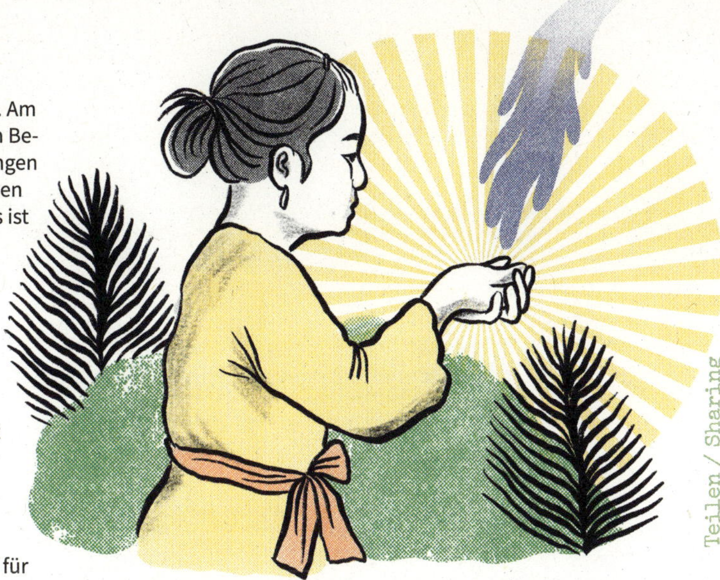

Gianyar, lässt sich das Bewässerungssystem gut erklären. Am Anfang steht die Hauptquelle des Wassers, sie wird in den Becken des Tempels Tirta Empul gesammelt. Vier *subak* hängen von dieser Quelle ab. Die Zusammenarbeit zwischen diesen *subak* und mit der Gemeinschaft des berühmten Tempels ist harmonisch – die im Tempel vollzogenen Rituale gelten auch dem Ernteerfolg. Die Mitglieder aller vier *subak* geben einen Teil der Ernte an die Tempelgemeinschaft ab, für die Rituale und den Unterhalt des Tempels. Von den Becken des Tirta-Empul-Tempels wird das Wasser in künstlich angelegte Kanäle geleitet, die *telebah* genannt werden. Nicht selten müssen beim Bau der Wasserwege auch unterirdische Leitungen *(aungan)* angelegt und Hügel durchdrungen werden. Dann wird das Wasser des Hauptkanals auf die vier *subak* verteilt. Die Wasserverzweigungen werden als *tembuku aya* bezeichnet. Der Hauptkanal eines *subak* fließt entlang der Felder der *subak*-Mitglieder und wird kleineren Kanälen *(pangalapan)* für die Bewässerung zugeführt. Um die Wassermenge zu regeln, die für ein Feld verwendet werden darf, wird ein *pamlagbag* genutzt, das ist ein rechteckiges Holzbrett (30 x 20 cm) mit einer genormten Öffnung, deren Abdeckung für eine gemeinsam festgesetzte Zeitdauer hochgeschoben werden darf – auf diese Weise lässt sich der Wasserzufluss kontrollieren. Laut Wayan Darsana, Mitglied im *subak* Pulagan, hat sich der *subak* auf eine zwei Finger breite Öffnung geeinigt, also etwa 2 x 2 cm. Hier wird mit einem menschlichen Körperteil Maß genommen, ähnlich wie man auch in alten Manuskripten *(lontar)* die Elle als Maßeinheit beim Hausbau findet.

Nicht nur die Ressource Wasser wird in ganz Bali seit alters her gerecht geteilt, auch in anderen Bereichen gibt es überkommene Regeln, denen der Gedanke des Teilens eingeschrieben ist. In dem Dorf Tenganan Pegringsingan, Distrikt Karangasem, werden Landnutzungsrechte und Arbeit geteilt. So erklärt Pak Wayan Sudarsana, das frühere *adat*-Oberhaupt von Tenganan, dass das Dorf über ein Gemeinschaftseigentum von über 200 Hektar Nassreisfelder verfügt. Diese Felder werden auf die Familien des Dorfes verteilt. Jedoch bearbeiten die wenigsten von ihnen das Land selbst. Es ist vielmehr üblich, das jeweilige Land Bäuer*innen aus den umliegenden Dörfern gegen einen Ernteanteil zur Bewirtschaftung zu überlassen.

Auch einer Vorschrift aus der schriftlich überlieferten Dorfsatzung *(awig-awig)* von Tenganan liegt der Gedanke der Arbeitsteilung zugrunde – und zielt darauf ab, allen die Chance auf einen ordentlichen Lebensunterhalt zu geben. So untersagt die Dorfsatzung der Bewohnerschaft, Indigo anzupflanzen, Palmzucker und Arrak herzustellen sowie Zwiebeln und Knoblauch anzubauen. Die bei Zuwiderhandlung angedrohten Strafen reichen von Geldstrafen bis zur Konfiszierung von Land.

Ketut Sumartini, eine Weberin der berühmten indigoblau gefärbten Doppelikat-Stoffe *(kain gringsing)* von Tenganan, erzählt, dass wegen dieser Verbote das Indigoblau seit Generationen im Nachbardorf Bugbug hergestellt wird, wo auch die Webfäden eingefärbt werden. Auch Arrak und Palmzucker werden in Nachbardörfern produziert. Die Bäuer*innen von Tenganan verkaufen die Rohstoffe aus ihren Pflanzungen dorthin, wie Pak Wayan Sudarsana erklärt. In Tenganan sieht man die tradierte Vorschrift als ein Beispiel für die Weisheit und Weitsicht der vorangegangenen Generationen, dass Ressourcen zu teilen sind und dass die Verarbeitung von Rohstoffen nicht allein auf Tenganan konzentriert sein sollte.

Das kollektive Prinzip, das für Agrargesellschaften typisch ist, zeigt sich auch in Lebensbereichen, die nicht von der Landwirtschaft geprägt sind. Eine tragende Institution ist hier das traditionelle „Vereinswesen", der Zusammenschluss von Individuen mit gleichen Interessen in einer Vereinigung *(sekaa)*. Eine Vereinigung kann zur Ausgestaltung von Tempelfesten gegründet werden, sehr häufig finden sie sich im künstlerischen Bereich, etwa im Tanz, in der Musik, im Theater, der Malerei, Schnitzerei und so weiter. Die Zugehörigkeit zu einer sekaa ist nicht zwingend, bereichert aber das eigene Leben und das der Gemeinschaft.

Auf dem Gebiet der Kunst gibt es beispielsweise zwei Muster der Weitergabe von Wissen und Fertigkeiten. Zum einen die enge Lehrer-Schüler-Beziehung, die sehr oft in Künstlerfamilien zu finden ist. Das zweite Muster – häufig mit dem Begriff *cantrik* (Lehrling) umrissen – gibt den Lernenden mehr Freiheiten, sich die Orte des Lernens selbst zu wählen. Gemeinsam sind beiden Formen des Lernens die lockere Atmosphäre ohne Zeit- und Lehrplan und der enge Austausch zwischen Lehrenden und Lernenden. Der Lernprozess ist abgeschlossen, wenn die Nachwuchskraft das Metier beherrscht, wobei der beste Indikator dafür die teilweise oder vollständige Übertragung von Auftragsarbeiten durch die Lehrperson ist.

Kadek Sasangka aus dem Dorf Kamasan Klungkung erzählt, wie er als junger Künstler den traditionellen Kamasan-Stil von seinem Großvater und in der offenen Malschule von I Nyoman Mandra erlernt hat. Er eignete sich einerseits die Maltechniken an (den Kompositionsentwurf, das Skizzieren, die Anbringung der Grundfarbe, die Ausarbeitung der Konturen et cetera) und andererseits Volkserzählungen sowie die Episoden aus den großen Epen *Mahabharata* und *Ramayana*, die das Sujet der Kamasan-Malerei sind. Häufig hat er während der Ausbildung einzelne Tätigkeiten übernommen, so beispielsweise das

Kolorieren der Gemälde, bis er in immer weitere Arbeitsschritte einbezogen wurde und schließlich ein selbstständiger Maler werden konnte.

Auch bei der Herstellung von Masken, beispielweise der mythologischen Gestalten Barong und Rangda, wird auf der Lehrer-Schüler-Basis gemeinschaftlich gearbeitet. Das erzählt I Gusti Made Kembar, ein Maskenschnitzer aus Singapadu. Er unterrichtet viele junge Leute aus dem Umkreis seines Dorfes. Als ich ihn eines Nachmittags besuche, kann ich beobachten, wie er seine Schüler*innen anleitet, wie er ihnen aber auch Gelegenheit gibt, an seinen Werken mitzuarbeiten. Anfangs seien die Schüler*innen gekommen, um zu lernen, wie man Masken schnitzt oder bemalt, insbesondere die Masken des Barong und der Rangda, sagt er. „Wenn sich ein Schüler aber als talentiert erweist, gebe ich ihm gern die Gelegenheit, an einer der in Auftrag gegebenen Masken mitzuarbeiten." Er habe das während seiner Ausbildung bei Cokorda Tisnu und dem verstorbenen I Wayan Tangguh, seinem Nachbarn, genauso erlebt.

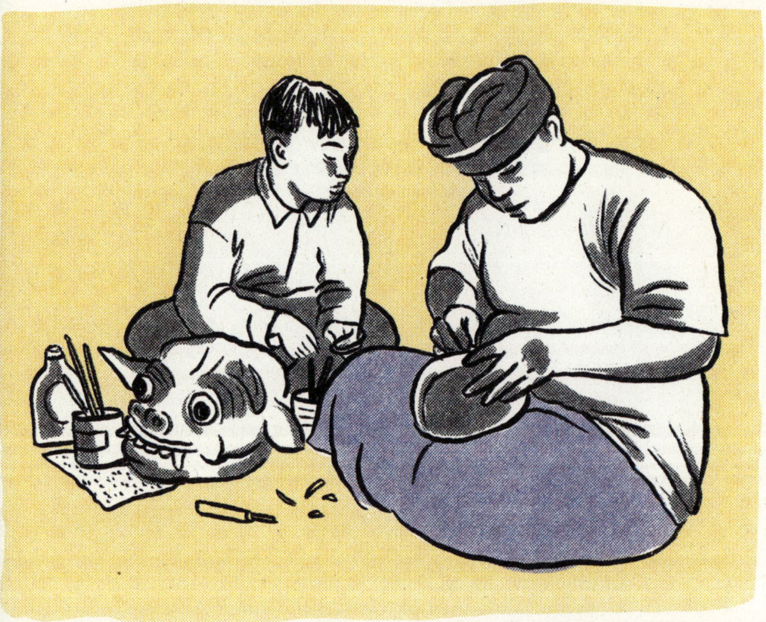

Die Weitergabe von Wissen und Fertigkeiten durch bereitwilliges Teilen ist nicht auf professionelle Künstler*innen beschränkt. Auch im Rahmen der religiösen und rituellen Aktivitäten von Dorf und Tempel wird Wissen von Generation zu Generation überliefert. Alle religiösen Feste sind künstlerisch ausgestaltet und erfordern die verschiedensten Fertigkeiten und Kenntnisse, die bei Vorbereitung und Vollzug des Fests erlernt und jedes Mal weiter vertieft werden. In diesem Rahmen spielen auch die „Vereine für junge Leute" *(sekaa truna truni)* eine wichtige Rolle, die sich gerne im Bereich der visuellen Künste bei Festen engagieren. Andere Vereinigungen kümmern sich um den Erhalt des in der reichen Manuskriptliteratur Balis tradierten Wissens. Der Gemeinschaftsgeist ist also keineswegs auf die Landwirtschaft begrenzt, sondern hat auch in der Kultur eine Form lebendigen kollektiven Zusammenwirkens gefunden.

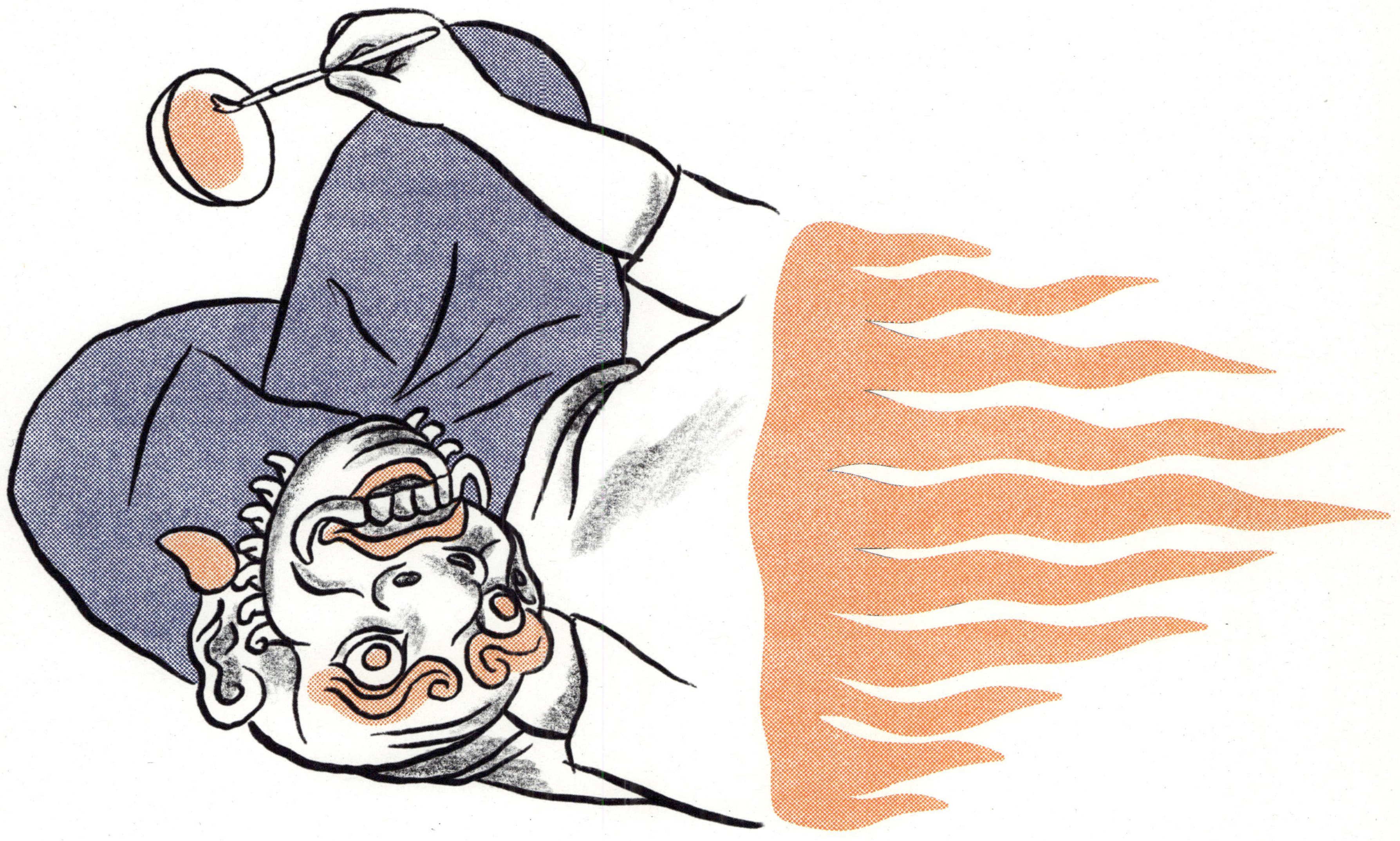

sekaa: From Farmer's Collective to Art Collective

I Made Susanta

What drives humans to live in groups? Historical studies have revealed the story of the journey of human civilization from the time of hunting and gathering to that of farming. During the latter phase, humans began to develop the awareness and need to live in groups, so they started to stay in one place, cultivate the land for farming, and form a social institution called society. This is the forerunner of humans gathering themselves in social togetherness while getting to know the knowledge and practices of farming. So, agriculture is the genesis of the establishment of this group lifestyle. Hence, one can argue that agriculture is the mother of human civilization.

Throughout the history of Bali, agriculture has played a very important role as the root of the formation of Balinese civilization to this day. The Balinese religious system, before it was formally registered and recognized by the state as Hindu in the 1950s, was named after plural names such as Balinese Hinduism, Balinese religion, Shiva Buddha religion, Shiva religion, Tirtha religion, and so on. One of the names for the Balinese religious system is the Tirtha religion. The meaning of the word Tirtha is "holy water." The name of the water religion is given because holy water is always used in every ritual of Hinduism in Bali as a sign that a ritual is deemed to be complete or concluded. This also implies a glorification of water.

Agriculture in Bali cannot be separated from the *subak*. In general, *subak* is defined as an organizational system consisting of farmers or called *krama subak*. The main focus of *subak* activities is the collective agricultural management system, from water management, planting period regulation, to harvesting. *Subak* in Bali consists of two types, namely *subak abiyan* which regulates dry land-based agricultural governance (fields, dry fields), and *subak carik* or *uma* which is based on wetlands (rice/paddy fields). In the wet *subak*, the water management system from the springs to the paddy fields of each *subak* member becomes the focal point of attention. This is done to ensure that all *subak* members get an even share of the water.

Subak as a word that refers to the agricultural organization system in Bali is clearly recorded in ancient inscriptions from the tenth to the eleventh centuries CE. Some of these inscriptions include the Pandak Bandung inscription made by King Anak Wungsu in 1071, the Banjar Celepik-Tojan Klungkung inscription which was made in 1072. The Pengotan Bangli inscription, which was made in Saka year 846 or 937 CE, and the Bwahan Kintamani Bangli inscription, dated to Saka year 916 or 994 CE. In the Pandak Bandung inscription, it is written that the farmers in the sub-district of Telaga, every third and ninth month start getting ready to work on the fields by first making three *empangan* (weirs) or *tembuku*. *Tembuku* are still used by farmers in Bali, which are created by breaking a stream to be distributed and shared to residents' rice fields. In the Banjar Celepik-Tojan inscription, there is a description that on certain days a number of residents (farmers) should go to King Anak Wungsu to submit a request to work on the rice fields located in the Rawas *subak*. This inscription also describes several technical details such as tax arrangements for landowners to the kingdom, determination of boundaries, the expanse of the *subak* area, including the decision on which rice fields to be used as "*pelaba* temples." One-third of the rice fields that are used as "*pelaba*" is handed over to the king, while the remaining two-thirds are handed over to the *subak* administrators to then be used to carry out religious rituals in the *subak*. This inscription contains the nature of the relationship between the king, the *subak* administrators, and the *subak* members with regard to the tax system concerning harvest yields.

In addition to showing the existence of *subak* as an organization that governs, agriculture the various written records in the inscription found from the centuries CE are also revealing of the details of the nature of the relationship between the *subak* and the kingdom at that time, the contribution of *subak* in religious ritual activities, and the relationship between the *subak* and the village or temple where there was a spring used by the *subak* or several *subaks* that formed a harmonious relationship between several villages. This harmonious relationship is nurtured and reflected in ritual practices which symbolically show the spirit of sharing. Just as it is happening in the Pulagan *subak*, Tampaksiring Village, Gianyar District. The main springs at the Tirta Empul temple site are utilized by four *subaks* in the Tampaksiring area, namely the Pulagan Subak, Kumba Subak, Upper Kulub Subak, and Lower Kulub Subak. Thus, if the Tirta Empul Temple holds a ceremony, the four *subaks* that utilize the springs at Tirta Empul Temple are obliged to deliver some of the harvest yields collected from each of the four members to Tirta Empul Temple. This tradition is known as *ngatarang suwinih*. The harvest yield that is presented to Tirta Empul Temple will be managed and utilized by the *krama panempon* or the residents responsible for managing the temple to support the logistics of carrying out the ritual ceremony at Tirta Empul Temple, which takes place once a year on full moon *sasih kapat* (full moon on the fourth month in Balinese calendar calculations).

The spirit of sharing which is based on the principles of togetherness and fairness in the management of water resources is applied systematically. How water from springs is managed together in agreements and rules, and is supported by a set of infrastructure looks rigid in the *subak* system. This is evident in the water management and distribution system in the Pulagan *subak* area, Tampaksiring village. The main springs at Tirta Empul Temple are channeled into artificial ditches or rivers called *telabah*. Not infrequently, the construction of these waterways required breaking through hills; consequently, underground tunnels were built. Furthermore, the water that goes through the *telabah* will be diverted to several *subaks*, so a branch is made to divert the water into two or several *subaks*. This artificial branch to divert the water is called the *tembuku aya*. After it is diverted into the *tembuku aya*, the water flowing in the *telabah* that flows along the edges of the fields of each member of the *subak* is channeled through a water channel called *pangalapan*. The amount of water discharge or water that is poured into the paddy field of each member of the *subak* for them to be utilized is also made equal. For this purpose, a tool is made from a wooden board called a *pamlagbag*. *Pamlagbag* is a rectangle of 30 x 20 cm, with a hole made in the middle as a gap for water to enter.

According to Wayan Darsana, a resident or *krama* of Pulagan *subak*, the *pamlagbag* holes used by farmers in Pulagan *subak* in Tampaksiring are made uniformly based on mutual agreement, which is about 2 x 2 cm, the width of an adult's index finger and middle finger put together, or *anyari* if you use the *sikut* or measurement of size based on the size of the human body. This technique of measuring sizes or angles is still commonly used in defining the size of Balinese buildings. This measurement technique is an application of the text contained in the Asta Kosala Kosali *lontar*, which is the *lontar* that governs the architecture of buildings in the Balinese tradition.

In addition to the distribution of water resources, the aspect of sharing is also evident in the distribution of other resources in a *subak*. In this regard, the practice of the resource sharing system in the *subak* in Tenganan Pegringsingan village, Karangasem district, is quite interesting to observe. In this village, there is an interesting relationship between smallholders and landowners. According to Mr. Sudarsana, the former *Kelian Adat* (customary head) of Tenganan, the agricultural land in Tenganan Village covers an area of 200 hectares with village coral status, meaning that the ownership status of this land is still fully under the responsibility of *adat* or custom, but its management is left to each family head in the Tenganan Village area. None of the agricultural land in *subak* in the Tenganan Village area is cultivated by the residents of Tenganan but is cultivated by cultivators or what is called *Bong Sanak*. These *Bong Sanaks* are residents of neighboring villages around Tenganan. This awareness of resource sharing is also demonstrated in the fact that several agricultural products are not allowed to be directly processed in Tenganan village. This is stated in the village's *awig-awig*. *Awig-awig* is a written rule within the scope of the village and is binding on the residents of that village. In the *awig-awig* of Tenganan village it is stated that:

"*Mwah tan kawasa wong desa ika sinalih tunggal manandur tawum, mwah amanggula, mangarak mwah manandur bawang, kasona, pada tan kawasa yaniya amurug wong desa iak sinalih tunggal, ika wnang kadanda olih desa gung arta 400, yan nora anaur danda, ika wnang gumine ne gnah anandu, angarak, mangula, kadaud olih desa.*"

It means: And it is forbidden for anyone from the village to plant *taum* (tarum) trees, make sugar, *arak* (wine made of fermented sap of sugar palm flower) and plant shallots, garlic, all are prohibited, in the event that anyone violates any of those, the said villager should be fined by the village in the amount of 400, and in the case that the said village does not pay the fine, the land on which (the taum tree) is, the sugar and the *arak* is made, will be confiscated by the village.

According to Bu Ketut Sumartini, one of the weavers of the traditional Tenganan *geringsing* cloth, as a consequence of the ban on planting the *taum* or indigo plant species which is used as a blue dye on the Tenganan *geringsing* woven fabric, for generations the processing of tarum trees, turning it into indigo color to dye the yarn, is carried out in a neighboring village, namely the Bubug village. The same goes for processing agricultural products, such as making wine and palm sugar. According to Mr. Wayan Sudarsana, Tenganan village always experiences a surplus of sap produced from the residents' sugar palm plantations. This raw material in the form of sap will be sold to palm sugar and *arak* makers in several villages in Karangasem. Both Bu Ketut Sumartini and Pak Wayan Sudarsana share the view that the customary rules that prohibit the processing of wine and sugar in Tenganan village are a form of wisdom from the Tenganan village ancestors to share resources and prevent a monopoly of the supply of raw materials that the processing will be centralized in and limited to Tenganan village only.

The collective lifestyle that often characterizes an agrarian society that puts forward the concept of sharing as inherited in various traditional practices, rites, and practices in social relations in several areas in Bali, has also been transformed into various fields beyond agriculture. The patterns of collectivity are demonstrated and institutionalized into the realm of traditional customs such as the concept of *desa pakraman* or traditional villages in Bali. Apart from being institutionalized, these collective practices are also present in a more fluid manner in the practice of *sekee* or associations that consist of individuals who have interests in the same field. One of the *sekee* practices, for example, is established in the presence of *sekee* or art groups in Bali that still exist today.

In the practice of Balinese art, for example, especially in traditional visual arts, this collaborative work practice has emerged in the interaction between the *sangging* (artists) and the *pengayah*. This pattern of relations in producing a joint work in the context of traditional Balinese art practice is often present in the basis and pattern of traditional art education. This traditional education pattern can be divided into two categories based on the teacher-student relationship, which includes the systems of inheritance and *cantrik*. The inheritance system is an educational system that takes place within the family. The second pattern of education is the pattern of the *cantrik* education system. The *cantrik* system is a pattern of art education that is broader than the inheritance system when viewed from the students involved in it, and which is not only limited to the relationship between parents as teachers and children or relatives who have blood relations as students, but extends to the immediate environment of the teachers, from neighbors to residents of the village where the artist is positioned as the teacher.

Both the inheritance and *cantrik* learning systems have the following characteristics; the learning process takes place in a fluid atmosphere, not limited by time or lesson schedules, and closer teacher and student interactions. The learning process is deemed to be completed if a student is confirmed to have mastered the knowledge and art practices taught by the teacher. An indicator of learning completion is when a teacher begins to invite and entrust his students to work on certain parts of the work he is creating.

Examples of this pattern of inheritance and *cantrik* education, for example, are shown in the practice of *wayang* painters in Kamasan Village, Klungkung. According to Kadek Sasangka, one of the young painters who actively paints in the Kamasan style, he experienced the education system through his grandfather and experienced a beautiful education pattern through studying with I Nyoman Mandra, one of the painters in Kamasan Village who in his lifetime founded a painting studio which was opened for children in Kamasan village. Through these two types of educational patterns, Sasangka began with learning the technical aspects. It ranges from *ngedum karang* (making compositions), *ngereka* (sketching), *ngewarna* (applying colors to paintings), *ngerus* (smoothing paintings that have been colored with clam shells), and *nyawi* (giving contour details) to *nyocanin* and *mletik* (giving a light effect by adding light colors to some contoured painting details). In addition to the technical aspects, Sasangka was also taught Balinese folklores (*satua*) as well as the epics of Mahabharata and Ramayana (which make up the main repertoire of *wayang* tradition). A student like Sasangka will also be invited to be directly involved in doing his teacher's work. The involvement, for example, is most often carried out in the coloring process. This process of sharing work while sharing knowledge will continue until a student is judged to have the ability to become an independent painter.

In the art of making masks or *tapel*, *barong*, and *rangda*, the activity of working in groups in developing works that are rooted in the teacher-student relationship is also obvious. I Gusti Made Kembar, a *sangging* or carver of masks, *barongs*, and *rangda* from Singapadu village, shared his mask-making knowledge and skills with young people in his village and even with those from other villages. When we met him at his home and the place where he works in Banjar Mukti Singapadu, we immediately saw how busy he was, working together with his students. In addition to learning about the knowledge and practical aspects of the subject, Gusti Kembar's students are also involved in working on Gusti Kembar's works.

Gusti Kembar said that at first, the young people would come to him with the intention of learning to carve or to color masks, *barong*, and *rangda*. However, if during the learning process they were deemed to have sufficient ability, then with full trust Gusti Kembar would give them the opportunity to be involved in working on the masks, *barong*, and *rangda* works that were ordered. He gained this learning experience based on the practice of working together in groups with teachers when he was still studying with his own teachers at a young age. Like Cokorda Tisnu, and the late I Wayan Tangguh who was his neighbor.

In addition to the two patterns of knowledge-sharing processes in the field of visual arts, namely the inheritance and *cantrik* systems, there are still systems and patterns of sharing knowledge, namely in the traditional institutions themselves. The traditional communities such as traditional villages or *banjars* and the ritual-based religious activities that remain in existence in Balinese society are one of the bases for Balinese art education. The process of passing on knowledge and skills in making various kinds of ritual facilities that are identical to visual works from the older generation to the younger generation, for example, takes place directly in this indigenous community's ritual activities. For example, the engagement of the young people in *ngayah* activities, or community involvement like the *sekee truna truni*, or groups of young men and women in traditional activities, is a momentum for the creation of spaces for knowledge sharing and training the skills of the young Balinese generation's hands to work on various visual works.

So, that's a bit of an explanation of how collective practices in the agricultural system in Bali are transformed into forms of collective practices that extend to various socio-cultural practices that remain in existence in Bali. The collective practices are imbued with the spirit of *sekee* in which there is a vibe of togetherness and sharing for a common goal. Togetherness which of course contains the spirit of sharing knowledge, sharing work, time, and other resources. In addition to the establishment of *sekee* or certain professional groups, Balinese elders consciously documented and shared this knowledge in *lontar* manuscripts. There are so many *lontars* that contain knowledge about practices that are very close to the daily lives of Balinese people, including *lontars* about knowledge, and practices as well as agricultural rites, namely the Dharma Pemaculan Lontar and Usada Sawah Lontar which contain plant care or practical solutions and rites for dealing with pests. Asta Kosala Kosali Lontar, Asta Bumi Lontar, and Dharmaning Undagi Lontar deal with issues regarding the field of architecture. Usada Sato Lontar is about how to care for and treat farm and domestic animals. The Prasasti Sangging is the *lontar* that contains knowledge, practical guidelines to rites for aspirants in the world of visual arts. There are also the Aji Janantaka Lontar and Taru Pramana Lontar contain the types of wood, the properties of various plants that are useful for medicinal treatment, and many more other *lontars* that exist as a medium for documenting and sharing Balinese knowledge in various fields of life. This knowledge is a guideline for communal socio-cultural practices in Balinese society which will be very important to continue to be interpreted and actualized in the dynamics of today's civilization.

catu

Agung M. Abul
übersetzt von Lydia Kieven
illustriert von Marishka Soekarna

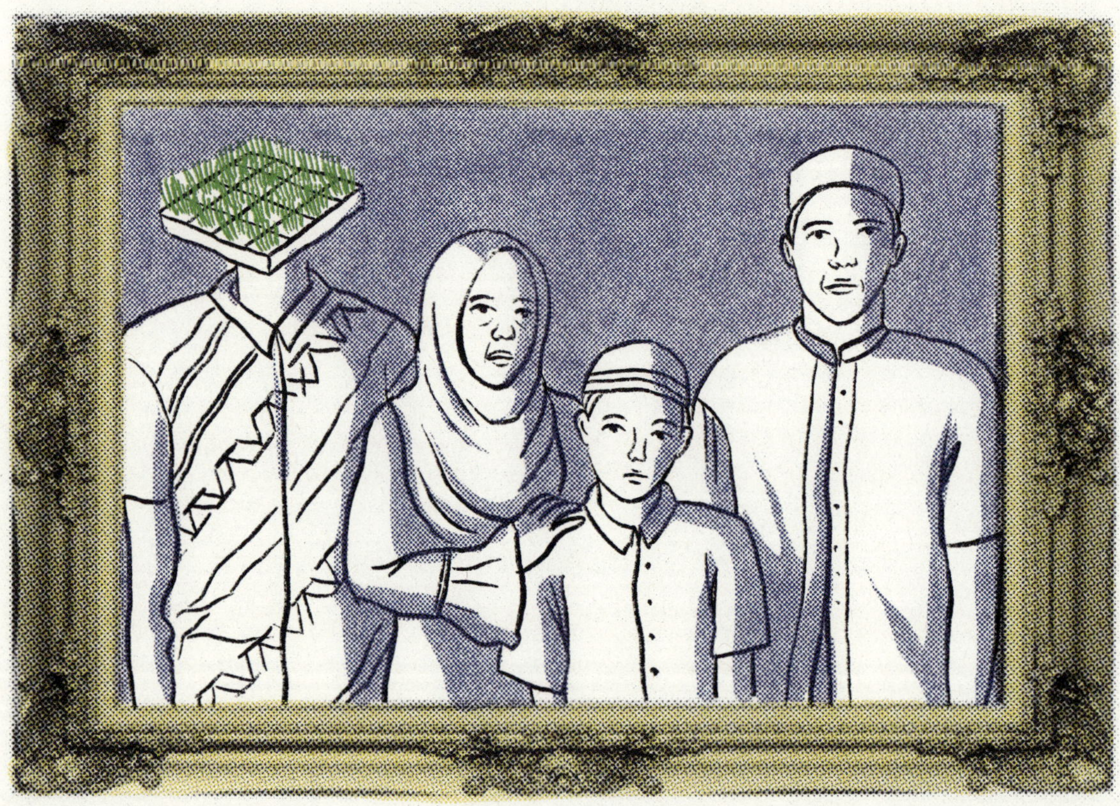

Vor mir zeigt ein Flachbildschirm mit 32 Zoll das Video eines Dangdut-Tanzes auf einer Hochzeitsfeier. Ein USB-Stick an dem Gerät flackert bei jedem Ton. Der hochgewachsene, langhaarige Moderator begrüßt das Brautpaar und stimmt in den Gesang der Dangdut-Tänzerin ein, die ihr Lied wiederholt. Der Bus ist voller Menschen. Die Sängerin schwingt die Hüften hin und her, ruft die Namen der Brautleute und spricht die Hochzeitsgäste an, die gerade beim Essen sind. Die Luft im überfüllten Bus ist unangenehm drückend. Einige Fahrgäste dösen vor sich hin, andere starren auf ihre Handys und schielen immer mal wieder auf den Fernsehbildschirm. Die meisten sind offenbar auf dem Weg nach Hause nach einem längeren Aufenthalt in der Fremde. Man sieht das an ihrem Gepäck, Kartons und große Taschen, die wohl mit Kleidung und Mitbringseln gefüllt sind. Ich bin in Legok Lohbener in Indramayu in diesen Bus eingestiegen, einen Überlandbus von Jakarta bis Kuningan, der die Nordküste entlangfährt. Vom Bus aus sehe ich die Dämme der Reisfelder an mir vorbeiziehen, gefolgt von aneinandergereihten Gebäuden, Wohnhäusern und Läden. In den Läden herrscht Betrieb, auf den Reisfeldern arbeiten Bäuer*innen. Ich bin nicht auf dem Weg nach Hause. Von Indramayu aus will ich nach Ragawacana im Distrikt Kuningan in West-Java. Immer wieder mal checke ich mein Handy, lese und beantworte Nachrichten und kontaktiere den Freund, mit dem ich an meinem Zielort verabredet bin.

Nach zweieinhalb Stunden Fahrt steige ich am Kurucuk-Markt aus. Ich lasse mich von einem Motorradtaxi nach Ragawacana bringen. Das Dorf im Kreis Kramatmulya, Distrikt Kuningan, ist fast vollständig von Reisfeldern und Hügeln umgeben, und man hat eine herrliche Aussicht auf den Berg Ciremai, der sich vor meinen Augen erhebt. Er ist der höchste Berg in der Provinz West-Java.

Ragawacana ist eines der Dörfer im Distrikt Kuningan, aus denen die Bewohner*innen nach und nach wegziehen. Die meisten der jungen Leute, die einen Schulabschluss haben, gehen in andere Städte zum Arbeiten. Sie arbeiten im Handel, im Büro oder gehen anderen Berufen nach, manche arbeiten auch in der Landwirtschaft.

Ein kleiner Teil der jungen Leute, die in Ragawacana geblieben sind, werden Fabrikarbeiter*innen oder fahren Motorradtaxi für Online-Dienste. Noch weniger führen die Arbeit ihrer Eltern fort und werden Bäuer*innen. Das hat zur Folge, dass die meisten Bäuer*innen ältere Leute sind. Die Jungen, die sich entschieden haben, in anderen Städten zu arbeiten, wären eigentlich ihre Nachfolger*innen, denn sie sind die Erb*innen der Reisfelder. Sie lassen nicht nur ihre Familien und Dörfer zurück, sondern auch die Felder im Stich: Nicht wenige Felder sind mittlerweile mit dichtem Gestrüpp überwuchert. Manchmal verkommen sie sogar zu Müllabladeplätzen, vor allem wenn sie in der Nähe der Häuser liegen. Nicht nur der Boden wird dort verseucht, auch die Luft wird mit widerlichem Gestank verschmutzt.

Natürlich gibt es ältere Bäuer*innen, die diese Missstände erkennen und sich anbieten, die verlassenen Felder zu bestellen. Naheliegender ist es in solchen Fällen, dass nahe oder ferne Verwandte das übernehmen. Gerade in großen Familien gibt es immer noch einige Bäuer*innen, die neben den eigenen Feldern auch die Felder von weggezogenen Familienangehörigen bearbeiten – doch allzu viele sind es nicht. Felder, die von Bäuer*innen außerhalb der Familie bewirtschaftet werden, werden normalerweise verpachtet, wobei sich die Höhe der Pacht nach der Lage der Felder, ihrer Entfernung vom Dorf und der Verfügbarkeit von Wasser für die Bewässerung richtet. Das sind keine fixen Maßstäbe, denn auch die Lebensumstände und Beziehungen im Dorf beeinflussen die Höhe der jährlichen Pacht. Manchmal können die Bäuer*innen wegen dieser engen Beziehungen das Land nutzen, ohne es zu pachten. Dann müssen sie nur um Erlaubnis fragen.

Sind der Landbesitzer und der Bauer eng miteinander verbunden, treffen sie üblicherweise ihre eigenen Vereinbarungen, beispielsweise dass der Eigentümer das Feld kostenfrei überlässt. Es ist ihm wichtiger, dass die Äcker überhaupt genutzt werden. In solchen Fällen gibt der Bauer dem Landbesitzer einen Teil der Ernte ab. Bei einem Ernteertrag von beispielsweise zehn Tonnen ist das nach Abzug der Kosten, die dem Bauern in dieser Anbausaison entstanden sind, ein Viertel davon. Der größte Anteil fällt also dem Bauern zu, der das Feld bearbeitet, er verwendet den Ertrag für seine Familie und als Grundstock für den nächsten Anbauzyklus.

In Ragawacana wird vor allem Reis angebaut. Nach einer Reisanbausaison werden Süßkartoffeln und Gemüse gepflanzt, danach wieder Reis; manche Bäuer*innen bauen aber auch das ganze Jahr über nur Reis an. In Ragawacana gibt es keine Geschäftemacherei mit dem Kauf und Verkauf von Land und auch keine Großgrundbesitzer*innen. Einigen wenigen Bäuer*innen gehört allerdings mehr Land, weil sie anderen Bäuer*innen Felder abgekauft haben.

Ich steige vom Motorrad ab und bezahle den Fahrpreis. Nachdem ich mich bedankt habe, suche ich gleich den Freund, den ich vorhin während der Busfahrt kontaktiert habe. Ich nehme mein Handy aus der Hosentasche, gebe das Passwort ein und lese meine Nachrichten. Es sind schon etliche. Ich wähle die Nummer, die unter dem Namen Nana eingespeichert ist. Nana lebt schon lange hier im Dorf, stammt jedoch nicht ursprünglich von hier, sondern ist aus dem Dorf Bunigeulis im Distrikt Kuningan zugezogen, nachdem er vor etwa 15 Jahren ein Mädchen aus Ragawacana geheiratet hatte. Er hat einen Universitätsabschluss in Ökonomie, sich aber entschieden, Bauer zu werden; seine Frau ist Lehrerin in einer staatlichen Schule im Distrikt Kuningan. Mit seinem Hintergrund als Ökonom verbindet Nana sein Wissen mit landwirtschaftlichen Kenntnissen. Obwohl er ziemlich große Flächen besitzt und sich mit dem Anbau auskennt, arbeitet er selbst nicht wirklich viel auf dem Feld. Die meiste Zeit verbringt er damit, sich um die Einkünfte aus der Landwirtschaft zu kümmern, und noch mehr, mit den anderen Bäuer*innen Kontakt zu pflegen. Am Dorfplatz angekommen, entdecke ich Nana, der mit der Hand winkt und ruft. Ich eile zu ihm und begrüße ihn.

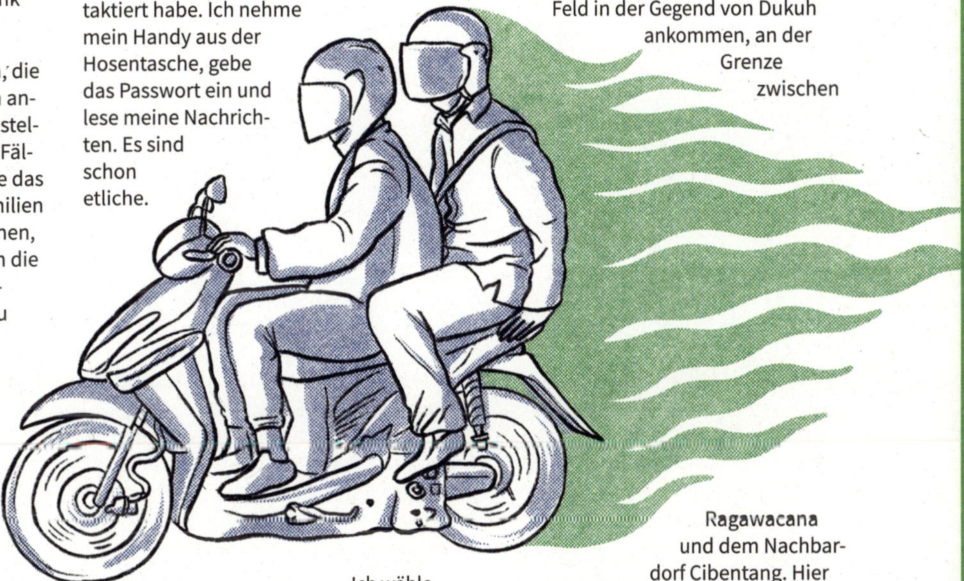

Nana trägt ein Longsleeve und eine schwarze Hose. Die Füße stecken in Gummischuhen, an denen noch feuchte Erde klebt. Wir reden ein bisschen über dies und das, dann lädt er mich ein, auf ein Feld mitzukommen, wo zufälligerweise gerade Reis geerntet wird. Nana setzt eine schwarze Kappe mit dem Logo einer Automarke auf, lässt den Motor an, und ich setze mich hinter ihn auf das Motorrad. Wir fahren zum Acker, damit ich zusehe und mehr verstehe vom System des Reisanbaus in Ragawacana.

Es dauert nicht lange, bis wir an seinem Feld in der Gegend von Dukuh ankommen, an der Grenze zwischen Ragawacana und dem Nachbardorf Cibentang. Hier sind noch einige Männer dabei, den Rest Reishalme abzuschneiden. Andere schlagen bereits die Reisbüschel auf das *gebotan,*[1] wobei die Reiskörner auf eine ausgebreitete Zeltplane fallen, in deren Mitte sie sich aufhäufen.

Nana prüft den Ernteertrag, er überschlägt die Mengen an Reis auf der Zeltplane und neben dem *gebotan*. Einige andere Bäuer*innen sammeln die abgeschnittenen Reishalme ein. Da es auf Mittag zugeht, brennt die Sonne besonders heiß. Nana gibt den Bäuer*innen ein Zeichen, jetzt Pause zu machen. Als eines seiner Kinder kommt und das Essen bringt, unterbrechen sie ihre Arbeit, gehen zum Wasserkanal am Feldrand, waschen sich dort die Hände und kommen dann zum Damm, um gemeinsam zu Mittag zu essen.

Nana öffnet den Behälter mit Essen und reicht ihn herum. Er gibt mir auch einen Teller und fordert mich auf, gemeinsam mit ihnen zu essen. Die Bäuer*innen unterhalten sich beim Essen über dies und jenes, über den Ernteertrag anderer Bäuer*innen und über die Jahreszeiten, die für die Reisernte nicht wirklich günstig sind. Sie beklagen sich auch über die Felder, die nicht bewirtschaftet werden und schon ganz zugewachsen sind. In einigen dieser Brachen haben Vögel ihre Nester angelegt, und auch Schlangen haben sich dort eingenistet.

Ich beginne ein Gespräch mit Nana, der eigentliche Grund für unser Treffen. Jetzt erst erfahre ich, dass das Feld, das gerade abgeerntet wird, gar nicht ihm gehört, sondern einem Verwandten, der in einer staatlichen Behörde in Jakarta arbeitet und seine Felder nicht selbst bewirtschaften kann.

Wie Nana erklärt, wird ein Teil der Reisernte als *catu*[2] an die Erntehelfer*innen verteilt, der verbleibende Reis wird getrocknet, und dann werden die reifen Körner von den unreifen getrennt. Nach dem Trocknen wird der Reis verkauft, entweder ungeschält oder geschält. Ein Viertel des Ertrags gibt Nana seinem Verwandten ab. Wenn der Reis nicht schnell verkauft wird, bekommt der Verwandte den Ertrag in Form von ungeschältem oder poliertem Reis. Wenn es schnell zum Verkauf kommt, gibt Nana ihm ein Viertel des erlösten Geldes.

Weiter erzählt Nana, dass sein Verwandter niemals einen Anteil am Ertrag verlangt, er ist schon froh, dass sein Land überhaupt genutzt wird. Trotzdem gibt Nana ihm immer seinen Anteil. So sei es auch bei den anderen Bäuer*innen. Die meisten von ihnen geben den Landbesitzer*innen einen Teil der Ernte ab, als Ausdruck des gemeinsamen Gewinns. Für die Landbesitzer*innen ist das natürlich eine Art Geschenk, denn sie wissen oft noch nicht einmal, was auf ihrem Grundstück angebaut wird. Sie nehmen einfach das, was ihnen von den Bäuer*innen gegeben wird.

Die bei der Ernte helfenden Bäuer*innen in Ragawacana sind es gewohnt, ihr *catu* von der Ernte zu bekommen, wenn das Ernteerzeugnis ein Grundnahrungsmittel ist, wie in diesem Fall Reis. Das wird aber nur dann so gehandhabt, wenn die Ernte wirklich gut und reichlich ist, damit das *catu* auch der geleisteten Arbeit entspricht. Das *catu* macht etwa ein Fünftel des Ernteertrags aus. Wenn die Ernte gut ausfällt, erhalten die Bäuer*innen entsprechend mehr. Anders ist es bei schlechter Ernte. Dann zahlen die Landbesitzer*innen das *catu* freiwillig in bar aus, etwa 100.000 Rupiah pro Arbeitstag – von morgens bis drei Uhr Nachmittag. Wenn komplett Frühstück und Mittagessen inklusive Kaffee und Zigaretten bereitgestellt werden, liegt der Geldbetrag etwa bei 80.000 Rupiah.[3]

Nach dem Essen plaudern die Bäuer*innen noch. Einige lachen, andere schlürfen Kaffee. Zehn bis 15 Minuten später gehen sie wieder an ihre Arbeit, bis sie beendet ist. Der Nachmittag schreitet voran. Die Bäuer*innen füllen die Reiskörner in Säcke, Nana zählt die gefüllten Säcke und rechnet so das *catu* aus, das er den Erntehelfer*innen auszahlen wird. Bevor die Säcke weggetragen werden, verabschiede ich mich von Nana und den Bäuer*innen. Ich will auf dem Damm in Richtung Asphaltstraße gehen. Doch Nana bietet sich an, mich auf dem Motorrad bis zur Hauptstraße zu bringen, die von hier nur fünf Minuten entfernt ist. Ich bedanke mich bei ihm für die heutige Erfahrung und steige in den öffentlichen Kleinbus, um nach Hause zu fahren.

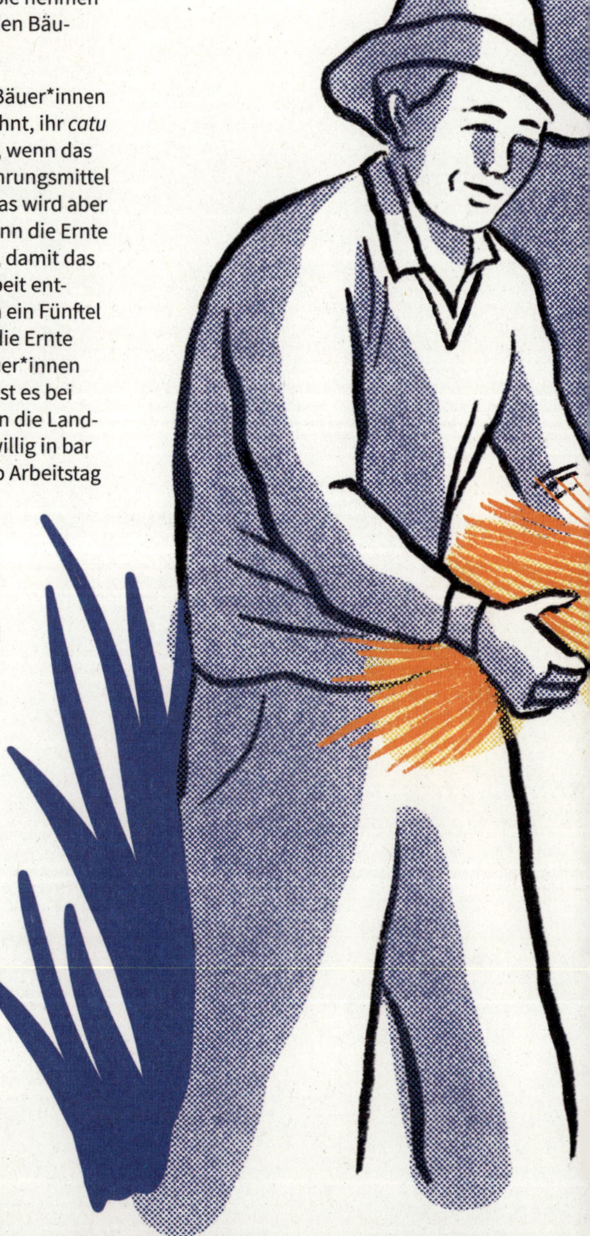

1
Eine Vorrichtung aus Bambus oder Holzlatten, das als Dreieck aufgestellt wird, mit einer Höhe von etwa 25 cm und einer Länge von 40 cm. Es dient dem Ausschlagen der Reishalme.

2
catu (sundanesisch, Anteil, Ration) bezieht sich auf das traditionelle System des Teilens der Ernte. Einerseits werden mit dem *catu* die Erntehelfer*innen entlohnt, andererseits wird damit eine formelle oder informelle Teilpacht beglichen.

3
Gegenüber dem *catu*-System, bei dem Erntehelfer*innen in der Regel komplette Mahlzeiten erhalten, macht es das „freie System" *(sistem lepas)* den Landbesitzer*innen leichter, Erntehelfer*innen anzustellen; denn dann müssen sie kein Essen bereitstellen.

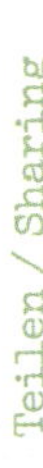

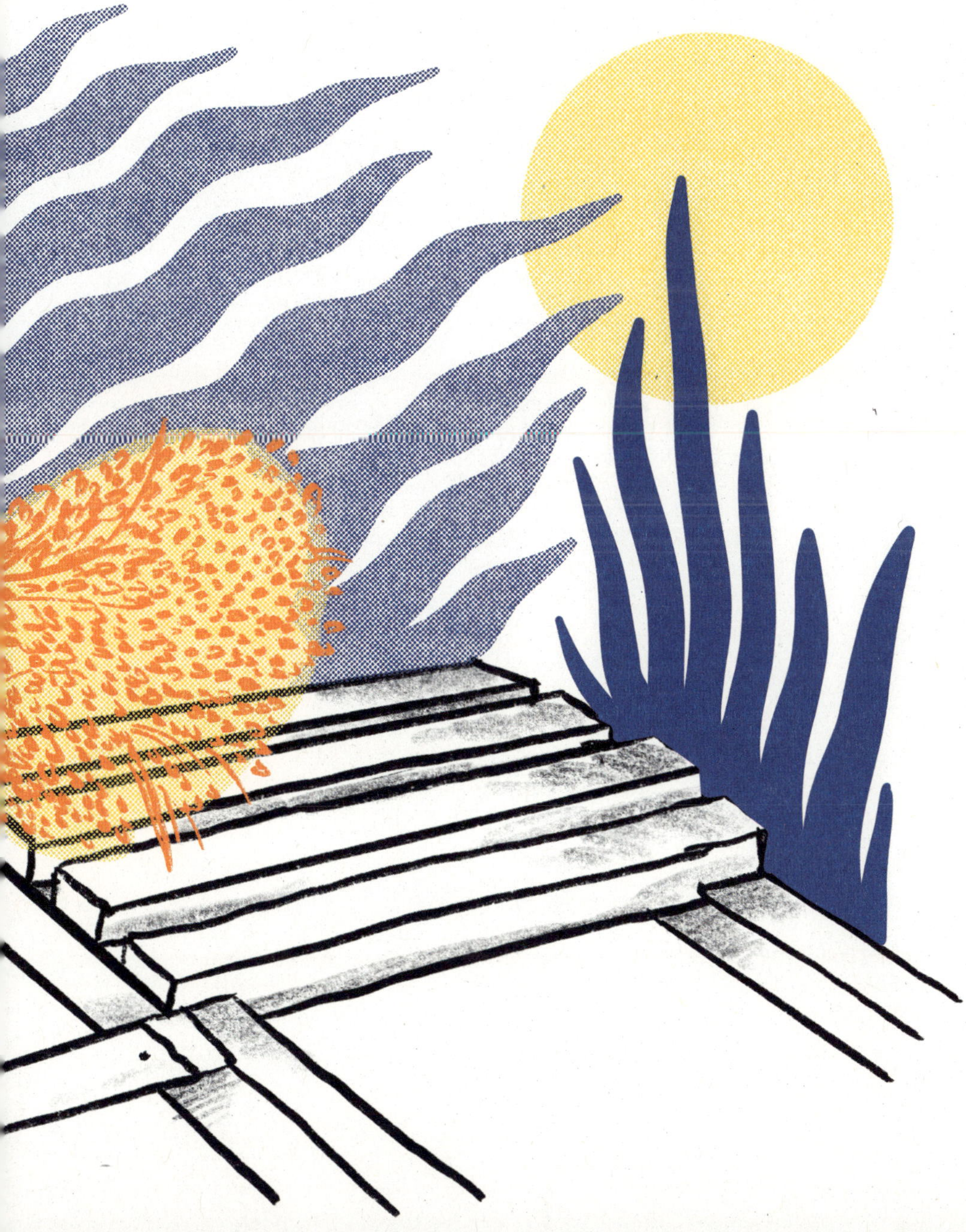

catu

Agung M. Abul

In front of me, a 32-inch flat TV is showing a recording of a *dangdut* music performance on a stage at a wedding party. Next to the TV, a white flash drive protrudes with a flashing yellow light following each note. The tall, long-haired male presenter on the TV congratulates the bride and groom while accompanying the female singer who is preparing to sing again. The bus is quite full. The song starts. The singer sways as she calls the bride and groom and greets the guests who seem to be eating. The air in the bus – which is completely full – is quite uncomfortably sultry. Some passengers are clearly sleeping, while some others are buried in their mobile phones while stealing a glance at the singer on the TV screen every now and then. Most passengers seem to be eager to go home after wandering for a long time. It is evident from the luggage they carry, which includes boxes and large bags that may contain clothes and souvenirs. I took the bus from Legok Lohbener, Indramayu, an intercity bus from Jakarta to Kuningan that passes through the northern route through the *Pantura*, the shortened name for North Coast of Java.

From inside the bus, the rice fields seem to be running away and then followed by buildings, houses, and shops lining up. The shops look busy, while farmers are working on the rice fields. I myself wasn't going home. After reaching Indramayu, I headed to Ragawacana Village in Kuningan City, West Java. Every now and then I checked my mobile phone, reading incoming messages and replying to them, while subsequently calling some friends at the destination to meet up.

After two and a half hours on the road, I stopped at Kurucuk Market. I took a motorcycle taxi to Ragawacana Village. The village is located in Kramatmulya District, Kuningan, a village that is almost completely surrounded by rice fields and hills. In addition, Ragawacana Village offers a view of Mount Ciremai soaring immensely in front of my eyes. It is indeed the highest mountain in West Java Province.

Ragawacana village is also one of several villages in Kuningan Regency that have been abandoned by many of its residents. The majority of young school graduates in Ragawacana will leave their village to migrate. They then become traders, office workers, or do other types of work in cities. Some of those who stay behind work as farmers.

A small number of young people who still live in Ragawacana become factory workers or online motorcycle taxi riders. Very few are interested in continuing their parents' work to become farmers. As a result, most farmers are elderly people. The youths who decide to migrate out of town are actually the children of farmers and they inherit their farmer parents' rice fields. In addition to leaving their families and villages behind, their departure also means leaving their families' land abandoned. Not a few of those agricultural lands have been overgrown with shrubs. Sometimes they even become a garbage dump, especially if the location is close to residential areas. As a result, apart from polluting the land, it also causes air pollution with an unpleasant odor.

Given the situation, there are some older farmers who offer to cultivate the abandoned rice fields. Most of the agricultural land is cultivated by family if there are members of the extended family who still work as farmers.

Indeed, in one large extended family, there are some farmers who cultivate both their own fields and the fields owned by other family members who have migrated. The number of such farmers, however, is small. In the case that the land is cultivated by farmers outside the family, it is usually set up in a rental system where the farmers pay a certain amount, depending on the location of the land, the distance between the land and settlements, or the availability of water for watering needs. There is, however, no established land rental price, because there is a closely knitted kinship between farmers in the village and that highly influences the annual land rent price. Sometimes due to such close relationships or other agreements, the farmers can use the land without having to rent it. They would only need to ask permission to cultivate the land.

Due to the kinship relationship between the owner of the rice field and the farmer who cultivates the field, an agreement is usually negotiated, for instance, the owner of the land would let the farmer work on the field for free. What is more important for the owner is that the land can be used. Under such conditions, the farmer will usually give part of their harvest yield to the landowner. To illustrate, for a harvest yield of 10 tons of rice, the farmer will give a quarter of that to the landowner after deducting the costs that must be incurred during the growing season. The rest will be used for the farmer's family's consumption and for further investment in the farm.

Most of the crops grown in Ragawacana Village are rice. After the rice planting season is over, it is followed by planting sweet potatoes, vegetables, and then will start with planting rice all over again. However, there are also farmers who grow rice all year round. In Ragawacana Village there is no so-called land merchant. No farmer dominates the ownership of agricultural land. Some farmers have more agricultural land because they buy rice fields from other farmers, but their number is still relatively small.

Getting off the motorcycle taxi, I paid the fare. After thanking the rider, I immediately looked for the friend I called earlier when I was on the bus. I took my mobile phone from my trousers pocket, unlocked it and saw the messages. Several messages have come in. There is a number that has been saved under the name Nana, a friend who has lived in this village for a long time. He is not originally from that village but migrated from Bunigeulis

Village, which is still within Kuningan District. He moved to this place after marrying a village girl from Ragawacana about 15 years ago. Nana is an economics graduate who decided to become a farmer. His wife, meanwhile, now works as a teacher at a public school in the District.

With a background in economics, Nana combines the knowledge he acquired at college with agricultural knowledge. Even though he owns a fairly large area of agricultural land and is well versed in agricultural knowledge, he doesn't really go down to the fields to cultivate his own land. Instead, he spends most of his time managing the finances from the proceeds from agriculture and socializing more with many farmers. Arriving in front of the village square, I saw Nana waving his hand to get my attention. I rushed to meet him and say hello.

Nana is wearing a long-sleeved t-shirt with black pants. He was wearing rubber boots covered with mud. A few moments after some small talk, he invited me to visit his farm, which happened to be harvesting rice. Wearing a black hat bearing the logo of a car company, Nana started the motorbike and I sat behind him. We went to the farm to see and find out more about the farming system in Ragawacana.

Not long after, we arrived at Nana's farm in the Dukuh area, on the border between Ragawacana and a neighboring village called Cibentang. There, some farmers are still cutting the remaining rice plants. Some farmers are swinging rice stalks on a *gebotan*,[1] which drops rice seeds on a stretched tarp, and the rice seeds are gathered in the middle.

At the paddy field, Nana watches the harvest that has been gathered in. He makes an estimate of the amount of yields obtained, both the rice that has fallen onto the tarpaulin as well as those that are piled up beside the *gebotan*. Several other farmers are transporting the cut rice stalks. When noon comes, the sun is scorching hot. Nana signals the farmer to rest immediately. When one of his children appears with food, they stop working and immediately go to the water canal at the edge of the rice fields to wash their hands and approach the embankment to have lunch together.

Nana quickly opens the food container and sorts it to make it easier to pick up. He gives me an empty plate, inviting me to eat together with the farmers. The topics of their conversation during lunch quite vary, ranging from other farmers' harvests to the seasons that are not very friendly to crops. They also express their regret over some agricultural lands that are not cultivated, leaving them covered by weeds. Some of those abandoned land ends up becoming breeding nests for quail which in turn attract reptiles such as snakes to also live there.

In between eating lunch, I began to chat with Nana as regards my purpose to meet him. From the conversation, I learned that the land that is currently being harvested does not belong to him, but it belongs to his brother who is now working in a government agency in the capital city Jakarta, which makes it impossible for the latter to cultivate the agricultural land himself.

Nana says after setting aside some of the rice as *catu*[2] to pay the farmers that help with the harvesting, the harvested rice will be dried and then the filled grains will be separated from the unfilled ones. After drying, the rice will be sold, either as husked or unhusked rice. Nana will then take a quarter of the yield to give to his brother. If it takes some time to sell the rice, Nana will give the yield to his brother, the land owner, in the form of dried unhusked rice or sometimes after it has been milled.

Furthermore, Nana says that the owner of the land never asks for the harvest to be shared with them. Actually, his brother already feels happy that the land could be used. However, Nana still gives him the share. This also applies to other farmers. Most of them give part of their harvest to land owners as a form of mutual benefit. For the land owners, of course, this is a kind of gift because they don't even know what kind of crops they have to cultivate. They only accept what the land cultivators give them.

Farmers in Ragawacana Village are used to getting *catu* from the harvest if the harvested crop is part of their daily staple food, which is rice in this case. However, it is under the condition that the harvest is really good and abundant, so the *catu* received is commensurate with the work done. The *catu* accounts for about one-fifth of the total harvest. If the harvest is good, they will also get a lot of shares. And vice versa if the harvest yields are small. The owner of the crop will voluntarily give some money in exchange for the *catu*. The amount is around IDR100,000 for one working day from morning to *Asr* time (the fourth Islamic prayer time in the day, which is around 3 pm) if it is under the *catu* system. However, there are also those who will only get IDR 80,000 if they are provided with breakfast, a full meal for lunch, complete with coffee and cigarettes.

After they finished eating, the farmers continued chatting with each other. Some are laughing and others brew coffee. About ten to 15 minutes later they continue to harvest until it's done. It's getting late. They put rice into sacks. Nana counts the number of sacks that have been filled while calculating the portion of the *catu* to be given to the farmers. Without waiting for the rice to be transported, I say goodbye to Nana and the farmers. I walk through the embankment to reach the asphalt road. Nana offered to take me by motorbike to the main road which is now only five minutes away. I thank Nana for the day's experience and then take public transport to go home.

1
A 25 cm wide and 40 cm long, three-legged thresher rack made of bamboo/ wood standing on the ground.

2
Farmer's wage system where payment is daily with no meals provided, except for of drinks and snacks. The income earned is higher when compared to the amount they would receive if the farmers who own the harvest provide them with meals. The freelance system does not burden the harvesting farmers because they do not need to prepare food for the farmers working to help them with their harvest.

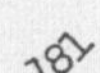

Marina und die Megaloman-Bibliothek

Harlan Boer
übersetzt von Martina Heinschke

„Klak!“

„Klok!“

Botax und Yuday spielten Pingpong in der Garage eines schwimmenden Hauses auf einem schwarzen Meer. Sentol Iler hätte man für den Schiedsrichter halten können, so wie er an der Seite der grünen Tischtennisplatte saß, aber eigentlich las er den Comic *Petruk & Gareng treffen Megaloman*[1] und trank dabei kalten süßen Tee aus einem Glas, in dem neun Eiswürfel in Spatenform steckten (Sentol Ilers Glas war ein Souvenir aus einem Papaya-Museum).

Die Eisstücke waren nicht weiß, sondern glänzten golden. Für das Glas waren es zu viele, sie steckten fest wie ein Miniaturwolkenhaufen und klackerten selbst beim Schwenken des Glases nicht umher. Das waren nicht die Eiswürfel, wie sie zum süßen Eistee nach Art des Imbissstands von Frau Ritariti Sasasasa Sisisisi (geboren in Jakarta, zehn Jahre vor dem Bau des Aldiron Plaza) gehörten. Dort tanzten die Eiswürfel im Glas, sobald sie mit dem Strohhalm angestupst wurden.

Sentol Iler richtete sich auf, ging dann ein paar Schritte, nahm Bleistift und Papier, zeichnete Megaloman, das heißt nur seinen Kopf. Er zog ein paar Striche, schaute sie an und wog ab. Nach ein paar weiteren Strichen und etwas Radieren zog er Megalomans Kopf mit einem schwarzen Filzer nach.

„Klak!“

„Klok!“

Die Spielgeräusche hatten begonnen, als die Sonne allmählich unterging, aber noch nicht in die Schwärze des Meeres eintauchte. Die Atmosphäre heizte sich auf. Erschöpfung machte sich bei den beiden noch nicht bemerkbar, obwohl sie vom vielen Ball-Aufheben ins Schwitzen gerieten.

Die vier Fernseher, einer an jeder Wand der Garage, in der das Freundschaftsspiel ausgetragen wurde, zeigten unterschiedliche Programme. Auf dem ersten war eine Nachrichtensprecherin zu sehen, die von einem Kollegen an der Taille gekitzelt wurde – einem Content Creator, der mit dem Aufbereiten von alten Nachrichtenskripts das Schulgeld für seine Kinder verdiente. Der zweite Fernsehschirm zeigte Rezensionen über Krawatten und Tanzstile aus dem Mund eines Modekritikers, der vor Kurzem seinen Berufstraum Flugbegleiter aufgegeben hatte und wegen der Pandemie nicht in seinen Heimatort zurückgekehrt war (hart, aber nicht zu ändern). Der dritte Fernseher sendete Stimmungsprognosen, und im vierten lief eine Serie über eine Pandafamilie, die sich mit geduldigen Fledermäusen angefreundet hatte.

„Hey, hier ist das Logo!“, rief Sentol Iler Botax und Yuday zu.

„Was, schon fertig?“, fragte Yuday, während er Botax’ harten Schlag mit der Kampfkunsttechnik *ular melingkar di atas pagar* („Schlange-windet-sich-auf-dem-Zaun“) parierte. Lange war das für ihn ein Zungenbrecher gewesen – anders als Gene Simmons hatte er eher eine kurze Zunge.

„Klak!“

„Zeichnest du immer so schnell?“, fragte Botax. Seine Beine hüpften nach rechts und links, und sein Schläger wehrte einen steilen Lob ab. Wenn Yudays Ball vergiftet war, so hatte Botax das Gegengift parat. Er hatte sich viele Tutorials angesehen und klassische Pingpong-Archive durchstöbert. Tischtennisdaten hatte er etwa zur gleichen Zeit gesammelt wie Briefmarken und javanische *blangkon*-Kopfbedeckungen.

„Klok!“

„Hier, ... es ist fertig!“ Sentol Iler sprach jedes Wort mit Nachdruck, als wäre seine Zunge ein Stabilo Boss oder Rugos.

„Spielen wir noch weiter oder gucken wir uns erst Sentol Ilers Zeichnung an?", fragte Yuday, während er die Arme nah am Rumpf hielt, um Botax' niedergehenden Ball zu blocken. Leider landete der Ball im Netz.

„tok … tok … tok … tok … tok … tok …"

„Wir spielen weiter! Ich hab schon ewig nicht mehr gespielt. Es fehlt mir!", antwortete Botax, während er den wild über den Boden hüpfenden Ball einfing. Taille und Hüfte schien es etwas schwerzufallen, den Oberkörper so tief herunterzubeugen. Ein Schneider hatte hier einmal Maß genommen, als Botax eine passende Hose zu einem Hochzeitsanzug machen lassen wollte.

„Wer oder was fehlt dir?", war plötzlich Marinas Stimme zu hören.

„Marina!"

„Marina!"

„Marina!"

Jeder der drei Männer rief ihren Namen. Marina hob den Daumen so, wie sie seit ein paar Jahren für Fotos posierte. Sie sagte, das sei ein Einfluss der Politik.

„Machen wir weiter?" Yuday klang entschieden.

„Ja, klar!" Botax war es nicht weniger.

„Ach so, nur das fehlt dir?", forschte Marina nach.

„Ja, ja." Aber Botax' Augen sagten etwas anderes.

„Klok!"

„Nicht ganz so schnell." Yuday kam ins Stottern. „Und mach 'ne ordentliche Angabe."

„Yuday, jetzt mal los. Wir spielen nur kurz, und dann besprechen wir das Bild", drängte Botax. Der Wettkampf ging weiter. Marina wollte eigentlich sofort das Logo besprechen, aber was sollte sie tun?

„Klak!"

„Klok!"

Marina hätte am liebsten einen Komplott mit Sentol Iler eingefädelt. Nicht ernst gemeint, eher zum Spaß. Aber auch, weil sie jetzt gerne das Logo besprochen hätte.

„Soll ich den Ball verstecken oder die Pingpongplatte ansägen? – Am besten sollte Sentol Iler Bauchschmerzen vortäuschen, sagen, dass es ihm grause, allein zum Klo zu gehen. So könnte er Botax und Yuday um Hilfe bitten und sie von hier weglocken, während ich eine süße Stange Dynamit aus dem Lagerraum hole und ihr Spaßgerät in die Luft jage!", solch pechschwarze Pläne malte sie sich aus.

Aber natürlich würde sie so etwas nie übers Herz bringen.

„Klok!"

„Oh je!"

Der Tischtennisball sauste so schnell durch die Luft, dass er Yuday einige Haarsträhnen ausriss.

***

„Für ihre ersten Aufnahmen nutzten Puppen und Pure Saturday die Reste der Studiozeiten von Pas", erzählte Bordanes abends um wer-weiß-wie-viele Minuten vor acht. Neben ihm stand ein Paket des JNE-Paketdienstes.[2]

Vor einem Einmachglas schnitt sich Orbinotos den Pony und hörte zu.

„Also, Pas hat den Vertrag mit dem Label gemacht, und als ihre Aufnahmen fertig waren, überließen sie die Restzeit Puppen und Pure Saturday."

Bordanes und Orbinotos warteten im Hauptquartier auf ihre Freunde. Sie hatten ein neues Projekt: die Entwicklung eines fliegenden Schranks. Der Erfolg schien nahe. Die Schränke könnten mit allem Möglichen befüllt werden und dann hierhin und dorthin fliegen. Künftig sollte jeder sie überall befüllen und Inhalt entnehmen können.

„Bordanes …"

„Ja, Orbinotos?"

„Welchen Release findest du am besten von Yes No Wave Music?"[3]

„Viele."

„Und wenn du nur einen nennen darfst?"

„Semak belukar."

„Orbinotos …"

„Ja, Bordanes?"

„Komm, machen wir 'nen Staycation!"[4]

„Jaah, los!"

Im Dorf Tukar Sastra[5] kennen die Menschen kein Geld. Poesie und Prosa sind ihre Zahlungsmittel. Allerdings sind nicht alle Einwohner*innen gute Literat*innen, auch wenn der Analphabetismus dort überwunden ist. Glücklicherweise produzieren diejenigen, deren großes Hobby das literarische Schreiben ist, fast maschinengleich mehr, als sie brauchen und legen die ihren Bedarf übersteigenden Produkte an Sammelplätzen ab, wo jede*r sich bedienen kann.

Ein Beispiel vom heutigen Nachmittag: Anwar, dem es immer an Versen mangelt, wollte sich eine Regenjacke kaufen, nahm sich daher eines der kostenlosen Gedichte und ging in ein Einkaufszentrum. Dort erwies sich, dass das Gedicht mit dem Titel „Die Abenteuer von Budi und dem Kiwi-Vogel" beachtlichen Wert hatte, denn er bekam zwei Schlussabsätze einer Prosageschichte als Wechselgeld heraus.

Die Abenteuer von Budi und dem Kiwi-Vogel
Die Glocke läutet
das Unterrichtsthema der ersten Stunde: Schuhputzen
gestern Abend habe ich alles eingepackt
öffne jetzt den Deckel der Dose Kiwi-Braun

oh je, leer
stell mir das Toben des Lehrers vor
ducke mich wie der Kiwi auf meiner Schuhcremedose.

Kiwis haben ein gutes Gedächtnis
auch ich habe nicht vergessen, die Dose mitzubringen
hab sie im Ranzen verstaut, bin nicht aufgeblieben, um das A-Team zu sehen
nur hab ich halt nicht kontrolliert, ob noch was darin ist
sofort bin ich niedergedrückt
wie ein Stoßdämpfer unter der Last eines mit Zementsäcken beladenen Lkws.

Kiwis können nicht fliegen
so auch ich, der ich kurz nach Hause will
einen anderen Kiwi finden
und dann zurück zu Pult und Stuhl.

Die Tafel ist frisch gewischt
der Kreidekasten im Materialraum voll
ein Gespräch zweier Experten an einem ruhigen Ort inhaltsvoll
sogar an einer belebten Straße kann das möglich sein
nur meine Schuhcremedose in der Hand, sie ist es nicht.

Die Tafel spricht, verschwommen ist mein Blick beim Lesen
hab nicht Angst, dass ich nach vorne muss
man mich zum Augenarzt zur Untersuchung schickt
dann zum Optiker, selbst an den Ohren festgeklebt
ich weigere mich, die Brille aufzusetzen
stecke sie in die Hosentasche
hockend beim Murmelspiel, zerbricht sie mir darin
Milchmurmeln sind keine weiche „Fünf-Perfekt"-Diät.

Man muss die Schulbank drücken
wenn's Geld dazu vorhanden ist
leichter drückt sich die Bank des Optikers
weich sind die Stühle dort, beweglich
doch die Lehne fehlt.

Ich schlag das Lesebuch auf.

Dies ist Budi
das ist Budi Dalton
und dort ist Budi Jordan.

Bei Budi Warsito wiederum handelt es sich um den Kineruku-Bibliothekar
während Budi Utomo (das man Boedi Oetomo schreibt) eine Jugendorganisation war
und heute Name einer Schule in Jakarta ist.

Unser Lehrer damals sagte,
man wahrt den Ruf
durch gutes Betragen, das ist budi pekerti.

Und der Pop- und Rocksänger
Keenan Nasution sagte,

der Songtext Nuansa Bening ist von Rudi Pekerti.

In den neuen Tagen
gleich einem Dschungel, den man zu bändigen sucht
muss die soziale Vernunft das Sagen haben.

Kiwi, ein kleiner, gefährdeter Vogel
endemisch in Neuseeland, nahe Australien.

Da singt Bung Iwan, lange Rebell
„Der kleine Budi zittert durchnässt"
ich denk an den Budi im Grundschulbuch
der wirklich noch klein war
seltsam wär's, wenn Grundschulbücher
nur von Erwachsenen erzählten
Wati wurde früh zur Ehefrau
und Budi ein hot daddy.

Dann stimmt Bung Iwan einen anderen Refrain an,
„Die kleine schmutzige Schuhcremebox ..."
ich hör zu, bin gerührt
erinnere mich, niedergedrückt
wie ein Stoßdämpfer unter der Last eines mit Zementsäcken beladenen Lkw.

Nun dreh ich den Radioknopf
Sreeet ... sreeet ... suche einen anderen Sender
ein gut gelaunter Moderator grüßt
„Werte Hörer, *pendengar yang budiman*,
viel Interessantes hält das Leben bereit ..."
und ich höre zu, während ich ein Spiegelei esse
zwanzig Prozent der Körpergröße der Mutter: das Ei eines Kiwi.

***

Die Stimmung war durchschnittlich, wurde aber als toll erlebt. Botax stand bereit, das Band zu durchschneiden. Die Megaloman-Bibliothek würde sogleich eröffnet werden.

„Wo ist Marina?", fragte Yuday nach links und rechts blickend, er kam gerade vom Duschen und gebärdete sich wie ein Detektiv bei der Arbeit.

„Ja, Marina. Wo steckt sie bloß?" Auch Sentol Iler schaute suchend nach oben und unten. Er hielt seinen schwarzen Filzstift in der Hand, in dessen hinteren Teil eine Taschenlampe integriert war, er schaltete sie ein, um Marina zu suchen. „Marinaaaaaaa!", rief Yuday und hoffte auf eine Antwort.

Die Tischtennisplatte war zusammengeklappt, stattdessen standen dort Klappstühle. Viele Freund*innen waren gekommen. Kaffee und Snacks machten die Runde und verschwanden in fröhlichen Mündern. Am Anfang der Gasse gab es einen Wegweiser zur Megaloman-Bibliothek.

„Marinaaaaaa!", schloss sich Bordanes dem Rufen an.

„Hey, Bordanes, wann bist du angekommen?", fragte Sentol Iler, der sich freute, den neuen Freund hier zu treffen.

„Marinaaaaaa!", stimmte auch Orbinotos in die Rufe ein.

„Hey, Orbinotos, seit wann bist du hier?", begrüßte Bordanes freudig seinen Kumpel, dessen dünnes Schlabberhemd irgendwie traurig flatterte. Aber das tat der Freude keinen Abbruch.

„Marinaaaaaa!", rief Yuday wieder nach der nicht Auffindbaren. Er wurde schon heiser.

„Ich meine, ich hab sie gerade gesehen", sagte jemand in dem schwach beleuchteten Raum.

„Hei, Anwar, du bist auch da?" Orbinotos war erstaunt.

„Ja."

„Wie bist du aus Tukar Sastra hergekommen?", fragte Marina aus mysteriöser Ferne.

„Mit dem Huckepacktaxi."

„Wie viel hast du bezahlt?"

„Ein Gedicht, wie immer konnte ich mir eins nehmen."

***

Unter einem schattigen Baum saß der Huckepackträger und ruhte sich aus. In der Hand hielt er das Gedicht, das er von Anwar bekommen hatte. Er träumte ein wenig vor sich hin, dachte an Frau und Kinder, an sein Monster, das in einem fernen Land sein Glück suchte.

Ein Eismann kam vorbei. Er rief ihn. Das Gedicht, das er von Anwar erhalten hatte, tauschte er gegen die kühle Substanz, die nun seine Kehle erfrischte. Das Gedicht trug den Titel „Gua Sha Massage".

Gua Sha Massage
Er lag auf dem Bauch

Sieh dir seinen Rücken an:

----- ------

----- ------

----- ------

----- ------

----- ------

Der Eismann hatte dieses Gedicht an sich genommen. Danach hatte er seine Runde unterbrochen und eine Pause eingelegt, um in einen Blumenladen zu gehen. Dort wollte er einen Blütenstiel für Marina kaufen. Er holte etwas aus der Schublade seines Verkaufswagens: ein Gedicht mit dem Titel „Mutters Rätsel".

Mutters Rätsel

Mutter ging zu ....

Mutter kaufte ....

Mutter kam heim um ....

Liebe .... solange ....

1
Petruk & Gareng sind Figuren des traditionellen javanischen Schattenspiels, Megaloman heißt der Superheld einer populären japanischen TV-Serie.

2
Puppen ist eine Punk-Hardcore-Band, Pure Saturday eine Indie-Pop-Band, beide entstanden in Bandung in den frühen 1990er Jahren. Die Band Pas – Rock, Hip-Hop und Punk – wurde 1989 im Studentenmilieu Bandungs gegründet.

3
Yes No Wave Music ist ein Non-Profit-Musiklabel in Yogyakarta.

4
Staycation („Balkonien-Urlaub") – speziell: Bezeichnung eines Musik-Festivals, das aufgrund der Pandemie-Bedingungen für Zuschauer*innen in Hotelzimmern übertragen wurde, 4.12.2021; allgemein: fröhlicher nongkrong-Abend junger Leute in kleinerer Runde in einem Hotel, nachdem unter Pandemie-Lockdown-Bestimmungen die sonstigen Treffpunkte geschlossen waren.

5
Tukar Sastra ist ein sprechender Name, auf Deutsch etwa „Literaturtausch".

Marina and the Megaloman Library

Harlan Boer

"*Smack!*"

"*Thwack!*"

Botax and Yuday were playing ping-pong in the garage of a floating house on a black sea. Santol Iler could be mistaken for a referee, sitting on the green side of the game table, when in fact he was reading a comic about Petruk Gareng meeting with Megaloman, while drinking cold sweet tea from a glass that was densely packed with nine pieces of parallelogram-shaped ice cubes (the glass was a souvenir from a papaya museum).

The ice cubes in the glass were gleaming golden instead of white and clear. Looking chunky like miniature clouds, there were too many of them to swirl around in the glass even when shaken. Not like the ice cube version of the sweet iced tea at Ms. Ritariti Sasasasa Sisisisi's shop. The ice cubes in the sweet iced tea that Ms. Ritariti Sasasasa Sisisisi (born in Jakarta, ten years before Aldiron Plaza was built) usually made, would move around in the glass, kicked by a straw.

Sentol Iler straightened up for a moment, slightly trod, took a paper and pencil, then drew Megaloman on the piece of paper, albeit only the face. He scratched, looked, and weighed it. After a few strokes and erasures, Megaloman's head was thickened with a black marker.

"*Smack!*"

"*Thwack!*"

The sounds came with the sun that was sinking, but not into the black sea. The atmosphere was heating up. Fatigue had not set in yet on both of them. Even so, Botax and Yuday were already sweating, especially from picking up the ball so often.

Four televisions on each side of the walls of the garage where the friendly match took place were screening different videos. The first television was screening a newscaster whose waist was tickled by a colleague; a content creator who was earning money for his child's tuition by writing scripts of old news. The second one was showing a review of ties and dance styles by a fashion critic who had just given up his dream of becoming a flight attendant and did not return to his hometown because of the pandemic (it was tough, but he had accepted it). The third television was broadcasting mood forecasts. The fourth one was showing a TV series of a family of pandas who befriend patient bats.

"*Hey, here's the logo!*" Sentol Iler shouted to Botax and Yuday.

"*Is it finished?*" Yuday asked as he tried to return Botax's hard smash with a snake-curling-on-the-fence martial art style (*ular melingkar di atas pagar*) that he used to lisp when he recited it. Maybe his tongue is short, unlike Gene Simmons'.

"*Smack!*"

"*You drew it quite quickly,*" Botax said as his legs moved and his bat struck the steep lob. If the ball from Yuday was venomous, Botax has studied the antidote. He had watched a lot of tutorials to browse the classic ping-pong archives. He collected the data almost at the same time as when Botax was collecting stamps and *blangkon*, a traditional Javanese hat.

"*Thwack!*"

"*This… is done!*" Sentol Iler stressed his last word. His tongue was like a Stabillo Boss or Rugos highlighter.

"*Shall we continue playing or do we want to see Sentol Iler's picture first?*" Yuday asked as he squeezed his arms against his body to block the sharp hit from

Botax. Too bad, the block was stuck on the net.

"*Thump…thump…thump…thump…thump… thump…*"

"*Continue playing, please! I really miss playing ping-pong,*" Botax responded as he picked up the ball that was rolling wildly. It was a bit difficult for Botax's waist to bend down to chase it. The waist was once measured at a tailor when Botax was going to order the trousers of a wedding suit.

"*Do you miss it so badly?*" suddenly Marina was there, asking.

"*Marina!*"

"*Marina!*"

"*Marina!*"

The three men called the same name. Marina raised her thumb like how she posed for photos for the last few years. She said it was the effect of politics.

"*Shall we continue?*" Yuday asked.

"*Of course, yes!*" Botax exclaimed, no less decisive.

"*You really miss me, huh?*" Marina gave Botax a close look.

"*Yes, very much.*" Botax answered, his eyes saying it all.

"*Thwack!*"

"*Um, hang on a minute,*" Yuday stuttered. "*Wait until I'm ready before you hit the ball.*"

"*Come on, Day. Just play for a while, then we'll discuss the picture,*" Botax sulked. The match continued. Marina really wanted to immediately discuss the logo created by Sentol Iler, but she couldn't do anything about it.

"*Smack!*"

"*Thwack!*"

Marina looked at Sentol Iler and a cheeky thought crossed her mind, what if she conspired with him so that the game would end soon. Not to be malicious, really, just for a prank. Also, mainly because she wanted to discuss the logo right away.

"*Should I hide the ball or saw off the ping-pong table?*" Marina thought. "*Perhaps Sentol Iler can pretend to have a stomach ache. He would be too scared to go to the toilet alone, then asked Botax and Yuday to accompany him for a while. That's when I will take some tiny dynamite from the* lumbung *and break their fun time tools,*" some pitch-black thought racketed her mind.

But, she would not have the heart to do it.

"*Thwack!*"

"*Ouch!*"

The ping-pong ball flew very fast, knocking out a few strands of Yuday's hair.

***

"*The first time* Puppen *and* Pure Saturday *did their recordings they used the remaining time of* Pas*'s studio shift,*" said Bordanes at eight o'clock in the evening, only God knew how many minutes before eight o'clock sharp. A package from JNE delivery service was on his side.

Orbinotos listened in front of the glass jar while trimming his bangs.

"*So,* Pas *signed a contract with the label, and when their recording was finished, there was the remaining shift, which was shared with* Puppen *and* Pure Saturday."

Bordanes and Orbinotos were waiting for friends at the home base. They were currently on a project to build flying cupboards. It looked like they were going to be successful in building cupboards that can be filled with anything and can fly here and there. Anyone can fill and retrieve the contents of those flying cupboards everywhere in the future.

"*Bordanes…*"

"*Yes, Orbinotos?*"

"*What is your favorite release from* Yes No Wave Music*?*"

"*Lots.*"

"*If you had to name one?*"

"*Shrubs.*"

"*Orbinotos…*"

"*Yes, Bordanes?*"

"*Let's go for a staycation!*"

"*Yeah!*"

In the Tukar Sastra Village, the people do not recognize money. To run their daily lives, their media of exchange are poetry and prose. However, not all residents of the Tukar Sastra Village are proficient in literature, even though illiteracy has been eradicated there. Luckily, like machines of production, those who love to write poetry and prose, often collect poetry and prose in excess of their needs for anyone to take.

For example that evening, Anwar, who was always poor with poetry and wanted to buy a raincoat, took one free poem and then went to the mall and was ready to shop there. It turned out that the poem was worth a decent value that Anwar was able to get some change in the form of two closing paragraphs of a fiction. The poem was entitled "The adventures of Budi and the kiwi bird."

The adventures of Budi and the kiwi bird

The bell rings
the first lesson is to polish the shoes
I have prepared them since last night
when I opened the Kiwi Brown lid
it was empty
imagining the fierceness of the teacher,
I duck like the kiwi bird in my shoe polish can.

Kiwis have sharp memories,
I didn't forget to bring along that can
I stored it in my bag, I didn't stay up late watching *the A-Team*
I just didn't inspect what was inside
abruptly my soul was rather disturbed
like the shaking of a truck transporting cement sacks.

Kiwi birds cannot fly
similar to me who want to quickly perch in the house
looking for another kiwi and
then return to the wooden chair.

A blackboard was erased
the chalk box in the administrative room has its contents inside
a conversation between two experts in a quiet place has contents
in a crowded place, perhaps
the shoe polish can in my hand isn't that way.

The blackboard speaks,
my eyes are a bit blurry
Not that I'm afraid to be summoned to the front
Go to the ophthalmologist and get examined
Come to the optician, sticking them in both ears
I refuse to wear glasses
put them in my pants' pocket
squatting playing marbles, they broke inside of it
milky marbles are not "five perfect" diet
School benches must be eaten
if there is a budget
a seat in the optician, it is round in shape
can wobble
without a backrest.

I open an Indonesian language book.

This is Budi
that's Budi Dalton
and that's Budi Jordan.

While Budi Warsito, is Kineruku's librarian,
while Boedi Oetomo, is the name of a youth organization,
later became the name of a school in Jakarta.

Our teacher said,
keep the good reputation
of characters.

Keenan Nasution said,
the lyrics for Nuansa Bening
were written by Rudi Pekerti.

In new days
akin to a jungle that is pursued to be maintained
reason for behaviors with all the fervor.

The kiwi, a small endangered bird
endemic to New Zealand, near Australia.
Then Bung Iwan sang,
"Little Budi is drenched in chills,"
I remember Budi in my elementary school textbook,
who was still young
it would be strange if the textbooks for children
were filled with adults
Wati has become a wife
and Budi is now a hot daddy.

Then Bung Iwan wailed the refrain,
"The polish box is tiny and just as smudgy . . ."
Listening to it I feel touched,
I remember that my soul is quite disturbed
like the shock of a truck carrying cement sacks.

Then, I turn my radio knob
screech... screech... looking for a new wave of

lively podcast broadcaster greets,
"Dear listeners,
there are many interesting things in our lives . . ."
I listened to it while enjoying a sunny side up egg 20 percent of the size of the mother's body: a kiwi bird's egg.

***

The atmosphere was considered lively too. Botax was ready to cut the ribbon, the Megaloman Library would be opening soon.

"*Where's Marina?*" Yuday asked, looking around after taking a shower like a detective during working hours.

"*Yes, yes. Where's actually Marina?*" Sentol Iler also looked up and down. He held his black marker whose bottom side could serve as a flashlight. He turned it on to find Marina.

"*Marinaaaaaaa!*" Yuday shouted, looking for an answer.

The ping-pong table had been folded. The foldable chairs opened. Many friends were arriving. Coffee and snacks went around cheerfully in people's mouths. At the entrance of the alley, there was a sign indicating the location of the Megaloman Library.

"*Marinaaaaaaa!*" Bordanes shouted along.

"*Hey, Bordanes, when did you arrive?*" asked Sentol Iler, happy to meet his new friend.

"*Marinaaaaaaa!*" Orbinotos shouted along.

"*Hey, Orbinotos, when did you arrive?*" asked Bordanes, quite pleased to meet his old friend. His flimsy shirt flapped. Kinda sad, indeed. However, this did not reduce the open-hearted feeling.

"*Marinaaaaaaa!*" Again Yuday called her who was invisible. Hoarse.

"*I think I saw Marina,*" said someone in the dimly lit room.

"*Hey Anwar, you are here also?*" Orbinotos was shocked.

"*Yes.*"

"*What did you take from the Tukar Sastra Village?*" Marina's mysterious voice came from a distance.

"*Took a taxi.*"

"*How much was the fare?*"

"*A poem, as usual, I was allowed to take it for free.*"

***

Under a shady tree, a motorcycle taxi driver was resting. It is a piece of poem that he got from Anwar. Instantly he daydreamed, remembering his children, wife, and monsters across the sea.

There was an ice cream guy passing by. He called the guy. He exchanged the poem from Anwar with some freshness was flowing down his throat. The poem was entitled "Gua sha."

Gua sha
He lies face down on the bed

look at his back:

——— ———

——— ———

——— ———

——— ———

——— ———

The ice cream guy took the poem. After that, he didn't go around; chose a break from work to go to a flower shop. He wanted to buy a stem of flowers for Marina. At the flower shop, the ice cream guy pulled something out of the drawer of his cart. A poem entitled "The Mother's Riddle."

The mother's riddle
Mother went to ....

Mother bought ....

Mother came home at ....

Love .... throughout ....

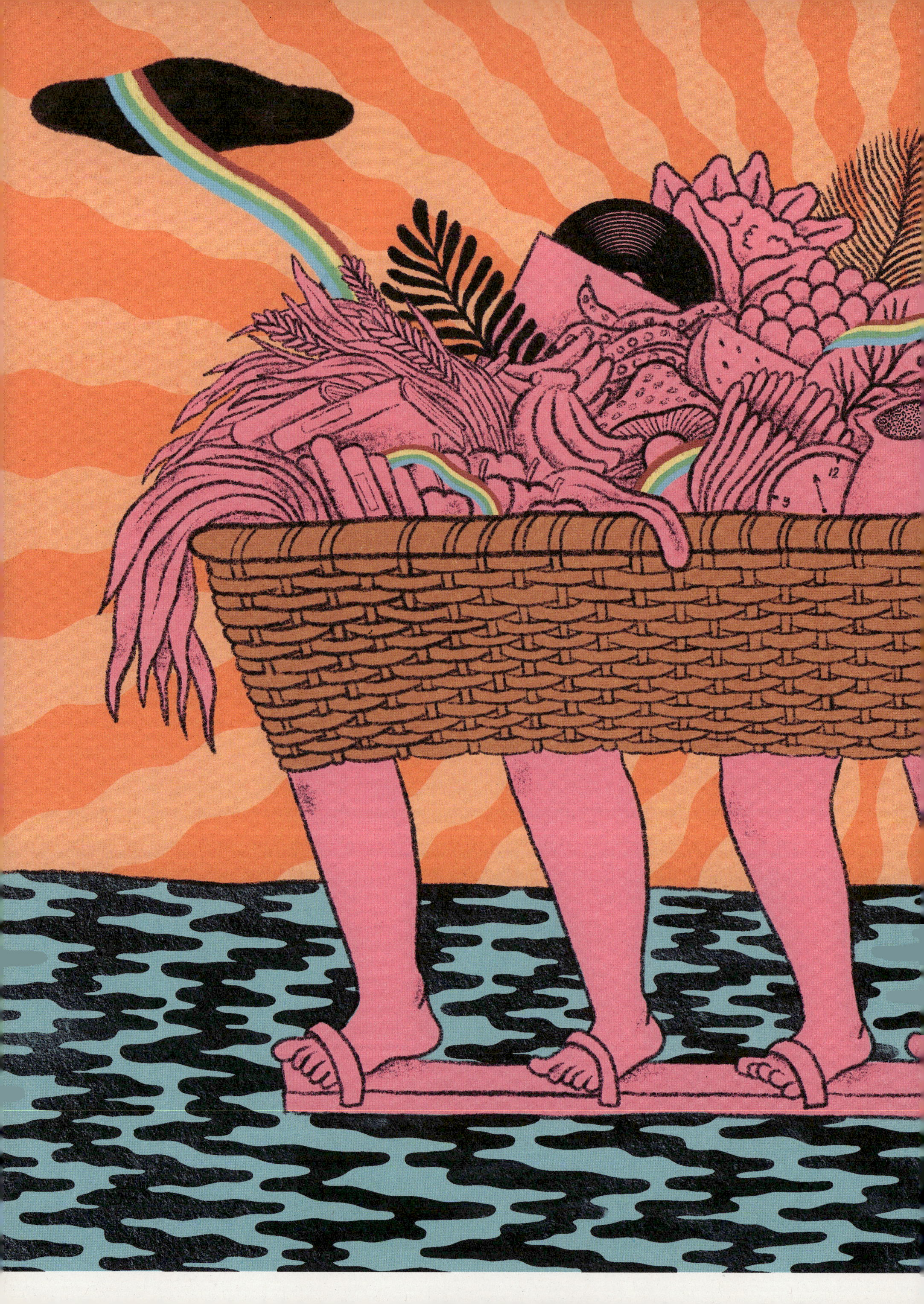

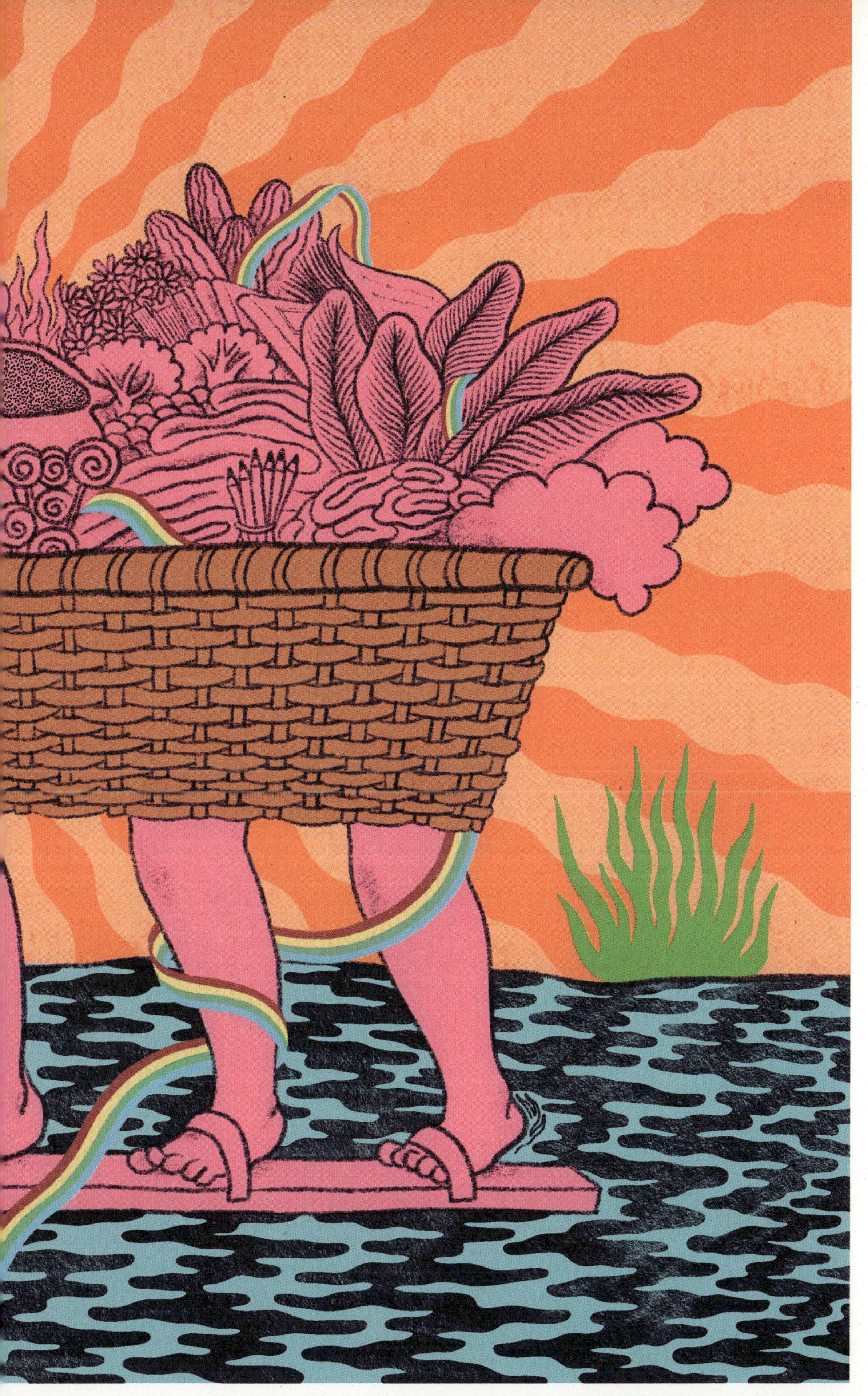

Illustration:
Marishka
Soekarna

Nur noch in einem Lied

Heru Joni Putra
übersetzt von Gudrun Ingratubun
illustriert von Dwi Wicaksono Suryasumirat

Ein traditioneller *lumbung* steht noch, wenn auch inzwischen etwas windschief, vor einem traditionellen Haus in einem Minangkabau-Dorf an den Hängen des Marapi. Die vier Pfosten sind recht robust, doch die Holzwände alle schon porös. Der größte Teil des *lumbung* ist von Termiten zerfressen. Einige der Bretter sind bereits abgefallen, andere hängen herunter, haben sich gelöst, bewegen sich im Wind hin und her. Wenn wir genauer hinschauen, finden wir noch Spuren von Schnitzereien, Überreste menschlicher Handwerkskunst, die einst dort eingekerbt waren. „Unwillig zu leben, aber nicht bereit zu sterben" ist ein klassisches Sprichwort der Minangkabau, um jemanden zu beschreiben, der nicht weiß, was er für seine Gemeinschaft tun soll. Nicht nur auf Menschen trifft das Sprichwort zu, mittlerweile auch auf diesen *lumbung*.

Die Bretter könnte man als Brennholz nutzen, das scheint das Einzige zu sein, wofür man den *lumbung* jetzt noch brauchen könnte – aber keiner der Bewohner*innen des gegenüberliegenden traditionellen Hauses hat die Absicht, ihn abzutragen. „Besser er stürzt von allein ein, als dass er abgerissen wird", sagt die 37-jährige Eris, eine der Frauen, die in dem Haus leben. Die heruntergefallenen Bretter stapeln sie einfach neben dem *lumbung*. Später, wenn alles zusammengebrochen ist, wird der Haufen morsches Holz für andere Zwecke verwendet werden, was auch immer das dann sein mag. „Es wäre einfach traurig, wenn wir ihn selbst abtragen würden, das würde sich anfühlen, als wären wir mit dem Abriss einverstanden", sagt Eris.

Der *lumbung* wird schon lange nicht mehr genutzt. In den vergangenen zwei Jahrzehnten hat man zugelassen, dass er immer schneller verfiel. Davor waren darin noch landwirtschaftliche Geräte und Reissäcke gelagert worden, auch Küchenutensilien, die gelegentlich bei großen Festen verwendet wurden. Die Großfamilie, der der *lumbung* gehört, kann noch von den Zeiten erzählen, als der *lumbung* betrieben wurde. Allerdings gibt es vorerst keinen zwingenden Grund mehr, ihn zu behalten, wenn dort kein Reis zu lagern ist.

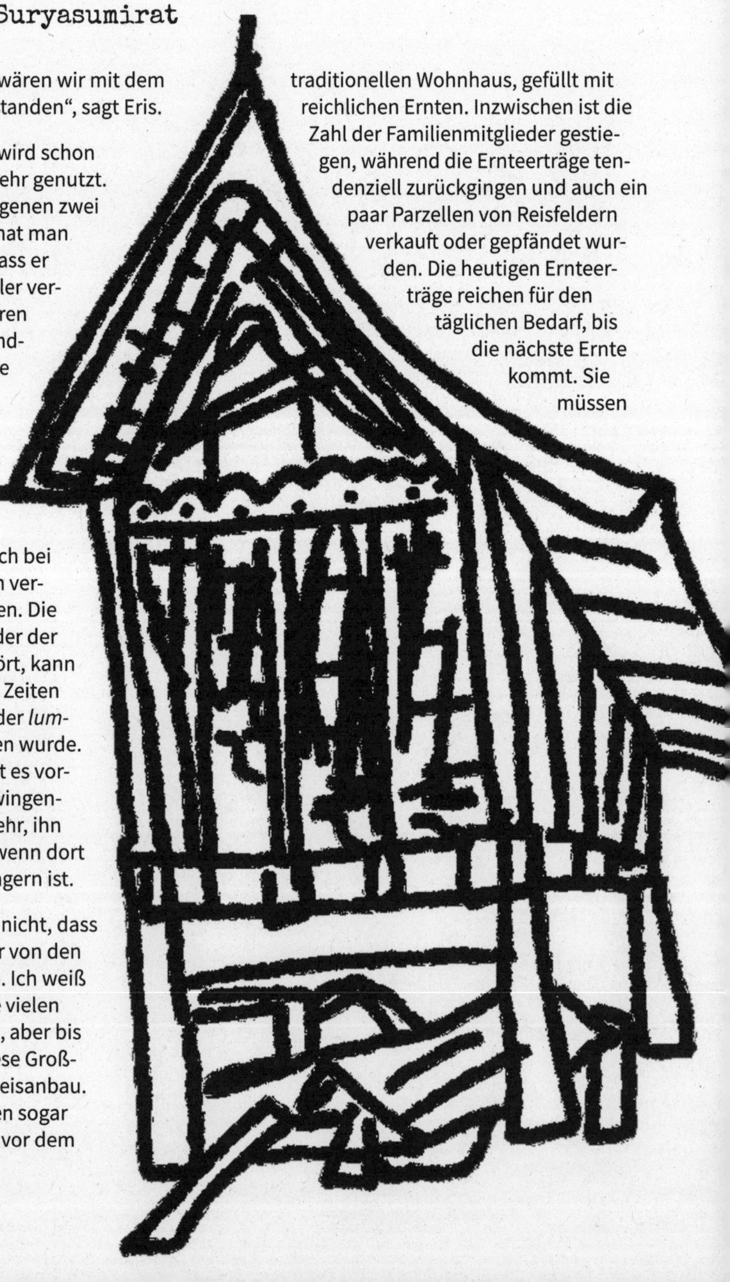

Das bedeutet nicht, dass sie nicht mehr von den Feldern leben. Ich weiß nicht, seit wie vielen Generationen, aber bis heute lebt diese Großfamilie vom Reisanbau. Früher standen sogar drei *lumbung* vor dem traditionellen Wohnhaus, gefüllt mit reichlichen Ernten. Inzwischen ist die Zahl der Familienmitglieder gestiegen, während die Ernteerträge tendenziell zurückgingen und auch ein paar Parzellen von Reisfeldern verkauft oder gepfändet wurden. Die heutigen Ernteerträge reichen für den täglichen Bedarf, bis die nächste Ernte kommt. Sie müssen keinen Reis mehr einlagern, der für den täglichen Bedarf wird im Wohnhaus aufbewahrt.

Heutzutage findet man fast überall im bergigen Land der Minangkabau eher *lumbung* und traditionelle Großfamilien, die von dem oben beschriebenen Verfall betroffen sind, als solche, die noch aufrecht stehen und von Großfamilien im ursprünglichen Sinne genutzt werden.

Das Volk der Minangkabau nennt den *lumbung rangkiang,* abgeleitet von dem Wort *Ruang Hyang,* das einen Ort für die Ahnen, für die Reisgöttin Dewi Sri aus der hinduistisch-buddhistischen Zeit in Minangkabau bezeichnet. Heute wird dieser Name nicht mehr nur für *lumbung* verwendet. Eine in Minangkabau tätige Volksbank (BPR) hat sich den Begriff ausgeliehen, sie heißt BPR Rangkiang. Außerdem wird *rangkiang* von einer Kaffeemarke, einem Padang-Restaurant, einem Tanzstudio, einer Animations-Community, einem Filmproduzenten, einer Hochzeitsband und vielen anderen genutzt. Natürlich hat sich die Bedeutung des Wortes durch die Verwendung für unterschiedliche kulturelle Produkte gewandelt, der Bezug auf die Kultur des Teilens innerhalb der Großfamilie ist eher emotional.

Traditionell gibt es in jedem *rumah gadang* (das traditionelle Haus der Minangkabau) einer Großfamilie vier *rangkiang.* Die größte Reismenge in diesen *rangkiang* wird für den täglichen Bedarf der Großfamilie selbst verwendet. Zu einer Großfamilie gehören viele Familien, meist Dutzende, die von derselben Großmutter abstammen. In matrilinearen Gesellschaften wie den Minangkabau dient das *rumah gadang* als gemeinsamer Wohnort für die Frauen der Großfamilie und ihre Kinder, sowohl für Mädchen als auch für Jungen. Allerdings dürfen die Jungen nach dem Erwachsenwerden nicht mehr im traditionellen Haus wohnen, sie müssen ausziehen. Wegen der wachsenden Bevölkerungszahl leben heute auch nicht mehr alle Frauen in einem *rumah gadang*, normalerweise nur die ältere Generation und die ältesten Töchter, die anderen Frauen wiederum in kleinen Häusern, die um das *rumah gadang* herum gebaut werden.

Von den vier *rangkiang* wird eines als Reislager für die täglichen Mahlzeiten verwendet, sein Name ist *Si Bayau-Bayau.* Dieses rangkiang ermöglicht allen Familienmitgliedern das tägliche Überleben. Andererseits findet sich in einem anderen *rangkiang (Si Tenggang Lapa)* ein Reisvorrat, der nicht für Familienangehörige bestimmt ist, sondern für die Armen, die nicht genug zu essen haben, oder für die gemeinsame Versorgung im Falle einer unerwarteten Hungersnot.

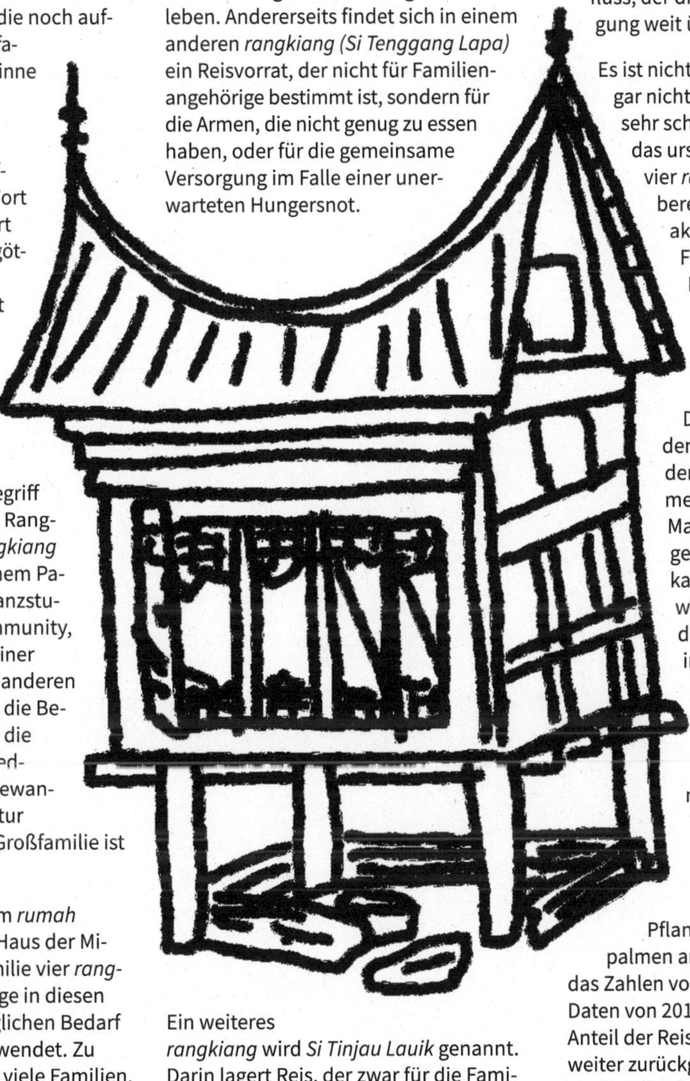

Ein weiteres *rangkiang* wird *Si Tinjau Lauik* genannt. Darin lagert Reis, der zwar für die Familienmitglieder gedacht ist, jedoch nicht für den täglichen Bedarf. Er dient als Kapital, um notwendige Dinge zu kaufen, die in der Gegend nicht verfügbar sind oder die die Minangkabau nicht selbst herstellen können. Im Laufe der Zeit wurde dieser Reis auch für Familienmitglieder verwendet, die Kapital für Auslandsreisen, ein Studium oder zum Handeln benötigten. Im kleinsten und einfachsten *rangkiang, Kaciak* genannt, wird nicht der geerntete Reis gelagert, sondern der sogenannte graue Reis, aus dem das Saatgut gewonnen wird und der die Kosten für die Bewirtschaftung der Felder in der nächsten Anbausaison deckt.

Die Tatsache, dass jedes *rumah gadang* der Minangkabau in der Provinz West-Sumatra vier *rangkiang* hatte, zeigt nicht nur, wie wichtig die Reisfelder als soziokulturelle Grundlage der Gemeinschaft waren, sondern auch, dass die Menschen reiche Ernten gewohnt waren – ein Überfluss, der die tägliche Nahrungsversorgung weit überstieg.

Es ist nicht so, dass es die *rangkiang* gar nicht mehr gibt, allerdings ist es sehr schwierig, heutzutage noch das ursprüngliche System von vier *rangkiang* zu finden. Wie bereits erwähnt, reicht die aktuelle Ernte laut Eris, einer Frau, die an einem der Hänge des Berges Marapi lebt, oft nur für den täglichen Bedarf, daher verlieren die *rangkiang* ihre Funktion und verfallen. Das hängt eindeutig mit dem zunehmenden Wandel der Bodennutzung zusammen. Nicht nur rund um den Marapi, sondern auf dem gesamten Gebiet der Minangkabau schrumpft die landwirtschaftliche Nutzfläche drastisch. Nach Angaben der indonesischen Regierung werden von allen landwirtschaftlichen Flächen in Minangkabau, insgesamt 475.000 Hektar, nur 23,1 Prozent (110.000 Hektar) für den Reisanbau genutzt. Auf den restlichen 76,9 Prozent werden einjährige und mehrjährige Pflanzen wie beispielsweise Ölpalmen angebaut. Allerdings sind das Zahlen von 2008. Wenn man sich die Daten von 2017 bis 2019 ansieht, ist der Anteil der Reisfelder um 14,6 Prozent weiter zurückgegangen. Das heißt, heute sind nur noch auf weniger als zehn Prozent der landwirtschaftlichen Flächen Reisfelder übrig geblieben.

Wer heutzutage ein *rangkiang* besichtigen möchte, findet es am einfachsten in Zentren des Kulturtourismus wie dem Pagaruyung-Palast oder den Freilichtmuseen, die Rekonstruktionen von Minangkabau-Dörfern zeigen. Hier sind *lumbung*-Bauten mit ihren vielfältigen Schnitzereien zu sehen, allerdings ohne den eingelagerten Reis und ohne dass man den Alltag der Menschen miterleben kann, die mit den Reisfeldern leben. Für Leute, die einfach nur eine kulturelle

Ausstellung sehen wollen, mag das sicher ausreichen. Und die Tourismusbranche in Minangkabau zieht es in der Tat vor, Kultur auf diese Weise zu zeigen. Einige der Dörfer in abgelegenen Gegenden, die noch eine starke traditionelle *lumbung*-Kultur haben, haben sich in Stätten des Kulturtourismus verwandelt. Und das hängt wiederum damit zusammen, wie die touristischen Akteur*innen arbeiten, die mehr daran interessiert sind, die Kultur aufzupolieren, als das soziale Leben zu verbessern.

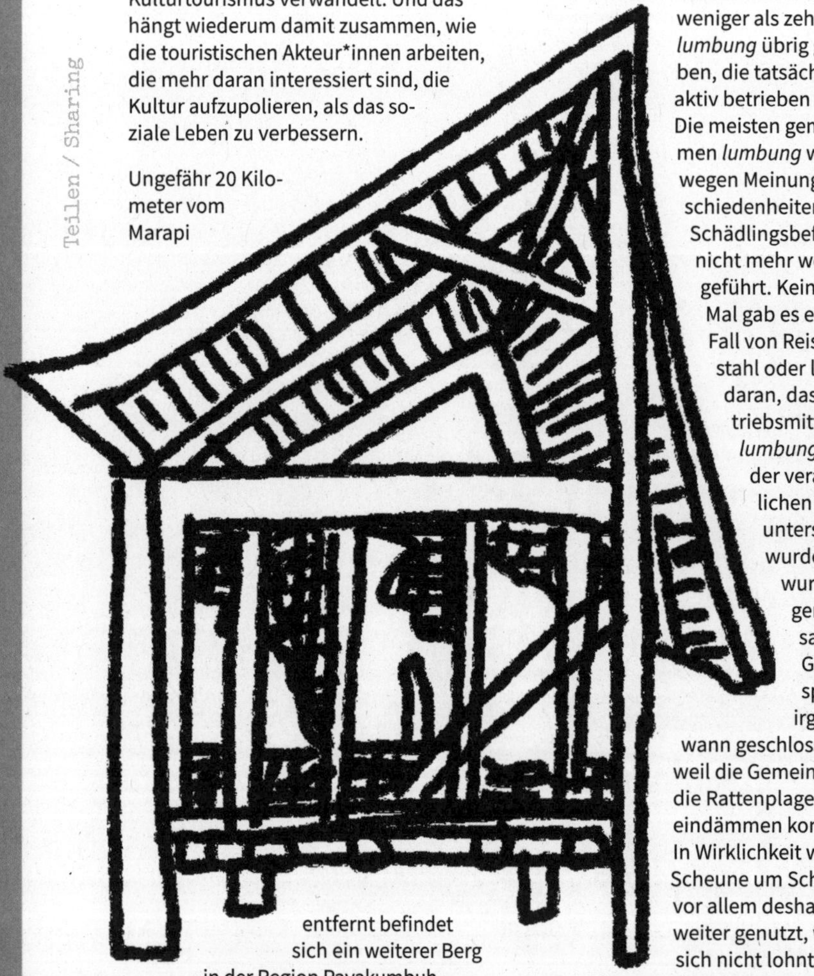

Ungefähr 20 Kilometer vom Marapi entfernt befindet sich ein weiterer Berg in der Region Payakumbuh – Luhak Limo Puluah, der Sago. Das Schicksal der *rangkiang* bei den Menschen, die um diesen Berg herum leben, unterscheidet sich nicht wesentlich von denen rund um den Marapi. Etwa 80 Dörfer gibt es in diesem Gebiet. In den vergangenen zehn Jahren wurden in einigen von ihnen insgesamt 40 kollektive *lumbung* gebaut. Das bedeutet nicht, dass die *lumbung* auf 40 Dörfer verteilt sind. Um sich gegenseitig zu unterstützen, schlossen sich oft mehrere Dörfer zusammen, um einen *lumbung* gemeinsam zu betreiben. Solche gemeinsamen *lumbung* haben nicht mehr die Form eines *rangkiang,* es sind gewöhnliche Gebäude mit gemauerten Wänden, wie sie für Lagerhäuser üblich sind. Und auch der Betrieb dieser *lumbung* folgt nicht mehr vollständig dem traditionellen Modell. Um die *lumbung* zu bauen, stellte die lokale Regierung zunächst insgesamt 20 Millionen Rupiah an Hilfe bereit. Danach wurden sie von den Gemeinschaften selbstständig verwaltet.

In diesem Jahr sind weniger als zehn *lumbung* übrig geblieben, die tatsächlich aktiv betrieben werden. Die meisten gemeinsamen *lumbung* wurden wegen Meinungsverschiedenheiten oder Schädlingsbefall bald nicht mehr weitergeführt. Kein einziges Mal gab es einen Fall von Reisdiebstahl oder lag es daran, dass Betriebsmittel des *lumbung* von der verantwortlichen Person unterschlagen wurden. Oft wurden die gemeinsamen Getreidespeicher irgendwann geschlossen, weil die Gemeinschaft die Rattenplage nicht eindämmen konnte. In Wirklichkeit wurde Scheune um Scheune vor allem deshalb nicht weiter genutzt, weil es sich nicht lohnt, den wenigen vorhandenen Reis dort zu lagern. Die Erntemengen haben sich bereits auf den Feldern stark reduziert.

Baruah Tunggang ist ein kollektiver *lumbung* in dem Dorf Kubang, einer der wenigen übrig gebliebenen, in dem die Community auf die eine oder andere Weise immer noch versucht, eine Kultur des Teilens aufrechtzuerhalten. Obwohl er in Kubang liegt, wird der Baruah Tunggang auch von Menschen aus anderen Dörfern der Umgebung genutzt. Darin unterscheidet er sich vom traditionellen *lumbung (rangkiang),* der normalerweise von einer Großfamilie errichtet und genutzt und von einem *datuk* verwaltet wird. Dieser moderne *lumbung* ist nicht an eine Großfamilie angebunden, sondern an eine Bäuer*innenorganisation, der jeder beitreten kann. Meist sind es Bäuer*innen, deren Reisfelder nah beieinander liegen. Der Verantwortliche ist kein *datuk,* sondern der Leiter der Bäuer*innenorganisation.

Der 76-jährige Jaminir, der den Baruah Tunggang leitet, erzählt voller Leidenschaft von der Geschichte seines *lumbung.* Ursprünglich wurde er von der Bäuer*innenorganisation gebaut, um den geernteten Reis aller Mitglieder zu lagern. Wenn die Reisernte reicher ausfiel, als sie für den Eigenbedarf benötigten, lagerten die Bäuer*innen die Reste im kollektiven *lumbung* für den Fall, dass es zu einer Hungersnot oder Katastrophe kommt. Seine Funktion ähnelt dem traditionellen *rangkiang,* der *Si Tenggang Lapa* genannt wird. Geteilt wird hier allerdings, weil die Nutzung nicht auf der Großfamilie basiert, nur das Scheunengebäude, während der Reis Eigentum jedes einzelnen Bauern bleibt, je nachdem, wie viel er eingelagert hat. Der Reis wird nicht mehr zusammengeführt, unabhängig davon, auf wessen Reisfeld mehr oder weniger geerntet wurde, wie es beim traditionellen *lumbung* der Fall war.

Im Laufe der Zeit wurde der gemeinsame *lumbung* jedoch nie wirklich nur zur Lagerung von Reis verwendet. Obwohl es immer noch Bäuer*innen gibt, deren Reiserträge reichlich sind, reicht die Reisernte bei anderen nicht einmal für den täglichen Bedarf. Deshalb haben die Mitglieder der Bäuer*innenorganisation eine andere Vereinbarung getroffen: Die Scheune kann auch für Spar- und Darlehenszwecke genutzt werden. Bäuer*innen, deren Ernte nicht ausreicht, dürfen sich Reis ausleihen, der dann nach einem festgelegten Zeitplan zurückgegeben wird. Auch wenn dieses System nicht mehr wie früher im *rangkiang* funktioniert, als den Bedürftigen der Reis kostenlos zur Verfügung gestellt wurde, ist die neue Vereinbarung der Bäuer*innenorganisation für ihre Kolleg*innen, die wenig geerntet haben, recht vorteilhaft.

Die Scheune Baruah Tunggang überlebt in einer sich ständig wandelnden Zeit, und es kommen immer neue Vereinbarungen dazu. Anders als in einem traditionellen *lumbung,* wo Reis normalerweise bis zu drei Jahre gelagert werden kann, wird der Reis hier innerhalb von drei Monaten dunkel. Wenn mehr Zeit vergeht, verschlechtert sich die Qualität noch schneller und ist nicht mehr gut genug, den Reis zum Kochen zu verwenden. Das liegt nicht nur daran, dass der neue Getreidespeicher aus Steinmauern gebaut ist (während ein *rangkiang* aus Holz und Bambus besteht), sondern auch an der heutigen Erntemethode, bei der

Eines Tages, als er den Reis trocknete und die Geschichte des gemeinsamen *lumbung* erzählte, beklagte sich ein junger Mann darüber, dass es heute keine traditionellen *lumbung* mehr gebe.

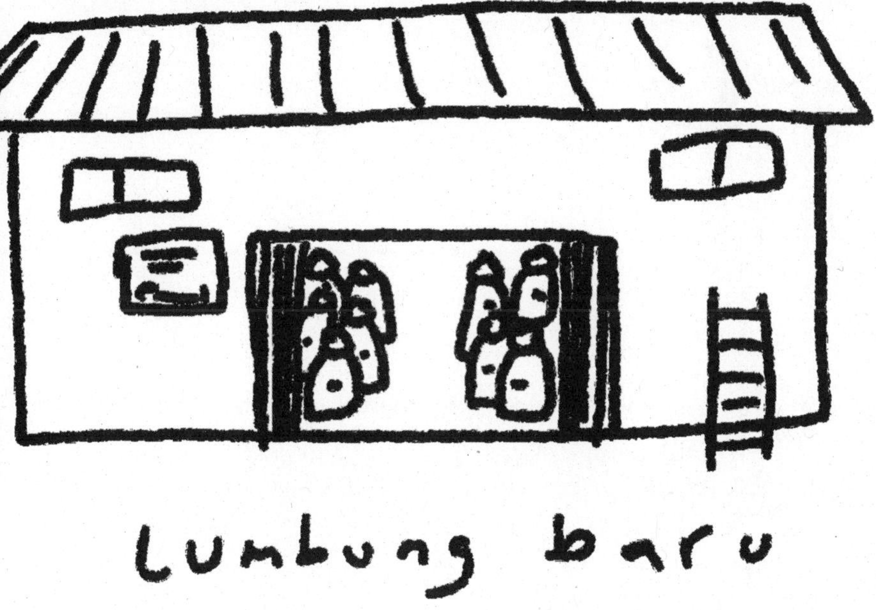

lumbung baru

mit einer Sichel geschnitten wird, wohingegen früher ein *ani-ani,* ein spezielles Fingermesser, verwendet wurde. Damit ihr Getreidespeicher nicht überflüssig wird, beschloss die Bäuer*innenorganisation, ihn nicht nur zum Lagern und zum Ausleihen von Reis zu nutzen, sondern auch als einen Ort, um Reis an die Bevölkerung zu verkaufen. Diese neue Strategie ist recht erfolgreich. Weil die Organisation den Reis zu günstigeren Preisen anbietet, sind die Kund*innen, insbesondere diejenigen, die keine Reisfelder mehr haben, sehr begeistert. Der Reis verdirbt nicht, und den Menschen ohne Reisfeldern ist auch geholfen.

Während der Covid-19-Pandemie baten die lokalen Regierungen in der Region Minangkabau die Gemeinden, sich gegenseitig zu helfen, um der Nahrungsmittelknappheit vorzubeugen. Es gab keine Verpflichtung zu helfen. Aber jedes Dorf wurde gebeten, Hilfe zu leisten, je nachdem, was ein Dorf einem anderen geben konnte. Es gab Dörfer, die Hilfe in Form von Früchten, Beilagen und so weiter schickten. Kubang, wo der Baruah Tunggang steht, konnte am Ende tatsächlich mit Reis helfen. „Reis ist hier im Überfluss vorhanden, und mit diesem Reis können wir anderen Dörfern helfen", sagt Jaminir stolz, „wir haben zweimal Reissäcke an die Regierung geliefert, damit die sie verteilt."

Jaminir antwortete mit einem verschmitzten Lächeln. „Ja, aber in einem Lied ...", sagte er. Er dachte, dass die heutige Generation das Lied, auf das er sich bezog, gar nicht mehr kennt. Und deshalb sang er lächelnd einen Ausschnitt aus diesem Lied, das in den 70er und 80er Jahren sehr beliebt war. Ein Lied mit dem Titel *Minangkabau,* das von dem legendären Sänger Tiar Ramon gesungen wurde. Aber bis heute ist es ein Muss in jedem Minang-Gesangswettbewerb, und es wird oft als Hintergrundmusik für Videos in sozialen Medien verwendet, in denen es um die Schönheit der Natur in Minangkabau geht. Der Text lautet: „Minangkabau ranah dan den cinto, pusako bundo dahulunyo, rumah gadang nan sambilan ruang, rangkiang baririk di halamannyo, bilo den kanai ati den taibo … / Minangkabau, Land, das ich liebe, von der Mutter geerbt seit langer Zeit, *rumah gadang* mit neun Zimmern, *rangkiang* seitlich aufgereiht, jedes Mal, wenn ich daran denke, macht es mein Herz so traurig …"

Only in a Song

Heru Joni Putra

There is a traditional *lumbung* that still stands, albeit in a tilted position, in front of a traditional Minangkabau house, in a village around the waist of Mount Marapi. The *lumbung*'s four legs are quite sturdy. But every side of the wooden wall is weathered and porous. Most parts of the *lumbung* have been eaten by termites. Some of the boards are dislodged. Some are hanging, dangling in the air, blown by the wind. If we look into it in more detail, we can still find traces of carvings on the wood, a reminder of the skillful human hands that once worked on it. "Reluctant to live, yet unwilling to die" is a classic Minangkabau proverb to describe a human being who does not know what to do for his community. Not only for humans, but the proverb is now also appropriate to be applied to the *lumbung*.

To use the wooden boards as firewood may be the only obvious benefit of the *lumbung* now, but none of the occupants of the traditional house in front of it has any intention to dismantle it. "*It's better for it to collapse on its own rather than we intentionally dismantling it,*" said Eris (37 years old), one of the women who lives in the house. Any boards that fell off would just be piled up nearby. Later on, when everything has collapsed, then those piles of rotten wood will be used for other purposes, whatever it may be. "*It is just sad if we dismantle it, it is like agreeing with its collapse,*" Eris said further.

The *lumbung* has not been used for a long time. In the past two decades, it has been neglected to age even faster. In the years before that, it was still used as a warehouse, to store agricultural tools, sacks to store rice during harvest, or kitchen utensils that were used occasionally during big feasts. The owners of the *lumbung* can still tell of the times when the *lumbung* was still in use. But, for now, there is no longer any solid reason why the *lumbung* should be used if there is no rice to be stored there.

"There is no rice" does not mean that they no longer live from the rice fields. No one knows how many generations back the clans have lived from growing rice. In the past, as many as three *lumbungs* in front of the traditional house would be full of abundant harvests. However, now that the number of clan members is increasing, harvest yields tend to decrease, and a few plots of rice fields have even been sold or pawned. The currently existing harvest is sufficient for daily needs only until the next harvest comes. Hence, "there is no rice" to be stored. And for daily consumption, rice is stored in the house.

At the present time, almost all across the mountainous Minangkabau land, it is easier to find *lumbungs* and indigenous clans who are undergoing the same fate as the above rather than *lumbungs* that are still standing firm and are still being well-used by the people.

The word for *lumbung* in Minangkabau dialect is *"rangkiang."* It is derived from the word "*Ruang Hyang,*" which means a place for Dewi Sri, the goddess of rice from the Hindu-Buddhist era of Minangkabau. Today, the word is not only used for *lumbung*. A People's Credit Bank (BPR) operating in Minangkabau borrows it to name its bank, the BPR Rangkiang. The word is also used for a brand of coffee, the name of a

Padang restaurant, a dance studio, an animation community, a film producer, a wedding band, and so on. Of course, the word "*rangkiang*" in various cultural products has undergone certain changes in meaning. Clearly, despite using the name "*rangkiang,*" none of it has anything to do with the culture of sharing within a tribe.

Traditionally, there are four *rangkiangs* in every *rumah gadang* (the Minangkabau traditional house) of a clan. Most of the rice in the entire *rangkiang* is used for the clan's own consumption. A clan consists of many families, usually tens of families, who come from the same grandmother. A matrilineal society (lineage is traced through the mother's line) such as the Minangkabau turns the *Rumah Gadang* into a commonplace to live for women and their children, both girls, and boys. However, after growing up, the men in the clan no longer have a place in the traditional house, they have to migrate. Nowadays, due to the increasing population, not all women live in *Rumah Gadang*. Usually, only the oldest or senior women live in it, while other women live in small houses built around the *Rumah Gadang*.

Of the four *rangkiangs*, one is used as a place to store rice for daily meals, namely *Si Bayau-Bayau rangkiang*. It is on this *rangkiang* that every member of the clan survives for their day-to-day life. On the other hand, the rice supply in the *rangkiang* called *Si Tenggang Lapa* is not used to be consumed by the family members of the clan, instead it is for the poor, who do not have enough food, or for collective supplies in case of an unexpected famine.

In addition, the rice in the *rangkiang* called *Si Tinjau Lauik* is also used for the members' consumption, but not for their daily needs. The Minangkabau people realize that not all of their life necessities, such as tools for various activities, are available in their area. Therefore, the rice in this type of *rangkiang* is used as capital to get goods that they cannot acquire or create themselves. In the course of time, it is also used as a provision for clan members who need capital to migrate, study, or trade. Subsequently, *Kaciak* is the name for the smallest and simplest *rangkiang*. *Kaciak* is not used to store harvested rice, but it keeps the *abuan* rice which is used as seed and to cover the cost of working the fields in the next growing season.

The necessity of having a *rangkiang* in every *Rumah Gadang* throughout the Minangkabau ethnic group region (which is in the province of West Sumatra) in the past not only reflected the role of paddy fields as the socio-cultural basis of the community, but the existence of these four types of *rangkiang*, especially with their very large size, also indicated that people were used to abundant harvests. With such abundance they managed to have more than enough rice to be used not only for daily consumption, but also as capital for other needs, as indicated by the different functions of the four *rangkiangs*.

It is not that such four *rangkiangs* no longer exist, alas, nowadays it is very difficult to find them. As previously stated, as said by Eris, a woman who lives at the waist of Mount Marapi, the current harvest they reap is only sufficient for their daily needs and therefore *rangkiangs* have lost their functions, and in turn, are left to go to ruin on their own. Needless to say, this is closely related to the rampant land-use change. Not only around Mount Marapi, but throughout the Minangkabau region, agricultural land is shrinking drastically. Based on national government data, of all agricultural land in Minangkabau which amounted to 475,776 hectares, only 23.1 percent (110,047 hectares) was used for rice fields. The rest (66.9 percent) was for perennial crops and annual crops, one of which was palm oil. However, that was data from 2008. If we look at the data from 2017 to 2019, the number of paddy fields had decreased by 14.6 percent. This means that currently, there is only less than 10 percent of paddy fields that remain.

For anyone who wants to see a *rangkiang*, the easiest place to find it is in cultural tourist spots, such as the Pagaruyung Palace, or some natural attractions that present a reconstruction of traditional Minangkabau villages. In such an area, we will only find the *lumbung* constructions with all the elaborate carvings. But without the rice. Without the daily lives of the people who live together with the rice fields. For people who solely require a "cultural display," of course, that will be more than enough. And indeed, works of tourism in Minangkabau prefer to treat culture in that manner. In fact, not infrequently, a few of the villages in remote Minangkabau which still maintain a strong traditional *lumbung* culture have also been turned into cultural tourism areas. Moreover, this is closely associated with the way the tourism actors work there, who are more interested in polishing culture than improving social lives.

About 40 km from Mount Marapi, there is another mountain called Mount Sago, under the administrative area of Payakumbuh—Luhak Limo Puluah. The fate of *rangkiangs* in the hands of people who live around this mountain is generally not much different from those around Mount Marapi. The number of *nagari* (similar to the village level in Java Island) in this area is approximately 80. In the past decade, 40 collective *lumbungs* have been built in various *nagaris*. This does not mean that all the *lumbungs* are spread over 40 different *nagaris*. In order to support each other, several *nagaris* actually merged to use one *lumbung*. This collective *lumbung* is no longer in the form of a *rangkiang*. It is just an ordinary wall construction like a general warehouse. The management procedures no longer fully adhere to the traditional model. Initially, to build these *lumbungs*, the local government provided an aid amounting to 20 million *rupiah*s. After that, the communities independently manage those *lumbungs*.

This year, less than ten *lumbungs* really remain active. Most of the collective *lumbungs* were doomed to fail in their infancies due to human behavior and pests. Not once or twice was it caused by a case of rice theft as well as misappropriation of the *lumbung*'s operational funds by the *lumbung* administrators. Also, often the collective *lumbungs* were eventually closed. The community could not stop the rats from attacking the *lumbungs*. In fact, *lumbung* after *lumbung* was no longer used because there was no rice good enough to store in them. Harvests were damaged by pests since they were in the fields.

"*Baruah Tunggang*" is a collective *lumbung* located in Nagari Kubang. In one of the few remaining collective *lumbungs*, one way or another the community is still trying to maintain a culture of sharing. Even though it is located in *Nagari Kubang*, the "*Baruah Tunggang*" *lumbung* is also used by people from other villages in the surrounding area. This is different from the traditional *lumbung* (*rangkiang*) which is traditionally established and used by one clan and managed by a *datuk*. With this new style of *lumbung* there is no tie to any clan, but they are bound by a farmer group institution. Anyone may join this farmer group. Farmers that join the group are generally those whose rice fields are close to each other. The person in charge is not a *datuk* but the head of the farmer group.

Jaminir, a 76-year-old man, is trusted by the community as the head of the *Baruah Tunggang lumbung*. Stirred by emotion and enthusiasm, he told me the story about the *lumbung* he was in charge of. At first, the community established the *lumbung* specifically to store the harvested rice from all members of their farmer group. So, when there were leftovers from their respective fields (after they took some to bring home for their own consumption), the farmers stored rice in the collective *lumbung*. It was stored there as stock in case of famine or disaster. Its function was similar to the *Si Tangka Lapa* traditional *lumbung* (*rangkiang*). However, because it is not based on clan, what is shared is the *lumbung* building only, while the rice remains the property of each farmer according to the amount they store. The rice is no longer combined together regardless of which rice field is the most or the least harvested, as is the case with traditional *lumbung* utilization.

However, over time, the collective *lumbung* was never solely utilized to store rice. Although some farmers do reap an abundant rice harvest, still there are also quite a number of farmers whose harvests are not sufficient even for their daily needs. To respond to the situation, members of the farmer group made another agreement. The *lumbung* in turn can also be used for savings and loans. Farmers whose harvests are not sufficient are allowed to borrow rice and then it will be replaced according to the agreed schedule. Although it no longer works like the *rangkiang* system, which provides rice free of charge to those in need, the new agreement by the farmer group is quite beneficial for their fellow farmers who experience declining yields.

The "*Baruah Tunggang*" *lumbung* survives in an ever-evolving situation and new agreements continue to develop. Unlike the rice in a traditional *lumbung*, which could usually be stored for up to three years, the rice stored in a collective *lumbung* will darken in color within three months. Keeping it for a long time will make the quality decrease even more rapidly and make it inadequate to cook. This is not only due to the fact that the new *lumbung* was built with stone and walls (as compared to *rangkiang* that is made from wood and bamboo), but also because of the current harvesting method, which involves cutting the rice stalk with a sickle (whereas in the past it was harvested with *ani-ani*, a finger knife specially used for rice harvesting). To prevent the *lumbung* from getting useless, the farmer group decided to use it not only for storing and borrowing (for fellow members of the group) but also as a place to sell rice to the general public. This new strategy is quite successful. By providing a cheaper price, the community members (especially those who no longer have rice fields to work on) are very enthusiastic to purchase rice in this *lumbung*. They managed to save their rice while helping the community in the process.

During the pandemic, to anticipate food shortages, local governments in Minangkabau (West Sumatra) region asked the community to help each other. There is no obligation with regard to the type of help to provide. Each *nagari* is only asked to provide assistance in accordance with what one *nagari* can share with another.

There are *nagaris* that send aid in the form of fruits, side dishes, and so on. *Nagari Kubang*, where the "*Baruah Tunggang*" *lumbung* is located, in the end, could not help with anything other than rice. "*Rice is the only yield here that we have with some surplus, so we can only help other villages with rice,*" said Juminir proudly, "*We have sent sacks of rice twice for the government to distribute.*"

One day, while drying the rice grain and telling the history of the collective *lumbung*, a young man complained that they no longer had traditional *lumbung* (*rangkiang*) today. Juminir replied with a small laugh. "*Yes, we do, but in a song...*" he said. He thought today's generation might not be familiar with the song he was referring to. Then, with a smile, he began to sing a verse from a Minangkabau song that was very popular in the 1970s and 1980s, sung by the legendary singer Tiar Ramon, titled *Minangkabau*. Until now, this song remains a mandatory song in every Minang song competition and is often used as background music for videos on social media about the natural beauty of Minangkabau. The lyrics goes as follows, "*Minangkabau ranah dan den cinto, pusako bundo dahulunyo, rumah gadang nan sambilan ruang, rangkiang baririk di halamannyo, bilo den kanai ati den taibo...* / Minangkabau the land that I love, mother's heirloom from long ago, *rumah gadang* with nine rooms, *rangkiangs* lined up on the yard, every time I remember it, my heart becomes sorrowful..."

Auf den Spuren der Reiskörner

Diana D. Timoria
übersetzt von Gudrun Ingratubun
illustriert von Adhitya Nisfianto

Es ist immer eine Freude, am Ende des Jahres einen Spaziergang durch die Straßen der Region Kodi im Westen der Insel Sumba in der Provinz Ost-Nusa-Tenggara zu machen. Frisches Grün, wohin man schaut. Mais und Reis wetteifern darum, sich zur Schau zu stellen – als wollten sie zeigen, wer sich am vollendetsten herausgeputzt hat, um mit dem schönsten Anblick unser Auge zu verwöhnen. Regen fällt oft vom Ende des Jahres bis zum Anfang des nächsten Jahres. Es ist die perfekte Zeit für die Pflanzen, sich zu zeigen, nachdem sie etwa sieben oder acht Monate in einer langen Trockenzeit feststeckten.

In Kodi erstreckt sich die Regenzeit normalerweise von Oktober bis März, es ist die Jahreszeit, in der alle Samen aus ihren Vorratsbehältern hervorgeholt und ausgesät werden. Nicht nur Reis, sondern auch verschiedene Arten von Süßkartoffeln und Mais werden als Nahrungsmittel auf den Feldern angebaut. Doch warum auf die Regenzeit warten? Schließlich betreiben die meisten Menschen in Kodi Trockenfeldbau, und die angebaute Reissorte ist auch Trockenreis, dessen Wasserbedarf durch Regen gedeckt wird. In Kodi werden seit langer Zeit mehrere lokale Reissorten verwendet, die sich für die Böden und Wetterbedingungen dort eignen.

Am Ende der Regenzeit ernten die Menschen Reis und andere Feldfrüchte. Für die Kodi ist Reis eine besondere Frucht, über die es diesen Mythos gibt, der Einfluss darauf hat, wie die Menschen mit dieser Pflanze umgehen, angefangen mit der Aussaat bis zur Ernte. Der Mythos besagt, dass die Reispflanze ein Kind ist, das sich selbst geopfert hat. Deswegen wird der Prozess der Reisverarbeitung in die Hände von Frauen gelegt, da davon ausgegangen wird, dass sie als Mütter eine stärkere emotionale Bindung und eine größere Nähe zu diesem Kind haben.

Es gibt unterschiedliche Versionen dieses Mythos, die in der Kodi-Community mündlich überliefert sind. Eine der am häufigsten erzählten Versionen beginnt damit, dass die Menschen in alten Zeiten von einer großen Hungersnot heimgesucht wurden. Mbiri Koni, die als Kind bei ihrer Mutter und ihrem Vater lebte, litt ebenfalls unter dem Hunger. Um die Hungersnot zu beenden, opferte ihr Vater Mbiri Koni und tötete sie auf dem Feld. Ihr Leichnam wurde auf dem Feld begraben. Ihre Mutter war sehr traurig, sie wusste nichts davon und rief verzweifelt nach ihrer Tochter. Ein paar Tage später wuchsen an der Stelle junge Triebe aus dem

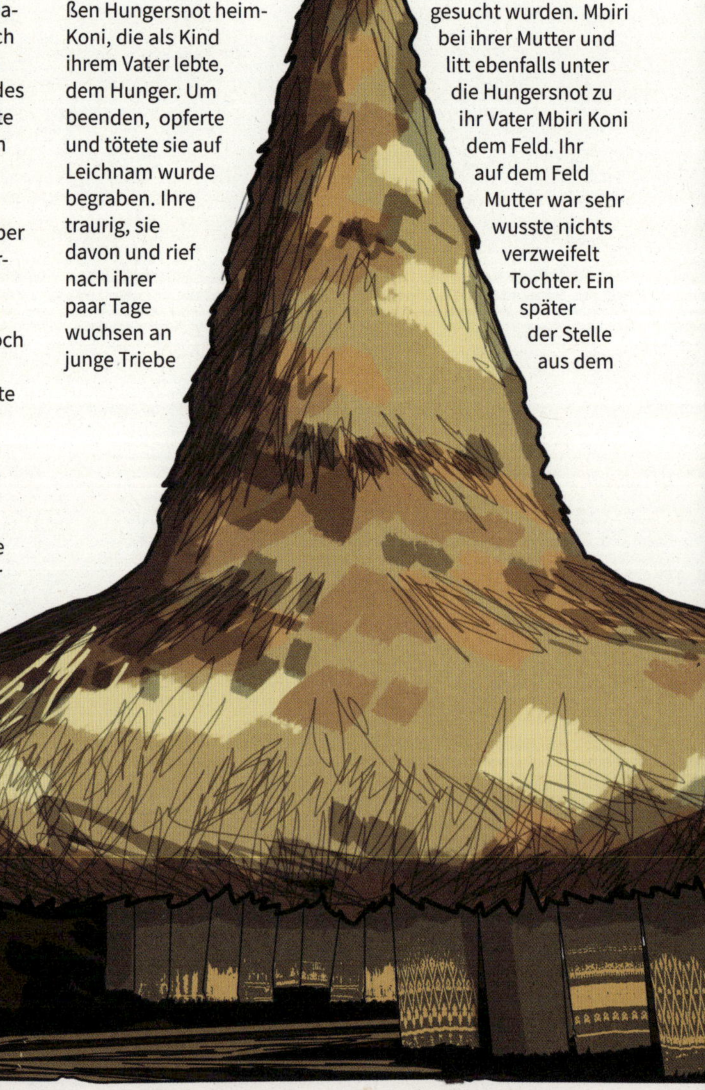

Boden. Als die Mutter ihr Kind suchte und nach ihm rief, meinte sie die Stimme ihrer Tochter zu hören, die sprach, sie werde in einer anderen Form als Opfergabe auf die Erde zurückkommen, und zwar in Gestalt einer Reispflanze. Seitdem essen die Menschen Trockenreis, wenn sie Hunger verspüren.

In den verschiedenen Phasen des Reisanbaus sind die Rollen von Männern und Frauen klar verteilt. Die Frauen müssen in der Lage sein, den Prozess von der Ernte bis zur Lagerung des Reises zu steuern. Bei allem, was mit dem richtigen Erntezeitpunkt zu tun hat, der Vorgehensweise, bis hin zu den Entscheidungen, die in dieser Zeit getroffen werden müssen, gilt es sich an das zu halten, was *Inya,* die Frau des Feldbesitzers, sagt. Die Männer helfen hingegen beim Schneiden des Reises, bei seinem Transport und beim Dreschen.

Wenn der Reis fertig zum Reinigen ist, lädt *Inya* einige Frauen, Verwandte und Nachbarinnen ein, um den Reis zu worfeln, das heißt, ihn vom Spreu zu trennen. Dieses System funktioniert nach dem Prinzip des *gotong royong,* der gegenseitigen Hilfe bei der Arbeit, genauso wie beim Pflanzen oder Ernten. Wenn das nächste Mal bei einer anderen Familie die Ernte ansteht, werden die beteiligten Frauen dorthin zur Mithilfe eingeladen. Natürlich gibt es dafür keine Bezahlung, es genügt, Essen und Betelnüsse bereitzustellen. Ist der Reis gereinigt, ordnen ihn die Frauen drei Güteklassen zu.

Bei der ersten Gruppe handelt es sich um Reis, der keinen Inhalt hat, er fällt beim Worfeln auf die Matte. Diese Körner werden *kapena pari* oder leere Reiskörner genannt und können nicht zu essbarem Reis verarbeitet werden. Sie werden als Futter verwendet.

Die zweite Gruppe besteht aus Reiskörnern, die gefüllt, aber nicht voll oder fest sind. Wenn der Reis geworfelt wird, sammeln sich diese Reiskörner normalerweise am oberen Rand des Worfelkorbes, dem *nyiru.* Reis dieser Güteklasse wird in *mbola* gelagert, geflochtenen Kästen, die etwa fünf bis zehn Kilogramm Reis aufnehmen können.

Zur dritten Gruppe gehören Reiskörner, die dicht gefüllt sind, die beste Qualität, die man auch *ihi pari* nennt. Wenn die Frauen worfeln, sammeln sie sich immer in der Mitte bis zum hinteren Rand des *nyiru* – und das auch noch nach mehrmaligem Sieben, der Reis fällt nicht aus dem Worfelkorb. Dieser Reis wird schließlich in den *lumbung* eingelagert.

Beim Reinigen des Reises dürfen keine Gäste kommen, die die Arbeitsabläufe der Frauen stören könnten. Es wird befürchtet, dass einer der Gäste die Fähigkeit besitzen könnte, die „Seele" des Reises zu stehlen – auch dies hängt mit dem Mythos zusammen, dass der Reis die Inkarnation eines menschlichen Kindes ist. Daher muss die „Seele" des Reises bewacht werden, damit sie nicht durch Beschwörung gestohlen wird. Wenn jemand mit dieser Fähigkeit die „Seele" des Reises beschwört, besteht die Möglichkeit, dass der Reis als Nahrungsmittel unbrauchbar wird, weil er leer wird. Auf der anderen Seite würde der Reis auf den Feldern dieses ungebetenen Gastes immer mehr gefüllt, weil die „Seele" des Reises dorthin gegangen ist.

Wenn die Reisreinigung beendet ist, begutachtet *Inya* die Reismenge. Der Reis wird dann je nach Größe und Zweck an unterschiedlichen Orten gelagert, für den täglichen Bedarf, als Saatgut für die folgende Saison, zum Verkauf oder Tausch.

Im Haus: *Inya* füllt jedes Gefäß mit Reiskörnern

Jede Familie hat einen *lumbung,* um Reis darin zu lagern. Für die entsprechenden Behältnisse gibt es je nach Größe unterschiedliche Bezeichnungen: Der *sokal* oder *kabhambang* ist aus einem Gewebe, das wie ein Sack geformt, aber härter und steifer ist, weil es aus Pandanblättern gewebt wird; der Umfang beträgt etwa drei oder vier Handbreit. Der *bhoko* ist schmaler als der *sokal,* aber etwas höher. Ein anderes Gefäß, *kaleku wiah,* wird von den Menschen normalerweise mit der Hand getragen. *kaneghu* hingegen ist ein kastenförmiger Korb, der auf dem Kopf getragen wird. Alle Behältnisse werden aus der Pandan-Palme hergestellt, die in dieser Gegend wächst. Es gibt einige Leute, die geschickt darin sind, diese Aufbewahrungsgefäße herzustellen, zu flechten beziehungsweise zu weben.

Die Gefäße werden nicht willkürlich gefüllt. Je nachdem, wie groß die Erntemenge ist und wie viel jedes dieser Behältnisse aufnehmen kann, entscheidet man sich für den *sokal (kabhambang), bhoko* oder *kaneghu.* Es ist die Aufgabe von *Inya,* die *sokal* und die anderen Gefäße zu füllen. Jedes Mal, wenn eine

der Frauen mit dem Worfeln fertig ist, sammelt *Inya* den Reis ein. Sie sortiert ihn dann nach seiner Qualität.

Neben diesen Gefäßen gibt es auch andere Lagermöglichkeiten, die zur Aufbewahrung des geernteten Reises verwendet werden. Einige lagern den Reis in dem Bambus, mit dem auch die Stelzenhäuser und andere traditionelle Häuser auf Sumba gebaut sind. Manche Frauen in Kodi entscheiden sich für den Bambus, um so einen „geheimen" Vorrat für ihre Familien anzulegen. Dafür wird der Bambus ausgehöhlt und mit Reis gefüllt, bis er etwa fünf bis sieben Kilogramm wiegt. Dann wird der Bambus wieder an seinen ursprünglichen Platz zurückgebracht, damit niemand in der Familie außer der Mutter weiß, dass er Reis enthält. Wenn der Vorrat an Reis vollständig aufgebraucht ist, wird der Reis aus dem Bambus genommen und gekocht. Dieser Reis wird auch für den Fall gelagert, dass Gäste zu Besuch kommen.

Reis in Bambusrohren aufzubewahren ist eine Strategie der Ernährungssicherheit, die die Frauen aus dem Dorf entwickelt haben. Der Reis wird erst hervorgeholt, wenn alle anderen Reisvorräte erschöpft sind. Wenn eine Hungersnot kommt, ist dieser Reis die Rettung. Es gibt Zeiten, in denen der versteckte Reis vergessen wird, etwa dann, wenn die Familie bis zur nächsten Erntesaison keine Nahrungsmittelknappheit erlebt.

Neben dem Bambus wird eine Pflanze namens *kamble* als Aufbewahrungsort genutzt. Ihre Form ähnelt einem großen, eiförmigen Kürbis. Die Frucht dieser Schlingpflanze wird normalerweise getrocknet, nachdem das Innere entfernt wurde. In einer *kamble* lassen sich bis zu sieben Kilogramm Reis aufbewahren, sie eignet sich wegen ihrer harten Schale aber auch zum Wasserschöpfen. Leider ist diese Pflanze in der Region Kodi selten geworden.

Der Reis in seinen jeweiligen Behältern wird an unterschiedlichen Orten im Haus gelagert, etwa im Wohnzimmer und auf dem Dachboden. Der Reis, der in der Mitte des Hauses aufbewahrt wird, ist für die täglichen Mahlzeiten oder für den Markt bestimmt, wo er verkauft oder gegen Nutztiere getauscht wird. Der Reis auf dem Dachboden befindet sich normalerweise direkt über dem Herd und wird immer zusammen mit anderen Lebensmitteln gelagert. In den Häusern auf dem Dorf sind die Küche und das Wohnzimmer der Familie miteinander verbunden.

Der Dachboden verfügt über Stauraum, in dem in der Regel das Saatgut für die nächste Vegetationsperiode gelagert wird, neben Reis auch trockener Mais. Alles ist übersichtlich und ordentlich angeordnet, damit nicht viel Platz verschwendet wird oder leer bleibt. Auch direkt über dem Herd werden Lebensmittel aufbewahrt, sie werden an Holzbalken aufgehängt, die über Kreuz befestigt sind. So bleiben sie wegen des Räuchereffekts, der durch den täglich zum Kochen genutzten Herd entsteht, länger haltbar.

Für das Saatgut des nächsten Jahres werden sowohl Reiskörner bester Qualität genommen als auch solche, die sich vor dem Dreschen aus der Rispe gelöst haben. Der Reis, der so voll ist, dass er sich selbst vom Halm löst, gilt als bestes Saatgut. Die für die Aussaat bestimmte Reismenge muss doppelt so groß sein wie für das entsprechende Feld veranschlagt. Wenn also für ein Feld 20 Kilogramm benötigt werden, müssen 40 Kilogramm gelagert werden.

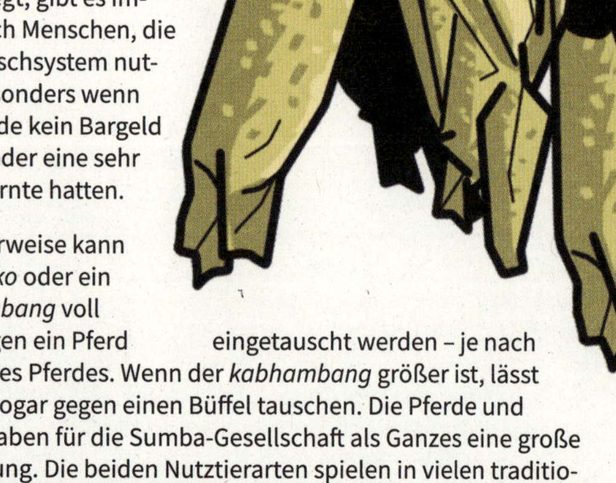

Abgesehen von der Lagerung zu Hause hat der Reis auch einen ziemlich hohen Stellenwert im gesellschaftlichen Leben. In Kodi und auch auf ganz Sumba ist der Tauschhandel weit verbreitet. Obwohl Geld als Zahlungsmittel für Waren und Dienstleistungen auf Sumba inzwischen überwiegt, gibt es immer noch Menschen, die das Tauschsystem nutzen, besonders wenn sie gerade kein Bargeld haben oder eine sehr reiche Ernte hatten.

Üblicherweise kann ein *bhoko* oder ein *kabhambang* voll Reis gegen ein Pferd eingetauscht werden – je nach Größe des Pferdes. Wenn der *kabhambang* größer ist, lässt er sich sogar gegen einen Büffel tauschen. Die Pferde und Büffel haben für die Sumba-Gesellschaft als Ganzes eine große Bedeutung. Die beiden Nutztierarten spielen in vielen traditionellen Prozessen eine Rolle, beim Schlachten, beim Essen, aber auch als Geschenk für andere.

Wenn Wissen nicht geteilt wird

Wie andere kulturelle Praktiken ist die traditionelle Art und Weise, Reis zu lagern, in der Region Kodi im Laufe der Zeit verblasst. Viele natürliche und menschliche Faktoren spielen dabei eine Rolle. Inzwischen sind bei der jüngeren Generation alternative Erwerbstätigkeiten, insbesondere Bürojobs, sehr beliebt. Vielen Familien fehlt es an Arbeitskräften für ihre Felder, und deshalb hat sich die Praxis der Felderbewirtschaftung verändert. Die Bäuer*innen setzen beispielsweise bei der Reinigung der Reisernte eher Pestizide ein, als verwandte und benachbarte Familien um Hilfe zu bitten – im Sinne des *gotong royong*. Oder sie nutzen lieber eine Dreschmaschine mit lautem Motorengeräusch, statt fröhliche Verse und Lieder zu singen. Und der Kraftstoff belastet auch noch die Umwelt.

Einiges an Wissen kann auch deshalb nicht an die nächste Generation weitergegeben werden, weil die entsprechenden Praktiken schon nicht mehr angewendet werden. Damit gehen die noblen Ideale der Vorfahr*innen verloren: wie sich etwa die Rollen zwischen den Geschlechtern bei der Feldarbeit ausgewogen verteilen lassen und wie man die Feldfrüchte im Lager aufteilt, damit im Fall einer Hungersnot alle überleben. Manche Pflanzen werden gar nicht mehr angebaut, weil ihre Vorzüge nicht mehr bekannt sind. Dabei dienen lokale Pflanzen nicht nur als Nahrung, sondern auch der Nahrungssicherheit. Wissen weiterzugeben trägt entscheidend dazu bei, Werte zu erhalten, die Umwelt zu schützen und die Kultur zu bewahren.

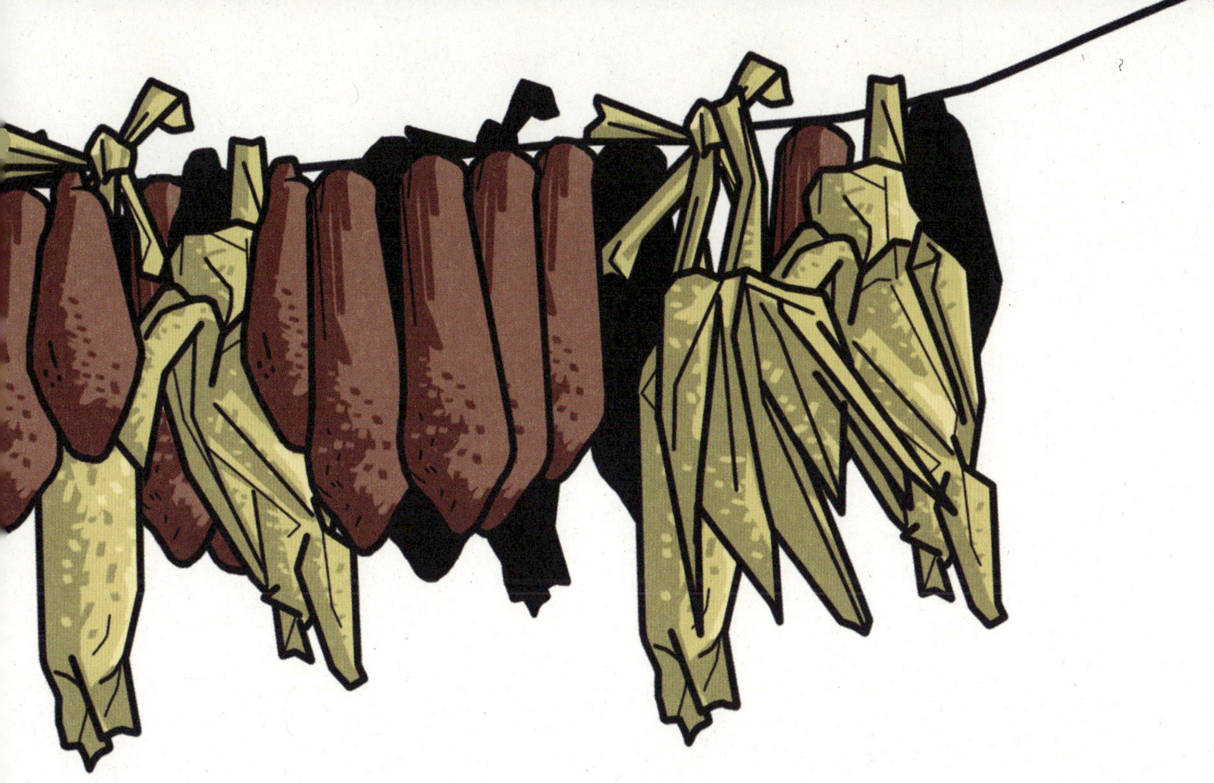

Recording the Grain Tracks

Diana D. Timoria

Walking along the streets in the Kodi area, Southwest Sumba Regency, East Nusa Tenggara at the end of the year is always fun. The streets are lined with fresh green. Corn and rice scramble to show off—as if to show who is the smartest in dressing up—and is a sight for sore eyes. Rain often comes from the end of the year to the beginning of the following year. This is the perfect time for plants to show themselves after about seven or eight months of being stuck in a long drought.

In Kodi, the rainy season that usually occurs from October to March is the season when all the seeds are removed from their storage bins and begin to be planted. Not only rice, but several types of sweet potatoes, and corn are alternatives foods grown in the fields. Why wait for the rainy season? Because in Kodi, most of the people work in dry fields and the type of rice planted is also upland rice, namely rice whose water needs are met from rainfall. Since time immemorial, there have been several types of local rice in the Kodi area which are suitable for the soil type and weather conditions in Kodi.

At the end of the rainy season, people harvest rice and other crops. For the Kodi people, rice is a special food crop because rice has a myth that influences how people treat this plant, from planting to harvesting. The myth that rice is the figure of a child who sacrifices himself makes the job of rice processing involve the role of women as mothers who are considered to have emotional bonds or closeness with their children.

There are several versions of the myth floating around in the Kodi community. One of the most frequently told is the story that it is said that in ancient times people were hit by a great famine. Mbiri Koni, who also lived with his mother and father, was starving. To end the famine, his father sacrificed Mbiri Koni and killed him in the fields. Mbiri Koni's body was buried in the field. His mother was devastated. She did not know this and called her son. A few days later, shoots started sprouting in the field, the mother who was looking for and calling her child faintly heard her son's voice saying that he would come to the world in another form as a form of sacrifice. His form manifested as a rice plant. Since then, upland rice has become food that is consumed when hungry.

In the process of managing rice, the roles of men and women can be clearly illustrated in their respective contributions. In this division of roles, women must be able to guide the process of harvesting to storing rice. Everything related to the right time to harvest, the process to the decisions that occur during that time must always follow what *Inya,* the housewife of the owner of the field, says. Meanwhile, men help in the process of cutting the rice, lifting the rice, and separating the rice from the stalk.

When the rice is ready to be cleaned, then *Inya* will invite several women over. These women are relatives or neighbors of the rice owner. They are specially invited to winnow rice. This system uses the principle of *gotong royong,* for example, when planting or harvesting. On the next occasion, if one of them is harvesting then they can also invite the other women involved to help. It is of course, free of charge or payment, providing food and betel nut is enough. When the rice is cleaned, there are three major groupings of the winnowed rice. These three groups determine the quality of the harvested rice.

The first group is unfilled grains. These grains of rice will fall to the ground when winnowed. These grains are called *kapena pari* or unfilled rice grains.These will become wasted grains of rice and cannot be processed into rice. This group will be disposed of as animal feed.

The second group is the rice grain group which is filled, but not full or solid. When the rice is winnowed, the grains of rice will usually be on the top edge of the *nyiru* . Once the rice in this group has been collected, the rice will be taken and stored in *mbola* or box-shaped mats which can usually hold about 5 to 10 kg of rice. This process is repeated two to three times. The third group is the rice group whose grains are densely filled. This group is called *ihi pari* or filled rice and is the group that has the best quality. When the women winnow, it is always in the middle to the back edge of the *nyiru*. Even after winnowing the rice several times, the rice remained in the middle and was not wasted. This rice will be stored in the *lumbung*.

In the process of cleaning the rice, no guests are allowed to come and interfere with the activities carried out by the women. There is a belief that one of the guests may have the skills to steal the "soul" of rice. Again, this is related to the myth that rice is the incarnation of a human child. Therefore, the "soul" of rice needs to be guarded so that it is not stolen by being summoned. If someone with that skill summons the "soul" of rice, then there is a possibility that more of the rice being filtered will be wasted because the contents are empty. On the other hand, the rice in that person's field will be more and more filled because the "soul" of rice has moved. Therefore, while cleaning the rice, no one should visit or disturb their concentration.

Once finished cleaning, *Inya* will see a lot of rice. Rice will be stored in several places according to its size and purpose, such as day-to-day food, seeds for the following season, as well as for sale or barter.

At Home, *Inya* Measures each Container with Grains of Rice

Each family owns a *lumbung* to store their rice. Rice storage has different names according to their size. *Sokal* or *kabhambang* is a woven cloth that is shaped like a sack but is harder and stronger because it is woven using pandanus.

The size is around three or four adult hand spans. Where the width is smaller than *the sokal*, but slightly taller, is called *bhoko* which is also shaped like a sturdy sack because it is woven with the same material as the *sokal.* There is also something that people usually carry, named *kaleku wiah,* which is also made from pandanus. While *kaneghu* is a box-shaped woven storage that is usually held up. All of them are made from the pandanus plant which can also be found in this area. There are some people who are skilled at making or weaving this storage.

Each final storage of rice is not filled arbitrarily. *Inya* will take into account the amount of harvest as well as storage capacity of each storage, whether it's *sokal (kabhambang), bhoko* or *kaneghuka.* It is the role of *Inya* role to fill *sokal* and other storage. The rice that has been cleaned by women around the *kalamba* or large mat will be taken by *Inya* every time someone finishes winnowing. She will sort the rice according to its quality.

In addition to these types of storage, there are also other storages that have been used to store harvested rice. Some store it in bamboo, which is part of a house on stilts or a traditional house in Sumba. Some women in Kodi choose to store food in bamboo as a "secret" supply for their families. Usually, the bamboo will be hollowed out and filled with rice until it reaches about 5 to 7 kg. Then the bamboo will be returned to its original place so that no one knows that the bamboo contains rice other than the mother in the family. When the rice supply is completely depleted, the rice in the bamboo will be taken and cooked. The rice is also stored in case guests come to visit.

Storing rice in bamboo is one of the food management strategies carried out by women in the village. The rice will only be taken out when all the rice supplies to be eaten are exhausted. If famine comes, rice is the savior. There are times when the rice is forgotten until the next harvest season if the family does not experience food shortages.

Aside from bamboo, there is a plant called *kamble* that is used. The shape is like an oval pumpkin and large in size. The fruit of this creeper is usually dried after the contents are removed. *Kamble* can be used to store rice up to 7 kg. In addition to storing rice, this plant is also suitable for drawing water because of its tough skin. Unfortunately, this plant is now difficult to find in the Kodi region.

Rice that has been stored in their respective containers will be stored again in several parts of the house. There is rice stored in the living room, there is rice stored in the attic. The rice stored in the middle of the house is rice that will be taken for daily food or for sale, either sold in the market or bartered with livestock. While rice stored in the attic is always stored with other food, it is usually located right above the stove. The kitchen and the family living room are usually still one space in the village houses.

In the attic, there is storage space. Usually what is stored there are seeds for the next planting season. Apart from rice, dry corn is also stored in the attic. Everything is laid out and neatly arranged so that not much space is wasted or empty.

Right above the stove, there is also food storage. Usually, there is wood tied crosswise above the stove and from which the harvest is hung. These efforts can preserve food longer because of the smoking that occurs through the stove, which is used for cooking every day.

For next year's seeds, apart from taking the best quality rice from winnowing, the seeds can also be taken from rice that has been removed from the stalk before being stepped on. The rice that is released first is considered the best seed and is stored. One reason is that the rice is so full that it can detach itself from the stalk. The amount of rice prepared for seed must be twice as much as the target or estimated need according to the area of the field owned. So, if the land requires 20 kg, there will be 40 kg of stored seed.

Besides being stored at home, rice also has a fairly high value in social life. In both Kodi and Sumba Island in general, people are familiar with the term "barter." Although now money has dominated the process of shopping for goods and services in Sumba, there are still residents who use the barter system, especially when they do not have cash and have very large harvests.

Usually, rice the size of one *mboko*, or one *kabhabang* can be exchanged for a horse according to the size of the horse. Or for *kabhabang* that are larger, it can be exchanged for buffalo. The horses and buffalo are very valuable for the Sumba people as a whole. These two types of livestock are always used in many traditional processes, both for slaughter and eating, as well as as a form of giving to others.

When Knowledge is not Shared.

As with other cultural practices, the ways of rice storage in the Kodi region have eroded over time. Many factors influence it, both in terms of human resources and natural resources. Currently, various work alternatives and the "indoor office" concept are very popular with the younger generation. As a result, the practice of field farming has changed because many families lack labor in the fields. This change requires farm owners to be smart in dealing with situations such as using pesticides in the cleaning process rather than calling other families to work together. Or prefer to use a threshing machine with its noisy engine instead of shouting verses and songs cheerfully, even that also contributes to damaging the environment with the use of fuel.

A lot of knowledge also cannot be passed on to the next generation. Because these practices are no longer practiced. As this practice is rarely carried out, the noble values of how to share roles in a balanced manner in the fields, as well as efforts to distribute food in proper storage to survive in times of famine are also lost. In addition, ignorance of the benefits of certain plants will result in the loss of activities around local plant care that can actually be used not only as food but also as food storage. The inheritance of knowledge is one of the efforts to maintain values as well as protect the environment, and preserve culture.

Die Tradition des Ernteteilens: Von den Sahu gepflegt, auf Morotai vernachlässigt

Abdullah Totona
übersetzt von Gudrun Ingratubun
illustriert von Adhitya Nisfianto

Die Kultur des Teilens wird oft mit der Tradition einer kollektiven Gemeinschaft in Verbindung gebracht, die landwirtschaftliche Flächen zur Sicherung des Lebensunterhalts bewirtschaftet. In solchen Gemeinschaften werden die Erträge aus der Landwirtschaft gerecht und fair und ohne Unterschiede hinsichtlich Geschlecht oder sozialer Klasse aufgeteilt, im Gegensatz zur Verteilungspraxis in Königreichen. Diese Praxis dient nicht nur dazu, die überlieferte Tradition des Teilens landwirtschaftlicher Produkte aufrechtzuerhalten. Sie dient auch dem Aufbau sozialer Beziehungen im gesellschaftlichen Leben und einer Landwirtschaft, die im Einklang mit der Natur steht. Heute geht es in der Landwirtschaft jedoch zunehmend um Ertragssteigerungen und weniger darum, alte Traditionen und kulturelle Werte zu pflegen. Können die Sahu und Morotai unter dem Einfluss dieses Trends weiterhin die von ihren Vorfahr*innen praktizierte Kultur des Teilens bewahren?

Wie die Sahu ihre Traditionen bewahren

Ibu Sula und ihr Mann Jefri bauen zurzeit auf ihrem Ackerland Trockenreis an, vom Dorf zu ihren Reisfeldern gelangt man in ungefähr zehn Minuten. Auf einer Fläche von 1,5 Hektar erstrecken sich gelb gefärbte Reisfelder so weit das Auge reicht. Die Reispflanzen sind jetzt vier Monate alt und werden in einem Monat geerntet. Der geerntete Trockenreis wird im *lumbung* gelagert und ein Teil mit nach Hause genommen, um dort zu geschältem Reis verarbeitet zu werden. Dieser Reis dient als Nahrung für die Familie und wird mit Nachbar*innen, Freund*innen und der Kirche geteilt.

„Jedes Jahr geben wir üblicherweise einen Teil der erzielten Ernte der Kirche, als Ausdruck unserer Dankbarkeit, und einen anderen Teil weit entfernt wohnenden Verwandten. Ein weiterer Teil wird für traditionelle Zeremonien im *sasadu* zurückgelegt", erläutert Jamal Baikole, ein Dorfältester der Sahu.

Gott, Vorfahr*innen und die Natur sind wichtige kulturelle Bezugssysteme, die die Sahu verinnerlicht haben, wenn sie ihre Felder bewirtschaften. Die Sahu glauben, dass die Erträge, die sie beim Reisanbau erzielen, nicht unbedingt auf ihre Bemühungen und ihre harte Arbeit bei der Kultivierung des Ackerlands zurückzuführen sind, sondern dass es eine darüber hinausgehende Kraft gibt, die sie beeinflusst: göttliche Segnungen und der Schutz durch die Ahnen, die eine innige Vertrautheit mit der Natur hatten. Auf diese Werte stützen sich häufig die landwirtschaftlichen Praktiken der Sahu.

Die Kultivierung der Reisfelder beginnt mit dem gemeinsamen Pflanzen und endet mit dem Ernten. Die verschiedenen Familien, denen die Reisfelder gehören, helfen sich zum Beispiel gegenseitig bei der Bodenbearbeitung sowie beim Pflanzen und Ernten. Solche Arbeiten werden abwechselnd gemacht. Die Reisernte wird anschließend weiterverarbeitet, damit sie bei traditionellen Festen gemeinsam gegessen werden kann. Die angesprochene traditionelle Feier findet in der Orom-Sasadu-Tradition statt, einem gemeinsamen Essen, bei dem *adat*-Älteste, Geistliche, die Gemeinschaft und die Lokalregierung zusammenkommen, um die zubereiteten Gerichte zu essen.

In diesem Sinne äußert sich auch der *adat*-Älteste Agus Mole: „Abgesehen von dem, was wir für den Eigenbedarf brauchen, tauschen wir unseren Reis auch gegen Fisch, Gemüse und andere Lebensmittel von Familienmitgliedern und Verwandten, die in Jailolo leben, der Hauptstadt des Bezirks West-Halmahera, oder in Susupu, dem Hauptort des Sahu-Landkreises.

Wenn sie etwas von dem von uns produzierten Reis haben wollen, bitten oder fordern wir sie nicht dazu auf, uns etwas im Tausch zu geben, vielleicht ist es ihr Dankeschön an uns." Pak Agus fährt fort: „Wir sagen unseren Familien in Susupu und Jailolo oft Bescheid, wenn die Erntesaison kommt. Zum Beispiel fällt die diesjährige Ernte auf die zweite Februarwoche. Sie kommen dann mit Fisch oder Speiseöl ins Dorf, und wir schenken ihnen Reis. Die jeweiligen Mengen für den Tausch sind nicht geregelt. Alles wird den Möglichkeiten entsprechend arrangiert."

Ngaong ist eines der Sahu-Dörfer im Landkreis Ost-Sahu im Distrikt West-Halmahera der Provinz Nord-Molukken, das ich während meiner Recherchen besucht habe. Die meisten Bewohner*innen des Dorfes arbeiten als Bäuer*innen, sie bestellen das Land für den Trockenreisanbau. Nach der Ernte werden die Körner im *lumbung* der Familie gelagert. Jede Familie bewirtschaftet ihren *lumbung* selbst. Er wird nicht weit von den Reisfeldern errichtet und dient nicht nur zum Lagern des Reises, sondern auch, um zwischen der Arbeit auf den Feldern eine Pause darin einzulegen.

Die Funktion des *lumbung* im Leben der Sahu hat sich seit den Zeiten der Vorfahr*innen bis heute nicht geändert. Estepanus Salaka, ein Bauer aus Ngaong, erzählt: „Hier verkaufen wir unsere Reisernte bis heute nicht, sondern verwenden sie für unseren eigenen Bedarf. Wenn es Familien in städtischen Gebieten oder Nachbar*innen gibt, die nachfragen, geben wir ihnen Reis. Das ist die Tradition des Volkes der Sahu." Und ein anderer Bauer, Ibu Sula, fügt hinzu: „Wir geben Reis auch als Saatgut an Menschen, die ihn für ihren eigenen Anbau benötigen."

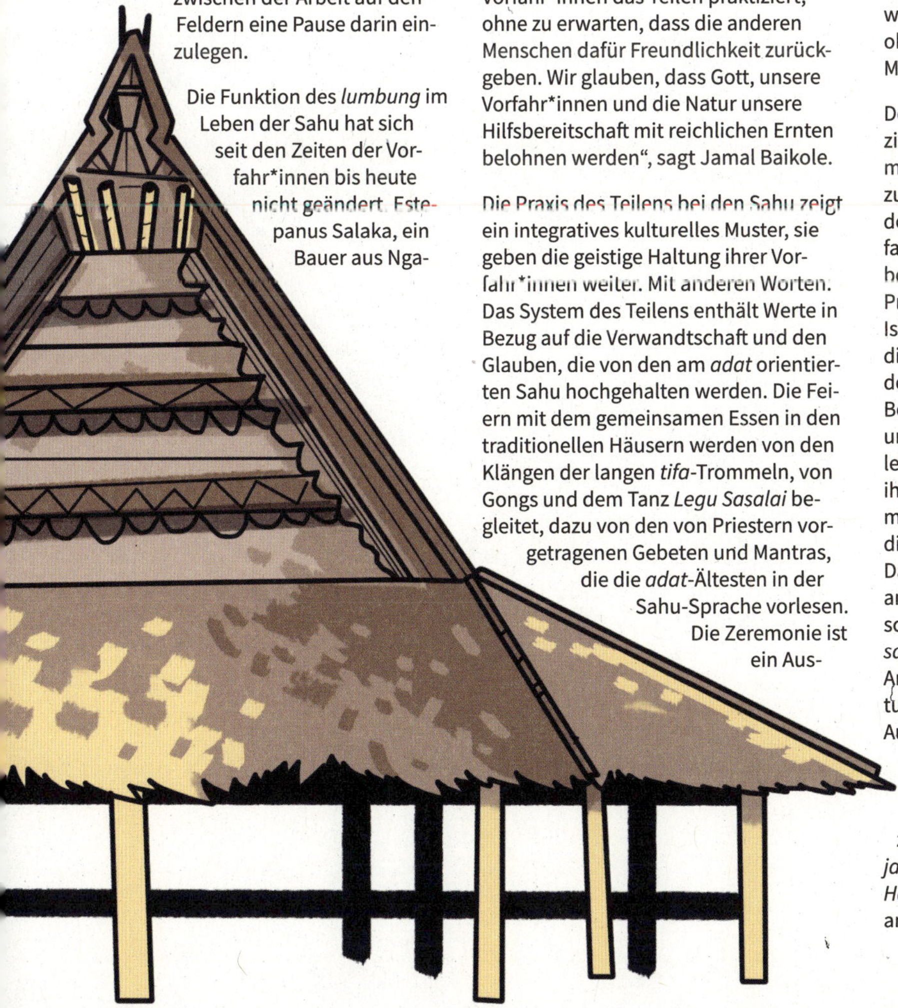

Die Praxis des Teilens untereinander haben sie von den Vorfahr*innen übernommen, um sich gegenseitig immer zu unterstützen. Solche Werte sind jetzt in das Leben der Sahu eingebettet. Das zeigt sich etwa an der Lebendigkeit des *sasadu* als Ort für traditionelle Orom-Sasadu-Feiern. Obwohl es keine schriftlichen Überlieferungen oder Bilder gibt, die die Bedeutung des Teilens belegen, wie es von den Sahu praktiziert wird, lässt sich anhand der Interviews mit den *adat*-Ältesten sagen, dass die Sahu das Teilen als eine Art des Dankes an ihren Schöpfer und ihre Vorfahr*innen interpretieren. „Von Anfang an haben unsere Vorfahr*innen das Teilen praktiziert, ohne zu erwarten, dass die anderen Menschen dafür Freundlichkeit zurückgeben. Wir glauben, dass Gott, unsere Vorfahr*innen und die Natur unsere Hilfsbereitschaft mit reichlichen Ernten belohnen werden", sagt Jamal Baikole.

Die Praxis des Teilens bei den Sahu zeigt ein integratives kulturelles Muster, sie geben die geistige Haltung ihrer Vorfahr*innen weiter. Mit anderen Worten: Das System des Teilens enthält Werte in Bezug auf die Verwandtschaft und den Glauben, die von den am *adat* orientierten Sahu hochgehalten werden. Die Feiern mit dem gemeinsamen Essen in den traditionellen Häusern werden von den Klängen der langen *tifa*-Trommeln, von Gongs und dem Tanz *Legu Sasalai* begleitet, dazu von den von Priestern vorgetragenen Gebeten und Mantras, die die *adat*-Ältesten in der Sahu-Sprache vorlesen. Die Zeremonie ist ein Ausdruck der Dankbarkeit des Sahu-Volkes gegenüber Gott, den Vorfahr*innen und der Natur, die ihnen reiche Ernten und Segen gebracht haben.

Die Sahu finden, dass die Tradition der bäuerlichen Kultur des Teilens darunter leidet, wenn die Ernte verkauft wird, um andere Bedürfnisse der Familie zu erfüllen. Mit ihrer Praxis des Teilens mit Verwandten und der Familie setzen sie die Werte um, die bereits ihre Vorfahr*innen praktizierten. Es gibt kein System oder verschriftlichtes Regelwerk hinter dieser Praxis, aber die weitergegebenen Werte verpflichten sie dazu. Zum Beispiel darf die Ernte nicht verkauft werden, sie darf nur für den Eigenbedarf der Familie verwendet werden, alles darüber hinaus wird an weitere Familienangehörige, an Nachbar*innen und bedürftige Verwandte verteilt oder benutzt, um traditionelle Zeremonien im *sasadu* zu feiern. Diese Vorgehensweise wird von den *adat*-Ältesten bei jeder *adat*-Versammlung im *sasadu* mündlich vorgetragen.

„Ich sage oft, dass alles, was unsere Vorfahr*innen gemacht haben, bewahrt werden muss, insbesondere das Teilen ohne monetären Gegenwert", sagt Agus Mole.

Der historische Wert besteht darin, soziale Beziehungen im Sinne des Teilens mit der Familie und nahen Verwandten zu pflegen, und zwar auf der Grundlage der Beziehungen, die von den Vorfahr*innen aufgebaut wurden, lange bevor die abrahamitischen Religionen, Protestantismus, Katholizismus und Islam, in Erscheinung traten. Einst hatten die Vorfahr*innen der Sahu, die im Landesinneren lebten, verwandtschaftliche Beziehungen zu den Menschen in Jailolo und Susupu aufgebaut, die an der Küste lebten. Nach und nach teilten sie dann ihre jeweils kultivierten Naturprodukte miteinander. Bis jetzt erhalten die Sahu diese Werte unter dem inspirierenden Dach des *sasadu* aufrecht. Hält man sich an die Beobachtungen der niederländischen Forscherin Leontine Visser, gilt der *sasadu,* der ursprünglich ein „Tempel der Anbetung" war, immer noch als ein Statussymbol innerhalb des hierarchischen Aufbaus der Siedlungen und für die ursprünglichen Beziehungen der Sahu – er symbolisiert die Legende von der Position des einen Dorfes *(hoana)* zum anderen. (Vgl. Leontine Visser, *Sejarah Pertanian dan Kebudayaan Sahu di Halmahera* [History of Sahu Agriculture and Culture in Halmahera], Yogyakarta

2019; Topatimasang, *Orang-orang Kalah*, Yogyakarta 2004, S. 81)

Bis heute halten die Sahu an der Tradition des Teilens der Ernte fest, eine Aktivität, die auf soziale und kulturelle Bindungen ausgerichtet ist und damit dem Ansturm der Moderne trotzt, die soziale Bindungen spaltet und das individuelle und marktorientierte Handeln begünstigt. Der Geist der Moderne zwingt den Einzelnen oft zum Wettbewerb, um den persönlichen Gewinn aus der landwirtschaftlichen Produktion zu maximieren. Und das kann dazu führen, dass die Menschen ihr Land nicht mehr traditionell bewirtschaften, sondern auf die heute zur Verfügung stehenden Produktionsmittel zurückgreifen, etwa Maschinen und Düngemittel. Die Sahu glauben, dass die Praxis des Teilens, die sie praktizieren, nichts anderes ist als eine Möglichkeit, die von ihren Vorfahr*innen ererbte Kultur zu pflegen, um zu verhindern, dass soziale Bindungen auseinandergehen.

„Ich sage den Leuten oft: Wenn wir keinen Reis anbauen, geht unsere Kultur irgendwann verloren", sagt Agus Mole.

Die Ernte zu teilen heißt im Grunde genommen, das Leben der Sahu zu erhalten, ähnlich wie das Land für den Reisanbau kultiviert wird. Denn wenn die Sahu Reis anbauen und ernten, dann lässt sich das nicht davon trennen, dass sie sich gegenseitig helfen, was als *rion-rion* bezeichnet wird. *rion-rion* wird nicht nur in der Landwirtschaft, sondern auch im soziokulturellen Bereich praktiziert, bei sozialen Hilfeleistungen, *adat*-Zeremonien, Hochzeiten und Beerdigungsriten.

Veränderungen, die nur die wirtschaftliche Situation verbessern

Anders als die Sahu betrachten die Menschen aus Dehegila ihre geernteten Feldfrüchte als Möglichkeit, um dafür Lebensmittel wie Fisch, Öl und anderes zu kaufen, was die Reisfelder nicht bereitstellen. Sie neigen dazu, einen Teil ihrer Ernte zu verkaufen, anstatt sie mit den Nachbar*innen und Verwandten zu teilen.

Am Mittwoch, den 8. Dezember 2021 war ich auf der Insel Morotai in der Hauptstadt Daruba. Vorn dort fuhr ich mit einem Motorradtaxi nach Dehegila, die Fahrt dauerte zehn bis 15 Minuten. Das Dorf liegt im Landkreis Süd-Morotai, seine Bewohner*innen gehören mehrheitlich der Ethnie der Galela an, und die meisten Bäuer*innen kultivieren Kokosnusspalmen, daneben noch Trockenreis, Bananen, Maniok und Süßkartoffeln. Die Früchte decken vor allem den Eigenbedarf, einen Teil verkaufen sie in die Hauptstadt Daruba.

„Früher haben unsere Vorfahr*innen ihre Ernte oft mit Nachbar*innen, Nichten und Neffen geteilt: gedroschener Reis aus dem Trockenreisanbau, Bananen, Maniok, Süßkartoffeln und im Garten geerntetes Gemüse. Heute ist diese Praxis kaum noch verbreitet", berichtet Abdullah Bicara, der Dorfälteste von Dehegila. „Wie ist es dazu gekommen? Wahrscheinlich haben sich die Zeiten geändert", sagt der 63-Jährige lächelnd.

Auf den ersten Blick scheinen die Menschen in Dehegila ihre verwandtschaftlichen Beziehungen durchaus zu pflegen, bei Hochzeitsfeiern oder religiösen Zeremonien wie Muhammads Geburtstag helfen sie sich gegenseitig nach dem *gotong-royong*-Prinzip, ohne sich dafür bezahlen zu lassen. Doch was die Landwirtschaft betrifft, nutzen sie die Ernte tendenziell für die eigenen wirtschaftlichen Belange und teilen nicht, um die sozialen Bande zu stärken.

Die Bewohner*innen empfinden das Teilen der Reisernte oder anderer Feldfrüchte als nicht mehr zeitgemäß. Sie leben jetzt ein fortschrittliches, modernes Leben und brauchen Geld, um den Haushalts- und Landwirtschaftsbedarf zu decken. Mit Geld können sie Maschinen für die Bodenbearbeitung kaufen, Pestizide und Kunstdünger für den Reisanbau und vieles mehr, was die Arbeit bis zur Erntezeit erleichtert. Das bedeutet, dass ein Teil der Reisernte und der anderen Feldfrüchte für den Eigenverbrauch verwendet und der Rest auf dem Markt verkauft wird, um von dem Geld Lebensmittel für den täglichen Bedarf zu kaufen und die Investitionen für den Reisanbau in der nächsten Saison zu erhöhen.

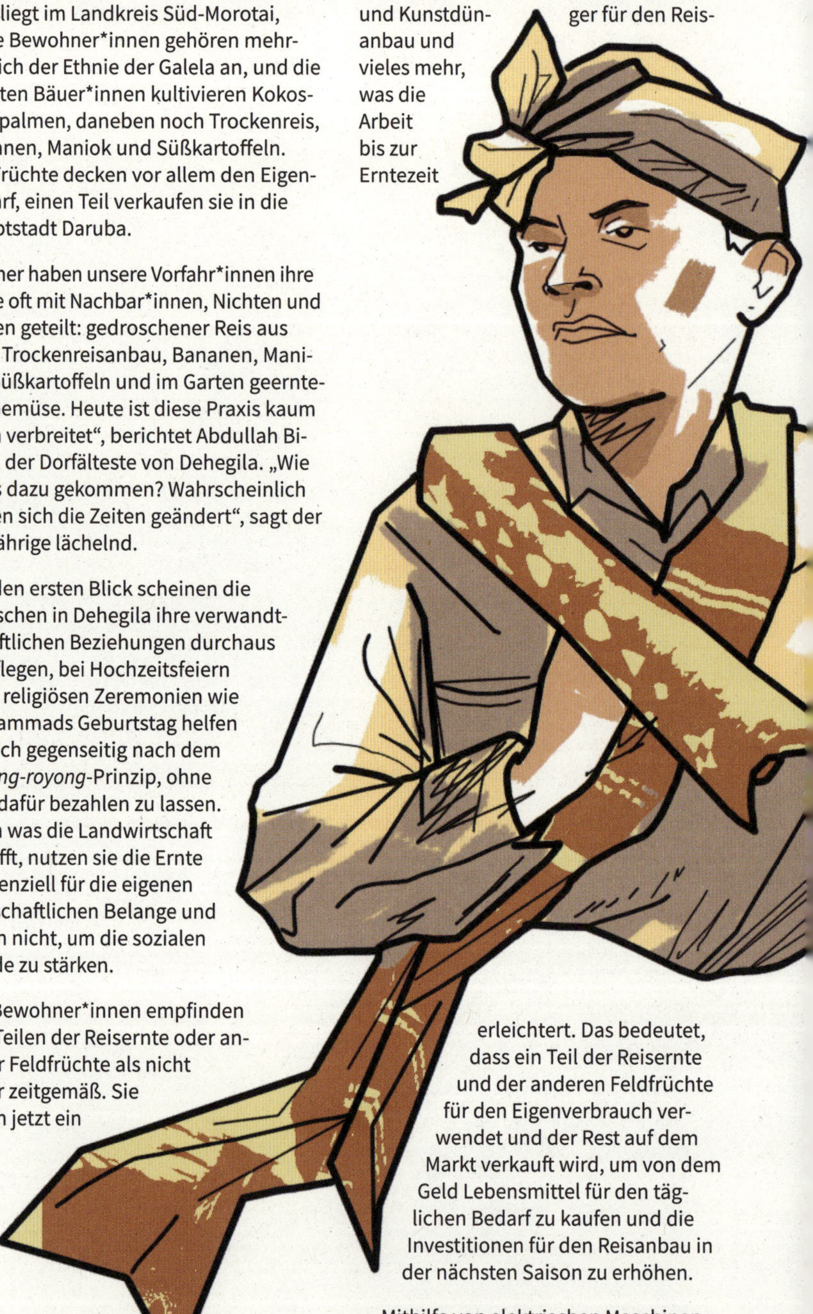

Mithilfe von elektrischen Maschinen können die Menschen in Dehegila auf einer Fläche von 1,5 bis zwei Hektar ein bis

1,5 Tonnen Reiskörner bei einer einzigen Ernte einfahren. Der ungeschälte Reis wird bis zum Ende der Ernte im *lumbung* gelagert. Wenn die Ernte abgeschlossen ist, wird der Reis in Säcke gefüllt und mit dem Motorrad zu den jeweiligen Häusern im Dorf transportiert. Verwenden sie den Reis selbst, wird er traditionell in einem Holzmörser zu weißem Reis verarbeitet. Die Erträge aus der Verarbeitung mit dem Mörser liegen normalerweise zwischen fünf und zehn Kilogramm pro Tag. Wenn die Reisernte jedoch verkauft werden soll, bringen sie den Reis zunächst zu einer Mühle, wo er zu poliertem Reis verarbeitet wird. Mit dem Verkaufserlös kaufen die Bäuer*innen dann andere Dinge ein.

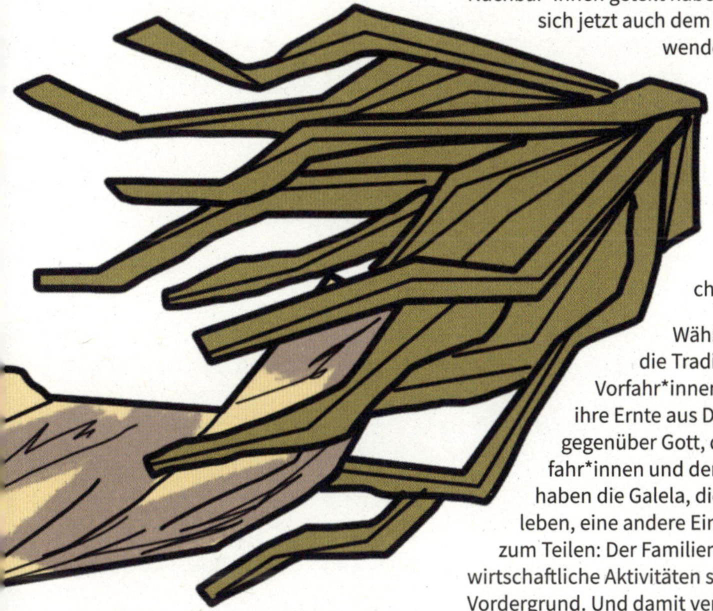

„Für 100 Kilogramm geschälten Reis geben wir 20 Kilo an den Eigentümer der Mühle ab oder wir bezahlen mit Geld. Für zehn Kilogramm ungeschälten Reis zahlen wir 24.000 Rupiah. Den verarbeiteten Reis verkaufen wir, damit wir den Lebensunterhalt der Familie sowie die Betriebsmittel für die nächste Reisanbausaison finanzieren können“, sagt Fauji Boronga, ein Galela-Bauer.

Veränderungen in der Praxis des Teilens sind eine Folge unserer Zeit, in der sich die Muster und Lebensstile der Menschen in zunehmendem Maße verändern. Dadurch haben kulturelle Werte wie die gegenseitige Hilfe keinen Platz mehr im Leben der bäuerlichen Gemeinschaft. Alles wird mit einem Preisschild versehen. Bäuer*innen, die ihr Ackerland zum Anbau von Trockenreis für den Familienbedarf nutzen und die Ernte früher mit den Nachbar*innen geteilt haben, müssen sich jetzt auch dem Verkauf zuwenden, um das Nötigste für den täglichen Bedarf zu kaufen, etwa Fisch, Speiseöl und ähnliches.

Während die Sahu die Traditionen ihrer Vorfahr*innen pflegen und ihre Ernte aus Dankbarkeit gegenüber Gott, den Vorfahr*innen und der Natur teilen, haben die Galela, die in Dehegila leben, eine andere Einstellung zum Teilen: Der Familienbedarf und wirtschaftliche Aktivitäten stehen im Vordergrund. Und damit verlieren die kulturellen Werte im sozialen Leben von Dehegila, insbesondere die gegenseitige Hilfe *gotong royong,* so langsam ihre Wurzeln.

Sharing: What the Sahu People Preserve, the Morotai People (Dehegila) Neglect

Abdullah Totona

Sharing is often associated with the tradition of communal societies working on agricultural land for survival. Their survival is maintained by cultivating nature and farming. Sharing the results of farming by the community is carried out evenly and fairly regardless of gender or social class unlike in a royal structure. Practice like this is carried out to preserve their ancestral traditions in sharing the agricultural yields. In addition, it also serves to build social relations in community living. However, in the current modern situation, the attitude towards agricultural yields is often oriented towards economic gain rather than as a practice of caring for the traditions and cultural values of traditional societies. In the midst of this trend, can the Sahu and Morotai people continue to care for and maintain the sharing tradition practiced by their ancestors?

Caring for Survival

Mrs. Sula and her husband, Jefri, are currently working on their own farmland cultivating upland rice. The rice field is ten minutes away from the village. On an area of 1.5 hectares, an expanse of yellow-colored ripening upland rice stretches as far as the eye can see. The upland rice is now four months old which is only one month to go before harvest time. The harvested rice will be stored in the *lumbung* while some of it will be taken home to be processed into unhusked rice. The processed unhusked rice will be consumed by the family and shared with neighbors, friends, and the church.

"*Every year, we usually give our harvested upland rice to the church as an expression of gratitude, and we share some of it with distant relatives, as well as saving some to prepare for the traditional ceremony in the* sasadu," said Jamal Baikole, a traditional elder of Sahu.

The expression above conveys a message to us that the Sahu people do not only use their food crops in the form of upland rice for family consumption only but also share them with their family, relatives, religious leaders (churches), and to be consumed together at the traditional ceremony in the *sasadu*. Such activity is based on the cultural values of their ancestors as an expression of gratitude to God and nature.

God, ancestors, and nature are a series of an inherent cultural *episteme* for the Sahu people when working on agricultural land. The Sahu people believe that the yields they get from farming the upland rice are not merely as a result of their efforts and hard work in cultivating the agricultural land, but there is a power beyond that, namely the blessings bestowed by God, in addition to their ancestors' protection due to their intimacy with nature. These values often underlie the farming practices of the Sahu people.

The results of the cultivation of upland rice managed by the Sahu people begin with planting and end with harvesting together. For example, during the planting or harvesting season, several families who own the upland rice fields will help each other in clearing the land, as well as planting and harvesting. Such practices occur in turns. The harvested upland rice yields are then processed so that they can be consumed together at the traditional celebration. The traditional celebration in question is in the form of carrying out the *orom sasadu* tradition or eating together where traditional elders, religious leaders, the community, and the local government gather together to eat the dishes that have been prepared.

On a similar note, Agus Mole, a traditional elder of the Sahu tribe, said, "*Usually, in addition to consuming the harvest, we also exchange it with fish, vegetables, and other items from family and relatives who live in Jailolo (the capital of West Halmahera District) and in Susupu Village (the capital of Sahu District), if they want to consume the upland rice that we produce. We would not ask for or force them to be exchanged for these items, maybe it was an expression of gratitude from them to us,*" continued Mr. Mole. "*We often inform our families in Susupu and Jailolo when the harvest season arrives. For example, this year's harvest fell in the second week of February. They would come to the village bringing fish or cooking oil, then we would give them the upland rice. As for how much should be exchanged, there are no fixed rules. Everything is done according to their capacity.*"

Ngaong is one of the Sahu tribal villages in East Sahu Sub-district, West Halmahera District, North Maluku Province, that I visited during my research. Most Ngaong Village residents work as farmers. They work the land for the cultivation of upland rice. When the harvest finishes, the rice grain is stored in the family *lumbung*. A family *lumbung* is managed by each family. This *lumbung* was built not far from the rice field area. The *lumbung* functions as a place to store the rice grain, as well as a place to rest in the field.

The function of *lumbung* in the life of the Sahu people has not changed, from the ancestors' time until now. Estepanus Salaka, a farmer from Ngaong said, "*Here, on average, from the past until now, we have not sold the harvested upland rice, but used it for food needs. If there are families in urban areas or neighbors who ask for it, we will give it to them. This has been the tradition of the Sahu people.*" In addition, in the middle of our conversation, Ibu Sula added, "*We also give the seeds of upland rice to people who need it to be recultivated.*"

The practices of sharing among them were passed on by their ancestors in order that they always help each other. Such values are now embedded in the life of the Sahu people. This is evident in the survival of *sasadu* as a place for traditional *orom sasadu* celebration. Although during the research there were no notes or photos that confirmed the meaning of sharing that is often practiced by the Sahu people, based on interviews with traditional Sahu elders, it is revealed that the Sahu people interpret sharing as a way of giving thanks to their creator and ancestors. "*From a long time ago, our ancestors had practiced sharing without expecting kindness to be reciprocated by humans. We believe that God, our ancestors, and nature will repay the kindness by providing abundant harvests,*" Jamal Baikole said.

The sharing practice of the Sahu demonstrates an integrated cultural pattern by inheriting the spirit maintained by their ancestors. In other words, the sharing system incorporates kinship and religious values that are upheld by the Sahu Indigenous People. The celebration of eating at the customary house is accompanied by the sound of *tifa* (a percussion instrument with an average size of 5 meters made of betel palm wood), gong, and the Legu Sasalai dance as well as prayers read by a priest and mantras read by a traditional elder in the Sahu dialect. In other words, the ceremony is the Sahu People's expression of gratitude to God, ancestors, and nature that have provided them with abundant harvests and blessings.

For the Sahu people, the practice of selling their crops for family needs will hinder the development of the farming culture of sharing. The practice of sharing with relatives and family is an implementation of the values that the ancestors used to practice. There is no written system or rule behind this action. However, the values that they hold on to have compelled them to do that. For example, it is forbidden to sell the harvested upland rice; the rice may only be consumed and distributed to family, neighbors, and relatives in need. In addition, it is used to celebrate traditional ceremonies in the *sasadu*. The instruction has been given orally by customary elders at every customary meeting that takes place in the *sasadu*.

"*I often say that what has been made by the ancestors must be preserved, such as sharing without having to sell it,*" said Agus Mole.

The historical value at issue is the re-practicing of the social relations with regard to sharing with family and close relatives based on the relationships built by their ancestors long before the Abrahamic religions (Protestant Christianity, Catholicism, and Islam) came. Previously, the ancestors of the Sahu people who lived in *pongga* (inland) built kinship relations with the Jailolo and Susupu people who lived on the coast. Gradually, they then shared with each other the natural products they harvested. Still today, this value is maintained by the Sahu people under the spirit of the *sasadu* umbrella. As Visser testimony goes, when he witnessed the existence of the *sasadu* which was originally a "temple of worship"—still functioning as a status symbol in the residential hierarchy and the original relationships of the Sahu people—which symbolizes the legend about the position of the *hoana* (village) to other *hoanas*. (Topatimasang, *Orang-Orang Kalah*, 2004:81)

Until today, the Sahu people continue to keep the tradition of sharing crops alive as an activity that is oriented towards social and cultural ties, despite the onslaught of modernity that divides social ties that makes people more individualistic and become economically oriented. The spirit brought by modernity often forces individuals to compete to maximize personal profits from agricultural yields, which causes people to leave the traditional management of nature through the means of production provided today, such as machine-powered tools and fertilizers. The Sahu people believe that the practice of sharing that they often do is nothing but a way to care for their culture inherited from their ancestors and to prevent social bonds from breaking easily.

"*I often say to the people in the community, if we don't grow the upland rice, we will lose our culture one day,*" said Agus Mole.

In essence, sharing the harvest actually means preserving life for the Sahu people, similar to cultivating land for growing the upland rice. When harvesting or cultivating the upland rice, the Sahu people cannot be separated from activities of helping each other which is called *rion-rion* activity. *Rion-rion* activity is not only carried out in the practices of farming but also in socio-cultural activities, such as community services, traditional ceremonies, weddings, and funeral ceremonies.

Change for Economic Improvement

Unlike the Sahu people, the Dehegila people view agricultural yields as a way for them to meet household needs such as fish, oil, and kitchen needs that are not provided by the results of growing the upland rice. So, they tend to sell the farming yields to fulfill their needs, instead of sharing them with neighbors and relatives.

On Sunday, December 8, 2021, from the capital city of Daruba, I took a two-wheeled vehicle, a motorbike, to Dehegila Village. It took me ten to 15 minutes to arrive at Dehegila Village. Dehegila Village is located in South Morotai District, of which the majority of the population is of Galela ethnicity. The people who inhabit the village mostly work as coconut farmers. In addition to growing coconuts, they also cultivate upland rice, bananas, cassava, and sweet potatoes. These crops are mostly cultivated for family consumption while some of them are sold to Daruba, the capital city Morotai Island District.

"*In the past, the ancestors often shared their harvest with their neighbors and relatives; whether it's grains of the upland rice, bananas, cassava, sweet potatoes, and vegetables picked from the garden. Now, this practice is rarely visible,*" said Abdullah Bicara, the Customary Head of Dehegila Village. "*Why did this happen? Maybe times have changed,*" said the 63-year-old man with a smile.

Although in maintaining kinship relationships the Dehegila people look fine on the surface, for example in weddings and religious activities (the Prophet's Mawlid), where the Dehegila people work together without pay, when it comes to agricultural yields, they tend to use them for personal economic-oriented purposes rather than share them to foster social bonds.

Dehegila people think that the practice of sharing the upland rice harvest and the other types of food mentioned above is no longer in tune with the times. This is because they now live an advanced/modern life. They need money to meet household and farming needs. With the money, they can buy weed cutters to work the land, anti-pest fertilizers to treat the upland rice fields, and others. All to make their work easier until the harvest time. That way, some of the rice and other food crop yields are used for family consumption, the rest they sell to the market to buy the kitchen needs and to increase their investment in growing the upland rice in the next planting season.

With the help of machine-powered tools, the Dehegila people can get between 1 and 1.5 tons of grain in a single harvest from an area of 1.5 to 2 hectares. The whole grain that has been picked will be stored in *lumbung* until the harvest is finished. When the harvest is concluded, the grain is put into sacks and then transported by motorbike to their respective homes in the village. If the grain will be used for food needs, they then process it traditionally into unhusked rice using a mortar and pestle. The processed results are usually between 5 and 10 kilograms. However, when the field rice yields are to be sold, they first take the grain to a mill to process the grain into unhusked rice. The proceed is used to fulfill the household needs that the harvest cannot provide.

"*If the yield is 100 kg of rice, we will give 20 kg to the owner of the mill or we can pay with money. We pay IDR 24,000 per 10 kilograms of unhusked rice. We sell the processed yield in order to pay for the family's needs and for the maintenance of the next upland rice cultivation,*" said Fauji Boronga, a farmer of Galela ethnicity.

Mr. Fauji's explanation indicates that the results of their cultivation of upland rice which they process into unhusked rice are often sold in order to cover the household's cost and the next rice cultivation. To reach that goal, the Dehegila people need the help of machine-powered tools. Their presence facilitates the production of upland rice so that they can obtain tons of rice. Thus, farming is a practice to improve their household economy, thus, the practice of sharing in the spirit of their ancestors can no longer be maintained as practiced by the Sahu people.

Changes in the practice of sharing are a consequence of the current era which is increasingly changing people's patterns and lifestyles. As a result, cultural values such as helping each other and mutual cooperation no longer have a place in the life of the farming community. Everything is price-tagged with money. Farmers who have arable land for cultivation in the local fields for family consumption and to be shared with neighbors now have to turn to sell the yields in order to buy necessities such as fish, cooking oil, and so on.

While the Sahu Tribe often takes care of their ancestral traditions in the spirit of sharing their harvests as gratitude to God, their ancestors, and nature, the Galela Tribe who lives in Dehegila Village views sharing differently, which is mainly with regard to family consumption and economic activities. As a consequence, the cultural values, in the form of *bari* values (helping each other or mutual cooperation) in their social life, are now slowly being deracinated from the roots of the Dehegila people in Morotai.

Ein lumbung für die Kultur

Qaris Tajudin
übersetzt von Martina Heinschke

In seinem Roman *Kura-kura Berjanggut* (Die bärtige Schildkröte) schickt Azhari Aiyub die Leser*innen auf eine Reise in einen kosmopolitischen Stadtstaat der Vergangenheit. Das Königreich Lamuri in Aceh im Norden Sumatras ähnelte dem heutigen New York: Im Hafen legten Schiffe mit Händlern aus aller Welt an; die Stadtbewohner*innen entstammten vielen Nationen, kommunizierten in den unterschiedlichsten Sprachen, trugen ihre je eigene Tracht. In diesem Reich, in dem der internationale Handel blühte, war der Austausch zwischen den Kulturen – angefangen bei der Religion, Kleidung bis hin zur Sprache – die natürlichste Sache der Welt.

Dieses Bild bot sich nicht nur in Lamuri und anderen Häfen Sumatras, die zu jener Zeit an der meistbefahrenen Route des internationalen Seehandels lagen. Auch in den Küstenstädten der Inseln Kalimantan, Java, Sulawesi bis in die Molukken im Osten kam es zu einem intensiven kulturellen Austausch, der fast alle Lebensbereiche erfasste. Schauen wir uns aber die Situation nur ein bisschen weiter im Hinterland an, so hat dieser dynamische Austausch das Landesinnere beispielsweise von Java und Kalimantan kaum berührt. Hier blieben die ursprünglichen Kulturen prägend, die im Gegensatz zu den sich schnell verändernden Hafenstädten durch die Landwirtschaft (insbesondere den Reisanbau auf bewässerten oder trockenen Feldern sowie Nutzgartenkulturen) bestimmt sind.

Ein augenfälliger Indikator dafür ist die Sprache. Die Übernahme von Fremdwörtern (aus dem Arabischen und Persischen) in das Malaiische – das spätere Indonesische – findet sich vor allem in der Seefahrt und im Handel, beides war geografisch mit den Küstenregionen verbunden. Hingegen ist die Anzahl der Fremdwörter in der Landwirtschaft und im Gartenbau gering.

Davon ist unsere Sprache bis heute geprägt. So nutzen wir etwa für das Wort „maritim" häufig das Wort *bahari;* es stammt aus dem Arabischen und leitet sich von *bahar* oder *bahr* (Meer, Ozean) ab, für das wir auch das genuin malaiische Wort *laut* und das aus dem Sanskrit entlehnte *samudra* (beides: Meer, Ozean) zur Verfügung haben. Einen Hafen (indonesisch: *pelabuhan)* bezeichnen wir gerne mit dem aus dem Persischen entlehnten *bandar.* Historisch ist uns dieses Wort aus dem Kompositum *syahbandar* (Hafenmeister) vertraut, das aus persisch *syah* (König) und persisch *bandar* (Hafen) zusammengesetzt ist. Heute findet sich *bandar* in der Lehnübersetzung von „airport" wieder, wenn wir *bandar udara* und nicht *pelabuhan udara* sagen.

Auch viele Begriffe der Schifffahrt stammen aus Sprachen des Nahen Ostens. So ist *nakhoda,* das malaiische Wort für Kapitän, mittelpersischen Ursprungs, zusammengesetzt aus *nav* (Schiff, Boot) und *khuda* (Herr, Meister). Im modernen Persisch (und auch in dem ihm verwandten Urdu) ist *nakhoda* zugunsten von *kapitan* aus dem Wortschatz verschwunden. In früherer Zeit war es jedoch im persischen Raum so weit verbreitet, dass es sogar Eingang in das Arabische einzelner Nachbarländer wie Oman und Katar gefunden hat. Für die wichtige Position des Steuermanns wiederum hat das Malaiische das arabische *mualim* übernommen, das im modernen Arabisch „Lehrer" bedeutet.

Blicken wir aber auf das Landesinnere, weg von den Küstenstreifen, so war dort die Übernahme fremder Wörter keineswegs so massiv. Dort dominierten nicht Schifffahrt und Handel, sondern die Landwirtschaft. Die damit verbundenen Begriffe entstammen der jeweiligen regionalen Sprache, und selbst das Malaiische hält im Bereich der agrarischen Kultur an den alten Begriffen fest. Wenn hier fremde sprachliche Einflüsse zu erkennen sind, sind sie auf ein Einsickern weniger Wörter aus dem Sanskrit begrenzt.

Angefangen bei den landwirtschaftlichen Geräten, den dörflichen Institutionen über die Arbeitsverfahren und einzelne spezialisierte Berufe bis hin zu den Pflanzen und Produkten – alle zugehörigen Begriffe sind lokalsprachlichen Ursprungs. Selbstverständlich gibt es einzelne Ausnahmen, doch wie im Fall der beiden aus dem Persischen stammenden Wörter *anggur* (Wein) und *kismis* (Rosinen) handelt es sich um Bezeichnungen für Pflanzen und Produkte, die ursprünglich nicht von den Bäuer*innen im indonesischen Archipel angebaut, sondern die importiert wurden. Mithin haben wir sie nicht als landwirtschaftliche Erzeugnisse, sondern als Handelsgüter kennengelernt.

Die Unterschiede bei der Übernahme von Fremdwörtern (hier aus dem Persischen und Arabischen) im Handel und in der Landwirtschaft führen mich zu der Frage, ob etwas Ähnliches auch in anderen Bereichen – etwa bei Kleidung, Religion und Arbeitskultur – zu beobachten ist.

Nehmen wir Java als Beispiel. Entlang der Nordküste führte die internationale Handelsroute, und es waren die dortigen Hafenstädte, in denen der Islam zuerst Fuß fasste und weit schneller die Kultur durchdrang, als dies im Landesinneren oder an der Südküste geschah – dort blieben lokale religiöse Werte wie der Animismus lange fest verwurzelt. Die Verehrung von Dewi Sri, Göttin der Fruchtbarkeit und Beschützerin der Bauern, war bis vor wenigen Jahrzehnten im Binnenland noch allgegenwärtig. Ihr Pendant – Kulte um Meeresgottheiten – begegnet uns an der Nordküste nicht mehr.
Die kulturelle Praxis, Opfergaben dem Meer zu übergeben, finden wir häufiger an Javas Südküste, die historisch von den internationalen maritimen Handelswegen abgeschnitten war.

Im Archipel herrscht die islamische Religion vor, und deshalb überrascht es nicht, dass hier arabische Begrifflichkeiten dominieren. Ein in der indonesischen Sprache erhaltenes Überbleibsel der animistischen Kultur ist das Wort für „beten, bitten": *memohon.* Es leitet sich ab vom Grundwort *pohon* (Baum) und zeugt damit noch heute davon, dass in früheren Zeiten die Menschen stets unter einem Baum gebetet haben. Das Gleiche hat sich im Ausdruck *memanjatkan doa* erhalten, der zwar das arabische *doa* (Gebet) aufnimmt, dieses jedoch durch das Verb *memanjatkan* wörtlich genommen „nach oben klettern lässt", während beispielsweise *menaikkan* (aufsteigen lassen) weit mehr der Vorstellung der islamischen Glaubensgemeinschaft entsprechen würde, dass Gott seinen Sitz im Himmel hat.

Auch Kleidung kann vom kulturellen Austausch zeugen. Batikstoffe aus Javas Nordküstenregion bestechen durch bunte und leuchtende Farben, was auf die Begegnung mit verschiedenen fremden Kulturen zurückzuführen ist, in denen die Farben tendenziell „schreien". Die Batikstoffe aus Javas Binnenland sind hingegen ruhiger gehalten, sie werden mit der Rinde des Gelben Flammenbaums *(pohon soga)* braun eingefärbt – ein Baum, der den Bäuer*innen sehr vertraut ist.

Natürlich gibt es viele Gründe dafür, dass in Javas Nordküstenregion fremde Einflüsse weit intensiver aufgenommen wurden als im bäuerlich geprägten Inland. Nicht nur, dass die Küste an der maritimen Handelsroute lag, deren Geschichte weit länger zurückreicht als nur bis zur Ankunft der Europäer im 16. und 17. Jahrhundert.

Ein zweiter Grund liegt in der Haltung gegenüber fremden Kulturen. In vielen Gebieten Indonesiens, beispielsweise im sundanesischsprachigen Westen Javas, aber ebenso im javanischsprachigen Hauptteil der Insel oder in Kalimantan, gab es vormals deutliche Vorbehalte gegenüber Händlern. So zeichnen etliche javanische Chroniken Händler (insbesondere aus der Nordküstenregion) als Usurpatoren, hinterhältige Betrüger und Räuber, denen jedes Mittel recht ist. Solche Erzählungen nährten in der Bauernschaft des Binnenlands die Ablehnung alles Fremden als gegenläufig zu den eigenen Vorstellungen „vortrefflicher" Kultur.

Nicht weniger ausschlaggebend war ein dritter Grund: die Funktionalität. Für die Welt der Bäuer*innen im Landesinneren der indonesischen Inseln boten die fremden Kulturen, die die ausländischen Händler mitbrachten, keine Lösungen an. Anders stellte es sich für die Händler und Seeleute an der Küste dar, die beispielsweise im 17. Jahrhundert in Sumatra dringend einen Technologietransfer benötigten und diesen auch von persischen und türkischen Seeleuten erhielten, wie der eingangs genannte Romancier Azhari Aiyub bei der Recherche für seinen Roman herausfand. Damals wurden sogar viele sumatranische Seeleute auf Marineschulen des Osmanischen Reichs geschickt.

In der Landwirtschaft lag die Sache ganz anders. Während die Probleme beim Handel und bei der Seefahrt in vieler Hinsicht universell sind, steht die Landwirtschaft überall auf der Welt vor sehr spezifischen Herausforderungen. Jede Region hat ihre besonderen Bedingungen, die unterschiedliche Fähigkeiten erfordern. Wir brauchen nicht einmal an den Transfer landwirtschaftlichen Wissens aus Indien, dem Iran oder der Türkei zu denken: Schon ein javanischer Bauer scheitert mit seinen Methoden und Fähigkeiten auf den Torfböden Kalimantans.

Ein anderes Beispiel ist die Haltbarmachung und Lagerung von Lebensmitteln. Seit jeher mussten die Menschen beispielsweise im heutigen Iran und der Türkei für die kalten Wintermonate vorsorgen. So entwickelten sie bestimmte Methoden, wie sie kohlenhydratreiche Grundnahrungsmittel wie Weizen bevorraten und Früchte und proteinhaltige Nahrung konservieren konnten.

In den äquatorialen Klimazonen hingegen werden Speicher *(lumbung)* vornehmlich verwendet, um Vorräte von Grundnahrungsmitteln anzulegen: Es gilt die Trockenperiode zu überstehen, während der die Reisfelder nicht bepflanzt werden können. Hingegen stehen Proteine und Früchte, auch wenn es saisonal wechselnde Arten sind, selbst in den trockenen Monaten zur Verfügung. Lagern Bäuer*innen in der Äquatorialregion Obst und tierisches Eiweiß ein, liegt das eher an einem Überangebot als daran, dass sie für Zeiten der Knappheit vorsorgen müssten.

Daher hat sich die Landwirtschaft in Indonesien jahrhundertelang nicht wesentlich verändert. Noch im 20. Jahrhundert waren in West-Java traditionelle *lumbung* zu finden; auf Sundanesisch werden sie *leuit lenggang* genannt. In Form und Bauweise unterscheiden sie sich kaum von *lumbung*-Darstellungen in den Reliefs der buddhistischen Tempelanlage Borobudur, errichtet um das Jahr 800.

Die drei oben genannten Gründe und noch eine Reihe weiterer Faktoren haben dazu geführt, dass die agrarisch ausgerichteten Regionen im Landesinneren der indonesischen Inseln von fremden kulturellen Einflüssen fast unberührt blieben. Aber natürlich blieben Veränderungen nicht ganz aus. Einschneidend war insbesondere das Zwangsanbausystem *(cultuurstelsel)*, das die niederländische Kolonialmacht seit 1830 durchsetzte. Damit kam in einigen indonesischen Regionen, hauptsächlich auf Java, ein „moderneres" Anbausystem zum Einsatz, für das – wie bei der heutigen Plantagenwirtschaft – vor allem ursprünglich archipelfremde Nutzpflanzen eingeführt wurden.

Dennoch blieben die landwirtschaftlichen Gebiete treue Bewahrer der Kultur. Die javanischen Bäuer*innen übertrugen alte Bräuche und Rituale aus dem Reisanbau auf die koloniale Plantagenwirtschaft. So eröffneten sie bis vor Kurzem die Zuckerrohrernte mit einem besonderen Ritual, und in den Zuckerfabriken begleitete ein anderes Ritual die Inbetriebnahme der Zuckermühlen in der neuen Erntesaison.

Die landwirtschaftlichen Gebiete im Landesinneren der indonesischen Inseln lassen sich deshalb nicht nur als *lumbung* für die Nahrungsmittelproduktion, sondern ebenfalls als *lumbung* für die Kultur verstehen. In diesen Gebieten haben wir unsere Sprachen, Kleidung, Traditionen und sogar religiöse Überzeugungen bewahrt. Anders als in den Küstengebieten, die sich fremde Kultureinflüsse rasch einverleibten – fast könnte man sagen, sie „herunterschluckten" – „kauten" die landwirtschaftlichen Regionen darauf herum und entwickelten so eine Form der Assimilation, die sie ähnlich den Hütern der Natur zu Hütern der Harmonie werden ließ.

The Cultural lumbung of the Archipelago

Qaris Tajudin

Reading the novel *The Bearded Turtle* (*Kura-kura Berjanggut*) by Azhari Aiyub is like entering an adventure into a cosmopolitan country in the past. The Lamuri kingdom in Aceh and northern Sumatra in the olden days, was similar to New York today. Traders from all over the world came and went, people from various nationalities, speaking many languages, wearing clothes from different cultures. In a country buzzing with such international trade, the exchange of cultures—from religion, clothing, to language—was prevalent.

This certainly did not only happen on the northern coast of Sumatra, which was indeed one of the busiest routes of international maritime trade at that time, but that was also true for almost the entire coasts of the archipelago, from the coastal cities in Sumatra, Kalimantan, Java, Sulawesi, to eastern Maluku. This cultural exchange was so rapid that it affected almost all aspects of life. However, the same buzz of cultural exchange did not take place when we went a little deeper inland. In many non-coastal areas–such as Java and Kalimantan—the native culture of the area (which originated from agricultural and land cultivation civilization) was still very dominant, far different from the coastal areas which had changed significantly.

One thing that is most obvious to see is in the aspect of language. The absorption of foreign words (Arabic and Persian) into Malay—and then Indonesian—was rapid in the trade and maritime culture, which naturally happened in coastal areas. On the contrary, in agricultural and plantation cultures, the absorption of words occurred more slowly.

For example, to refer to something that is maritime in its characteristic, Indonesians use the word *bahari* more often. This word comes from Arabic, *bahar* or *bahr* which means sea or *samudera* (derived from Sanskrit, *samudra*). Likewise, the port which is often called *bandar*, taken from the Persian language. That is why the harbor master is called *syahbandar*, which is composed of two words: *syah* (king) and *bandar* (port). Even in this modern era, we also translate airports as *bandar udara*, not *pelabuhan udara*.

Matters related to shipping techniques are also derived from Middle Eastern languages, for example, *nakhoda* or ship captain which comes from the old Persian language, *nakhuda* which is formed from two words, *nav* (ship or boat) and *khuda* which means ruler. In modern Persian (as well as in Urdu which is of the same language family), this word has even no longer been used and has been replaced by the word captain. However, in the past, the word *nakhuda* was commonly used in the Persian region, even in a number of adjacent Arabic-speaking countries, such as Oman and Qatar. Another position on the ship, the *mualim* (navigator) is taken from the Arabic language, which in modern Arabic actually means teacher.

In more inland (non-coastal) areas, however, no massive word absorption had taken place. In areas that are no longer dominated by trade and shipping, agriculture has become the dominant culture. Agricultural terms in many of these areas, as well as in Malay, are still dominated by local or old languages. Even in the few cases when did occur, it was derived from Sanskrit.

Starting from agricultural equipment, the facilities, the procedures, the professions involved in it, to the names of plants and agricultural products, one can say that they are purely derived from the local language. Of course, there are one or two names of agricultural products that are not from the local language, such as *anggur* (grapes) and *kismis* (raisins), both of which come from Persian. However, even if there are names for agricultural products (such as *anggur*) that come from foreign languages, it is because these items are not produced by Indonesian farmers, but are imported from overseas. Thus, we know them not as agricultural products, but as traded commodities.

The difference in the intensity of absorption of foreign words (in this case the Middle Eastern–Persian and Arabic) into the areas of trade culture and agricultural culture, is used by the writer as an entry point to compare the absorption of other cultural elements, such as clothing, religion, and work ethics, which occurs on the coast or inland.

Religion, for example. The northern coastal areas of Java, which had been more heavily trafficked by international trade, as an illustration, absorbed Islamic culture more quickly than the inland or southern coasts, which remained attached to local religious values, such as animism. The cult of Dewi Sri as the guardian of agriculture and the protector of farmers, until a few decades ago, was still strong in inland Java. The same thing—the cult of the sea god, for example—we do not see it on the northern coast of Java. The culture of throwing offerings out to sea, for example, is more pronounced on the southern coasts of Java, which were isolated from international maritime trade in the past.

Thus, it is not surprising that religious terminologies

are dominated by Arabic terms since the Arab region is the origin of the Islamic religion that dominates the archipelago. One of the remnants of animist culture that still remains in religious expressions is the word *"memohon"* (to beg for something). *"Memohon"* is derived from the word *pohon* (tree), which was formed because in the past people used to pray under a tree. Similarly, we use the expression *"memanjatkan doa"* which literally means: "to make a prayer climb up". Even though we absorb the Arabic word *doa* (prayer), we maintain the word "to make something climb", instead of "to send up the prayer", even though in the general opinion of Muslims, God resides in the heavens.

We can also see this cultural absorption as regards clothing. The batiks on the northern coast of Java are lively, with bright tones with various colors, reflecting the influence of various foreign cultures that tend to "shout." Meanwhile, inland batik is more muted, with colors extracted from the bark of the *soga* tree that farmers are familiar with.

There are certainly many reasons why cultural absorption on the coast was much more massive than that among farmers who were in the inland areas. The first, of course, was a geographical issue. Areas exposed to foreign cultures were the coasts through which international maritime trade sailed in the past, long before the Europeans arrived in the seventeenth and eighteenth centuries.

The second reason was a matter of perception of foreign cultures. In the past, in many areas in Indonesia, such as in Java, Sunda, and Kalimantan, there was negative sentiment towards traders. In a number of *babad* or Javanese historical writings, traders (especially on the coast) are considered usurpers, ones who justify all means, deceitful, and so on. This caused resistance among farmers in the inland to accept the culture that was not "transcendental."

Another thing that was not less important was functionality. The foreign culture brought by the foreign traders was considered not providing a solution to the world of farmers in the inland areas of Indonesia. This was in contrast to the coastal traders and seafarers who needed technology transfer from foreign traders and seafarers. While researching the history of international trade in the sevententh century for his novel, Azhari Aiyub found a number of facts about the transfer of technology from Persian and Turkish seafarers to their counterparts in Sumatra. In fact, we sent many seafarers to maritime schools in the Turkish Sultanate.

It was, however, not the case in agriculture. In contrast to the more universal problems of trade and shipping, the problems of agriculture were unique. Each region had its own uniqueness that demanded different skills. Let alone grasping agricultural knowledge from India, Persia, or Turkey, it was impossible for a Javanese farmer to apply his skills on the peat soil in Kalimantan.

We also see this, for example, in food storage systems in *lumbungs*. The Persians and Turks saved up food to survive autumn and winter which killed all the trees. Therefore, food storage such as dried fruit and various proteins was preferred, and on top of it carbohydrate-based staple foods such as wheat.

Meanwhile, in the equatorial region, the majority of *lumbungs* were used as storage of basic food ingredients to deal with the dry season, when the rice fields became dry and could not be planted. The fruits and protein could still be obtained even in the dry season. The only difference is the types of fruit. Storage of fruit and animal protein in the equatorial region was more due to an excess of supply, not for the sake of preparing for shortages at a certain season.

Therefore, the agricultural system in Indonesia in the past had not changed much. That was why, if we pay attention, the concept of the Sundanese *lumbung* known as *leuit lenggang* which we could still see in the twentieth century, was not much different from the concept of a *lumbung* carved in Borobudur Temple from the seventh century.

The three things above—along with a number of other factors—have caused agricultural areas in the inland of Indonesia to be almost sterile from foreign cultural influences. Of course, major changes in agricultural areas did take place when the Dutch implemented the Cultivation System (*cultuurstelsel*) which began in 1830. A relatively more "modern" agricultural system began to be applied in a number of areas, especially in Java. This was because a number of plants from outside the archipelago were introduced.

However, agricultural regions remain the loyal guardians of culture. Old customs and a number of rituals applied by Javanese farmers—which have been used for rice cultivation—are eventually adopted for planting in modern plantations. Until recently, for example, there were still sugarcane harvesting rituals and special rituals for re-activating milling machines in sugar factories.

With minimum absorption of foreign culture, agricultural areas in Indonesia in the inland areas are not simply food *lumbungs* but also cultural *lumbungs*. In those areas, we maintain our language, clothing, traditions, and even religious beliefs. In contrast to the coastal areas, which tend to be more ready to swallow foreign cultures, the agricultural areas tend to "chew" what goes into the areas first and then release it in the form of assimilation. The objective, like the guardians of nature, is to maintain harmony.

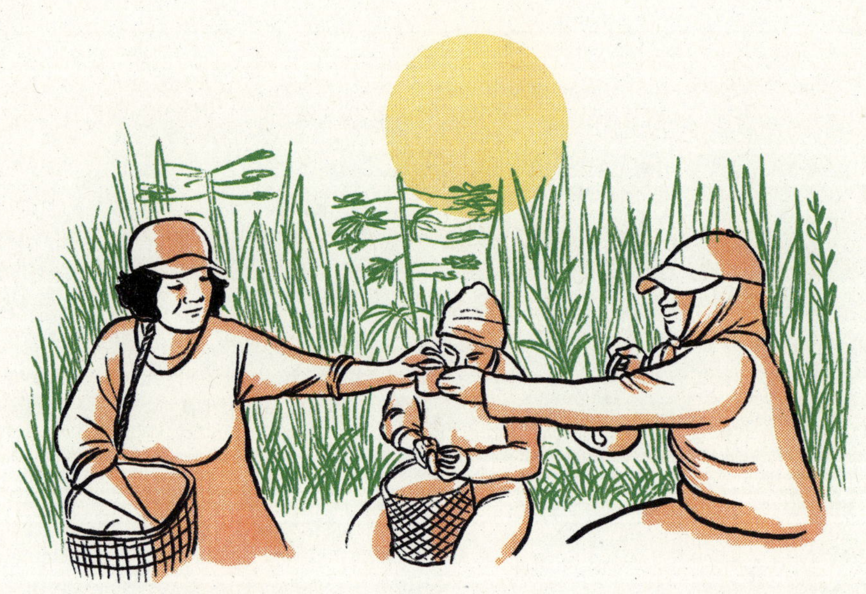

bagi/*sharing*

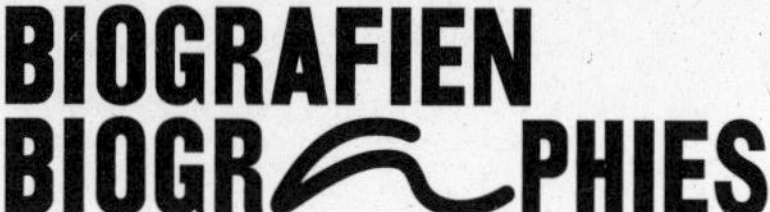

Schriftsteller*innen, Forscher*innen und Fotograf*innen /
Writers, Researchers, and Photographers

Abdullah Totona ist in Galela, Nord-Molukken, geboren. Er hat einen Bachelor in Soziologie an der *UMMU Ternate* und einen Master in Kulturwissenschaft an der *Universitas Sanata Dharma* in Yogyakarta erworben. Heute lebt er in Ternate, Nord-Molukken.

Abdullah Totona was born in Galela, North Maluku. He graduated from Sociology Department, UMMU Ternate, and Cultural Studies at the graduate school of Sanata Dharma University, Yogyakarta. He resides in Ternate, North Maluku.

Agung M. Abul ist in Kuningan, West-Java, geboren. Er ist Autor und Künstler, recherchiert für Kunstprojekte und initiiert Kunst- und Literaturveranstaltungen mit *tud_gam*, einem Kollektiv für Literatur und Zeichnen, das er 2009 gegründet hat. Agung M. Abul hat auch Ausstellungen in Kuningan und Cirebon kuratiert. Er ist Pionier und Gründer der Kuningan-Biennale.

Agung M. Abul was born in Kuningan, West Java. Aside from writing, he also produces artworks, carries out research for art projects, and has initiated art and literature activities with tud_gam, a writing and drawing collective in Kuningan, which he founded in 2009. Agung has also curated exhibitions in Kuningan and Cirebon. He is one of the pioneers and founders of Kuningan Biennale.

Dadank Yepese ist 1989 in Merauke, Papua, geboren. Er machte seinen Abschluss in Jura an der *Universitas Cenderawasih Jayapura*, Papua. Dadank Yepese begann seine Karriere als Radiosprecher. Er war von 2013 bis 2018 bei Rock FM als Reporter tätig, von 2018 bis 2019 bei Radio of the Republic of Indonesia in Jayapura und von 2019 bis 2021 als Journalist bei Online-Medien. Aktuell recherchiert und schreibt Dadank Yepese zu sozialen und kulturellen Themen.

Dadank Yepese was born on May 4, 1989 in Merauke, Papua. He graduated as Bachelor of Law from Cendrawasih University, Jayapura, Papua. Dadank started his career as radio announcer and reporter at Rock FM, Jayapura, from 2013 to 2018. He also worked as a reporter at Radio of the Republic of Indonesia in Jayapura (2018–2019), and journalist of online media (2019–2021). Now, Dadank actively researches and writes on social and cultural issues in Papua.

Dedy Hermansyah ist in Sumbawa Besar, West-Nusa-Tenggara, geboren. Er ist freier Wissenschaftler und forscht zu sozialen und geisteswissenschaftlichen Fragestellungen. Aktuell engagiert er sich in der Literaturgemeinschaft *Teman Baca*, die er selbst initiiert hat. Er ist außerdem besonders an historischen Themen interessiert und in der *Vereinigung indonesischer Historiker (MSI)* im Regionalverband West-Nusa-Tenggara aktiv.

Dedy Hermansyah was born in Sumbawa Besar, West Nusa Tenggara. He is freelance researcher for social and humaniora issues. Currently, he initiates and operates Teman Baca, a literacy community in Mataram, Lombok. He is interested in historical issues and actively engages in the Indonesian Historian Community, West Nusa Tenggara chapter.

Diana Debi Timoria ist Autorin, Wissenschaftlerin und Weberin, die auf Sumba, West-Nusa-Tenggara, lebt und arbeitet. Ihr Interesse gilt den Themen Frauen und Kinder, Kultur, Umwelt sowie Gesundheit. Sie hat einen Kurzgeschichtenband mit dem Titel *Tanpa Judul* (Ohne Titel) und das Musik- und Lyrikalbum *Perempuan Sabana* (Savannenfrau) veröffentlicht.

Diana Debi Timoria is a writer, researcher, and weaver who lives and works in Sumba, East Nusa Tenggara. Her interests are women and children, culture, environment, and health issues. She has published "Tanpa Judul," a collection of short stories, and released "Perempuan Sabana," a musical and poetry album.

Harry Isra Muhammad ist Wissenschaftler in Riwanu Er hat an der *Universitas Hasanudin Makassar* englis Literatur studiert und anschließend seinen Master i Kulturwissenschaft am *Goldsmith College*, Universit of London, absolviert. 2021 hat Harry Isra Muhamm mit dem Thema Selbstorganisation in Athen an eine wissenschaftlichen Residenzenprogramm, das von *Onassis AiR* angeboten wird, teilgenommen.

Harry Isra Muhammad is a researcher at Riwanua. He majored in English Literature from Hasanuddin Univers Makassar, and graduate program of Goldsmiths, Univer of London, in Cultural Studies. In 2011, Harry attende researcher residency program in self-organization in Athe Greece, funded by Onassis AiR.

Heru Joni Putra ist Schriftsteller, Kunstkurator und Wissenschaftler. Sein erstes Werk heißt *Badrul Must Badrul Mustafa, Badrul Mustafa* (2017), und 2021 ist Buch *Suara yang Lebih Keras: Catatan dari Makam T Malaka* (Lautere Stimmen: Aufzeichnungen vom Gra Tan Malakas) erschienen. Aktuell lebt er in Yogyakar

Heru Joni Putra is a writer, art curator, and researcher. I first work was entitled "Badrul Mustafa, Badrul Musta Badrul Mustafa" (2017), and he has published a book "Suara yang Lebih Keras: Catatan dari Makam Tan Malaka." He now resides in Yogyakarta.

I Made Susanta Dwitanaya ist 1987 in Gianyar auf Bali geboren. Er ist Autor, Wissenschaftler, Kurator und Kunstvermittler auf Bali. Seit 2013 arbeitet er unter dem Dach des *Gurat-Instituts*, einer unabhängigen Organisation, gegründet von jungen Schriftsteller*innen, Forscher*innen, Kurator*innen Intellektuellen auf Bali. Ihr Fokus liegt auf Forschung Literatur und Publikationen zu bildender Kunst und visueller Kultur auf Bali.

I Made Susanta Dwitanaya was born in Tampaksiring, Gianyar, Bali, on July 22, 1987. Made is a writer, researcher, curator, and art educator based in Bali. Since 2013, he has worked at Gurat Institute, an independent organization initiated together with some young writers, researchers, curators, and academics in Bali. The organization is focused on art and cultural research, writ curating, and publishing in Bali.

Jonathan Irene Sartika Dewi Max ist 1990 geboren und machte ihren Abschluss in englischer Literatur und Linguistik an der *Universitas Sanata Dharma* in Yogyakarta. Zurzeit unterrichtet Irene Sartika im Studiengang englische Literatur der kulturwissenschaftlichen Fakultät der *Universitas Mulawarman* in *Samarinda*, Ost-Kalimantan. Ihr Interesse gilt außerdem der Folklore und der Diskursanalyse. Ihre Begeisterung für Fotografie hat zur Dokumentation und zum Studium der Kulturen i Ost-Kalimantan geführt, insbesondere bei den Daya Bahau.

Jonathan Irene Sartika Dewi Max, born in Samarinda, January 6, 1990, graduated from Sanata Dharma, Yogyakarta, and majored English Literature and English Study. Irene teaches at the English Literature Department of Cultural Studies Faculty, Mulawarman University. H interest is in folklore and discourse study. Her enthusiasm photography has led her to documentary and cultural stud East Kalimantan, particularly Dayak Bahau. (Instagram irene_sartika)

Autor*innen /
Authors

Aslan Abidin ist Schriftsteller. Folgende Lyrikanthologien sind von ihm erschienen: *Orkestra Pemakaman* (Verlag Kepustakaan Populer Gramedia, 2018), *Bagian Paling Perih dari Mencintai* (Verlag Kepustakaan Populer Gramedia, 2020) und ein Essayband, *Menunggu Rakyat Bunuh Diri* (Verlag Basabasi, 2020). Außerdem ist er Dozent an der Fakultät für englische Literatur und der Sprache der *Universitas Negeri* in Makassar.

Aslan Abidin is a writer. His publications include the poetry anthology, "Orkestra Pemakaman" (Penerbit Kepustakaan Populer Gramedia, 2018), "Bagian Paling Perih dari Mencintai" (Penerbit Kepustakaan Populer Gramedia, 2020), and collected essays "Menunggu Rakyat Bunuh Diri" (Penerbit Basabasi, 2020). He is a lecturer at the Literature and Language Faculty of Universitas Negeri Makassar.

Gesyada Siregar ist Kuratorin, Autorin und Kulturmanagerin. Sie ist Koordinatorin für das Fach Artikulation und Kuration an der *Gudskul,* ein kollektives Ekosistem für zeitgenössische Kunst und eine Bildungsplattform, die von drei Kollektiven in Jakarta gegründet wurde: *ruangrupa, Serrum* and *Grafis Huru Hara*. Gesyada Siregar ist außerdem Teil von *fixer.id,* einem nachhaltigen Forschungsprojekt, das die Entwicklungen der kollektiven Kunstpraxis in Indonesien verfolgt und aufzeichnet.

Gesyada Siregar is a curator, writer, and committee member of art-related activities. She is Subject Coordinator for Articulation and Curatorial in Gudskul: a collective study and contemporary art ecosystem, art-related education platform which was established by three Jakarta-based collectives: ruangrupa, Serrum, and Grafis Huru Hara. She is also member of fixer.id research team, a continuous research project in reading and mapping the art collective practices development in Indonesia.

Harlan Boer ist Autor und Liedermacher. Er schreibt hauptsächlich über Musik und Populärkultur, aber auch Kurzgeschichten und Gedichte. Seine Texte erscheinen in unterschiedlichen Medien. Seine letzte musikalische Veröffentlichung ist sein Best-of-Album *Kiri Kanan* (links rechts) mit Aufnahmen aus den Jahren 2012 bis 2018, und zwar als Schallplatte. Harlan Boer ist 1977 in Jakarta geboren.

Harlan Boer is writer and singer-songwriter. Harlan mostly writes on music and popular culture, short stories and poetry. His writings have been distributed in various media. As a musician, his last album was a compilation entitled as "Kiri Kanan" of his records from 2012–2018, and it was released as vinyl. Harlan was born in Jakarta on May 9, 1977.

Maulida Raviola arbeitet als Assistant Program Officer bei der *Asia Foundation*. Das Programm, das sie betreut, fördert die Teilhabe marginalisierter Gesellschaftsgruppen am Demokratisierungsprozess in Indonesien. Maulida Raviola engagiert sich außerdem als Vorstandsmitglied bei *Pamflet,* einer Jugendorganisation, die sich für Jugendbewegungen und Menschenrechte stark macht. Sie lebt in Jakarta und ist über folgende Mail-Adresse erreichbar: maulidaraviola@gmail.com

Maulida Raviola works as Assistant Program Officer of The Asia Foundation for programs focused on strengthening marginal groups' participation in Indonesian democratization processes. Maulida is also actively engaged as a board member of Pamflet, a youth-based organization for youth movements and human rights. Maulida lives in Jakarta, and can be reached at maulidaraviola@gmail.com.

Melani Budianta ist Professorin an der kulturwissenschaftlichen Fakultät der *Universitas Indonesia* in Jakarta. Sie ist Mitglied bei *Japung,* einem Netzwerk indonesischer Dörfer, Beraterin für *Perkumpulan Puan Seni,* dem Verband indonesischer Künstlerinnen, und Mitglied der indonesischen *Akademie der Wissenschaften* und der *Akademie Jakarta*.

Melani Budianta is a professor at the Faculty of Humanities, University of Indonesia who is a member of Japung (Jaringan Kampung Nusantara—the Nusantara Village Network), advisor to the Association of Women of Arts, and member of the Indonesian Academy of Sciences and the Jakarta Academy.

Purna Cipta ist Mitgründer von *Hysteria* und durch verschiedene Aktivitäten und Programme zu Themen der Gemeinschaft, Kunst und Stadtentwicklung in Semarang vertraut. Er war auch an einigen Forschungsprogrammen im Ausland beteiligt, wie dem ANCER Research Camp 2016 an der Lasalle University, Singapur, dem Heidelberg Projekt 2019 im Heidelberger Kunstverein, Deutschland, und Indonesian Immigrant Research 2020 an der Tamkang Universität, Taiwan. Nach Abschluss der Hochschule für Kommunikationswissenschaften an der Gadjah-Mada-Universität wird er seine Netzwerke erweitern.

Purna Cipta is co-founder of Hysteria *and familiar with community, art, and urban issues through various activities and programs in Semarang. He is also involved in research programs abroad such as ANCER Research Camp 2016 in Lasalle University, Singapore, Heidelberg Project 2019 in Heidelberg Kunstverein, German, and Indonesian Immigrant Research 2020 in Tamkang University, Taiwan. After he finishes at his graduate school of Communication Studies, Gadjah Mada University this year, he will expand his networks in initiating researchers in his hometown, Metro Lampung.*

Qaris Tajudin ist Journalist bei der renommierten Wochenzeitschrift *Tempo* und wurde inzwischen mit der Leitung des *Tempo-Instituts* betraut. Er schreibt über Kriege und Konflikte, aber auch Kolumnen über Lifestyle, Kunst und Kultur.

Qaris Tajudin is a journalist of Tempo and trusted to lead Tempo Institute. Aside from covering war and conflict issues, Qaris also writes for lifestyle and art-culture columns.

Rahmadiyah Tria Gayathri arbeitet als Produzentin, als Cross-Media Künstlerin und engagiert sich in der Katastrophenvor- und nachsorge. Sie ist Gründungsmitglied des Forum *Sudut Pandang* (Forum Perspektive), Mitglied bei *Koalisi Seni Indonesia (Koalition Kunst Indonesien)* und bei *U-INSPIRE Indonesia*. Seit 2014 ist Rahmadiyah Tria Gayathri in unterschiedliche Praktiken des kollektiven Arbeitens in Palu, Zentral-Sulawesi, involviert. Außerdem ist sie Kunstmanagerin im Netzwerk indonesischer Kunstinstitutionen.

Rahmadiyah Tria Gayathri currently works as producer, cross-media artist, and practitioner for disaster risk mitigation issues. She is also the founder member of Forum Sudut Pandang, member of Indonesian Art Coalition, and member of U-INSPIRE Indonesia. Since 2014, Rahmadiyah had been involved in various collective work practices in Palu, Central Sulawesi, and art institution networks in Indonesia as Art Manager.

Illustrator*innen /
Visual Contributors

Adhitya Nisfianto (Ditkors) ist ein Illustrator aus Depok, West-Java. Er liebt es, Trickfilme zu schauen, zu zeichnen und Wolken zu beobachten. Hauptberuflich arbeitet er seit sechs Jahren in einer Kreativagentur. Freiberuflich macht er Illustrationen für Bands wie Sajama Cut, The Rang-Rangs, Ghost Fever und NOFX.

Adhitya Nisfianto (Ditkors) is an illustrator who lives in Depok, West Java. His hobbies are watching anime, drawing, and watching clouds. Alongside working in a creative agency for more than six years, he works as freelance illustrator and does the illustrations for a number of bands such as Sajama Cut, The Rang-Rangs, Ghost Fever, and NOFX

Dwi Wicaksono Suryasumirat (UBE) ist 1987 in Depok geboren. 2010 hat er sein Studium an der Fakultät Bildende Kunst und Design am Institut Kesenian Jakarta abgeschlossen. Abgesehen von seiner freien künstlerischen Arbeit arbeitet UBE an Kunstprojekten und Ausstellungen mit *Gambar Selaw,* einer jungen Gruppe von Künstler*innen, die begeistert gemeinsam zeichnen und davon überzeugt sind, dass alle Menschen zeichnen können. Zudem hat er das *Pokrameame Studio* aufgebaut, ein Studio für zeichnerische Aktivitäten in unterschiedlichen Medien. Seiner Liebe zum Kaffee folgend gründete er das *KULUK-KULUK,* einen Treffpunkt zum Erzählen und gemeinsamen Abhängen.

Dwi Wicaksono Suryasumirat (UBE) was born in Depok, December 16, 1987. He finished his undergraduate at the Art and Design Faculty, Jakarta Art Institute in 2010. Apart from his personal work, UBE is actively working on collective art projects and exhibitions with Gambar Selaw, a group of young artists who like to draw together and believe that "Everyone can Draw." He also established pokrameame Studio for painting activity in various mediums. As a coffeeholic, UBE created KULUK-KULUK as place for meeting, chit-chatting, and hanging-out.

Marishka Soekarna ist eine visuelle Künstlerin aus Indonesien, die es liebt zu zeichnen und zurzeit in Deutschland wohnt. Die Elemente Nähe und Identität in der Gesellschaft – als Tochter, als Mutter und Frau – prägen ihre Perspektive und sind die Basis der Ideen für ihre Werke.

Marishka Soekarna is a visual worker from Indonesia who loves to draw, and is currently residing in Germany. The elements of closeness and the identity in a society, as a daughter, a mother, and a woman became the formulas of her perspective and the foundation of the idea in her works.

Mufti Priyanka (Amenk/Amenkcoy) ist 1980 in Bandung geboren. Nach dem Ende seines Studiums im Bereich Malerei und Kunsterziehung an der *Universitas Pendidikan (UPI)* in Bandung absolvierte er das Masterprogramm Art Works Creation am *Institut Seni dan Budaya Indonesia (ISBI),* Bandung. Seit 2003 ist Amenk im Bereich Kunst und Ausstellungen aktiv, vor allem für interdisziplinäre Medien. Zurzeit ist er zusätzlich assoziierter Dozent an der *Telkom Creative Industries School* in Bandung.
(Instagram @amenkcoy)

Mufti Priyanka (Amenk/Amenkcoy) was born in Bandung, July 5, 1980. He finished his undergraduate program in Art Painting, Art Education at the Indonesian Education University, Bandung, and masters degree program, Art Works Creation at Indonesian Art and Culture Institute, Bandung. Since 2013, Amenk has been actively involved in multi-media art and exhibition activities. Currently, Amenk works as adjunct lecturer at Telkom Creative Industries School Bandung. (Instagram @amenkcoy)

IMPRESSUM COLOPHON

majalah lumbung
documenta fifteen, Kassel
June 18 – September 25, 2022

Künstlerische Leitung / Artistic Direction
ruangrupa

Ade Darmawan
Ajeng Nurul Aini
Daniella Fitria Praptono
farid rakun
Indra Ameng
Iswanto Hartono
Julia Sarisetiati
Mirwan Andan
Reza Afisina

Künstlerisches Team / Artistic Team
Gertrude Flentge
Ayşe Güleç
Frederikke Hansen
Lara Khaldi
Andrea Linnenkohl

Chefredakteur / Editor in Chief
Armin Hari

Managing Editor / Managing Editor
Greistina Kusumaningrum

Verwaltung und Finanzen / Administration and Finance
Ayunin Widya Risya

Redaktioneller Beirat / Editorial Board
Indra Ameng
Mirwan Andan
Narpati Awangga

Redaktion Bahasa Indonesisch / Editor, Bahasa Indonesia
Deasy Elsara
Putra Hidayatullah

Schriftsteller*innen, Forscher*innen und Fotograf*innen / Writers, Researchers and Photographers
Abdullah Totona
Agung M. Abul
Dadank Yepese
Dedy Hermansyah
Diana D. Timoria
Harry Isra Muhammad
Heru Joni Putra
I Made Susanta
Jonathan Irene Sartika Dewi Max
Nugraha Salim

Autor*innen / Authors
Aslan Abidin
Gesyada Siregar
Harlan Boer
Maulida Raviola
Melani Budianta
Purna Cipta
Qaris Tajudin
Rahmadiyah Tria Gayathri

Illustrator*innen / Illustrators
Adhitya Nisfianto (Ditkors)
Dwi Wicaksono Suryasumirat (Ube)
Marishka Soekarna
Mufti Priyanka (Amenk/Amenkcoy)

Illustrationen / Illustrations
Marishka Soekarna: S. / p. 2, 114, 218
Dwi Wicaksono Suryasumirat (Ube): S. / p. 4
Narpati Awangga: S. / p. 11, 115

Englische Übersetzungen / English Translation
Maria Pade: S. / p. 56-59, 126-129, 186-189, 196-199, 216-217
Mia Badib: S. / p. 30-33, 38-41, 142-145, 204-205
Mulyani Sinwan: S. / p. 22-25, 74-75, 80-83, 87-87, 94-97, 102-103, 108-109143-137, 150-151, 156-157, 162-165, 210-213
Zamira Loebis: S. / p. 48-51, 64-67, 112-113, 172-175

Englisches Lektorat / English Copyediting
Hannah Young

Deutsche Übersetzungen / German Translation
Birgit Lattenkamp
Gudrun Ingratubun
Dr. Lydia Kieven
Dr. Martina Heinschke

Deutsches Lektorat / German Copyediting
Anna Sophia Herfert
Markus Zehentbauer

Gestaltung und Layout / Design and Layout
Studio 4oo2
Angga Reksha Ramadhan
Bangkit Darmawan
Larasati Fildzah Kinanti
Louisiana Wattimena
Rosyid Mahfuzh

Gudskul
Jalan Durian Raya No. 30A, RT. 04/RW. 04,
Jagakarsa, Jakarta Selatan, DKI Jakarta, 12620
Tel.: +62-21-29120790
Email: info@gudskul.art
https://gudskul.art/

Gudskul (Gudskul Ekosistem) ist ein in Jakarta ansässiges Ekosistem („Ekosistem" beschreibt kollaborative Netzwerkstrukturen, durch die Wissen, Ressourcen, Ideen und Programme geteilt und vernetzt werden), das sich aus vielen Mitgliedern zusammensetzt: Künstler*innen, Kurator*innen, Kunstschriftsteller*innen, Manager*innen, Forscher*innen, Musiker*innen, Regisseur*innen, Architekt*innen, Köch*innen, künstlerischen Gestalter*innen, Designer*innen, Modedesigner*innen, Straßenkünstler*innen und Personen mit verschiedenen anderen Kompetenzen. Diese Vielfalt macht Gudskul zu einem reichhaltigen und dynamischen Ekosistem. Gudskul beherbergt auch eine Vielzahl von Kollektiven mit unterschiedlichen Praktiken und künstlerischen Medien: Installation, Archiv, Video, Sound, Performance, Medienkunst, öffentliche Beteiligung, Druckgrafik, Grafikdesign, Bildung usw.

Diese vielfältige Mischung bereichert auch die Themen und Beteiligten vieler gemeinsamer Projekte in sozialer, politischer, kultureller, wirtschaftlicher, ökologischer oder auch pädagogischer Hinsicht.
Gudskul (Gudskul Ekosistem) is a Jakarta-based ekosistem, and consists of many elements of artists, curators, art writers, managers, researchers, musicians, directors, architects, cooks, artistic designers, designers, fashion designers, street artists, and individuals with various other expertise. This diversity makes Gudskul a rich and dynamic ecosystem. Gudskul also houses a multitude of collectives with differing practices and artistic mediums: installation, archive, video, sound, performance, media art, public participation, printmaking, graphic design, education, etc. This varied bunch also enriches the issues and parties involved in many collaborative projects, socially, politically, culturally, economically, environmentally, and even educationally.

documenta fifteen
Managing Editor / Managing Editor
Petra Schmidt

Graphic Design
Anne Katharina Krieger

Redaktion / Editor
Sofia Asvestopoulos

Studentische Mitarbeit / Student Assistant
Annika Immisch

Hatje Cantz
Projektmanagement / Project Management
Lincoln Dexter
Johanna Schindler
Nicola von Velsen

Projektassistenz / Project Assistance
Yannick Schütte

Verlagsherstellung / Production
Thomas Lemaître

Vertrieb / Sales
Claudia Squara

Lithografie / Lithography
DruckConcept, Berlin

Schrift / Font
PP Editorial New – Pangram Pangram
MBI DCMNT 15 – Fabian Maier-Bode
Söhne Mono – Klim Type

Papier / Paper
Inhalt – 100 g/m² Lettura 80 Print
Umschlag – 270 g/m² Creative Print diamant

Umschlagillustration / Cover illustration
Narpati Awangga

Umschlaggestaltung / Cover design
Leon Schniewind

documenta und Museum Fridericianum gGmbH
Friedrichsplatz 18
34117 Kassel
Germany
www.documenta.de

Geschäftsführerin / CEO documenta und Museum Fridericianum gGmbH
(Generaldirektorin / General Director)
Dr. Sabine Schormann

Druck und Bindung / Print and binding
Westermann Druck Zwickau GmbH
Crimmitschauer Str. 43
08058 Zwickau
Germany

Erschienen im / Published by
Hatje Cantz Verlag GmbH
Mommsenstraße 27
10629 Berlin
Germany
www.hatjecantz.de
Ein Unternehmen der Ganske Verlagsgruppe / A Ganske Publishing Group Company

ISBN Print: 978-3-7757-5285-5
ISBN E-Book: 978-3-7757-5359-3

Printed in Germany

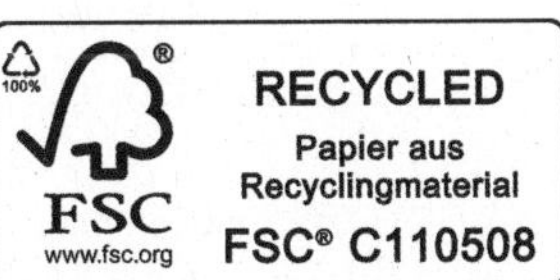

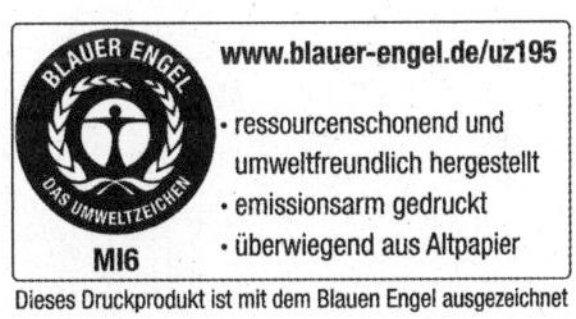

The lumbung network
is supported by

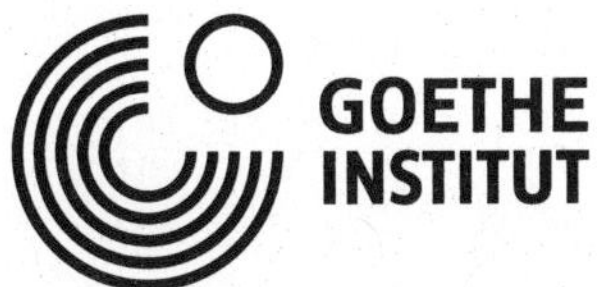

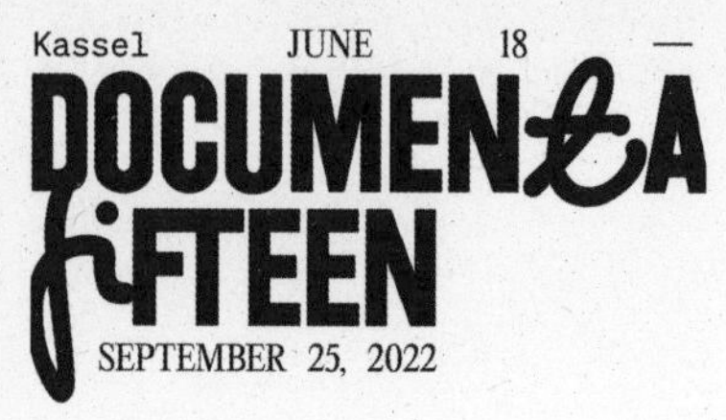

documenta fifteen

Vom 18. Juni bis 25. September 2022 findet die documenta fifteen unter der Künstlerischen Leitung von ruangrupa an verschiedenen Orten in Kassel statt. Das Kollektiv aus Jakarta hat der fünfzehnten Ausgabe der documenta die Werte und Ideen von *lumbung* zugrunde gelegt, dem indonesischen Begriff für eine gemeinschaftlich genutzte Reisscheune. Als künstlerisches und ökonomisches Modell fußt *lumbung* auf Grundsätzen wie Kollektivität, gemeinschaftlichem Ressourcenaufbau und gerechter Verteilung und verwirklicht sich in allen Bereichen der Zusammenarbeit und Ausstellungskonzeption.

documenta fifteen takes place from June 18 to September 25, 2022, under the Artistic Direction of ruangrupa at various venues in Kassel, Germany. The Jakarta-based artists' collective has built the foundation of documenta's fifteenth edition on the core values and ideas of lumbung, *the Indonesian term for a communal rice barn.* lumbung *as an artistic and economic model is rooted in principles such as collectivity, communal resource sharing, and equal allocation and is embodied in all parts of the collaboration and the exhibition.*

'LUMBUNG'
Lumbung is the Indonesian word for a collectively governed 'rice-barn' where harvest surplus of farmers is store for common good. It serves community's well being on longer term through shared resources and mutual care.
And it's organised through a set of values, collective rituals and organizational principles.

Thatched roof
Bamboo structure
Barn
Wooden structure
'Bate' social space
'Umpak' Stone pedestal

Sasak Tribe's Lumbung, Lombok island

ruangrupa

ruangrupa ist ein 2000 gegründetes und in Jakarta, Indonesien, ansässiges Kollektiv. Als gemeinnützige Organisation fördert ruangrupa durch die Einbindung von Künstler*innen und anderen Disziplinen wie Sozialwissenschaften, Politik, Technologie oder Medien die künstlerische Idee im urbanen und kulturellen Kontext, um kritische Betrachtungen und Sichtweisen auf urbane Probleme der Gegenwart in Indonesien zu eröffnen.

Das indonesische Wort „ruangrupa" bedeutet frei übersetzt „Kunstraum" oder „Raumform". ruangrupa organisiert außerdem gemeinschaftliche Kunstprojekte wie Ausstellungen, Festivals, Kunstlabore, Workshops, Forschungsprojekte und produziert Bücher, Zeitschriften und Online-Publikationen. ruangrupas Arbeit beruht auf einer ganzheitlichen sozialen, räumlichen und persönlichen Praxis, die stark mit der indonesischen Kultur verbunden ist, in der Freundschaft, Solidarität und Gemeinschaft eine zentrale Bedeutung haben.

ruangrupa betreibt einen Kunstraum im Süden von Jakarta. Das Kollektiv hat an zahlreichen Kooperationsprojekten und Ausstellungen teilgenommen, darunter an der Gwangju Biennale (2002 und 2018), Cosmopolis im Centre Pompidou (Paris, 2017), der Aichi Triennale (Nagoya, 2016), der São Paulo Biennale (2014), der Asia Pacific Triennial of Contemporary Art (Brisbane, 2012), der Singapore Biennale (2011) sowie an der Istanbul Biennale (2005). 2016 hat ruangrupa SONSBEEK '16 transACTION in Arnheim in den Niederlanden kuratiert.

ruangrupa is a collective founded in 2000 and based in Jakarta, Indonesia. As a non-profit organization, ruangrupa promotes artistic ideas within urban and cultural contexts through the involvement of artists and other disciplines such as the social sciences, politics, technology or the media to open up critical reflections and perspectives on contemporary urban problems in Indonesia.

The Indonesian word "ruangrupa" loosely translates as "art space" or "spatial form." ruangrupa also organizes community art projects such as exhibitions, festivals, art labs, workshops, research projects, and produces books, magazines and online publications. ruangrupa's work is based on a holistic social, spatial and personal practice that is strongly rooted in Indonesian culture, where friendship, solidarity and community are of central importance.

ruangrupa runs an art space in the south of Jakarta. The collective has participated in numerous collaborative projects and exhibitions, including the Gwangju Biennial (2002 and 2018), Cosmopolis at the Centre Pompidou (Paris, 2017), Aichi Triennial (Nagoya, 2016), São Paulo Biennial (2014), Asia Pacific Triennial of Contemporary Art (Brisbane, 2012), Singapore Biennial (2011) and Istanbul Biennial (2005). In 2016, ruangrupa curated SONSBEEK '16 transACTION in Arnhem, the Netherlands.